U0140439

西北大学哲学社会科学繁荣发展计划

中青年特色优势学科团队建设项目

"关学的历史、文献与思想研究"研究成果

西北大学关学研究院

中华关学文化继承与创新系列成果

关学文丛

丛书主编 刘学智

二十世纪前期关学研究文献辑要

明清关学研究与关学综论

刘学智 魏冬 辑校

陕西师范大学出版总社

图书代号　SK22N1935

图书在版编目（CIP）数据

二十世纪前期关学研究文献辑要. 明清关学研究与关学综论 / 刘学智，魏冬辑校.—西安 : 陕西师范大学出版总社有限公司，2023.9

（关学文丛 / 刘学智主编）

ISBN 978-7-5695-3274-6

Ⅰ.①二…　Ⅱ.①刘…　②魏…　Ⅲ.①关学－明清时代－文集　Ⅳ.①B244.45-53

中国版本图书馆CIP数据核字（2022）第212160号

二十世纪前期关学研究文献辑要·明清关学研究与关学综论
ERSHI SHIJI QIANQI GUANXUE YANJIU WENXIAN JIYAO · MINGQING GUANXUE YANJIU YU GUANXUE ZONGLUN

刘学智　魏　冬　辑校

出 版 人	刘东风
出版统筹	侯海英　曹联养
责任编辑	张爱林
责任校对	王　森　远　阳
封面设计	王伟博
出版发行	陕西师范大学出版总社
	（西安市长安南路 199 号　邮编 710062）
网　　址	http://www.snupg.com
印　　刷	西安五星印刷有限公司
开　　本	787 mm×1092 mm　1/16
印　　张	24.25
插　　页	4
字　　数	458 千
版　　次	2023 年 9 月第 1 版
印　　次	2023 年 9 月第 1 次印刷
书　　号	ISBN 978-7-5695-3274-6
定　　价	89.00 元

读者购书、书店添货或发现印刷装订问题，请与本社营销部联系、调换。
电　话：（029）85307864 85303629　传真：（029）85303879

顾问

张岂之　赵馥洁　方光华　徐　晔　党怀兴

总 序

　　在纪念张载千年诞辰之际，陕西师范大学出版总社推出有关张载及关学研究的系列丛书，这是很有意义的学术盛举。

　　张载（1020—1077）是中国历史上著名的哲学家、教育家。作为宋明理学的奠基人、关学的创立者，他以"勇于造道"的精神，创建了博大精深的哲学体系。张载关学蕴含着丰富而深刻的精湛智慧，包括"太虚即气"的本体智慧、以"德性之知"超越"闻见之知"的认识智慧、由"气质之性"复归"天地之性"的修养智慧、"一物两体"的辩证智慧、"太和所谓道"的和谐智慧、"民胞物与"的道德智慧等等。张载哲学也体现着崇高而笃实的优秀精神，包括"立心立命"的使命意识、"勇于造道"的创新精神、"崇礼贵德"的学术主旨、"经世致用"的求实作风、"崇尚节操"的人格追求、"博取兼容"的治学态度等等。张载关学的这些智慧和精神，是中华传统文化的宝贵资源，是陕西地域文化的思想精华，是值得我们不断探索和发掘的精神宝藏。

　　对张载及关学的研究一直为历代关学学人所关注，特别是改革开放以来，陕西学人不断推进对张载及关学的学术研究和对关学优秀精神的弘扬。在纪念张载千年诞辰的今天，深入研究关学更有着特殊的意义。陕西师范大学出版总社为纪念张载千年诞辰，进一步推进关学研究，推出的这几种关于张载及关学研究的著作，是学者们近年在张载及关学研究方面成果的汇集。这些成果虽然不一定能全面反映近年关学研究的面貌，但是也从一个侧面体现了关学研究的新进展。其中，由刘学智、魏冬主编的《二十世纪前期关学研究文献辑要》，分为《张载研究》《明清关学研究与关学综论》《关学与陕西历史文化》三卷，集中对20世纪前期关学研究及与关学相关的陕西文化历史文献进行了系统整理。这些成果从侧面说明以现代学术视野和方法对关学进行研究早已开始。刘宗镐撰写的《关学引论》，从哲学之阈阐释关学的思想精髓，即"学以成人"的关学主题、"明道修辞"的关学言说、"体用全学"的关学形态、"崇实致用"的关学精神和"天人合一"的关学智慧等，对关学思想进行了综合研究，这些提法都颇有新意。刘宗镐所著《关学概说》一书，则是对张载关学及其发展演变加以介绍的概要性著作，语言质朴，文字简明，是一本适合初学者了解、学习关学的通俗性读物。魏冬和米文科撰写的《关学谱系与思想探研》一书，是近年他们对张载和关学进行专题研究的论文汇集，对关学文献源流特别是近现代关学研究成果进行了细致的探研与评述。全书以时间为轴，通过对关学谱系文献与思想文献的探研，展现了张载、马理、吕柟、韩邦奇、南大吉、王心敬、张秉直、党晴梵、曹冷泉等人在关学发展史上的重要地位，以及他们的思想特征与传承脉络，展现了关学的历史发展与派别流变。王美凤教授近年着力于清末民初关学多元走向的研究，尤其着力于对柏景伟的文献整理和思想研究。这次出版的是她对以往人们不大关注但在清末关学史上有重要影响的关学学人柏景伟的著作《沣西草堂文集》的校注本，这是关于柏景伟著作的首次整理，对研究清末民初关学思想有着重要意义。《关学名言精粹》（书法版）一书，是为了普及推广张载及关学思想，由当前关学研究领域的专家学者精选关学学人著作中的部分经典名句，按照"人生理想""人生修养""治国理政""读书学习""为人处世"等类别加以编排，并搜集历史上一些著名书法家的书法作品，采取集墨的形式呈现关学思想和精神，可谓别开生面，别有风采。

祝愿张载及关学通过创新性的探索和研究，不断地生发新意、焕发生机！

是为序。

赵馥洁

二〇二二年十一月八日

于西北政法大学静致斋

前　言

　　北宋时期，在陕西关中形成了一个以张载为核心、以其创立的新儒学为特征的有全国性影响的地域性学术流派，史称"关学"。张载一生大部分时间在陕西眉县横渠镇度过，并长期在关中著述讲学，人称"横渠先生"，后来又被尊为"关中士人宗师"。其所创立的关学为孔孟儒学在宋代的重建奠定了坚实的理论基础。后人常将张载创立的关学与周敦颐的濂学、二程（程颢、程颐）的洛学以及朱熹的闽学并称为"濂洛关闽"，关学被视为宋代理学的四大学派之一。

　　关学并非一般意义上的"关中之学"，而是指自张载以来的关中理学。从广义上说，关学是对由张载开创及其后一直在关中传衍着的理学的统称；而狭义的关学，则指张载及其后在关中流传的与张载学脉或宗风相承或相通之关中理学。关学在张载去世时已成规模。只因张载去世过早，其弟子为弘扬道学，有的投奔二程门下，于是关学一度陷于寂寥，但到明代又出现了中兴之势，之后直到清末，关学统绪一直未有中断，关学宗风也持续被承传弘扬。由冯从吾所撰《关学编》及王心敬、李元春、贺瑞麟等续补的《关学续编》等关学学术史著作可知，关学统绪绵延不绝，"源流初终，条贯秩然"。随着时代的变化，关学的学术旨趣和思想特征虽有所变化，或与程朱理学融合，或与陆王心学融通，但"横渠遗风，将绝复续"，关学精神，世代相承。事实表明，关学是一个有其本源根基、学脉统绪、学术宗旨，风格独特而又开放包容的多元的地域性理学学术流派。

　　张载之学，特点是"尊礼贵德，乐天安命。以《易》为宗，以《中庸》为体，以孔孟为法，黜怪妄，辨鬼神"（《宋史·张载传》）。他将"历年致思所得"著成《正蒙》一书，其思想之深邃、博大、精严，在宋明理学史上独树一帜，由此他也被视为理学的重要开创者和奠基者。其著名的"为天地立心，为生民立命，为往圣继绝学，为万世开太平"的"四为"句，对激励国人树立志向、提升境界、塑造人格、彰显使命产生了积极的作用，并开显了儒家广阔的胸怀和宏大的气度；其被历代学人称颂和推崇的《西铭》，在"天人一体"思想基础上阐发的仁孝之理、"民胞物与"的仁爱精神和伦理境界，锻铸了关学学人特有的精神气象和人格气质，形成了理学史上颇具特色的关学学派品格。其思想和学派宗风一直影响着历代关中儿女，是人们处理人己关系、人与自然的关系、人的身心关系的方向指引和精神引领，也是中华民族和谐发展的重要价值理念，更是当今时代构建人类命运共同体的重要思想文化资源。

张载以其深邃的哲学思想，把汉唐以来的儒学推向一个新的高度。其在宇宙论上提出的"知太虚即气，则无无"的命题，以太虚之气的聚散对世界的存在做了富有哲理性的说明，从而把汉代以来以气为本原的宇宙生成论提升到本体论的高度；其"以易为宗"，以"幽明"之别纠正以往以"有无"之分对世界本质的说明，终结了历史上的"有无"之辩；他提出的"天地之性"与"气质之性"，以及"知礼成性""变化气质"的思想，使"性与天道为一"的"天人合一"思想得到系统的说明，从而使其哲学从宇宙论过渡到伦理观，从知识论走向价值论，使理学伦理本体化的目标得以实现。张载承继孟子"尽心""知性"的心性论路向，又汲取荀子"礼以成性"的思想，以"诚则明，明则诚"即"尊德性"与"道问学"的双向互动，实现了以虚静为涵养功夫而"养心"与以礼检束行为而"化性"相统一的"合内外之道"，使"知礼成性"即理想人格的培养落到了实处。

关学有一个鲜明的特征，就是重视躬行礼教，笃实践履。关学使关中文化既有隆礼重仪的古朴雅韵，又使其涌动着鲜活的生命力。关学学人一般都有一种坚持真理、不畏权贵、刚正不阿、崇尚气节的人格节操，有"无求生以害仁，有杀身以成仁"的理想信念，有"不降其志，不辱其身"的人生信条，有"富贵不能淫，贫贱不能移，威武不能屈""于公勇，于私怯"的大丈夫气概。他们的品格使儒家的优良传统在历史上一直闪烁着熠熠光芒。

张载创立的关学绵延八百余年，其文化精神不仅在中国历史上影响了一代代关中士人的风格、品行和节操，而且以其在社会生活中的丰厚遗存和深刻影响，至今仍然塑造和培育着当代关中人的精神风貌和行为方式，培育着关中乃至陕西人纯朴、质实、耿直、坚韧、诚信的文化性格，也对关中乃至陕西人形成求真务实、勇于担当、恪守正道、博取包容的品格和精神风貌产生了积极的影响。

2020年适逢张载千年诞辰，在这特殊的时刻，为了使广大读者缅怀张载，感受张载及关学学人的人格节操和精神风貌，感受包括关学在内的中华优秀传统文化的无限魅力，也为使大家了解、学习和领会张载及关学的核心思想、发展脉络，知悉20世纪前期关学研究的基本状况，应陕西师范大学出版总社刘东风社长之约，我们编撰了这套《关学文丛》。《关学文丛》推出的图书有8种，分别是：由刘学智、魏冬教授辑校的《二十世纪前期关学研究文献辑要·张载研究》《二十世纪前期关学研究文献辑要·明清关学研究与关学综论》《二十世纪前期关学研究文献辑要·关学与陕西历史文化》，由魏冬和米文科二位教授撰写的《关学谱系与思想探研》，由王美凤教授校注的《〈沣西草堂文集〉校注》，由刘宗镐博士撰写的《关学引论》和《关学概说》，以及由国际儒学联合会与陕西省孔子学会编写（刘峰、张亚林为执行主编）的《关学名言精粹》。其中，《二十世纪前期关学研究文献辑要》对自戊戌变法前后到中华人民共和国成立这一时期的关学研究文献进行了较为系统的搜集整理，其中包括马一浮、刘师培、蔡元培、谢无量、钟泰、吕思勉、钱基博、钱穆、陈垣、冯友兰、张岱年、侯外庐等一百多位学者关于张载及关学的很有见地的研究著述，以及这一时期从文化视域重构关学及与关学相关的陕西文化的重要论著，说明从现代视野对关学进行研究与重构在这一时期已经开始且取得了丰硕的成果。《关学谱系与思想探研》是魏冬、米文科近年对张载和关学进行专题研究的论文汇集，书中对关学文献源流特别是近现代关学研究成果进行了细致的探研与评述，通过对关学谱系文献与思想文献的探研，展现了张载、马理、吕柟等诸多关学学人的思想及其传承脉络，也展现了党晴梵、曹冷泉等近现代学者在 20 世纪三四十年代关学研究方面的成就。《〈沣西草堂文集〉校注》是王美凤教授对以往人们不大关注但在清末关学史上有重要影响的关学学人柏景伟著作的校注本，对于研究清末民初关学思想有着重要的参考价值。《关学引论》是刘宗镐博士从哲学之阈阐释关学思想精髓的专论，书中论及"学以成人"的关学宗旨、"明道修辞"的关学言说、"体用全学"的关学形态、"崇实致用"的关学精神和"天人合一"的关学智慧等方面，是对关学思想进行综合研究的著作，许多论述颇富新意。《关学概说》是刘宗镐博士对张载关学及其发展演变加以介绍的概要性著作，通俗易懂，是适合初学者学习和了解关学的不可多得的普及性读物。《关学名言精粹》（书法版）是由国际儒学联合会与陕西省孔子学会动议并支持编撰的一部旨在普及推广张载及关学思想的通俗性读物，由原《关学文库》的部分作者精选关学学人著作中的部分经典名句并予以释义，由西北大学刘峰博士和陕西大家书画研究院张亚林院长负责编辑和统稿。这一简明易懂、图文并茂的读本，选取关学史上十九位代表学人的至理名言约三百条，以"人生理想""人生修养""治国理政""读书学习""为人处世"的主题分类编排，内容以书法体的形式予以展现，字体是从王羲之、颜真卿、于右任等历代名家作品中集墨而成，形式新颖，别具特色。

这套丛书的编纂出版得到了陕西师范大学出版总社刘东风社长、侯海英主任的大力支持和精心安排，编辑胡杨、张爱林也为这套丛书付出了大量心血。在此我对刘东风社长、侯海英主任以及胡杨、张爱林两位编辑对丛书的大力支持和辛勤付出表示衷心感谢！时任国际儒学联合会秘书长牛喜平先生对本套丛书的编纂出版也给予了大力支持，在此一并表示诚挚的感谢！

在这套丛书动议之初及编写过程中，张岂之先生、赵馥洁先生、方光华先生、徐晔先生、党怀兴先生等都给予了殷切关注、适时指导和大力支持，在此也对各位先生表示诚挚的感谢！

由于时间仓促，我们的编撰工作会有不少疏漏乃至错误，希望广大读者朋友予以指正，以便我们在今后对其进一步加以完善。希望这套丛书能对大家了解和学习关学有所帮助。

刘学智

二〇二二年十月五日

序言

筚路蓝缕，以启山林①
——二十世纪前期明清关学与关学综论研究述评

业师刘学智先生指出，清末民初时期，关学出现了多元发展的趋向：以贺瑞麟为代表的清麓一系，学宗程朱；以柏景伟为代表的沣西一系，克绍横渠，笃行践履；以刘古愚为代表的烟霞一系，"学古以审时"，把心学与西学结合，主经世致用。以上诸说都没有跳出理学的樊篱，仍是传统关学在清末民初之延续。二十世纪初则是中国传统学术向现代学术转型的时期，与这一转型时期的方法和语境相联系，关学的研究也在尽力挣脱旧的樊篱，研究范式开始出现从传统学术向现代学术的转向。所谓现代学术，即在方法论上采取了有别于传统的汉学或宋学的方法，而进入了科学主义或人文主义或马克思主义方法的讨论和运用。在这一学术视野转变的背景下，关学研究既有沿着传统学术前行的思想轨迹，也有以现代学术视野和方法对关学进行的审视和研究。人文主义方法、科学主义方法、马克思主义方法相融合，为二十世纪前期的关学研究开了新生面。该时期既有对关于道德心性等价值论问题研判的人文主义关切，也有马克思主义唯物史观的运用，同时也受到西方逻辑方法、分析方法的极大影响。总之，该时期的关学研究从总体上说，已进入现代的学术视野。②

该时期以现代学术方法对张载及关学和关学史进行研究，内容几乎涵盖了近

---

① 本文参考了刘学智所撰《关学思想史》（西北大学出版社 2020 年增订本）的第一章第二节部分内容。

② 刘学智：《为往圣继绝学：张载研究的现代开启——二十世纪前期张载研究述评》，见刘学智、魏冬辑校：《二十世纪前期关学研究文献辑要·张载研究》，陕西师范大学出版社，2023，《序言》第 1 页。

几十年来中国哲学界关于张载及关学讨论的大部分学术视域①。如此，张载研究自然成为中国哲学史、教育史等不同学科领域研究的重点，成果斐然。②除此之外，该时期对明清关学史进行个案研究的论著亦不在少数，已经涉及对明代吕柟、冯从吾、王徵、王弘撰，清代李二曲、杨屾、王心敬、路德，以及晚清柏景伟、刘古愚等学人的个案研究。③其中，尤其是关于王徵、李二曲、刘古愚的研究论著，不仅数量不少，而且论述颇为深入。本书所收这一时期对王徵进行研究的代表性成果主要有：黄节所作《王徵传》（载《国粹学报》1905 年第 6 期），陈垣所作《泾阳王徵传》（载《中华基督教文社月刊》1926 年第 2 卷第 2 期），刘仙洲所作《王徵与我国第一部机械工程学》（载《新工程》1940 年第 3 期），宋伯胤所作《王徵先生简谱》（载《上智编译馆馆刊》1948 年第 3 卷第 2 期与第 3/4 期）、《王徵的"天学"与"儒学"》（载《上智编译馆馆刊》1948 年第 3 卷第 6 期）等。本书所收这一时期对李二曲进行研究的代表性成果主要有：王庸所作《李二曲学述》（载《学衡》1922 年第 11 期），顾颉刚所作《李颙·近代大思想家传略之四》（载《中学生》1936 年第 66 期），唐文治所作《李二曲先生学派论》（载《国专月刊》1935 年第 2 卷第 1 期），以及侯外庐所作《中国十七世纪思想家李二曲评述》（载《中苏文化杂志》1944 年第 15 卷第 3/4 期）等；同时，谢无量、钟泰分别著《中国哲学史》，范寿康著《中国哲学史通论》，都对李二曲的哲学思想做了评述，而贾丰臻《中国理学史》、陈青之《中国教育史》也对李二曲的理学思想和教育学说做了概括性的论述。本书所收这一时期对刘古愚进行研究的代表性成果主要有：张鹏一所作《刘古愚先生没后二十七周年纪念文》（载《陕西教育旬刊》1934 年第 2 卷第 32/33/34 期），刘熹亭所作《咸阳刘古愚先生的"教育救国论"》（载《西北论衡》1938 年第 6 卷第 14 期、第 15 期），张鹏一所作《刘古愚先生之学说》（载《西北研究〈西安〉》1940 年第 3 卷第 2 期），何士骥所作《西北学者刘焕唐先生之学说》（载《新西北》月刊 1944 年第 7 卷第 2/3 期），以及曹冷泉所作《刘古愚哲学体系》（载曹冷泉《陕西近代人物小志·附录》，樊川出版社 1945 年版）等。而甘蛰仙所作《冯少墟之哲学》系列论文（载《晨报副刊》1923 年 11 月），李果所作《谈述王无异》（载《图书馆》1933 年第 1 卷第 1 期），陈青之《中国教育史》中对吕柟教育学说的论述，萧龙湄所作《路闰生先生之学术思想》（载《西北文化月刊》1941 年第 1 卷第 6 期），以及郭述贤所作《沣西先生嘉言集锦》[载《西北研究（西安）》1943 年第 6 卷第 9/10 期]等文，也标志着明清关学学

---

① 刘学智：《为往圣继绝学：张载研究的现代开启——二十世纪前期张载研究述评》，见刘学智、魏冬辑校：《二十世纪前期关学研究文献辑要·张载研究》，陕西师范大学出版社，2023，《序言》第 1 页。

② 关于张载的专题研究，参见《二十世纪前期关学研究文献辑要·张载研究》。

③ 对杨屾、王心敬的研究，参见《二十世纪前期关学研究文献辑要·关学与陕西历史文化》所收党晴梵《关学学案》。

人的思想学说在这一时期开始得到学界的关注。

更为重要的是，该时期已有关于关学和关学史总论性质的著作出现。其中颇有代表性的有：夏君虞《宋学概要》（商务印书馆 1937 年版）中关于北宋关学的概述，曹冷泉《关学概论》（载《西北文化月刊》1941 年第 1 卷第 3 期），钱穆《清儒学案序》（载《图书集刊》1942 年第 3 期）中关于清代关学发展源流的概述，王恭《关学宗传》（载《新西北》1943 年第 6 卷第 8 期），陈叔谅《重编宋元学案》（国立编译馆出版、正中书局印行，1947 年版）导言中关于北宋关学的略论，以及李心庄《重编明儒学案》（国立编译馆出版、正中书局印行，1947 年版）导言中关于明代关学的综述等。这里要特别提及的是曹冷泉的《关学概论》和王恭的《关学宗传》两篇文章。

曹冷泉的《关学概论》是首篇关于宋元明清及民国时期八百年关学史的概论性的论文。这篇文章的发表，说明以现代学术方法系统研究关学史至迟于此时已开始。曹冷泉在《关学概论》中，首先确认"关学"是一个学派，即"以张载所代表之学派，称之为'关学'"；自张载之后"研究性理之学者闻风兴起，代有大师，历千年而弗息，可谓盛矣"，说明他承认关学的性质是性理之学，其先驱是张载；他承认关学有史，且代有传承，历久不衰，认同冯从吾、王心敬、李元春等人所编《关学编》和诸《关学续编》所述之关学史，说"凡关陇心性学者之言行、事功，皆萃于此书"；且较早地称关学为"关陇之学"，说明他早就以地域与学术相统一的原则来看待关学，已经把陇右地区理学学人包括在关学学者之内了。其次，他对关学的学术渊源做了富于新意的探讨。他认为，包括关学在内的"理学本体论可谓源于《易传》，伦理则源于孔孟及《中庸》，方法论则源于《大学》"。他不赞成当时所谓"理学之内容皆袭取之于佛、道"或理学为"儒表佛骨"的说法，而认为包括关学在内的理学之本质，"皆不过就《易》之'阴阳'、孔子之'仁'、《中庸》之'诚'，加以综合深化而已"。再次，他认为关学的历史沿革经历了三次大的思想交融，说关学递变之迹分为三期，"第一，与洛学合流时期；第二，与闽学合流时期；第三，与王学合流时期"。这一分期大体上符合关学发展演变的历程。曹冷泉还对自张载以迄清代李二曲的关学学人的思想分别进行了概括说明，堪称一简明的关学史。最后，他概括关学的特点为"崇礼教""尚实践""重实用""轻视学术""轻视文学"，其中有些说法与今人的看法已基本相合。曹冷泉原名曹赞卿，是一位传奇式的学人。早年参加革命，后因被国民党政府通缉，易名冷泉，到陕西任《中山日报》社长，后又任《西北文化日报》兼《西北画报》经理。中华人民共和国成立后，他先后在安徽大学、安徽师院、陕西师院、陕西师范大学等校任教，于 1980 年逝世。曹冷泉在参加革命运动的同时，能对关学做出如此具有开拓性的研究，实属难能可贵。可以肯定地说，他是陕西师范大学关学研究的第一人。他有如此闪光的人生经历，又对关学有如此精湛的研究，为人却低调谦恭，以至于人们几近把他遗忘。了解了他的经历和为人，读了他的著述，使人不由得心生敬意!

王恭的《关学宗传》一文，以张骥《关学宗传》为主要文献依据，以表格的形式对关学学人加以系统介绍，为读者提供了一部清晰彰显关学学术源流的简明文献。虽然其内容未超出张骥《关学宗传》所述的理学范围，然其"引言"仍很有时代价值。文中不仅述及关学于初创时"分濂洛之席，绍邹鲁之传"之渊薮，亦指出张载"其学以'知礼成性，变化气质'为主"的内容特点，再述及关学在宋、明、清学术之流变，最后明晰地指出晚清在李元春（桐阁）之后的贺瑞麟（清麓）、柏景伟（沣西）、刘古愚（烟霞）学术分流之大概趋势——这一说法在有关近代关学史的研究中尚属先声。该文还指出"关学特色，不仅注重研求道理，尤贵笃履实践而力行之"，此说抓住了关学的基本特征。同时，作者在当时"国步日艰，大难未已"的情况下，呼吁国人"重振关学之说"，尽力将关学"笃实正确之精魂，磅礴鼓荡，呼之复出"，此充分体现了王恭对关学笃实践履学风和力行精神的深切感悟，也彰显了他的责任担当和家国情怀。

总之，该时期涌现出一批张载及关学研究的开拓者，其成果卓著，影响深远。其研究涉及关学代表人物如王徵、李二曲、刘古愚等人的生平著述、思想特质、学说体系、人格气象、学术地位，以及关学的文化渊源、发展演变、时代特点、主要特征等诸多理论问题。值得注意的是，学者们能顺应时代趋势，尽力突破传统的理学方法，在现代学术视野下，以中国"学说本来的系统"，对关学进行了开拓性的研究，遂开启并深化了张载及关学的研究，也为此后的关学研究奠定了坚实的基础。在国难当头、战乱频仍的社会条件下从事如此艰深的研究，用"筚路蓝缕，以启山林"来形容前辈们探索之艰辛，是最合适不过的。我们向该时期关学研究的先驱者致敬!

本书比较全面地考察了20世纪前期前辈们关于明清关学和关学综论的研究成果，从中选录了50余篇有代表性的研究文献，将其汇集成书，以飨读者。由于该时期的语言习惯和行文格式与今人有诸多差异，标点符号的使用习惯也与今人有所不同，所以我们在编辑过程中尽可能地依照今人的写作规范和行文习惯，在不改变原意的情况下，做了一些必要的调整和校勘，凡校正之处我们在注释中尽可能地做出说明，其中如有不妥，望读者朋友予以指正。同时，限于当时的印刷条件，现存文献中有些字迹已十分模糊，难以辨认，我们尽可能查找可以用来比对的文献进行修复，必要时也使用了理校。对于其中某些涉及当时政治倾向的词句，本次整理过程中也做了处理。由于20世纪前期关学文献的整理和研究目前仍处于起步阶段，加之我们视野和学力有限，其中难免存在选入不当或点校失误之处，诚请读者朋友予以指正。

魏　冬

二〇二一年七月于西北大学关学研究院

辑校说明

一、文献收录范围

本书所收文献，基本以 20 世纪前期国人用传统或现代学术方法研究明清关学和关学综论的学术成果为范围，以关学学人学术研究的论文及相关论著中有关关学学人的论述为主要内容。但对于 20 世纪前期关于明清关学学人的相关年谱、传记，如 1905 年黄节所作《王徵传》、1926 年陈垣所作《泾阳王徵传》、1948 年宋伯胤所作《王徵先生简谱》，因其中论述体现了当时学界对关学学人的新观点，故本书亦酌情予以收录。

二、文献辑校原则

1. 本书以所收文献最早底本为依据录入命名。本书所收文献，大抵出于 20 世纪前期所出版报刊、著作。对于当时发表于各报纸、杂志的文章，尽辑校者所能尽量全面收入。同一文章多次连载的，合为一篇收入。同一文章多次发表的，一般以首次发表时的文章为底本。对于出版著作，以最早出版底本为依据，择取其中有关关学的论述，根据内容重新拟定标题录入。

2. 本书依据文献内容对所收文献予以分类编辑。全书分为"明清关学学人研究文献"及"关学研究综论文献"两辑。

3. 本书所收明清关学学人专题研究文献，基本以关学学人所处时代的先后顺序予以排序。对于同一学人及其著作、思想的研究文献，大抵以出版或发表时间为序排列。完成时间与出版、发表时间差距较大的，以完成时间为依据。

4. 本书所收文献，每篇均加"编者按"，以说明所取文献底本简况、整理编校基本原则，以及作者相关简介。对于与所收文献关系紧密的附记等资料，也适当在文中、文后收录，并加"编者按"予以说明。

5. 本书对所收文献予以重新编辑。本书所收文献虽有横排、竖排之别，但底本均为繁体，标点符号用法、文献引用等多不规范，文字错讹之处亦有不少。今为阅读方便，统一改为简体横排，按照标点符号规范重新标点。对于原文中的错讹文字予以改正，对于原文中所引用文献也选择相应底本予以校订。但对于当时的习惯用词，如"发见（发现）""景响（影响）"等不影响文义的用词则不做改动；对于作者节摘引用的文献，也尊重作者本意一般不做补充；而对有些可能影响文义理解的文献错讹，则尽量予以改正。另对所收文献中带有政治倾向的字眼做了必要处理。

三、未收文献说明

1. 对于 20 世纪前期有关明清关学人物及其著作的诗歌、书法、祝赞、故事类作品等，如赵玉玺所作《贺柏刘三先生入祀省会乡贤祠祝文》（载《陕西省孔教会汇志》1934 年第 3 期）、胡寄尘所作《王恕藏金的故事》（载《儿童世界（上海 1922）》1932 年第 29 卷新 2 期）、党佩中所作《"当了一年官坐了六年监"的杨爵》（载《人物杂志》1948 年第 3 卷第 10 期）等文，本书不予收录。

2. 对于当时发表于各报刊的明清关学人物著述或语录节选、提要等，如杨岫撰《人工孵卵法》（载《农学报》1899 年第 70 期），《曒社学谭》1911 年各期所刊载《刘古愚先生杂著》，《宗圣汇志》1914 年第 10—12 期、《道德月刊》1934 年第 1 卷第 7—12 期所刊载李二曲著作节选，《国立北平图书馆刊》1934 年第 8 卷第 6 期所刊载《王徵遗文抄》，以及赵尊岳所作《杨忠介公词一卷（富平杨爵）》（载《词学季刊》1933 年第 1 卷第 3 期）、《苑洛词一卷（朝邑韩邦奇）》（载《词学季刊》1934 年第 2 卷第 1 期）等，亦不予收录。

3. 对于 20 世纪前期关于晚近关学学人传记类文献及文集相关序跋，如贺瑞麟、柏景伟、刘古愚、牛兆濂等人殁后，其门人、亲属、后学、好友所撰行状、墓表、传记、年谱等文献（如 1923 年陈三立所作《刘古愚先生传》、陈澹然所作《关中刘古愚先生墓表》），因其性质偏近史料且已出版著作中多有收集，故本书不予收录。

4. 对于 20 世纪前期的关学史文献，如 1922 年张骥所撰《关学宗传》、1925 年吴怀清所编《关中三李年谱》、1939 年张鹏一所作《刘古愚年谱》等，因其篇幅过大，今已有点校整理本，便于寻检，本书亦不予重复收录。

5. 对于 20 世纪前期的关学人物著作汇编类文献，如宋伯鲁所辑《沣西草堂文集》《烟霞草堂文集》等，因其篇幅过大或难以搜求，本书亦不予收录。

6. 对于 20 世纪前期出版的编纂类文献，如徐世昌主编《清儒学案》、李心庄编撰《重编明儒学案》，以及陕西通志馆所编《续修陕西通志稿》中的明清关学学人传记类文献，因其取自前人所作传记、行状等史料，学术研究特点不够突出，本书亦不予收录。

7. 20 世纪前期关学研究文献分布范围广泛，难以搜求。一些著作虽然有不少与明清关学相关的内容，如张文穆所著《行己有耻与悔过自新》（京城印书局1936 年版）中对李二曲"悔过自新说"的解释，但因搜求困难，也只能暂时搁置。

由于编者视域及学力有限，其中遗漏、错讹当在不少，后续有待继续补充完善。

目 录

第一辑　明清关学学人研究文献

第二辑 关学研究综论文献

第一辑　明清关学学人研究文献

吕柟的教育学说

——《中国教育史》中关于吕柟的论述

陈青之

编者按：本文选自陈青之所著《中国教育史》（商务印书馆 1936 年版）第四编"半封建时代中期的教育"第三期"明"第三十三章"中明教育家及其学说"之第五节"罗整庵与吕泾野"。题目为编者根据内容所加。陈青之（1891—1943），又名炎联，号春阳，湖北沔阳人。1921 年毕业于北平高师，往日本考察教育，回国后入北平高师教育研究科进修，后在北平创办群化中学，并在中国大学、师范大学兼课。1938 年后任教于宣恩李家河省一女师。《中国教育史》是其 1934 年 7 月撰成的，其著作还有《中国历史朝代变迁图》《中国疆域变迁图》《中国通史》《中国民族英雄史》《五十自述》等。

吕氏是陕西高陵人，名柟，字仲木，学者称为"泾野先生"。生于宪宗成化十五年，死于世宗嘉靖二十一年，完全与罗整庵同时，而寿命差不多短他二十岁。吕氏在儿童时当过县学生，即有志圣贤的学问。二十三岁，中弘治辛酉年的乡试。第二年以会试落第补入太学，当过几年太学生。到正德三年再应科举，乃取得进士第一名，授官修撰。吕氏为人廉正，学问道德且传播于国外。做官三十余年，安守清贫如故。从政之暇，即以讲学为事，所以他的教育生活也是三十余年。综计吕氏一生讲学，可以分做四个段落：一在家乡高陵，二在解州贬所，三在南京官所，四在北京国子监。在高陵讲学，年约四十二三岁，是得罪宦官刘瑾，辞职还乡的一个时期。在此学期，先筑东郭别墅以会四方学者；后来学生发达，别墅容不了，添筑东林书屋一所，可以想见其学生之盛了。在解州讲学，由四十六岁到四十八岁，是以议大礼得罪了世宗的一个时期。在此时期，他是被谪贬为解州判，兼管州事，于从政之余，一方面施行社会教育，一方面从事书院教育。在解州三年，"民俗士习，翕然改观"。三年之后，调入南京，解州士民哭泣相送，人格感化的成绩到处可见。因为有这样的成绩，才有升迁的机会，自此以后吕氏的政治生活渐渐顺适。在南京九载，"与湛甘泉、邹东廓共主讲席，东南学者尽出其门"（《学案》）。迨后调入北京，为国子祭酒，掌管国家最高教育机关，此时吕氏年已五十多岁了。以正心修身忠君孝亲为宗旨，以"四书""五经"及《仪礼》等书为教材，爱学生如子弟，而管束极严，为明代有数的祭酒。

吕氏为渭南薛思庵的门人，思庵为薛敬轩的学侣，所以他的学问是接敬轩之传的。吕氏态度平和，虽然笃守程、朱学说，而对于别派并不攻击。他说："不同乃所以讲学。既同矣，又安用讲耶？"这是与罗整庵不同的地方。他平日所讲的也是格物致知，对于性理方面很少发表。即以格物为穷理一点，也是老生常谈，毫无新的贡献。他之所以吸引学子及其成就，实在是他的人格感化的一点。但我们要取他关于教育方面的言论稍足叙述的约有两点：一为学习法，二为教授法。关于学习，他是主张下学工夫的，不尚空谈，不务高远，要从切身近处做起，要从语默作止处验来。求学即是做事，做事即是求学，能于做事中去求学，才见得学问真实，方为有用的学问。且一切学问或修养要从动处磨炼，才能成功，而世人分求学与做事为二，那就错了。关于教授方面，他是提倡个性教育的，所谓因材施教。他说：

> 人之资质有高下，工夫有生熟，学问有浅深，不可概以此语之。是以圣人教人，或因人病处说，或因人不足取说，或因人学术有偏处说，未尝执定一言。（《答学生问阳明良知教人》）

若不随学生资质学力所到斟酌诱进，而规规于一方，刻数字以必人之从，纵不失败，也太偏了。所以吕氏最佩服孔子教人的方法，对于阳明单一以"良知"教人表示反对，即对于朱子老是以"诚意正心"四个字教导皇帝的办法，也认为大错特错。下面一段话，他说得最好：

> 或问："朱子以'诚意正心'告君，如何？"曰："虽是正道，亦未尽善。人君生长深宫，一下手就教他做这样工夫，他如何做得？我言能如何入得。须是或从他偏处一说，或从他明处一说，或从他好处一说，然后以此告之，则其言可入。若一次聘来也执定此言，二次、三次聘来也执定此言，如何教此言能入得？告君要有一个活法，如孟子不拒人君之好色好货便是。"（《语录》）

吕氏关于教育学理的两点，尤以第二点为有价值，其余则无可述了。

冯少墟之哲学

甘蛰仙

编者按：本文原载《晨报副刊》1923 年 11 月 2 日、3 日、4 日、5 日、6 日、7 日、10 日、12 日、13 日。每期原各有标题，今合为一篇，将续文标题中"冯少墟之哲学　甘蛰仙"等字删去，以保持全文连贯。甘蛰仙，原名甘大文，字蛰仙，四川大竹人。约生于清光绪十八年（1892），其卒年无考。[①] 曾就读于中国大学、北京大学等，为胡适、林纾的弟子。其关学研究论著主要有《戴东原与张横渠》《冯从吾之哲学》等。

一、导言

少墟是冯从吾的别号；仲好，其字也。他是明代万历、天启时，陕西长安人；和邹南皋是老同年。他的行为，与那时的政局，颇有关系；他对于政治问题所发的评论，很有些人认为词严义正；可是他再创讲学的风气，努力去干他的讲学事业，百折不挠，死而后已，尤为生平最大的功绩，足使社会上一般人闻而起敬。他的人格表现，很伟大又很纯洁；他的哲学思想，很彻底又很踏实。这种"不为威惕，不为利疚，不为境迁，不为物蔽"的哲学家，在历史上，确有他相当之价值；他的哲学思想，亦自有研究的必要。（《少墟全集》，凡二十二卷）近时谈哲学的，关于少墟的学说，几乎无人道及，所以我现今要作专篇以评述之；又鉴于一种哲学之发生，离不掉时间关系、空间关系，所以在撰述少墟哲学本体论及其工夫论以前，特别注意于他的哲学思想之背景及其渊源。

二、少墟哲学之背景

要想明白少墟哲学思想的背景，须从他的实际生活上着眼。因为他的实际生

[①] 参见刘中文：《甘蛰仙及其对陶学的贡献》，载《九江学院学报》2014 年第 2 期。

活，与他的人格活动极有关系；其关于讲学的实际生活，尤为他的人格活动之表征；故此叙述他的思想背景，就以讲学生活为其主要部分，而略加分析如下方：

（一）讲学鼓吹之波折

少墟于明神宗万历十七年（一五八九）中进士，越一年而有疏请朝讲之举。在十七年三月间，赵志皋曾经上疏神宗，说道："愿日临讲幄，御经筵，与儒臣讲究义理，退则覆玩详绎；则此心寄于学问，而他念不足以人之矣。"（见《明通鉴》卷六十九）此种论调，在当时并未发生什么效果。但是少墟的论调，却不期而与此相近。他做御史的时候，就抗疏说神宗"郊庙不亲，朝讲不御，章奏留中不发"是不对的；并且进一层地说道："愿陛下勿以天变为不足畏，勿以人言为不足恤，勿以目前晏安为可恃，勿以将来危乱为可忽。"关于"畏天变，亲郊庙"一类的话，我们现在不必管他；就是他"请朝讲"也是在那专制时代，不得不然。可是为讲明学术起见，正不必徒然望诸政治当局；兼之那时政治当局，断断乎说不上这回事。少墟此种奢望，安能不归于失败？果然，神宗大怒，欲廷杖之；多赖有人为他解释，幸而免。少墟经了此等挫折，才知道讲学事业，不能望诸政治当局，须得由思想界出面提倡，所以他不久便和那位老同年邹南皋讲起学来。我们可以说，关于讲学鼓吹的波折，是使他自行讲学的一种动机，也可认为他的哲学思想的一种背景。

（二）讲学动作之影响

冯、邹讲学，与那时顾、高诸子，颇有关系。先是高攀龙曾经上书，言朝讲不宜久辍；并且痛快淋漓地说道："天地生才甚难，国家需才甚亟；废斥如此，后将焉继？致使正人扼腕，曲士弹冠；世道人心，何可胜慨！"（《明通鉴》卷七十）攀龙因此大遭贬谪，然犹未另辟自行讲学的新轨。其后顾宪成亦因政见与当局不相容，竟被削籍；痛心于政治澄清之无望，遂决计自行讲学，冀有补于将来。他的家乡——无锡，有东林书院，为宋贤杨龟山讲学之地（龟山是程门高弟），叔时（顾宪成字）遂与景逸（高攀龙的别号）恢复东林书院，讲学其中。当时社会上一般人物，对于东林表同情者颇众；少墟未必不受他们的影响。到了熹宗天启初年，南皋创建首善书院于京师，与少墟讲学其中，声光炯然，竟与东林相辉映。据叔时的意思，以为"居水边林下，志不在世道，君子无取"，故其讲习之余，往往讽议时政，裁量人物。少墟的旨趣，亦颇与此相契，所以他和南皋讲学，务必自负气节，甚至于不惜与当时政府相抗。推求他们讲学的动机：一方面由于彼此人格的活力之交互影响；一方面又因他们鉴于非挺身讲学，不足以救时弊。坐是之故，少墟的哲学思想，与他的讲学动作，也颇有些交互关系；就把他的讲学动作之影响，认为他的哲学思想的一种背景，亦无不可。

（三）讲学之时代的背景

少墟讲学首都的时候，边事告急，远近震恐。旁人不明白少墟的志趣，问他道："此何时也？而犹讲学！"少墟说："此何时也？而可不讲学！——讲学，正今日要紧第一著也。"或又问："方今兵饷不足，不讲兵饷而讲学，何也？"少墟微笑地答道："试看今日疆土之亡，果兵饷不足乎？抑人心不固乎？大家争先逃走，以百万兵饷，徒藉寇兵，赍盗粮；只是少此一点忠义之心耳。欲要提省此忠义之心，不知当操何术？可见讲学诚今日御敌要著。"（此段故事，根据李二曲的《反身录》卷七。）由少墟的话看来，讲学事业，务须坚持到底，万不宜因世变而废弃之。纵使"讲学"与"御敌"，是截然两事，应当分别观之；但欲养成真实能力，去破除那时期的恶势力，其治本的策略，总不能完全离掉学养。而且必先有充分之学力修养力，做出创造新时代的大业。少墟有了此种坚决明了的信念，所以能够成功他的哲学，而为时代之先驱。

（四）讲学之地理的背景

地理关系同样重要：关于时势的疑难，少墟已经解释过了；关于讲学地点问题，亦颇费考虑。当首善书院初建的时候，黄尊素曾向南皋说过："都门非讲学地，徐文贞已丛讲于前矣。"（《明通鉴》卷七十八）所云"徐文贞"即指徐阶；徐文贞本是南中王门的优秀分子；其倡开讲会，用意亦非不良善。只是尊素（黄梨洲的父亲）颇望南皋、少墟策出万全，所以进此忠告。少墟与南皋极有连带关系；其未采用尊素的话，殆由他们完全受了责任心之驱迫，无所为而为之，不暇再从利害上打算盘。其实他们处那时代，已经成了"小人道长，君子道消"的局面；像少墟这般好人，就令不在都门讲学，而在别的地方讲学，也免不掉坏人的妒忌。比如：顾叔时讲学东林，其地点并不在都门，然而竟为坏人集矢之的，则何说也？再老实说，处那时代，只要是好人，就令不来讲学，也免不掉坏人的蹂躏。比如黄真长（尊素字）自身未尝临讲席，然而"逆奄"必欲杀之，卒被逮拷掠死，逼得他的不满二十岁的儿子（黄梨洲）气愤愤地草疏入京讼冤，又何说也？固然，这是后来的事变，非尊素当时所能预料；可是，也可证明处乱世做好人，无端为恶势力所摧残，实在是自然的"消长"，不必替好人过虑了。明乎此，则少墟辈讲学都门，只要他们自己能够不为威武所屈，而痛痛快快地讲出他的哲学思想来，我们又何必在地理上过于怀疑呢？就进一步地认他讲学之地，为他哲学思想的一种背景，亦安见其不可？

（五）少墟之奋斗精神

由前四条看来，少墟实在认定了讲学是他一生应尽之天职。此种事业，纵不能望诸政治当局，独当期诸在野的思想界（虽然他们也有时未与政治断绝关系）；就不能诿诸别人，亦何妨策励自己！少墟有了此种信念，所以他的讲学精神，能够不受空间关系、时间关系所束缚。换言之，就是自己抱定"无时不讲学，无地不讲学"的宗旨，向前努力干将去，绝不肯受他力底支配。只缘那时候坏人太多，致使少墟这位哲学讲师，无时无地不遇阻力。在他辞职出都的时候（明熹宗天启二年，当西元一六二二），他们倡建的首善书院，其中秩序，都被外面"群小"扰乱了。据说："元标（南皋）、从吾既归，群小击碎其碑，暴于门外；先师木主，委弃路隅；经史典籍，尽被焚烧，而院独存。"（夏燮《明通鉴》卷七十八）这是少墟在天启二年十月间所遭的挫折。到了五年七月间，连首善书院也被毁了。因为那时候"张讷上疏，力诋邹元标、冯从吾等，请毁其讲学书院"（《明通鉴》卷七十九），熹宗从之，所以弄到这步田地；然而少墟归里以后，仍然不肯放弃其讲学的天职。这年八月间，乃至"诏毁天下书院；东林、关中、江右、徽州各书院，俱行拆毁"。关中书院，即被勒令毁去，则少墟之忧愤，宜何如者？加以"王绍徽素衔之，谋于忠贤，以乔应甲巡抚陕西，伺杀从吾。应甲至陕，掳掠百万，无所得；乃藉讲学毁其书院，曳先圣像，掷之城隅"，少墟饱受挫折，竟至郁愤而死。综其一生，无时无地不与恶势力宣战，至死不改风操，其奋斗精神之持续，无论何派的学家，都宜外览内省，以自为受用之地；就是研究少墟哲学思想的背景，也宜照顾到这一层，因为他的哲学思想，纯是由内生活体验得来的，在在与他的实践生活有密切关系；迥非侈口空谈，毫无实谊者可发；而其奋斗生活的影戏，尤为这位哲学家永远不朽的张本，所以我们必须注意去理会。

上来五段，略述少墟哲学思想底背景；往下再叙他的哲学思想底渊源；然后评论他的哲学思想底内容。[①]

三、少墟哲学之渊源

要想明白少墟哲学思想的渊源，须从他的治学生活上着眼。因为他的治学生活，是他的哲学思想之蹊径；而其所治之学，不能毫无所受；所以凡是他的本师，讲友，或学侣，都应该同时注意；而其时潮所趋，微尚所存，于哲学自身之迁进有关系者，亦不能不酌量提及。兹分述之如下方：

[①] 以上发表于《晨报副刊》1923年11月2日第1—2版。

（一）导源于关中先辈者

关中哲学，当推宋贤张横渠为开山。横渠治学，规模既壮大，工夫又踏实；静思力践，妙契疾书，卓然出其所得，与二程相切磨。当时关中风气，为之一变；可想见横渠的学说确有支配关中社会心理之大力。横渠死后，关学浸衰。在南宋初，虽以朱晦庵之力为表彰，跻之于六先生之列；然在关中方面，却罕见闻风而起的。过了元代，直到吕泾野出来提倡，关学始为之复振。（泾野是陕西高陵人，横渠以侨寓为凤翔郿县人。）然在泾野时代，犹觉地以人重；其实际上所起之影响，乃在东南。吕氏九载南都，曾与湛甘泉共主讲席；而少墟的本师许敬庵，就是甘泉的再传弟子。少墟虽与泾野无直接关系，然渊源所渐，其于泾野的学说，宜有所闻。兼之少墟对于关学，有一种特别兴趣。他曾经做过一部极有系统的《关学编》，对于横渠、泾野，至云"私淑有日"（见少墟的《关学编序》）。但看他说的："我关中自古称理学之邦……有宋横渠张先生崛起郿邑，倡明斯学；皋比勇撤，圣道中天……"（《关学原编序》），已经足征梗概。其称泾野，则云："关中之学，自横渠张子后，惟先生为集大成。"（《关学编》卷四，《泾野吕先生传》）又评其《语录》云：

> 我关中泾野吕先生……语录，言言皆自躬行心得流出，最透悟，最精实，真可与《西铭》《正蒙》，并乘不朽。（《冯恭定全书》卷十三，三十四页，《吕泾野先生语录序》）

可见少墟了解张、吕学说之程度。但是泾野属程朱派，不是陆王派。明代之陆学，昌自阳明先生。少墟妙能从这方面看出关学在这时代的大变迁。他说：

> 昔王文成公讲学东南，从游者几半天下；而吾关中则有南元善、元贞二先生云。故文成公之言曰："关中自横渠后，振发兴起，将必自元善昆季始。"（同上，四十二页，《越中述传序》。文案：少墟先生所称引，见《王文成公全书》卷六，文录三，《答南元善书》。阳明尚有一篇《送南元善入觐序》，读之可想见南侯守越之政猷；载《王文成公全书》卷二十二，外集四）

南元善兄弟，可说是阳明学说输入关中的重要导线，关中思想界之倾向，至此呈一大变化。到了少墟时代，更能兼采朱、王二派之长，所以他的哲学，颇呈折衷主义的色彩。自然少墟的哲学，也不是从天上掉下来的，在他方面所受的影响，下方当分论之；所难及的，是他的感觉非常锐敏，妙能综合先辈的种种经验，而抉择其长处，以自广耳。少墟曾经说过："灵源浚发，一念万年。横渠诸君子，将旦暮遇之。"（《冯少墟集》卷十三，六页，《关学编序》）这话深有味哉！

（二）导源于师说者

前面不谈到许敬庵么？原来许氏受学于唐一庵；唐氏师事湛甘泉，虽不及见阳明，然实中心慕之；其标"讨真心"三字为的，或亦受了阳明学说的影响。故于甘泉之随处体认天理，阳明之致良知，两存而精究之，未尝偏于一方面。一庵做学问的态度如此；故敬庵虽不满意于援良知以入佛者，而仍未尝不相信良知。少墟与敬庵师生关系，在他入了学以后。关于这层，清初李二曲的学生王尔缉说得很详。他说：

> 先生……弱冠，以恩选入太学。比归，德清许敬庵公督学关中，开正学书院，拔志趣向上士，讲明正学，闻先生名，延之；与蓝田秦关王公讲切关、洛宗旨。识力之卓，大为敬庵器重。（王氏《关学续编》卷一，《少墟冯先生传》）看来少墟的哲学思想之成功，虽然由于他自己的创造力与批判力；却是至少总受了许氏的影响。（参看《冯少墟集》卷十五，《奉许敬庵老师书》）[①]

（三）导源于家庭教育者

少墟的哲学思想，与许敬庵有因缘，尚觉易知；他得力于父教，这却更少人见及，也只有关中的人，与他有点直接或间接关系的才知道。据鄠县王心敬说："先生九岁，通议公（先生父，友，保定郡丞；以先生贵，赠通议大夫）手书王文成公'个个人心有仲尼'诗，命习字，即命学其为人。先生便矗矗有愿学志。"（《关学续编》卷一）看来"少成若天性"，在少墟这位过来人确有些事实可以证明。阳明的理学诗，最易使利根人得着兴奋。他那一副精神，差不多都是集中于讲学的事业上，由学问中发出事功来；所以他的崭新的哲学思潮，在那时代简直洋溢乎中国。直到晚明的讲学界，无论恭维他、反对他，总不能不说是汲其流而扬其波的。少墟长大来，"经历深久，洞见前此讲学流弊，不无沦于谈空说寂之习"（《续编》一）；因此竿头更进，务"归于正当切实"，而其责任

---

① 以上发表于《晨报副刊》1923年11月3日第1—2版，文前原有"冯少墟之哲学甘蜇仙""三、少墟哲学之渊源"等字，今与上合为一篇，删去。

心亦愈发达。他曾对那时政治当局，说明他们自行讲学的初衷，道："先臣王守仁当兵戈倥偬之际，不废讲学，卒能成功；此臣等所以不恤毁誉，不恤得失而当此也。"（可参看《明史》列传一百三十一，《冯从吾》）虽不必限于他个人，但他自己最初"就学文成"之一念，至此复焕现于脑际，亦可见家庭教育关系之重要了。有人说"少墟秉性刚毅，颇类伊川"，固已；然求其微尚所存，总不外乎取法阳明先生之最好精神，以自为受用之资。他的无所为而为的讲学运动，绝不因世变而停顿；直到"易篑"的时候，"犹以讲学做人嘱其子"。要终原始，能无憬然？

（四）导源于朋友讲习者

少墟之讲友，其关系最深切者，自当首推邹南皋。南皋曾说过："冯子以学行其道者也；毁誉祸福，老夫愿与共之。"但是感情虽好，他们的学说，仍各有其立脚点——南皋主解悟，少墟重工夫，这层以前早有人见到了。论到最有注意之价值的副料，要算高景逸做的一篇《冯少墟先生集序》（见《高子遗书》卷九）。就由他与少墟往复的几封信，也可想出他们思想上之交互影响。景逸曾经向少墟说：

> 拙说为老年丈印可者，方敢存之；应改者一一如教易之矣。知学者甚难，知正学者更难；知学而能通达世务，不至以学害世者尤难。非老年丈，吾谁与归。（《高子遗书》卷八上，一十四页，《答少墟四》）

可知除了南皋而外，要算景逸是他讲学最契之友。《少墟集》中《答邹南皋书》（卷十五，四十四至四十五页）、《答高景逸书》（卷十五，五十九页）都颇有趣味。他如赵南星做的一篇《冯少墟集序》，亦可览观。关于王秦关的故事，前段已经提及，这里再就少墟的言论上观察。他说：

> 蓝田王秦关先生，理学醇儒也。其学以尽性无欲为宗；近里著己，甘贫苦节；世共高之。
> 始余晤先生于正学书院，相与论格物，论未发及《太极》《西铭》之旨，骎然有当于心。（《冯少墟集》卷十三，十七页，《秦关全书序》）

这更可证明他受王氏的影响也不少。其余如萧辉之，如吕淑远，亦有因缘。少墟曾与辉之讲学于宝庆寺，与淑远讲学关中书院。总之，南皋、景逸、南星、秦关、萧、吕诸人，都是少墟的好友。一面与人为善，一面又取诸人以为善；这也无怪乎他的哲学思想，卒能成功了。

以上四段，于少墟哲学思想的渊源，已述其梗概；往下再谈一谈他的哲学思想之内容。[①]

四、尽性主义之名学的解释（上）

少墟哲学思想，在晚明时代大放异彩，其主要论点，只是不偏于本体论的一极端，亦不偏于工夫论的一极端。既用这副不偏不倚的眼光，去观察历史上的孔家哲学；更用这种不激不随的手段，去批导当时的思想界。他以为一部《论语》，只是一套有条不紊的工夫论，不是"玄之又玄"的本体论；这部书的论据，其肯綮处在批导学问的一切，生活现象，并不涉及本体论。故云：

> 《论语》一书，论工夫不论本体，论现在不论源头。（《冯少墟集》
> 卷二《疑思录》卷三，《读论语上》）

但是他的用意，却又不欲偏废了本体论，只要能由工夫去探本体，以实践哲学为本体哲学之阶梯，就得了。所以少墟接着说："盖欲学者由工夫以悟本体，由见在以觅源头耳。"治本体哲学，既须从实践哲学入手，自然非得切实做工夫不可。然若泥指工夫就是本体，则又不免因药发病。故云：

> 孔门以博约立教（不是宗教），是论工夫，非论本体。学者不达，
> 遂以闻见择识为知，故孔子不得已，又曰：知之为知之，不知为不知，
> 是知也——直就人心一点灵明处，点破知字，此千古圣学之原。若闻
> 见择识，不过致知工夫，非便以闻见择识为知也，故曰：知之次。（同
> 上）

他以为历史上的孔家哲学底主潮，不外乎唯心论底人格化。"直就人心一点灵明处"，肯定能知的本体，以示别于所由知的种种方法，自然不会把工夫与本体混为一谈。然若因他直指本体，便把种种方法怀疑起来，这又失却少墟的原意了。他只承认：

> 知其知，知其不知是本体；择其善者而从之，多见而识之，是

---

① 以上发表于《晨报副刊》1923 年 11 月 4 日第 1—2 版，文前原有"冯少墟之哲学甘蛰仙""三、少墟哲学之渊源（续）"等字，今与上合为一篇，删去。

012

工夫。譬之镜本明，而拂拭所以求明，非便以拂拭为明也。以拂拭为明，固不是；谓镜本明不必拂拭，亦不是。故圣人说出本体，正见得工夫原非义外耳。（同上，三十六页）

看来，步步用方法，刻刻下工夫，对于本体并不算是节外生枝，只是在运用方法的时刻，要牢牢记着，这些方法只是推求真理所必操之工具，□□乎把工具认为真理的究竟。你若悬一最高理想的究极目的而求达之，自有采用方法的必要；然使在入门下手之时，遽以方法为究极目的而沾沾自喜，不复求达其当初所欲达的最高理想的究极目的，揆诸夙怀，何以自解？明乎此，则哲学方法论家，对于本体论的疑问，亦可涣然冰释矣。

更端言之，在直探本体的时候，又要细细想着，这能知的本体，须是常常提挈起来，实下操存培养的工夫，不要空空洞洞地玩弄光景，而忘掉了必须大踏步地行将去的坦途。自己识途，自己选择，自己放心大胆地行将去，要归于人生最高理想之圆满实现而已。下选择、行进种种工夫，只要是求诸己，对于所必欲达之目的，并非有所疏外；明乎此，则哲学本体论家对于方法论的误会，又可完全解开矣。

再简单说一句：方法论家还是要识得本体，不要以方法为本体；本体论家还是要实做工夫，不要说本体上用不着工夫；两派交取其长，以为借镜，然后可期博而不杂、约而不陋。少墟的本意，大概不外乎此；所以在他的全集中，常常提醒人们，务使对于本体工夫，无所偏废。就其出发之方向言之，约有二义：

其一，近于演绎的方法，此其义见于少墟常常标举的"在性体上做工夫"。

其二，近于归纳的方法，此其义见于少墟常常揭示的"由工夫以合本体"。

怎么说"在性体上做工夫"，是近于演绎的方法呢？原来演绎法的精神，在乎"本隐之显"；换言之，就是根据着本体界推到现象界去。本体是什么？现象是什么？若由唯心主义的见解言之，本体就是指的心本体，现象就是指的心理现象。心的本体，是指"喜怒哀乐之未发"；原来是"寂然不动"的，是"无声无臭"的，是"不睹不闻"的，是各人腔子里的隐微之地。心理现象，却指心力发动而言；一念初动，万象毕呈；"感而遂通"，"发而中节"；"物来顺应"，不待勉强。在上知的人，其心理作用，原有此等境界；但就大多数说，总须得下困知勉行的工夫。即或安而行之，利而行之，往往越彻底也越虚怀，越了解本体也越要做工夫——就是下戒慎恐惧的工夫。当其心中大起戒惧作用的时候，虽亦离不掉对象；然而"能""所"分明；"所"起的对象，"所"下的工夫，毕竟恰在个中，恰是"能"戒惧的本体之分内事。这样提挈本体，就是确信本体是唯一的廓然大公的。因此以一知万，以一持万；或是据公理以断众事，设定数以逆未然；也无非"本隐之显"的妙用。无一不与演绎法相共通。少墟说的"在性体上做工夫"，其主要旨趣，率不外是。他说：

> 未发工夫，不是面壁绝念，求之虚无寂灭之域；只凡是在平常无事时，须先将性命道理，讲究体认；戒慎不睹，恐惧不闻；只在性体上做工夫，使心常惺惺，念常叠叠，时时讨得湛然虚明气象：便是未发用力处，亦便是未发得力处。如此有不发，发皆中节矣……（《语录》）

这段话是何等亲切！少墟又说：

> 性原是一个……
>
> 吾儒曰未发，目虽无睹，而天命真睹之理已具；耳虽无闻，而天命真闻之理已具；心虽无知觉，而天命真知真觉之理已具；即发而皆中节；即睹以天下而无不明，而所以能明的真睹之理，亦可得而睹；闻以天下而无不聪，而所以能聪的真闻之理，亦不可得而闻；知觉以天下而无不睿知，而所以能睿能知的真知真觉之理，亦不可得而知，亦不可得而觉。故曰：上天之载，无声无臭……（《辨学录》第四十五章，本集卷一）

这段话是何等透彻！又说：

> 冲漠无朕，即万象森罗。万象森罗，亦冲漠无朕。未发不为无，已发不为有，浑然一理；种种道理，自天命之初已备。后来多少工夫，多少事业，都只是率性之道耳……（同上）

这又是何等浑融！

他所说的"能明的、能聪的、能睿能知的真睹、真闻、真知、真觉之理"，都是指的能觉的本体，与"无声无臭"所指相同；由感而遂通的积极方面言之，则称之曰"能"；由寂然不动的消极方面言之，则认之为"无"；或分析说之，认为"不可得而睹，不可得而闻，不可得而知，不可得而觉"；换言之，就是离感觉而言本体，所言者只是超越感觉、不落名相的本体，或者是不可思议的绝对的"真理"？总而言之，是极隐极微的罢了。然而他又说"未发不为无"者，何也？此就实在的本体而言也。"不为无"而"认之为无"；只此能"认"，便

"不为无"，而工夫于是乎有所施。少墟哲学的第一种工夫，就是要人在这"冲漠无朕"的心体上，做关于"森罗万象"的工夫；而心中虚明的森罗万象，又皆显而易见的现象界之映影；在这样的本体上，能下观照现象界的工夫，与少墟所说的"率性"，自然相合了。可是"率性之道"，离不掉"后来多少工夫"；而工夫之最直截了当者，端在提起最初的自觉心。这种最初的自觉心，就是各人心中炯炯"一念之良"。就论名相的缘起，也不能外此心源。少墟的名学，即据此以为发端。他说：

> 性，一也，分之名为仁义礼智，合之总名为善性；只是一个性；因感之而恻隐，则说他源头是仁；因感之而羞恶，则说他源头是义；因感之而辞让是非，则说他源头是礼是智……（《疑思录》卷五，《读孟子上》，三十四页）

看来就心性的本体说，是彻始彻终、彻上彻下的一元；就名相方面说，虽曰一致，亦有百虑。本体是绝对的，名相是对待的。由少墟的意思解释起来，相待的作用，莫大于分与合。"分""合"，即是对待起的。"分之合之"，必有其能分合者，吾名之曰主格。他方面必有其所分合者，吾名之曰对象。则"能""所"亦是对待的。更拟议此主格，或言思此对象，定出些抽象的名词，曰仁、曰义、曰礼、曰智……越觉无非对待着的了。其源头在未发时果何如？此属于"人生而静以上"的问题，向来学者多认为这是不容"说"的；其容说的，多是缘于感觉，系"感于物而动"的。少墟解释四端，谓"因感之而……"起；真是懂得"寂然不动"与"感而遂通"在名理上的分别了。"说他源头"是怎样，起许多名辞，无非求诚而已。可是感觉之起，有其径而知者，有其纡而知者。其所能知的对象，有的是公例，有的是散著。云何公例？就是共通的原理，也许是所谓"总相"。云何散著？就是个别的现象，也许是所谓"别相"。我们对于种种现象、种种原理，或分析之，或综合之，都有其相当的效用：不失为求诚的方法。要是先认定这能综合、能分析之主格，最初的自觉心，顺演出去，就可以与少墟所谓"率性之道"相合。虽然侧重自觉心，不沾沾于演绎法的形式；其精神却不外乎"本显之显"。所以我认为少墟这种"率性之道"——在性体（能知的主格）上做工夫——很与演绎法相近，而其精神亦相共通。[①]

---

① 以上发表于《晨报副刊》1923 年 11 月 5 日第 1—2 版，文前原有"冯少墟之哲学 甘蛰仙"9 字，今与上合为一篇，删去。

五、尽性主义之名学的解释（下）

复次，怎么说"由工夫以合本体"，是近于归纳的方法呢？原来归纳法的精神，在乎"推见至隐"；换言之，就是推测客观的现象界，以求至乎主观的本体界，如果确信本体是唯一的与我同类的；并且悬为理想之目的，而求到达之；那就须得由百虑推到一致，由殊途推到同归；或是察其曲而知其全，执其微以会其通；亦皆属"推见至隐"的功能；而莫不与归纳法相共通。原来演绎法的精蕴，是要人先能彻底了解吾心之本原，当下就把这种善端，顺应到节目事变上去，务使推放皆准；也就是由内心出发，扩到外边去；故可简称为外籀术。归纳法的妙谛，是要人先去详细观察外界之事变，然后就这散殊的万象，寻出个最高的原理来，期于滴滴归源：也就是由外面开拓，凯旋到内存的心田；故可简讲为内籀术。外籀当是少墟所讲的率性，内籀当是少墟所讲的尽性。率性尽性，其工夫本交互为用；但就两种工夫比较起来，尽性工夫尤见周密。兼之，少墟鉴于当时因缘最深的讲友邹南皋力主解悟，未免把尽性工夫看得太轻了；所以言下露出侧重尽性底默示，他说：

> 得其体则其用自然得力；但不言用，则其体又不可见。其谆谆言用者，欲人由用以识体耳……（《论学书》）

但是"谆谆言用"，其所言者，究非如别家所昌言之功利主义也；其意仍复归于实做工夫而已。至其专标尽性主义，示别于率性，示其工夫上有差等；非离率性而言尽性也。少墟一面说过：

> 率性是本体，尽性是工夫。（卷十五，二十一页，《答徐镜源中丞》）

一面却又要：

> 由工夫以合本体。

——就是这个道理。虽然他曾经说过"率性无工夫"一句话，与"在本体上做工夫"之说，微嫌"自相矛盾"；亦不过因涵义之广狭不同，而异其言诠；若稍从广义，则"未发"尚"不为无"，况已认为"率性"者耶？又况有几多尽性工夫还待切实做去耶？且尽性主义的原理，少墟讲之久矣；他明明说过：

……尽性者，即尽其所率之性，由工夫以合本体者也。（同上，二十二页）

更安可过疑率性之说耶？少墟更进一步认定尽性工夫与率性有相合的可能，说道：

既由用以见其体，又何用之非体？（《论学书》）

又说：

由其端以窥其体，而本体之善可知。（同上）

原来作用万殊，端倪百出，欲窥见其体，而止于至"善"，非"由其端"，尽其用分析所感到的对象不为功；则所侧重的分析术，自属重要。所惜他对于所由的步骤还未阐发详尽。抑其知注重到"所由"的工夫，并使所由的工夫，无不合于能求的本体——"由工夫以合本体"，总算是与归纳的方法"推见至隐"的精神很相近了。

如上所说，于少墟哲学中的二而一的要义，可征梗概；还有些针对当时病痛，并为他自己的本体论及其工夫论预留地步的话，我也把他叙述起来。他说：

近世学术多歧，议论不一；起于本体工夫，辨之不甚清楚。如论本体，则天命之性，率性之道，众人与圣人同；论工夫则至诚尽性，其次致曲，圣贤与众人异。论本体则人性皆善，不借闻见，不假思议，不费纤毫功力，当下便是：此天命率性，自然而然者也。论工夫则不惟其次致曲，废闻见思议工夫不得；即至诚尽性，亦废闻见思议不能：此戒慎恐惧，不得不然者也。如以不借闻见、不假思议，不费纤毫功力为圣人事，不知见孺子入井，孩提知爱，稍长知敬，亦借闻见，假思议，费功力乎？可见论本体，即无思无为，何思何虑，非玄语也；众人之所以与圣人同者，此也。若论工夫，则惟精惟一，好问好察，博文约礼，忘食忘忧：即圣人且不能废，矧学者哉？若不分析本体、工夫明白，而混然讲说曰"圣学不借闻见，不假思议，不费纤毫功力"；虽讲的未曾不是，却误人不浅矣！（本集卷十五，《答杨原忠运长》）

看来少墟哲学思想之最大特彩，在乎"分析本体工夫明白"。以为不分析明白，而"混然讲说"，不对；讳其所不对，而悍然抹杀"分析"的工夫，更不对；要是矫枉过正，弄得太支离了，与能分析的本体不相容，其失力与因噎废食者等。少墟的语气，虽然微有轻重，论其重大意义，总不外乎折衷主义的精神之表现。故云：

> 若论工夫而不合本体，则泛然用功，必失之支离缠绕。论本体而不用工夫，则悬空谈体，必失之捷径猖狂。

由少墟这话，足征其戒律之严。然更端言之，又确是必有事焉。他说：

> 必讲究得清楚明白，从此体验；愈体验，愈浑融，愈浑融，愈体验，造到无寂无感，无安无勉地位，才与自然而然、不费纤毫功力之本体合！（《答杨原忠运长》）

这不但是少墟一生做人的津梁，并且是我们研究宋明哲学可以运用的秤尺。理会了"讲究"二字，可以进而研究伊川、横渠、晦庵的道问学一派的理学；领会得"体验"二字，可以进而研究明道、象山、阳明的尊德性一派的理学；一面讲究，一面体验，不特可以窥见诸家学说之真谛，并且可以做到健全人格之养成。即少墟之知止至善，亦莫非从此工夫做出。他说：

> 吾儒之学，以至善为本体，以知止为工夫；而曰致知在格物：可见必格物而后能知止也。（《论学书》）

把"本体"与"工夫"大概分析明白了，更讲出"格物"的"必"然律来。我们在此，暂且闭目想一想，到底"格物"怎样呢？诸君如果要我在少墟哲学思想里，提出一句直截了当的答案来，那么我就要请诸君先把少墟生平的全人格活动想一想；或者所想到的，可以与我欲说未说的话不谋而合。这句欲说未说的答案，就是这位哲学家自照其背景自溯其渊源自道其内容的时候和盘托出的——

> 格物即是讲学！（《疑思录》卷一，十二页）

我们由这句话已可看出少墟先生自家哲学的受用了。请问：以何因缘，能得受用？亦不外乎讲究，体验，得来而已。我们要是专从字面看去，或者觉得他对格物下这种解释，与向来理学家的见解不同。然而究竟并不能因为与他家不同，便抹杀这种解释固有之价值。正惟其与晦庵、阳明两派的格物解释均不相同，所以能另开一种新生面，成功他自己的一套哲学思想。证诸先民的微言大义，仍不乏相共通之点。往下再就他所下的格物的涵义——关于讲学方面的言论，推见他的宇宙观与人生观，而仍探求此种思想之远源。[①]

六、尽性主义的人生观

宋明理学家的思想，虽多从佛学转手；究其建言之标准，总是倾向儒家，服膺孔孟。无论程朱派、陆王派，都是如此。然其为学的头脑，初不相袭，务各取其体认所得，说出来与人共见。故虽涉览甚博，而约其旨趣，各皆要言不烦。如濂溪之主静，明道之识仁，伊川之主敬，晦庵之穷理致知，象山之先立其大，阳明之致良知，甘泉之随处体认……都是显例。少墟的思想，颇受这些先辈的影响。所以他的本体论，务"以性善为本体"；他的工夫论，务"以尽性为工夫"。虽然所治的对象，同是理学；究竟能治之主格，各有特征。少墟学说的特征，固在乎力主"尽性"，然必如何始能做到尽性？必如何乃能算是尽性？则不能不详细考核。由少墟的意思解答之，则非讲学不能认为尽性，非讲学不能做到尽性！换言之，便是：尽性主义之实施，以讲学为正轨！此少墟之毅然决然以讲学为天下倡也。但既提倡讲学，便不能单做"正面文章"；就是对于负面，也须得分析其心理，解释其疑团。少墟关于此点，曾答客问：

> 问："学之不讲，孔子所忧，后世学者，多不肯讲，何也？"曰："其病多端：一则于己不便，一则自以为是，一则为人不足与言，一则恐为世所厌，一则嫉忌人之胜己。"（《冯少墟集》卷七，《宝庆语录》二十八页）

少墟揭出他们的病根，在他那时代总不失为一种箴砭。因为中国的旧学界，除了那些确有"以斯道觉斯民"之愿力者而外，于上列诸病，至少必犯一点。就中第三种病态，只要实施他爱，痛矫傲物的恶习，就可以治疗。第一种病态，只要力破我执，不避非我的责善，就可以治疗。第二种病态，只要能承认现象世界之繁殊，了解真理探求之艰难，就可以疗治。治第四种病态，却要能够磨炼自己

[①]　以上发表于《晨报副刊》1923 年 11 月 6 日第 1—2 版，文前原有"冯少墟之哲学蛰仙"9 字，今与上合为一篇，删去。

的意志，使心力益强，信念益坚；既不受冷酷的环境所支配，更进一步拿出固有的类化力去创造新环境。治第五种病态，要容受先觉的经验，在相当范围内，酌用所有的应化力，去适应现在环境。上列几种病态，如果认为有疗治的必要，认为可以如此疗治；那么讲学的人生观，同时亦有宣告成立的必要了。冯少墟的人生观，就建设在此种行为论原理的基础之上；也就是以躬行为讲学之目的，而推阐其原理原则，务使人类的实际生活，得所受用。故云：

> 真能行者，必不避人责备而不讲。义理无穷，即圣贤且望道未见；我安敢自以为是而不讲？人性皆善，孰不可与言？敢谓人不足与言而不讲？平生所学，唯此四字（借用朱晦庵语，原指正心诚意四字）；何论人之厌不厌也而不讲？君子莫大乎与人为善；方愧不能与人为善也，又何忌人之胜己也而不讲？……（同上，二十九页）

这种排调虽不大好，他的理据却颇平允。

少墟又以为讲学的重大意义，不外乎求治学生活之缉熙向上；治学的生活，绝不带宗教色彩；一面居于指导地位，一面仍自虚心请益。简单言之，讲学是共学的精神生活之简称。他说：

> 讲学不专是教人，实是自家请教于人。若曰专是教人，是讲教，非讲学也。教只是学中事。（《冯少墟续集》卷二，三十三页）

这种共学生活的见解，虽不见得普遍，然欲学术生活进步之速率，一天大似一天，不能不参照此意。教育家更宜留意！施教只是治学生活里的一种表现；万不宜滥用成见，摧残学者活泼泼的自发力。打个比喻：教育家好像老旅行家，把他的旅行生涯之历程，报告亲友。又像老化学家，把他的化验药品之经验，告述同志，务使听者了然他进行的次第或是他化验的方法，竿头更进的，尽天下之大观，是空前之发明，诚不宜以自限者限制后学。然使不先把自己的经验或历程，讲述出来，则后学连入门下手处，尚不知道，其更广大精微的目的，又何从而到达？此人生哲学的方法论，所以有提前讲明之必要也。少墟说：

> 譬之适路然，不讲路程而即启行，未有不南越而北辕者也。又譬之医家然，不讲药性而即施药，未有不妄投而杀人者也。……天下之事，未有不讲而能行者，何独于吾儒而疑之？（《冯少墟集》卷十四，四页，《讲学说》）

又说：

> 道不可一日不明，学不可一日不讲。（《疑思录》卷五，十五页）

然则所当讲明者，果何道耶？果何学耶？少墟毫不迟疑地答道：

> 只有做人一事！（本集卷十四，二页，《做人说上》）

做人一事，和他前面所论的尽性主义，始终一贯。少墟所理想的尽性主义，其重大意义，不外乎求完得人之所以为人者而已。何以要做尽性的工夫？曰："只为做人一事。"何以要由工夫以合本体？曰："只为做人一事。"何以要在性体上做工夫？曰："亦只为做人一事。"看来他谈本体，谈工夫，其用意无非欲促人生最高理想之实现而已。欲使此种理想，成为事实，必自实行讲学起。此少墟之讲学的人生观所由确立，亦其教育哲学所以成为人生哲学之唯一门径也。然则入门以后，更有何事？曰：窥其堂奥。老实说一句，就是励躬行。少墟早说过：

> 讲学正所以为躬行地耳！（卷十四，四页，《讲学说》）

又说：

> 讲学者正是讲其所以躬行，正是因其未得，而讲之以求其得处。
> （卷七，《宝庆语录》三十页）

道德哲学的主要职务，在阐明人生行为的原理原则。教育哲学，实首负宣传"人生行为的原理原则"之义务；而人生最高道德之实践，尤为教育哲学之一种主要目的。此少墟之教育哲学，所由必以"对于道德哲学无忝厥职"为前提，亦其道德哲学所以成为人生哲学之唯一堂奥也。

少墟纯从躬行方面，策励讲学家，其意固将欲自己成功一种躬行化的人生哲学，抑亦欲药彼代时敝于万一也。所以屡次说道：

> 近世讲学者，……多讲元虚，正当讲躬行以药之！（同上）

然则躬行云云，在少墟如何讲法？容再往下把他叙述出来罢！①

七、尽性主义基础——责任心与同情心

前文不尝言"分析本体工夫明白"耶？吾观少墟之讲躬行，其特色亦不外乎"分析本体工夫明白"而已。但既谈本体，何以不流于玄虚？曰：以率性为本体故。又谈工夫，何以不虑其失之支离？曰：以尽性为工夫故。

德性者，道德哲学之重心也。为尽性起见，不能不做体验的工夫。倘若不做，便将失却"人之所以为人"的真价。少墟深为此惧，故言下又带出做人的必然律之神气，云：

> 耳目口鼻，人也；视听言动，人也；此非有余，彼非不足，何待于做？人，必待于做而后可言人也，自少至老，方汲汲做人之不暇，而暇言他哉？（卷十四，二页，《做人说上》）
> ——余曰：只有做人一事者以此。（续上）

但是，如果"人必待于做"，何以言下又露出"无待于做"的语气？此中大有分晓；我们对于此种分晓，务要辨明，不要误会少墟的本意。他早说过：

> 夫学问思行，学已赅是矣；犹必明辨云者，谓不如此，譬之南越而北其辕，弥学弥远，弥行弥差矣。（本集卷一，《辨学录序》）

要想辨明"无待于做"的"人"与"必待于做"的"人"之异撰，须先了解"人"的两种恰相反的意义。

其一：人者，物格之表征也。《书经》上说"人心惟危"；《庄子》说"号物之数曰万，人处一焉"。此所谓"人"，当属物格，所谓的"人心"或可说是"仆我"。

其二：人者，人格之表征也。孔子说"仁者人也"，可见"人"之概念实与"仁"之概念相函。孟子说："仁也者，人也；合而言之，道也。"可见"人"之概念又与《书经》上"道心惟微"的"道"之概念相函。荀子说："道，人之隆也；非天之道，非地之道，人之所以道也。"可知"人"的最高解释，以"所

---

① 以上发表于《晨报副刊》1923 年 11 月 7 日第 1—2 版，文前原有"冯少墟之哲学甘螫仙"9 字，今与上合为一篇，删去。

以做人"为根本义。简单言之，此所谓"人"，确指"人格"，或可说是"主我"。

由是知少墟说的"耳目口鼻，人也……"，是物格之表征。所说的"人：必待于做而后可言人也"，是人格之表征。此其意义上之大别，吾人所宜先辨者也。

少墟的哲学中常常道及的"所以做人"，就是人格主义的主要成分，也就是尽性主义的基本原理。尽性就是人格表现的圆满相。而实行人格主义尽性主义所必由之正当轨途，其最初一步在良心之肯定。少墟说：

> 这个心肠，就是"仁者以天地万物为一体"之心，就是"大人者不失其赤子之心"之心。有了此心，便是一腔四海，八荒我闼。（本集卷三，《疑思录》五十页）

必先自己认定确有此心，乃能建设一种"一腔四海，八荒我闼"的新宇宙观。则"确有此心"者，不独他人也，即自我亦固有之。故又必就所肯定之对象，反复入身来；会得所肯定者的价值，即具足于能肯定者的自身。他说：

> 吾之一身，原是天下人所倚重者。若知吾之一身，原是天下人所倚重者；则痛痒之心，自不容己，自不容不自任以天下之重。（同上，五十一页）

可见人类生活的价值，成立于无量数的个我的交互关系之上。惟其本来相关，是以有交相倚重的趋势。易地皆然，此无量数的个我，各皆无所与让也。此而冒昧退却，则是自谓不能也，自贼者也，亦自弃者也。自弃自贼之人，无往而不与自己固有的良心相背反，无往而不受良心之刑罚。先哲无取焉，故宁愿终身恪束自己固有的良心之命令以行，而毋敢怠荒。若舍此而他求，则既难语于做人，又非所以完我矣。他说：

> 我之为我，非区区形骸之我，乃万物皆备之我。万物既皆备于我，则责任在我，自然推不得别人，自不容不反身。（同上，六十五页）

宇宙间的万事万物的条理，果皆待我分析，待我综合，待我适应，待我创造，则我安敢置此等期待于不顾耶？既不敢辜负广宇悠宙之期待，便当努力向上，勉尽其在己之责任：此少墟之反身观，所以建立于责任心的基础之上也。①

复次，少墟以为果能尽其在己之责任，自必有乐趣而无痛苦。换言之，精神的乐园正不出乎尽责任的社会界域之外。更端言之，如果领略了此中的至乐，则亦可以了解主我的真价。故云：

> 万物皆备于我，……就在乐字见得。不然，万物自万物，我自我；痛痒既不相干，则反身而诚，有何乐处？（同上，六十五至六十六页）

又说：

> 强恕而行，不过要讨得此乐耳。（同上，六十六页）

据我说来，此中的乐趣，总不外乎同情心之发动。我确信同情心之原动力，能通物我而为一。即先民所谓仁民爱物，所谓民胞物与，莫非同情心之妙用而已。少墟从乐趣方面说明反身的意味；或亦欲使其反身观，再建于同情心的基础之上耶？

吾以为责任与同情心，一属意志，一属情操。舍情操无以见感通之妙，舍意志无以树判断之准。情意交互为用，而更知所抉择；则于做人之道，完我之方，思过半矣；从就寻常的事实上观之，往往"心与物隔"，与所理想的，不能相应，则又何也？少墟答道：

> 人心所以与万物隔者，只是不能舍己。若能舍己，自然眼界大，心地宽，自然看得我与人俱从一善生来；有何不可从处？有何不可乐取处？荡荡乾坤，独来独往，岂不为千古一快？（本集卷七，《宝庆语录》十五页）

所云"舍己"，便是撇却仆我的幻蔽；所云"独来独往"，便是促进主我的活动；义实相成。所云"我与人俱从一善生来"，是以"性善"为"通人我"的主宰；"看得"这点，便见本体，亦见工夫。而能"看"者，谁欤？说来说去，总不外乎"万物皆备于我"的我。少墟早已参透了此中消息，说道：

---

① 以上发表于《晨报副刊》1923 年 11 月 10 日第 1 版，文前原有"冯少墟之哲学甘蛰仙"9 字，今与上合为一篇，删去。

孟子……直指其本体，曰万物皆备于我；真是令人警省，令人
痛快！此孔子论仁宗旨，非孟子不能泄其秘也。（卷三，《疑思录》
六十五页）

孟子直指本体，《论语》专详工夫（见前），此特就其大部分论之，其实详
工夫的固未尝忽略本体，指本体的亦未尝蔑视工夫。少墟似颇见到了这点。可惊异
的，就是他研究孟子，妙能从他的言论思想上看出他整个的壮美的人格来。他说：

"居天下之广居"一节，分明画出泰山岩岩气象。广居正位大道，
虽大丈夫居之立之行之，其实是与凡民公共的；味三个"天下"字自见。
不然，得志何以与民由之也？三个"天下"字，正是广处正处大处。
得志与民由之，只是指点出这个道理，与民共由之耳；非分我所有，
益彼所无也。（《疑思录》卷五，三十九页）

他虽然生长在"家天下"的政局之下，颇复理会得孟子满腔的平民精神。他
们所理想的"天下"，不外乎全人类全社会，所以成其为广大，不流于褊狭，并
且能使那时期的平民同胞，受他思想的感化（详后）。又如：

曰："得志……不得志……观此五字，又见大丈夫之志，原要
与天下人共居此广居，共立此正位，共行此大道！有此志，则胸中八
荒我闼，宇宙度内；才谓之居广居，立正位，行大道。不然，一膜之外，
便分彼此，其何以谓之广且大乎？"（同上）

看来必通彼此，乃能谓之广大；而致广大，通彼此的枢机，仍存乎意志。吾
人满腔的同情心，须由意志把他扩充出来，与社会同胞营美善的共同生活；其客
观界有无阻力，可不必问。故云：

大丈夫之志，虽是如此；又不在得不得上论，只在志上论。有
此志，无论得与不得，广处、正处、大处自在也。富贵不能淫，贫
贱不能移，威武不能屈；这道理原来又淫不得、移不得、屈不得。故曰：
大行不加，穷居不损，是说本体；不移、不淫、不屈，是说工夫。（同上）

少墟偶然涉及政论，仍处处不离本体，不忘工夫；其在社会上，又能扩充他
的平民精神；信乎讲躬行之学，足以药玄虚之病，而达做人之鹄也。

当时赵南星曾经说过：

> 余反复先生之集，想见其心极虚，其量极广，其救世之念极切。（赵氏的《冯少墟集序》）

——洵无溢美。同时景逸所言：

> 仲好少即志圣人之学。（《高子遗书》卷九，二十六页，《冯少墟先生集序》）

> 闭关九年，精思力践，而于圣人之道，始沛如也……（同上）

尤见少墟先生的人格活动，发轫之早，取径之端，进德之严！宜其巍然为横渠、泾野、二南以后的"大宗师"，而能转移当时社会之风气也。

以上略述少墟哲学思想之内容，往下再叙少墟哲学在当时社会上所发生的影响，及后辈哲学家对于少墟之批评。[①]

八、余论

如前所述，少墟的信念，那样纯洁；他的愿力那样宏伟；其教泽所被，自必很广。听说那时候四方从学，至五千余人之多。却也很有与别家不同的地方：他的哲学思想之种子，往往传播在平民社会——有职业的人们的心境内，而给以最大之人格化！兹但先举两位劳动家做代表。

（1）**朱子节** 名蕴奇，西安人；他本是一位网巾匠，其物质生活之困窘，岂待详说？然而蕴奇精神上却能处之宴如。从学少墟先生，听讲宝庆寺，寒暑不辍，其向学精神之持续如此。苦节笃行，以布衣终；其实践精神之贞恒又如此。以劳动家而能自建一种优良之人生观，足以风末世矣！

（2）**张本德** 明天启间，华州人；初习钉戥秤，接以鬻帽为业；闻少墟先生讲学有感，遂购其语录，潜体密玩。每有所会，辄举以告人：其度人精神之发皇如此。乐善慕义，终身不倦：其气象之和雅又如此。

张、朱二生，可谓"珠联璧合"。

二生之得成良材，固由他们的自觉心比别人强；抑其深受少墟的人格学说之

---

① 以上发表于《晨报副刊》1923 年 11 月 12 日第 1 版，文前原有"冯少墟之哲学甘蛰仙"及"七、尽性主义之基础　责任心与同情心（续）"等字，今与上合为一篇，删去。

感化，却是研究少墟哲学在当时社会上所起的影响者之所宜知。就在少墟也曾说过："朱生操行如是，固天性使然；亦讲学之效，不可诬也。"（《二曲全集》卷二十二，《观感录》引）

此外还有几位曾得其受用的，就是三原党还醇，同州白希彩、党湛，都是少墟的得意学生，而党湛得年最高。直到前清世祖顺治十七年（西元一六六〇），他还健在。肯自冒雪履冰，就商于李二曲。是时二曲甫三十余岁，与党氏年垂八十；"不挟长而问"，足征此老之素养；而少墟人格之感化力，益可深长思矣。（参看《二曲全集》卷二十一，《党两一翁行略》）

二曲先生是关中后起的哲学家，生平于学无所不窥，而宗旨甚纯正。其哲学思想，颇受少墟遗集之影响。尝评之云：

　　余生平遍阅诸儒先理学书，自洛、闽而后，唯冯恭定公《少墟先生集》，言言醇正，字字切实，与薛文清《读书录》相表里。而《辨学录》《善利图》《讲学说》《做人说》，开关启钥，发昔儒所未发，尤大有关于世教人心。张南轩尝言："居恒读诸先生之书，惟觉二程先生书，完全精粹，愈讲愈无穷。"余于先生之集亦云……（《题冯少墟先生全集》）

二曲笃好少墟，视南轩之服膺二程，初无愧色；吾人于此，可以观其素志。二曲又尝就邹南皋、高景逸辈与少墟相提并论，而判其造诣之浅深、理解之醇疵。说道：

　　先生（指少墟）与曹真予、邹南皋、焦弱侯、高景逸、杨复所，同时开堂会讲，领袖斯文。然诸老醇厚者乏通慧，颖悟者杂佛氏。惟先生严毅中正，一遵程朱家法。……足以坚学人之志，定末流之趋……（《二曲集》卷七，《体用全学》，"冯少墟集"一条）

他的批评，我们拿现在的眼光看来，自然也有些可以商兑的地方；但是二曲对于少墟的学说确有受用，在中国人生哲学史上雅有其相当的位置：这却是须得表出的。其与二曲同时，曾提及少墟学说者，还有黄梨洲。

梨洲专从少墟的师承上去讲究，将他列于《甘泉学案》：这是持的历史的态度。二曲纯从少墟的学说上、人格上详细体认，由博反约，因此自己成功一种学说：这是下的反身的工夫。比而论之，梨洲似乎侧重客观；二曲则客观、主观交互为用，所以能有特别的发挥。（此是二曲学说范围内问题，容另篇详之。）在关中理学界，卓然为少墟后的第一人。顾亭林评之，谓"今讲学之士，其笃信而深造者惟先生（指二曲）"；但未道出"得力于少墟"的话来。假使少墟不早死了，安知他不再三郑重地说："此讲学之效，不可诬也？"——明乎此，则少墟先生在都门也讲学，在关中也讲学，历百折而不悔，冀收效于方来，更觉"肝胆照人"了！我特此抽出编纂《二曲年谱》的余暇，先把《冯少墟之哲学》一篇做出来。

十二年双十节后五日，蛰仙，于北京①

---

① 以上发表于《晨报副刊》1923 年 11 月 13 日第 1 版，文前原有"冯少墟之哲学 甘蛰仙"9 字，今与上合为一篇，删去。

王徵传

黄　节

编者按：本文原载《国粹学报》1905 年第 6 期，为黄节所著《黄史列传》之一。黄节（1873—1935），广东顺德人。中华民国成立后先加入南社从事新闻舆论工作，后致力于学术研究和教育事业，为北京大学文学院教授，兼任清华大学研究院导师。1935 年病逝。该文发表于光绪三十一年（1905），是年黄节回乡变卖祖业，返沪与章炳麟、邓实、马叙伦、刘师培等创立国学保存会，大量搜购明清间禁书，刊为《风雨楼丛书》及《古学会刊》，并创办《国粹学报》，阐发学术传统，发起民义，伸张民权，传播反清思想。

王徵，字良甫，又字葵心。陕西泾阳人。明天启壬戌进士，授广平推官。开清河闸，利济运输。起，复扬州推官。讲礼正乐，政刑清简，士民胥化，弗拜魏珰之祠。以边才荐，授登莱监军佥事，未阅月告归。米贼窜乱秦中，所过州县，率被残掠。徵里居，倡立忠统营，屡出奇兵却贼，以故泾原一邑独全。

自来中国多尚义理之学，而于制器尚象之旨，皆失其意，则以为奇伎淫巧，而无与于形上之道。徵尝叹《考工指南》而后，宗工哲匠，弗传其术，而诸葛之木牛流马，虽擅千古，后人亦弗克发明，乃制为虹吸、鹤饮、轮壶、代耕及自转磨、自行车诸器。未通籍时，每春夏播耕，多为木偶，以供驱策。或舂者，或簸者，或汲者，或炊者，或操瓶杖、抽风箱者，机开转捩，宛如生人。至收获时，辄用自行车束载以归。其所居室，窍一壁以通言语，每一人语于窍，虽前后相隔数十屋，悉闻之。（泰西德律风发明距今不及三十年，而徵时已解此。）皆其心所发明者。

及读艾儒略《职方外纪》，则慕乎多勒多城山巅运水之器，亚而几墨得一举手转运海舶之术，则爽然自失，曰："西儒所言，当不得妄，而何缘当吾世而一睹之也。"以是探赜索奇，思通其术。故当其未第也，就里中金四表者授泰西文字。既举进士第，补铨如都，则龙华民、邓玉函、汤若望泰西诸儒，方集都下，候旨修历。徵乃与诸儒游，举外纪所载质之，于是得窥西儒所著《制器图说》，而先从事于度数之学，尝术西儒之言曰："因度而生测量，因数而生计算，因测量计算而有比例，因比例而后可以穷物之理，理得而后法可立也。"卒就邓玉函口授而译次之，其言曰："力艺，重学也。力如人力、马力、水力、风力之类；艺则用力之巧法，如用人力、用马力、用水力风力之类，所以善用其力而轻省之也。盖此重学，其总司唯一曰运重，其分所有二：一本所在内，曰明悟；一借所在外，曰图籍。所正资而常不相离者，度数之学。（原释曰：造物主生物有数、有度、有重，物物皆然。数即算学，度乃测量学，重则此力艺之学。重有重之性理，以此重较彼重之多寡则资算学，以此重之形体较彼重之形体大小则资测量学。故数学、度学，正重学之所必须。盖三学均从性理而生，如兄弟内亲，不可相离者也。）所借资而间可相辅者，视学及律吕之学。（原释曰：夫重学，本在手足，而视学则目司之，律吕学则耳司之，似若不甚关切者，然离视学则方圆平直不可作；离律吕学则轻重疾徐甘苦高下之节不易协，况夫生风生吹自鸣等器，皆借之律吕，故两学于重学，实相辅而不可少也。）徽既发明重学之原理与支配其学之各科，又复演为《图说》，为《重解》《器解》《力解》《动解》诸篇，而所最精者尤在《重解》一篇。曰："重何物？每体直下必欲到地心者，是物之本重。（原释曰：本重者，如金重于银，银重于铁之类。）重之体，必定自有点线面形。（原释曰：内有容，外有限，曰形。其中点为形心，有直线过心两边不出限者，为径线。形有二：一面形，一体形。）重之心，重系于心则不动。（原释曰：假如有重于此，以线系之，果在其心则不偏不动，倘不在心，则必偏且垂下矣。）每重各有其心，有直线过重心，不出两限者，为重之径；有重线过地心，交于地平作两直角者，为重之垂径。有重，体不论正斜，皆有径线。从径线分破其侧面，即为重之径面。有三角形，从角至对线于中作一直线，直线内有重之心。有三角形，其重心与形心同所，求三角形重心。有三角形，每直线从过角重心到对线，其分不等，为二倍比例。有法四边形，其重心分两平分为径。有法多边形，其重心形心同所。平圆与鸡子圆形，其重心形心亦同所，求直线平形之重心。每多棱有法柱，其重心在内径中，每多棱有法体，其重心形心俱同所，有体求其重心。每重不在其所，则必下俯地心作正垂线，每体重之更重，必在重之心。重下坠，其心常在垂线，有重系空或高或低，其重常等，每垂线相距，似常相等。（以上止明一重之理，以下又以两重相比言之。）每重径面分两平分，有两体其重等，其容亦等，为同类之重。同类之重，有重容之比例等。有两重，其容等，其重不等，为异类之重。重之类有二，曰干曰湿。（原释曰：干如金石土木之类，不流者是；湿如水油酒浆或水银之类，能流者皆是。）每干重系于直线，而想直线有两德，一无重，一不破。有重插于直线，或在上，或在下，但在垂线中者不动，否则必动而转下。水搏不得，水面平，有水在器，被迫则必旁去。天下水皆同类，有水之重，求其大。有定体，其本重与水重等，则其在水不浮不沉，上端与水面准。有定体，其本重轻于水，则其在水不全沉，一在水面之上，一在水面之下。有定体，其本重重于水，则其在水必沉至底而后止。有定体，本轻于水，其全体之重，与本体在水之内者所容水同重。有定体在水，即其沉入之大，求其全体之重，两水或重或轻。有两体同类相等，其重水与轻水之比例，即两体沉多沉少相反之比例。凝体在水，轻于在空，视所占之水多少，即其所减之轻多少。两体同类同重，但不同形，在水其重恒等。有两体其大等，但一是凝体，一是流体，已有凝重求流重。有凝体流体相等，已有流重求凝重。有凝、流两体之重相等，已有凝容求流容。有凝、流两体之重相等，已有流容求凝容。有两凝体相等，已有彼重求此重。两凝体重相等，已有彼容求此容。两流体相等，已有彼重求此重。两流体相等，已有彼容求此容。有两体容之比例，本重之比例，已有此重求彼重。有两体，已有本重之比例，已有其重，已有此容求彼容。有两体，已有其重，已有其大之比率，求本重之比率。其推论重心，与夫凝体、流体之容重，皆吾国三百年上之创闻。要其所言，大率分静重学、动重学两类。

其论制器，器十九条（曰度数尺，曰验地平尺，曰合用分方分圆尺，曰阖辟分方分圆各由一分起至十分尺，曰规矩，曰两足规矩，曰三足规矩，曰两螺丝转阖辟定用规矩，曰单螺丝转阖辟任用规矩，曰画铜铁规矩，曰画纸规矩，曰作鸡卵形规矩，曰作螺丝转形规矩，曰移远画近规矩，曰写字以大作小、以小作大规矩，曰螺丝转母，曰活锯，曰双翼钻，曰螺丝转铁钳），所用物六十六条（曰柱，曰长柱，曰短柱，曰梁，曰横梁，曰侧梁，曰架，曰高架，曰方架，曰短架，曰杠杆，曰轴，曰立轴，曰平轴，曰斜轴，曰舡轴，曰轮，曰立轮，曰搅轮，曰平轮，曰斜轮，曰飞轮，曰行轮，曰星轮，曰鼓轮，曰齿轮，曰辐轮，曰舡轮，曰灯轮，曰水轮，曰风轮，曰十字立轮，曰十字平轮，曰半规斜轮，曰木板立轮，曰木板平轮，曰锯齿轮，曰半规锯齿轮，曰上下相错锯齿轮，曰左右相错锯齿轮，曰曲柄，曰左右对转曲柄，曰上下立转曲柄，曰单辘轳，曰双辘轳，曰滑车，曰推车，曰曳车，曰驾车，曰玉衡车，曰龙尾车，曰恒升车，曰索，曰曳索，曰垂索，曰转索，曰缠索，曰水库，曰水杓，曰连珠库，曰鹤膝转轴，曰风蓬，曰风扇，曰活辊木，曰活地平，曰活桔槔），皆静重学一类。其论诸器所用二十九条（曰用器，曰用人，曰用马，曰用风，曰用水，曰用空，曰用重，曰用杠，曰用轮，曰用龙尾，曰用螺丝，曰用秤杆，曰用滑车，曰用搅，曰用转，曰用推，曰用曳，曰用揭，曰用坠，曰用荐，曰用提，曰用小力，曰用大力，曰用一器，曰用数器，曰用相等之器，曰用相胜之器，曰用相通之器，曰用相辅之器），诸器能力十一条（曰能以小力胜大重，曰能使重者升高，曰能使重者行远，曰能使在下者递上而不穷，曰能使不动者常动而不息，曰能使不鸣者自鸣，曰能使不吹者自吹，曰能使大者小，曰能使小者大，曰能使近者远，曰能使远者近），皆动重学一类。其妙乃至于用空，其神乃至于人飞，故其所言曰：省大力，免大势，解大苦，释大难，节大费，长大识，增大智，致一切难致之物，平易而无危险也。于戏！吾国言重学之源流，多导之墨子，曰：挈有力，引无力也，动重学也。曰：翟之为车辖，须臾刻三寸之木，为任五十石之重，静重学也。《汉志》曰：权与物钧而生衡，衡运生规，规圆生矩，矩方生绳，绳直生准，是规矩准绳，皆本于权衡，乃方圆平直之理。《九章》诸书言之极綦详，而独不及于重学，岂久而失传邪？泰西重学，发明于亚而几墨得，殆即徵所向慕之人。然有亚而几墨得创之于前，而有千百如徵者求之于后，以故泰西近百年来，物质之进步，无一不资于重学，吾国则如徵其人者已不可多得，而当时以为曲艺，甚乃诋及西儒，以为仅资耳目，而无与于"君子不器"（见徵《自叙》）。今有言徵者，举国将惊而疑之，且不知徵之为何人，大抵皆是也。悲夫！徵之言曰："学原不问精粗，总期有济于世；人亦不问中西，总期不违于天。"兹所录者，虽属技艺末务，而实有益于民生日用、国家兴作甚急也。于戏！若徵者，殆吾国之胡威立者尔。（胡威立，英人之精于重学者。著书十七卷，分静重学、动重学两大支。）徵又言曰："民生日用之常，渐有轻捷省便之法，使犹滞泥罔通，似于千古尚象制器之旨，不无少拘。睹彼大圜轮轮递转，匪一机以自辑，畴万象之更新，而顾为是拘拘者邪？"于戏！使后之人有如徵者，由重学而发明万汇物体物质之变，于此三百年间，吾国实业当不至窳败若是，而顾为是拘拘者邪？

当是时，叶台山、徐元扈当国，以王佐才交章推荐，未获起用，而李自成陷西安，胁徵使效力，则佩刀自矢，不肯赴。闻京师失守，思陵殉社稷，李自成入关，据地而帝，乃设帝位哭于家，七日不食死。著有《两理略》《奇器图说》《诸器图说》《了心丹》《百子解》《学庸解》《天问辞》《士约》《兵约》《元真人传》《历代发蒙辨道说》《山居咏》诸集。学者私谥曰"端节先生"。

黄史氏曰：予读《明史》，于王徵仅一识其名而已（附《祝万龄传》）。盖死节士也，然或以为死于癸未十月李自成之陷西安（《明季北略》亦云然），则徵之死，死闯耳。及读陕西志书，徵之死固在思陵殉国，李自成入关之后，徵犹得为位以哭故君。悲夫！徵以此才未尽其用，而乃不肯苟生，后之人不得闻其风，遂不能本其说而有所发明，则非徵之不幸，而中国之不幸也。后之人修史之罪也。当徵之时，唯物、唯心论未入中国，而徵之言曰：耳目有资，手足有资，而心独无资乎哉？西儒资心之书，猝难究竟，其尚俟诸异日。悲夫！设徵不遇国变死，则其所以饷后世者，亦复何限！乃仅仅得此，而后之论之者，又谓其"荒诞恣肆，不足究诘"（《四库全书总目》），诋之惟恐不力。悲夫！得之三百年上，而不知宝贵，今始骇而求之，则晚矣，则晚矣！

《王端节公遗集》序

柏 堃

编者按： 柏堃（1870—1937），字厚甫，陕西泾阳人。师从关中大儒刘古愚。念及邑古籍将佚，与邑同人广搜博采，将明清两代泾阳学人著作及与泾阳人事相关的诗文编辑成《泾献文存》正编十二卷、外编六卷和《诗存》正编四卷、外编三卷。另为王徵、魏学曾等七位先贤编印了个人专辑，总题为《泾阳文献丛书》，于民国十四年（1925）铅印行世。本文即根据《泾阳文献丛书》录入。

自宗教家倡言事天，而吾儒遂不敢言事上帝，近世大儒斥为割地之学，诚然。端节公自称景教后学，于是有谓公弃儒归耶。实则敬天爱人，儒、耶相同。而儒者由父母、祖父母以推及于天，尤操之有本，推之有序也。兴平杨双山《修齐直指》，亦不鄙弃外教，与端节先后相符。吾师刘古愚先生对于双山极力推崇，而于端节公则赞美曰："先生忠孝大节，彪炳寰区，不得以兼信景教，遂谓碍于关学。"王丰川收之《关学编》中。盖事天之学，中外所同也。先生著《奇器图说》，与双山著《豳风广义》，皆注重实业，兼取外人之长，以救中国末流之失。其精神以敬天爱人为宗旨，悉有功于儒术，非有病于儒教也。

先生著书数十种，板多散佚。余与邑人谋将先生《奇器图说》及《两理略》陆续付印。而于先生《文集》六卷、《经济全书》二十七卷，搜罗弗获，仅得友人所藏尺牍稿一十五篇，又奏疏三篇，《士约》《兵约》及序、跋、赞、铭、祭文、纪、揭等共十八篇。又列本传、墓志于卷首，都凡四卷，为先生《遗集》。俟后采辑，再为续印。干戈频仍，民生凋敝，古籍佚亡，百不存一。只就耳目所及，排印公世，以广流传。吾乡文献，庶不至零落尽净，而可保存于万一，亦爱国者所当珍赏也。

民国十四年八月，邑后学柏堃谨序

泾阳王徵传

陈　垣

编者按：本文原载《中华基督教文社月刊》1926 年第 2 卷第 2 期，随后又刊载于《国立北平图书馆馆刊》1934 年第 8 卷第 6 期、《真理杂志》1944 年第 1 卷第 2 期。陈垣（1880—1971），字援庵，又字圆庵，广东新会人。中国杰出的历史学家、宗教史学家、教育家。先后创建广州光华医学专门学校、北京孤儿工读园、北京平民中学。曾任国立北京大学、北平师范大学、辅仁大学的教授、导师。1926 年至 1952 年，任辅仁大学校长。1952 年至 1971 年，任北京师范大学校长。1949 年以前，他还担任过京师图书馆馆长、故宫博物院图书馆馆长。1949 年后，任中国科学院历史研究所第二所所长。历任第一、二、三届全国人民代表大会常务委员会委员。主要著述有《元西域人华化考》《校勘学释例》《史讳举例》《通鉴胡注表微》等，另有《陈垣学术论文集》行世。陈垣从 1917 年开始发愤著述中国基督教史，有《元也里可温考》行世。本篇也是他研究基督教的重要成果之一。

王徵，字良甫，号葵心，又号了一道人，陕西泾阳人。父应选，号浒北，以经算教授乡里，著有《算术歌诀》《浒北山翁训子歌》各一卷。明隆庆五年（西一五七一）徵生，性聪颖，七岁从里儒张鉴游。鉴河东运司，有学行，乡人私谥贞惠先生。徵少受父师之训，有经世志。年十五，修庵尚翁，一见异焉，妻以女。十六补弟子员，二十四中万历二十二年甲午（西一五九四）举人。九上公车不遇，芒履蔬食，以著书力田为务。尝慕木牛流马之奇，自制虹吸鹤饮、轮壶代耕，及自转磨、自行车诸器。每当春夏耕作，即驱所制器从事陇亩，春者、簸者、汲者①、炊者、操饼杖者、抽风箱者，机关转捩，宛然如生；至收获时，则以自行车捆载禾束以归。邑人奇而效之，利甚溥。所居室，窍一壁以传语，每值冠昏丧祭，以一人语窍，则前后数十屋皆闻，名曰空屋传声。见者以为

---

① "者"，原文作"的"，据《国立北平图书馆馆刊》1934 年第 8 卷第 6 期所刊文改。

诸葛孔明复出。当是时，耶稣会士利玛窦讲学京师，东南人士如徐光启、李之藻辈，多与之游。关中风气较迟，然徵以屡上公车之故，亦时闻绪论，且性好格物穷理，尤与西士所言相契，遂受洗礼，圣名斐理伯。年五十二，成天启二年壬戌（西一六二二）进士，明年艾儒略著《职方外纪》成，徵见之，所载奇人奇器，绝非此间闻见所及。乃私心向往曰："嗟乎！此等奇器，何缘得吾当世而一睹之哉！"寻补广平推官，值白莲狱兴，株连无数，悉辩释之。又浚清河水闸，溉田至千顷，教民以诸葛阵图，曰："天下不可以无事之治治也，猝有变，将何恃？"以继母忧去，时（西一六二五）金尼阁在山西，乃邀至陕开教。金尼阁者，比利时人，利玛窦卒年至中国，曾集利玛窦笔记为蜡顶文《中国开教史》，又著《西儒耳目资》，以蜡顶字为注音字母，西士入中国，能阅中土文字多资焉。徵既从金尼阁习其文，乃自为之序，并丐其乡人前吏部尚书张问达序而刻之于陕。时天启六年（西一六二六）五月，徵年五十六矣。清乾隆间修《四库全书》，得两江总督采进本，以是为音韵之书，本拟著录经部小学类，后因其卷帙残缺，附之存目，迄今言中国人习蜡顶文最先者，犹当推陕人王徵也。是年冬，服阕入都，会①龙华民、邓玉函、汤若望以候旨修历留京邸，徵得朝夕请益，乃以《职方外纪》所言奇器叩之，三人因出其所藏图籍之专属制器类者，令徵纵观，无虑千百种。间有与徵囊所自制者相合，窃幸此心此理同也。阅其图绘，精工无比，然有物有像者，尚可想而像之，其诠说则尽属西文，徵虽尝习《西儒耳目资》，为日尚浅，苦不能明其义，请于邓，译为中文。邓本医学专家，制器非其所擅，然以徵之请，欣然诺之，曰："是不难。第须先通测量计算比例而后可。"乃为徵指陈一切。徵虽老，天资颖悟，算学其家学，制器又夙所习，性又近，故习之数日，即能晓其端倪，于是取诸器图说全帙，由邓分类口授，徵信笔疾书，不期其文，期能共谕。其自序谓："非切民生日用者不录，录其最切要者。切要矣，费工过巨者不录，录其最简便者。简便矣，一器有多种不能尽录，录其最精妙者。"录既成，名之曰《远西奇器图说录最》，以天启七年（西一六二七）正月刻于京师。译仅匝月而已，其精力有过人者。清《四库》著录子部谱录类，今刻于《守山阁丛书》者是也。从今视之，所谓奇者未必奇，然在三百年前，则固未有奇于此者，况今日工学诸译名，无不溯源于是书者乎！补扬州推官，适三王之国，从者诛求无艺，民不堪其扰。徵挺身白王，王为折节。徽州富民吴养春与弟争产，弟赴东厂首其兄占黄山获大利。魏忠贤提养春拷讯，词连巨室数百人，下徵按问，徵据法争之，全活甚众。各省为魏阉建生祠，扬州祠成，徵与淮海道陕人来复，独不往拜，时称"关西二劲"。丁父忧去。岛贼为

---

① "会"，原文无，据《国立北平图书馆馆刊》1934年第8卷第6期所刊文补。

乱，登抚孙元化，亦天教徒也，疏起徵为山东按察司佥事，监辽海军务。崇祯四年（西一六三一）闰十一月，登州游击孔有德等叛，登州陷，元化被执，徵只身航海归。六年（西一六三三）二月，官军复登州，论罪遣戍，寻遇赦归，不复出。关中寇盗充斥，三原令张缙彦乃从徵受方略，议战守，为连弩活机、自行车、自飞炮，以资捍御，闾里获安，皆徵力也。岁祲，结仁社赈之，十六年（西一六四三）李自成入关，罗致荐绅，知不免，手题墓石曰"明了一道人之墓"。闯使至，徵引佩刀自誓，乃系其子永春去。徵素德于乡，乡人以身赎者百人，永春得不死。十七年（西一六四四）京师陷，徵闻变，绝粒七日卒，年七十四，门人谥曰"端节"。所著书，自《奇器图说》《诸器图说》外，尚有《学庸解》《百子解》《天问辞》《两理略》《了心丹》《痴想语》《任真语》《耆镜》《士约》《兵约》《乡兵约》《兵誓》《屯兵末议》《甲戌（西一六三四）纪事》《草野杞谈》《感时俚言》《特命录》《忠统录》《路公绘心录》《元真人传》《张贞惠公年谱》《崇正述略》《事天实学》《真福直指》《历代发蒙》《辨道说》《畏天爱人论》《忧旱祷天歌》《西书释译》《西洋音诀》《山居题咏》《景天[①]阁对联》《吁泰三因》等各一卷，《吁泰衷言》四卷，《尺牍》二卷，《尺牍遗稿》四卷，《奏议》一卷，《文集》二卷，又四卷均存目待访。又有《经集全书》二十七卷，不知为何书，其卷数与《新约圣经》同，疑徵晚年家居所译《新约》也。永春子璟，璟子承烈，清康熙己丑进士，刑部尚书。承烈子穆，雍正癸卯举人，以诗书世其家。

论曰：陕西自昔为国都，西域人至者，多取道敦煌以至于陕，其为中西文明之枢纽，宜也。明季西域梗塞，西士至者多由海道至东南，与陕宜风马牛不相及。然以景教碑新出土（西一六二三）之故，西士至陕访碑者踵相接，秦晋教务，遂与东南俱。若王君者，亦徐、李之流也。然王君奋兴，尚在景教碑未出土之前，则所谓豪杰之士已。今《陕西通志》《泾阳志》皆有王君传，然不详，且于其信仰均不之载。张缙彦为君墓志稍详矣，然徒称其政绩，其死节，于君学术无所阐扬，原墓志有"公通西学，与利玛窦之徒罗君善，造天主堂居之，著有《畏天爱人论》，为前人所未发"一段，康熙《泾阳志》亦删之，一若以此为君讳者。夫服膺耶稣而可讳，则真耻为君子者矣。予纂《中国基督教史》，掇拾诸书，为补传如此。又深叹明季诸儒之事西学，多在强仕服官以后，老而不倦，为不可及也！

---

① "天"，原文作"大"，据《国立北平图书馆馆刊》1934年第8卷第6期所刊文改。

明孙火东先生致王葵心先生手书考释（初稿）

徐景贤

编者按：本文原载《圣教杂志》1931 年第 20 卷第 9 期。1932 年与续稿（即下篇）一并于圣教杂志社作为单行本出版。徐景贤（1907—1947），字哲夫，教名卢伽，江西铅山人。受马相伯、陈垣等影响，主研天主教史，对徐光启研究颇有建树。一生编著丛书 20 多部。

世有旷百载而相感者，以其志同道合，不独言善则千里之外应之，即千秋万祀，亦必仰企靡已！殆所谓"东海有圣人出焉，此心同也，此理同也；西海有圣人出焉，此心同也，此理同也；千秋百世之上，至千百世之下，有圣人出焉；此心此理，亦莫不同也"。诚哉吾乡陆象山先生之言乎！今睹孙火东先生致王葵心先生手书，而益信矣！何以言之？有数事证：

一曰道义相许。两先生之缔交也，仅得西铎之介绍，一闻不待见；一见不待试，遂相敬慕，而成淡若水、苦如茶之交矣。孙先生手书曰："余不自解，而翁何能相解？"尝试为进一解。孙先生尝谓："吾夫子'克''复'之训章章，而人弗究也；即究，弗用也；求其必究之；究之，必用之。一还吾三代之隆懿者，非泰西教学不可也！"（引《则圣十篇孙序》）王先生尝谓："学原不问精粗，总期有济于世；人亦不问中西，总期不违于天。"（引王编《远西奇器图说录最》）可知两先生心心相契，即在崇奉天主教；从此得徵"圣而公会相通功"之精神，两先生相许之深，良非偶然！

二曰共济国难。两先生同志同难，所遭之难，非为一身，非为一家，乃共图补救国事耳。明末国家兴作甚急，孙先生从上海徐文定公习兵事，王先生从西铎汤若望等讲农器：皆欲以实学对当时事，谋补偏救弊！乃于登莱事急之秋，共事，成败得失，虽出人逆料之外，然是非曲直，公认为国牺牲，亦云烈矣！

三曰遗爱在人。两先生遗爱在人，故省志书，称乡贤达；悉摒以成败论英雄之俗见，且此一手书，系始终如一之友谊，写生离死别之情景，宛如陈与义氏之名诗句所谓："欲见旧交惊岁月，剩排幽语说艰虞！"尤足垂范后学，是以辗转而保存于三原世家温氏之手。孝靖先生既珍藏之，且亲跋之，证明两先生之深交笃信，直道犹存三代，公理自在人心。瞻仰前贤，益励来兹！

今此手迹，经于右任先生送呈其师马公相伯处，乞跋数语，共志钦佩！缅想马公与火东先生，同为苏人；右任先生与葵心先生，共隶陕籍；其一种尊贤尚学之热忱，自足媲美昔贤，且能策我后进！余生也晚，幸列相传，承马公命，网罗旧闻，谨将月来所得考证资料，一一缕述，提要介绍。初稿草创，诸待整理！日后有缘，更求余师新会陈援庵先生订正云。

［甲编］考人物

【参考一】 关于孙元化者

1.乾隆《嘉定县志·人物志·贤达门·孙元化传》

2.《练川名人画像·巡抚孙先生像记》

3.孙元化所撰《则圣十篇引》

【附录】

一之一：《练川名人画像·文林郎孙先生像记》（元化子）

一之二：《练川名人画像·文学士侯先生像记》（元化婿）

一之三：

（上）乾隆《嘉定县志·人物志·文学门·孙致弥传》（元化孙）

（下）《练川名人画像·学士孙先生像记》（元化孙）

一之四：天主教史家之纪载

A.法文

Sur le Dr Lgnace Suen Yuen-hoa, Cf. Colombel: *Histoire de la mission du Kiang-nan*, Premiere partie, pp.248—249, 324—325.

Semedo: *Histoire de la Chine*, p.336.

Havret: *La stele I*, p.56, notel.

B.英文（按：原书为法文）

Huc: *Christianity in China, Tartary, and Thibet*, Vol. Ⅱ. pp. 295—297.

C.国文

萧司铎译述《天主教传行中国考》

【提要介绍】

孙先生略历，业已详见手迹之末。据乾隆《嘉定县志》称："师事上海徐光启"云。按，教史称："因与徐光启善，被化领洗，圣名依纳爵。天启元年，告假还家，乃赴杭州杨廷筠家，邀西士至嘉定开教。"足征其师生道义之相契矣！此手迹中称"西铎"者数数见，亦可见其敬西士之深挚也！原跋有云："孙先生遵西儒教，以敬天为主，以苦身守诚为诚。"吾人尚可从孙先生遗著中，证实其信仰之虔诚。尝考高则圣司铎所撰《则圣十篇》，有孙先生所作一序文，盛称圣教之戒色一端，已足晓示其越凡入圣之精神。孙先生后牺牲为国，衔冤就法，时人哀之，奉为乡贤。圣教史书，尤赞扬孙将军之高贵行实。其后人有前辈风！

【参考二】　关于王徵者

1.《明山东按察司签事监辽海军务王公墓志铭》（清初张缙彦撰）

2.《明壬戌进士监辽海军事共宪大夫私谥端节王公像赞》（清初张炳璿撰）

3.乾隆《泾阳县志·王徵传》

4.马侍辇作《王葵心尽节诗》

5.《明儒学案》

6.《道学渊源录·王徵传》

7.陈援庵先生新撰《王徵传》

8.王徵所撰《崇一堂日记随笔·小引》

9.王徵所撰《温恭毅城祠记》

10.王徵所撰《远西奇器图说录最》

【附录】

二之一：重刊《王忠节公奇器图说·张序》及引《通志》

二之二：《四库提要》"西儒耳目资"评语

二之三：天主教史家纪载

二之四：王宏作《吊王葵心先生七日不食死诗》

【提要介绍】

王先生略历，亦详见手迹末。吾师新会陈先生曾新撰一传记，考证精审，即证实王先生为明天主教中之学者云。今就新发现之史料，补叙数事：（一）张炳璿所撰《王公像赞》，时在甲申（明崇祯十七年，即清顺治元年），内称："孜孜乎畏天爱人，虽似癖耶稣之学；此生平好奇，则然！"谨按：其畏天爱人之热诚，《道学渊源录》亦曾称道及此。再考王先生，年近七十时，曾纪录汤若望司铎所述西贤苦修会中奇迹，成为《崇一堂日记随笔》一书。自序："自恨受教已久，认得天主事理已真；既到宝山空手回，宁不痴愚可羞乎？"故发愤忘老，岂真好奇耶？（二）张缙彦所撰《王公墓志》，内称其临危书"全忠全孝"四大字，付公子永春曰："吾且死，死岂为名，欲汝识吾志耳！"其志操之高洁，俱可概见，故张氏拟之为宋文文山、谢叠山之俦辈焉。（三）华池温氏与王先生不仅有里人之关系，且属世交。王先生曾撰作《温恭毅城祠记》，可证。故温氏深知其乡贤王先生之为人，尤钦迟孙、王道义之雅，患难之情，故珍藏此一手迹，夫岂偶然！王先生所撰刻之书籍多种，迄今最有影响者，为《西儒耳目资》，论者推为"国语罗马字"之先导云。

【参考三】 关于温自知者

1. 乾隆《三原县志·人物志·文学门·温自知传》

2. 乾隆《三原县志·著述门·温自知所著书目》

【附录】

三之一：《明史·温纯传》（自知之父）

三之二：叶向高所撰《恭毅温公神道碑》（自知之父）

三之三：同上县志《温编传》（自知之叔）

三之四：同上县志《温予知传》（自知之长兄）

三之五：同上县志《温日知传》（自知之兄）

【提要介绍】

温自知，父纯，叔编，暨兄予知、日知皆名士；忠烈、理学、文学，聚于一门，可谓盛矣！自知，字与亨，十九为博士弟子，后入太学，著述多种，乾隆《三原县志》可考。康熙初年卒，私谥"孝靖先生"。此一手迹得孝靖先生作跋，弥可珍视，益显孙、王两先生人格之高，感人之深矣！

［乙编］释事实

【参考四】 关于吴桥之变者

1. 光绪《增修登州府志·职官志》

2.《登州府志·兵事志》

3.同志关于与变职官人员之记载

【提要介绍】

明季登莱巡抚，崇祯二年裁，三年又复设，以孙元化任之，因刘兴治反东江故也。明年，岛众杀兴治；八月，大凌河告急，元化遣孔有德等赴援，逗留不前。十一月始成行，抵直隶吴桥，大雪，兵变，反攻登州。元化率从官巷战，死者十九人，后元化归朝待罪。奸臣温体仁论元化大辟；临刑，西市风雷起足下，黄霾翳日！时徐光启在内阁，谓体仁曰："此足明登抚真冤矣！"野史纪载，有诬孙氏者，故其子和斗有《国恤家冤录》之作云。是役也，副总兵张焘亦论斩，宋光兰、王徵皆遣戍。此一手书，盖孙、王同归朝待罪，王拟谪戍，而孙留狱，叙生死交情之作品。末列诸氏，《登州府志·职官志》中俱可考见其略历、官阶及到任之年。宋光兰、王徵、秦世英皆进士出身，吴维诚系北直举人。又宋光兰子祖晔，亦系乡举出身，另详《蒲田县志》中。

【参考五】　关于明天主教徒爱国之义举等情

1.李之藻《奏为制胜务须西铳敬述购募始末疏》

2.《徐光启疏》

3.利玛窦《交友论》第一节

4.《道学家传》及其他

【提要介绍】

最后应申述者，即明天主教徒爱国之义举。考《皇明经世编·李我存集》载有《制胜务须西铳敬述购募始末疏》，内称"臣在原籍时，少詹事徐光启奉敕练军，欲以此铳在营教演，移书托臣转觅，臣与原任副使杨廷筠合议捐资，遣臣门人张焘间关往购。近闻张焘自措资费，将铳运至江西广信地方，程途渐近，尤易驰取"等情。

按：当时国势衰弱，而我教中三杰，乃自动捐资购炮，以为剿内匪御外敌之用，本系所谓爱国之义举。孙先生初亦以善用炮，料敌制胜，立战功于关东，而升任登莱巡抚。孙先生为文定公之门人，故自乐引用我存先生之门人张焘为同事；即王先生之就职，亦为敬教爱国故也。熟意一腔报国之忠心，反启同志同难之厄运；成败既非全系于人事，然而先贤之义举，固可昭告于当时，迄于后世，曰："天主教徒真爱国！天主教徒不负中国，中国负我天主教徒！"吾辈后学，缅怀先烈；言念己责，祝祷同申！此外尚有可纪念者，大德方德望司铎之入中国也，即随此义勇炮队。再有葡国武士公撒的西劳率西兵来华效力，亦奉命至孙将军处服职，卓著功勋，惜后阵亡！吾辈于此，谨对于已往诸先烈，致深慕虔祷之敬意！

公历一九三一年嘉尔默禄圣衣瞻礼前六日，后学卢伽徐景贤敬谨考释

明孙火东先生致王葵心先生手书考释（续稿）

徐景贤

编者按：本文原载《圣教杂志》1932 年第 21 卷第 5 期。1932 年与初稿（即上篇）一并于圣教杂志社作为单行本出版。

明贤孙元化，圣名依纳爵，即文中所称孙火东先生；张焘，圣名弥格尔，即文中所称张维照先生。前者系徐文定公之门人，后者系李我存先生之弟子。两先生皆精治军，效忠国家，靖内乱，御外侮，以功升至统兵大将；后不幸所辖境之兵哗变，奸臣匿旨，招抚未成，于是率属航海，归朝就法。明帝初无杀两先生之意，后因受谗，卒令授首。两先生于一六三二年，同得虔领圣事于汤若望司铎之手，然后从容受戮。临刑，风雷起足下，黄霾翳日，地震殷殷！观者堕泪，史传惜之！今岁为两先生殉国三百年纪念，而两先生于就义前，为其同僚斐理伯王葵心先生所书手迹，近由于右任先生发现，送呈其师马公相伯，请其题跋，去岁刊载于本志二十卷九期中，并曾发表文学士徐景贤君所作考释之一部分。兹再将徐君续撰之稿全部刊出，借表吾人纪念先贤之敬意，抑今日之国难临头，爱国为信友之天责。揭此模范，俾共矜式。——编者①

曩尝介绍明贤孙火东致王葵心手书，略考人物，粗释事实。今录原文，试加以注。意有未安之处，尚乞先达指正。

往从西铎，知泾阳有葵心王先生。

卢伽谨注：孙先生所称"西铎"，指明季来华之泰西耶稣会司铎。考孙先生于天启元年（一六二一）赴杭，邀教士至嘉定开教，鲁德照、郭居静偕行。又孙曾为高则圣司铎所撰书作序。王先生自称："余向在里中，得金四表先生（即金尼阁司铎）为余指西文，刻有《西儒耳目资》一书。"（引天启七年撰《远西奇

---

① 此段按语为原刊编者所加。

器图说录最》）据此，则孙、王相知，必此数西铎同侪所介绍耳。

壬戌乃见，便浪游渝关，不再相闻矣！

壬戌，即天启二年（一六二二）。考乾隆《嘉定县志》本传，称孙先生于"天启二年，计偕入京"。又考张撰《王徵墓志》称王先生"壬戌成进士，年五十二"。则是两先生会见，当在京都。按孙先生自谓：在渝关者，即《县志》中称其"从军辽左"。以今地释之，在河北省临渝县，离山海关颇近。王先生未尝随行，故不相闻。

癸亥回，则先生司李平，干内艰去。《辽稿》一册，附西铎为问，他无言也。

癸亥，即天启三年（一六二三）。考孙先生回，"授兵部司务，旋入为职方主事"。（据《县志》）"当时王先生勿授广平府推官。"（乾隆《泾阳县志》本传）今按：广平府治在河北省永年县。明时推官，专理刑名。张撰《王徵墓志》称其政绩如次："司理广平，白莲狱兴，有司击断为武，连无辜以千百计，公悉为辩释之。"又称："以继母忧，去。"即"干内艰去"云。至所谓《辽稿》，想系孙先生曾"上书当局言边事"（《县志》本传）之稿耶？托人寄赠，借代通讯。

丙寅冬，先生除服，谒选。余再从宁远归职方，益闻所未闻。盖向者道义相许，至是乃更得其巧思绝学；而所谓道义许，即与翁同得之！西铎亦未有一闻不待见，一见不待试，若许翁之深！其所以深？余不自解，而翁何能解？

丙寅，即天启六年（一六二六）。据王先生自称："丙寅冬，余补铨如都，会龙精华（龙华民——编者注）、邓函璞（邓玉函——编者注）、汤道未（若望）三先生，以候旨修历，寓旧邸中。余得朝夕晤请教益，甚欢也！"（引《奇器图说序》语）是年，王先生在京都再晤孙先生。

孙先生前因"袁崇焕抚辽，诏往计议，事竣还朝，有貂皮蟒服白金文绮之赐"（《县志》本传）。今按：宁远在辽宁省兴城县，葫芦岛即在附近。"斯时也，王先生正与邓司铎讲求物理，研究机械，向求耳目之资，今更求为手足之资。"（引王先生语）故孙先生称："至是乃更得其巧思绝学。"

所谓"道义许"者，共崇一主，共成一会，故彼此相见甚欢，自不待言！

孙先生称王先生为"翁"，因孙先生作书之时年五十，王先生乃六旬又二之老翁也！

即丁卯春，余得谴，投闲，两筐一兜，萧萧挥手！故坐不避嫌忌，坐视行色

者，先生一人！此世俗贤豪所尚高致义举者，而两人结契，并不在焉！翁补理广陵，仍从西铎一相闻，彼此数行，淡然玄漠！

丁卯，即天启七年（一六二七）。按《嘉定县志》本传称："魏阉讽其附己，当大用；元化正色拒之，遂矫旨夺职。"是孙先生之得谴，由于忤奸臣魏忠贤耳！又按，张撰《王徵墓志》称："补广陵，直三王之国，从舟执事者如林，脍人脂血为食！公挺身白王，王为折节。及魏阉构黄山狱，事连巨室数百人，黠者乘机构害，一时侧目！公毅然曰：'某在，必不敢废法！断断者其容啮弱肉乎？'以一官争之，当事卒不能夺。建祠役兴，公与淮海道来公阳伯，力持不可，竟不往拜，一时称为'关西二劲'云。"据此，可证王先生亦反对魏奸者也！人以类聚，阳关揖别；此情此景，诚足贵耳！亦足作证，我教先贤，与所谓"乱党"，从不合作；正自正，邪自邪，故不相为谋！

戊辰，余赐环，道出广陵，固知翁望见故人甚切，而偶取他途：非必不见，乃不必多此一见耳！

戊辰，即崇祯元年（一六二八）。按《嘉定县志》本传称："崇祯初，起武选员外郎。"是孙先生又蒙起用也。广陵即今江苏省之江都县（亦即扬州），为当时南北交通上之要道。孙先生如自嘉定入京，可过境云。

未几，翁复外艰归。余入部，出关，垂一年，在疚外七月，寻往登莱。此两年者，日在骇浪惊涛，游魂夜跳，万死余生，乃复入此苦海！为国为身，人惟求旧。西铎有言："友，第二我也。"我非第二翁，翁实第二我，翁才望高出一时，长安以势要相许者，不亚余之道义；而余不顾势要之足夺与否，毅然请之，亦心知翁之自必不以势要夺也！

张撰《王徵墓志》称王先生"丁父忧时，岛贼为乱，登抚孙初阳（即火东先生）疏起公为山东按察司佥事监辽海军务，公赴任"。

《嘉定县志》本传称：孙先生"迁职方郎中。袁崇焕亦再起，以兵部尚书督师，乞以元化自辅，升山东布政司，兼整饬宁前兵备。燕苏东西被兵，连告警，诸路赴援者辄溃。元化善用关东将卒，所向有功。守抚宁，救开平，复建昌、滦州、永平、遵化，其所隶八城，二十四堡，四百里之边，屹不动，以功升金都御史，推辽抚；会皮岛刘兴治作乱，改抚登莱"。

据此，知孙先生此两年中，所立边功，出生入死，保障一方，然后以功升调登莱巡抚。同时疏乞以王先生自辅。而王先生为国家，为道义，亦即挺身就任。时王先生年且六十矣！

利玛窦所撰《交友论》，其中有云："吾友非他，即吾之半，乃第二我也，故当视友如己焉。"此书中曾节引之。

不意一片痴肠，终成大梦！潦倒诏狱，卧废已死！翁同苦而尚以其苦余，左右提挈子弟童仆之事，周至有加。盖余宦登而无五日不一再见者，半年；自乘城而无日夜不一再见者，半月；自陷贼航海，下北司，过西曹，而日止一再刻不见者，半年余矣！

孙先生叙至此，乃述其"为国为身"之忠忱，引来"同志同难"之凶狱。即指吴桥兵变，孙先生率从官巷战，未死，陷贼；"乱兵见之，莫敢犯者！"（引《县志》语）因航海至天津，入都待罪。孙、王先生同系狱中。再述因共职守，同患难，而交际益形密切，抚今追昔，言下喟然。

今翁重拟谪戍，黯然言别，以缄索手迹，为长途疏伴；余手受刑五次，加掠二百余，至今酸楚摇颤！间一举笔，横直宛转起止之间，皆不自隶。手之好也，犹不能书，况其病乎？乃书交谊始末，前淡若水，后苦如茶！翁见其书，如见其病，亦请翁书此，使儿曹识之；更见翁书，即如见翁之同病，而且救乃父病也！壬申七月，吴人孙元化书。

是役也，孙先生暨张维炳先生（焘）论斩，王先生等皆遣戍。据《练川名人画像记·巡抚孙先生像记》按语："吴桥之役，朝廷以事由激变，责令招抚，旨为御史王道纯所匿，不即颁，兵遂溃。渡海待罪，思陵遣中使验刳痕，无杀先生意。次辅温体仁，欲借以倾宜兴，屡进密揭，遂及于难。临刑，风雷起足下，黄霾翳日，地震殷殷！徐文定光启曰：'此足证登抚之冤矣！'"今按，此书尚写在衔冤就法前，身受酷刑，病不善书，十年叙交，道义乃见。临歧赠别者，无非君子相许之友谊；得此一纸，然后昭然揭示于我后之人！孙先生之哲嗣三人，和鼎、和斗、和京，皆笃孝友，俱有令名。徐文定公曾联周延儒上疏救护，竟不可得。先生曩尝与自措资费运铳，以备国用之。张维炳先生同日就法，并得于凤所推重之西铎一员，即汤若望之手，虔领圣事，善生安死，又何憾焉！壬申，即崇祯五年（一六三二），屈指计之，本年（一九三二）适为孙、张两先生逝世三百周年，而后学如余，适于纪念期中撰文，缅彼先烈，允再致敬！

以上注竟。惟除正文外，尚有三附编，一并加以说明。

［附编一］

率属就法，古今创举；后有余纸，维炳其详列之！同志同难，亦借将军妙墨，不虚此纸耳。

卢伽谨按：此三行字，手笔同前，亦孙先生所自书。率属就法，指偕从官，归朝待罪。古今创举，指不苟免，夫子自道。因所书一纸，尚余有篇幅，故嘱张维焴先生，将同难诸同志姓氏、籍贯、官职，一一附入。维焴系孙先生属下副总兵，故称其为"将军"云。

[附编二]

孙元化，号火东，南直嘉定县人，巡抚登莱，右金都御史。

宋光兰，号绮石，福建莆田县人，海防道副使。

王徵，号葵心，陕西泾阳人，辽海监军道金事。

吴惟诚，号冀峰，北直冀州人，登州知府。

贾名杰，号望宇，北直真定县人，登州同知。

秦世英，号北溟，陕西三原县人，蓬莱知县。

王尚坤，号心求，福建龙溪县人，蓬莱训导。

张焘，字维焴，浙江钱塘县人，东江前协副总兵。

卢伽谨案：此即张维焴先生遵孙先生命所书者也。余检《登州府志》仅得光绪增修本，且书有缺页。兹将该志职官所载，节录如次：

卷二十五　文秩一　明

◎登莱巡抚崇祯二年裁，三年复设

崇祯

孙元化，字初阳，南直嘉定举人，三年任。时刘兴治反东江，乃复设防抚，以元化任之，并带辽兵八千人至登州。明年，岛众杀兴治，元化奏副将黄龙代之，汰其兵六千人。及孔有德相继反，朝野由是怨元化不能讨也。元化得徐光启法，善制西洋火炮，城陷，皆为贼有，余详《兵事》。

谨案：此志《兵事》纪载，颇有厚诬孙、张两先生者，攻击要点，在其深信辽东将士云。孙、张两先生初以善制炮，立功于辽，故其信任辽人，非无理由。且孙先生初尝疏言："登莱阻海援剿，非便军机；缓急风泛，难恃接济，调发俱不可必！"云云。疏陈不听，不得已而赴任；然则日后祸乱之责任，果谁负担之耶？附及。

◎兵巡道

崇祯

宋光兰　字绮石，福建莆田进士，副使，四年任。城陷被逮。

◎监军道　明天启二年设

崇祯

黄孙茂　江西进士，三年任，刘兴治反，殉难。

王　徵　陕西泾阳进士，四年任。

◎登州府　知府

崇祯

吴维诚　北直举人，四年任。

同知（因书缺页未详）

卷二十六　文秩二

◎蓬莱县　知县

崇祯

秦世英　陕西三原进士，四年任。

训导

崇祯

王尚坤　福建人，四年任。

据此，可作参考。谨按：孙先生之从官，自副使以至知县、训导，均相率航海待罪，作证主帅之忠义，于此益觇其赤忱，感人之深，故有如是之创举耳！

［附编三］

中丞孙先生，绝世聪明，于古今远迩书无不读。遵西儒教，以敬天为主，以苦身守诚为诚。余里人王良甫先生深交笃信二十余年矣！迨孙先生节镇登城，劳心焦思，欲为主上分忧，欲为小民造福；时良甫先生，亦以虚衔共事，正相商而图吾君，无奈吴桥之变，相逼，而来祸乱。两先生即有一片赤心，亦无能施其经纶矣！航海就法，西曹幽禁，有"天王圣明，臣罪当诛"（按：引韩愈文）之意！及良甫先生，握手言别，孙先生自叙相知始末，出之素牒，以识道义之雅，患难之情。余小子偶一读之，吁嗟太息！欲叩上苍：胡以挺此高贤，而不俾建非常之勋，且令困顿以死，天道真不可解已？

崇祯庚辰春日，华池温自知与亨跋

卢伽谨按：崇祯庚辰，即十三年（一六四〇），时孙先生逝世后八年，而王先生寿七十，且健在。前二年（崇祯十一年），王先生尚撰有《崇一堂日记随笔小引》，自称："今人且七十老矣！幸得优游林下，正天佚以老时也。"温孝靖先生与王先生为同里，且有世谊，读后作跋，表追怀先贤意耳！孝靖先生，对圣教亦有相当之认识，然究不如孙先生之师徐文定公，言之较深切明著也。文定公之言曰："其说以昭事皇维为本，以保救身灵为切要，以忠孝慈爱为工夫，以迁善改过为入门，以忏悔涤除为进修，以升天真福为作善之荣赏，以地狱永殃为作恶之苦报！一切诚规，悉天理人情之至！其法令人为善必真，去恶必尽。盖所言天主生育拯救之恩，赏善罚恶之理，明白真切，足以耸动人心，使其爱信畏惧发于由衷故也！"（引《辩学章疏》文）好学深思之士，曷进而考究之！至于孝靖之议论"天道"，太息孙先生困顿以死，余窃有说焉。追念泰昌元年（一六二〇），圣师伯辣弥诺曾由罗马托金尼阁司铎贻中国《奉教官绅书》，其中已反复晓示忍受世苦之真理！兹节引之。按圣师之书谓："中华地广民众，才智特出。今也，天主神宠，已发祥光于贵邦，俾君等详悉《圣经》之道，不但无害于邦国，而且授人以天国矣。君等蒙斯洪恩，不得不为君等贺！苟因昭事维皇之故，遭遇世上一切困苦艰难，则当深自荣幸，以其将得厚报于天也。盖我等在天大父，每欲以苦难锻炼吾侪之信德、望德、爱德，不啻如火之锻炼金然！假令天主欲免吾侪诸般困难，固易于反手；然而不为者，因欲吾人在世上，忍受诸般苦难，以得常生之报，愈厚而愈崇也！"此函当时西铎曾译示诸华友。徐文定公且曾肃函作答，复称："麦种非经霜雪冻凌，不能生长；今圣教在敝国，阳春已届，畅茂可期"云云。则是所谓"天道"，教人忍受世苦，想文定公之爱徒火东先生，亦必熟闻之，且笃信力行之矣！观其序《则圣十篇》之言曰："高先生偶笔十篇，多发损益吉凶随避诸义，与世俗眉睫所见而胸臆所揣，不啻反苍为白也。余故以反情之说，广先生之旨"云云。

准此而论，孝靖先生之议论，即"世俗眉睫所见而胸臆所揣"，与孙火东先生"反情之说"比较，实又"不啻反苍为白也"！犹忆《练川名人画像记》引黄训导汝成《跋孙先生集》亦曾太息而言曰："呜呼！封刀就抚，人情可见；事不可为，归死司败：始终之间，可曒然矣！"缅想孙先生航海归朝，引颈受戮，亦即实行反情之说，而毅然作超性之想！以效忠祖国始，以仰慕天国终，始终之间，诚曒然也！此当日伟大悲剧之一幕，即先贤光荣历史之一页。后学如余，于三百年后亦不禁雀跃三百，示敬慕焉！

公历一九三二年，圣保禄归化瞻礼，后学卢伽徐景贤谨再释

明天启壬戌科泾阳王端节公会试朱卷跋

张鹏一

编者按：本文原载《国立北平图书馆馆刊》1934 年第 8 卷第 6 期。张鹏一（1867—1943），字扶万，号在山主人，晚年号一翁、一叟，陕西富平人。1892 年入泾阳味经书院，师从关中大儒刘古愚，并协助山长刘古愚校勘《史记》和《尔雅注疏》。1898 年进京参加会试，积极参与维新变法，并协助刘古愚在陕西推动维新运动。变法失败后，返归故里，受聘于横渠书院，被誉为"关中淹博士"。民国之后，曾先后出任北京中国银行秘书长、陕西省吏治研究所所长和陕西省通志局分纂。积极参与了陕西的考古和文物保护工作，特别是对碑林《熹平石经》的保护起了重要作用。著作主要有《太史公年谱》《公羊今释》《礼记今释》《诗经今释》《尚书今释》《刘古愚年谱》《颜孝学考》《阿母河记》《唐代日本人来往长安考》《苻秦疆域志补正》等十余种。

泰西天算制器之学，传入中国，士大夫著书以广其传者，自明万历时徐光启、李之藻、李天经译著《天学初函》《算法新书》《测量法义》始。（见《四库提要》）吾秦则泾阳王端节公徵，与之声应气求，信服其学，曾著《泰西奇器图说》四卷，《西儒耳目资》诸书三十余种。前年沪上发起徐文定公（即光启）三百年纪念，载在《大公报》，诚以文定为此学先知，使后来者景仰益深。若端节之提倡西学利益民生于三百年前，秦人无议及者，余怀耿耿至今。今秋，于院长右任于三原书肆得端节天启时会试朱卷三册，出以见示，余惊喜以为可增端节三百年纪念之资。

端节王姓，名徵，字良甫，号葵心，晚年号了一道人，陕西泾阳县人，中万历二十二年甲午举人，天启二年壬戌进士，官至山东按察司佥事。以崇祯十七年李自成陷北京，庄烈帝崩，因不食七日而死，里人谥曰端节。此卷即天启二年端节进士朱卷。

卷分第一场、第二场、第三场。第一场《四书》文三道，《易经》文四道；第二场论一道，表一道，判语五条；第三场策问五道。此明代乡、会两试题目之制。

卷首页盖"《易》伍房"三字。考《明史·选举志》，正德六年分《诗经》房五，《易经》《书经》各四，《春秋》《礼记》各二。万历十一年，以《易》卷多，减《书》之一以增于《易》。十四年《书》卷复多，增翰林一人以补《书》之缺。至四十四年，《诗》《易》各增一房，共二十房，至明末不改。此卷专经为《易》，故云"《易》伍房"也。又三场卷首各盖"北号别捌"四字者，卷分南北省，此北省卷，编被字捌号，故云然也。云第三百六十五名王徵者，卷取中后，列榜所书之次第姓名也。

首册同考试官六人，检讨罗阅荐此卷，故批语场逐加详。余官预阅，故各批数字或十数字也。检讨罗即罗喻义，说详后。其"检讨姜，编修贺"，"姜"当为姜曰广，"贺"当为贺逢圣，《明史》有传。余王、李、施三人尚无明证。考试官大学士朱，批一"取"字；大学士何，批一"中"字。进士之取，定于考试官之一字也。考《明史》：朱名国祚，秀水人。光宗即位，特旨拜礼部尚书兼东阁大学士。天启元年六月，进文渊阁。明年会试。故事，总裁止用内阁一人，是科用何宗彦及国祚，有讥其中旨特用者。国祚既竣事求罢，优诏不许，即此次会试事也。何名宗彦，隋州人，居官有声誉。天启初，官吏部尚书、极建殿大学士。四年卒。《明史》有传。

各卷首尾骑缝，均盖"弥封官关防"五字。各卷末，盖誊录所官姓名、誊录书手姓名，后盖"誊录官关防"五字，后盖对读所官姓名、对读生姓名，后盖"对读官关防"五字。二三场同。至清代科场制度，沿之不改。

明清两代乡会试墨卷，皆弥封姓名，发誊录所，所用书手，以朱书之，付对读所，以对读生对读无讹，始交同考试官评阅，分别取去。同考试官，考试官用蓝笔，余官衔名关防用赭色，清代主考总裁用墨色，此其异也。

卷首同考试官罗批云："此卷其致雄浑，其思沉郁，而孟艺根诗意讲，切实不浮，四经俱满邑，第七作犹能出奇，则余勇可贾矣。二三场亦见朴诚。亟荐。"是此卷经试官批荐而得中，实由罗喻义也。

首场第二题："思知人不可以不知天。"其佳句云："尝试想贤豪之结契，觌面若隔，而精神感召，反若千里同堂，则不以形遇而以神遇者，天之默相通也。古帝王枚卜之先，所为轸简在之奇者，可思"云云。写天人相感之义，真功独至。

第三题："古之人所以大过人者无他焉。"其佳句云："尝试想刑于之化宫闱，所为效琴瑟钟鼓之欢者，古之人无甚异于今人也，而独是扩唱随之情，不宁使小人无鳏旷之感与仳偶之思，而直令淳风披拂于江汉，则推寡妻之所为于家邦者，其善为何如？"情致娓娓动人。罗批此段云："远承老老幼幼，不若直顶刑于之诗，于脉较紧。"总批云"孟艺根诗意讲切实不浮"云云，亦指此等言也。

第七题《易》艺："乱者有其治者也。"警句云："内而朝廷，屑越而不成纪纲；外而疆场，割裂而不成土宇，乱象昭然，似消弭之无策。然正惟无策之日，真英雄之筹策出焉，何也？平日磊磊落落，弃置弗录者，今皆其所悉心而加纳者也，而治之胚胎于是兆矣。"侃侃而谈，旁若无人，已明指明季之乱局，隐隐有澄清之抱负。然岂惟明季为然哉！直括千古之乱源。其结尾警句云："虽然，乱后图治，治已晚矣，又矧其不及图乎！则吾谓审治者，宜察乎乱之几而慎防之，毋徒借口乱不终乱，而令治理之希（按，此字当作"奚"，誊录讹字也）有可焉。"说理周到，关心世局，隐然见于言外，令读之者怦怦动心，总批谓"第七作出奇，余勇可贾"，信矣。

第二场论题："为君之道必先存百姓。"其文起首警句云："有天下者必有所托其身，而后天下为我有，则身所常托，正心所不可不常注者也。"又曰："挽近之君，其真切不忍之心姑无论，乃或不知其当尽之道何在，不审其相关甚急之势何若，而一切严刑峻法横征厚敛朘削而草菅之，以为是蠢蠢者易与也，敢谁何我者，卒之，皮尽而髓竭，人心一离，揭竿四起，而国家溃败决裂之势，遂至不可收拾。噫！百姓谁之赤子，而忍使之若是！明君所凭依，不在百姓乎？明君知存百姓者，所以存天下、存国家，而存吾身者也。所托于吾者重且急，则所托于吾心者，安得独轻且缓也"云云。说君民相关，针针见血，其事虽在身而实在心，"皮尽""揭竿"数语，直烛照崇祯流寇之乱而痛哭言之。以明之亡，基于万历、天启两朝，故端节直言无隐也。昔王应麟得文文山试卷，奏云："此卷古谊若龟鉴，忠肝如铁石，敢为国家得人贺。"而《宝祐四年登科录》一卷后人传之，以其人重也。（见《四库提要》）端节此卷荐之者为罗喻义，《明史·喻义传》云："字湘中，益阳人。万历四十一年进士，改庶吉士，授检讨。"与此卷合。喻义后为南京国子祭酒，惩诸生倡为魏忠贤建祠者；又见中外多故，将吏不习兵，锐意讲武事，推演陈图献之；又言督抚大吏，宜别立军府以飨士赏功购敌；又极陈车战之利。明帝不能用。以与温体仁不和，致仕归。其人实有用之才，亦王深宁之比也。端节此年应试时，明已失辽阳、沈阳，而广宁在危急中，朝政无人，故端节慨乎言之。其后国变致命，无愧文山，同榜诸人尤不乏奇节之士，与陆秀夫、谢枋得后先辉映，故此卷可贵也。

此年进士，据《明代贡举题名录》，一甲第一名文震孟，二名傅冠，三名陈仁锡，皆知名士。冠事见《明史·贺逢圣传》，后官东阁大学士，清兵下江南，被杀于汀州。外有黄道周（字幼平，号石斋，漳浦人）、卢象升（字建斗，宜兴人）、汪乔年（字岁星，遂安人）、华允诚（字汝立，无锡人）、倪元璐（字玉汝，上虞人）、祁彪佳（字弘吉，山阴人）、姜思睿（慈溪人）、王锡衮（禄丰人）、许士柔（常熟人）、冯元飙（慈溪人）、毛羽健（公安人）、吴执御（黄岩人）、陈演（井陉人）、王铎（孟浦人）诸人，或行间杀贼，或遇变捐躯，或以荐贤忤时宰，或莅官悉著能名。惟陈演官首辅，而史讥其庸才寡学，王铎但以书法见称。又有吾富平田时震、朱国栋，亦此年进士。田官山西参政，死十七年李贼之难。国栋官昌平巡抚，崇祯十五年卒。自成破西安，逮其父崇德，中道放还，崇德自缢以明不屈，《明史》有传。呜呼，此年知名诸公，可谓一时之盛，惜不得尽展其用！

端节从西洋人邓玉函等游，信服其教，究心制器之学。所著《奇器图说》，武位中为之序，言所制自行车、自行磨，汲水之虹吸鹤饮，刻漏之轮壶，灭火之水铳，御敌之连弩，代耕之农具，有裨兵农之用。此在今日推崇将不遗余力，而当时则视为奇淫，故其书虽存而其器不传，惜哉！又明代死节诸人，除六部宰辅封疆大员外，余多不详，故全谢山《鲒埼亭集》，以表彰四明明末遗献为最致力。端节于《明史》仅附《祝万龄传》后，载王徵姓名，无事实一字也。今幸《陕西通志》，泾阳《王志》《蒋志》，详其生平行事与所著各书，当别为《端节传》以补《明史》之阙。此卷流传三百余年，幸为右任所得，余怂恿藏于省垣图书馆，因为跋语于后，以备参考。

甲戌九月，富平张鹏一

书《王端节公传》后

冯光迁

编者按：本文原载《陕西省孔教会汇志》1934 年第 3 期。题目下作者依上篇作"前人"，即"冯光迁"。冯光迁，当为冯光裕（1867—1948），字孝伯，陕西兴平人。曾就学于刘古愚。有《茂陵乡贤百咏》存世。

往读《明史·王端节公传》，至独不谒魏奄祠，肃然起敬曰："有是哉！昔吾先正之风义类如是，是可敬而师也。"夫有明一代，奄人之祸烈矣，而成祖与宣宗实酿之。初，明祖定制，不许内官干政。惠帝遵守，钤榧极严。及靖难师起，若辈多逃军中，泄京师虚实，成祖德之，故即位后，使中官镇边监军。又立东厂，使刺外事，为中官预政之始，然文义未谙，犹未大肆也。逮宣德中，立内读书堂，专令翰林教习内竖，由是文义渐通，拟批矫旨，如虎傅翼，奄人之祸，遂与明代相终始。钱能、王振、刘瑾、魏忠贤之流，毒流缙绅，祸及国家，而瑾与忠贤尤熏灼。

士大夫无耻者，多逐臭叨秽，争凑其门。吾乡诸君子独亢亢矫矫，不附不趋；又或抗疏弹击，以申法纪。以余所见，若泾阳魏恭襄公学曾，渭南孙庄毅公玮，韩城薛相国国观，郿州宋御史宜，扶风王副使纶之劾群奄。三原王端毅公恕之劾钱能，耀州王巡抚国之劾冯保。专劾刘瑾者，则有长安韩侍郎福，咸宁雍端惠公泰，耀州张侍郎琏，绥德马文简公汝骥，三原马忠宪公理，商州南方伯镗。劾忠贤者，则有洋县李忠节公遇知，临潼刘给谏懋，韩城阎御史可升，三原来方伯复，商州邵方伯山立，朝邑王侍郎之采，渭南刘宪副芳，清涧惠侍郎世扬。不附名建魏祠者，则有澄城韩给谏一良，武功马侍郎鸣世。不拜魏祠者，则有泾阳王端节公徵。而长安邹御史应龙，咸宁刘尚书储秀，王尚书用宾，富平杨忠介公爵之劾分宜父子者，又勿论矣。呜呼，何其多也！

有明一代，陕人扬历中外者，虽才分有优绌，勋业有高下，类能以道自持，崭崭不屈。方魏奄生祠遍天下，独秦无祠。有明二百七十年中，污于权奸逆奄之秽者，未之或闻，则昔先正之风规可想。吾秦人之性质，深堪嘉尚矣。士固贵自立耳。能自立则虽一介幽鄙之士，无所建白于世，而世犹知爱重之。如不然也，虽以孔光张禹之经术、之尊贵，孟子所谓"乡愿，德之贼"而已矣，何足道哉！

吾观端节公以京外散秩，不拜魏祠，又著《奇器图说》以前民利用，国变后以身殉之。精忠大节，光光宇宙，闻其风者，虽百世犹将兴起，况生同里闬者乎！士生文献之邦，读有书，行有型。而或苟焉自恕，道德气节，无一可称于世者，其亦可以崛然奋矣。

冰庐漫录

冰 庐

编者按： 本文原载《圣公会报》1934 年第 27 卷第 1 期。冰庐，即施济群（1896—1946），上海人，原籍江苏南江，号冰庐，别署花好月圆人寿室主。报人、作家，鸳鸯蝴蝶派重要作者之一，曾主编《游戏新报》《清闲月刊》等。亦行中医，曾任民国全国医学会常务理事、医药联合会宣传主任等职。

数年前，陈援庵先生曾为泾阳王徵作传，考证颇详，载于《文社月刊》第二卷第二册。惟于王徵死难事只书："十六年（西一六四三），李自成入关，罗致荐绅，知不免，手题墓石曰'明了一道人之墓'。使至，徵引佩刀自誓。乃系其子永春去。徵素德于乡，乡人以身赎者百人，永春不死。十七年（西一六四四），京师陷，徵闻变，绝粒七日卒，年七十四，门人谥曰'端节'。"余近阅《明末痛史》第一集，于《鹿樵纪闻》，见《题纪关西二烈》一章，读之，则正为记三原在籍副都御史焦源溥，及泾阳在籍金事王徵死难事者。其书王徵死难事，曰：贼"又遣兵至泾阳，胁徵。徵闻之，引佩刀坐于门，曰：'贼使至，我必以颈血溅之。'子永春跪请曰：'大人毋自苦，儿今走西安，请死，以代大人。'徵曰：'若代吾死，死孝。我誓自死，死忠。各行其志，可也。'遂绝粒不食。越五日，永春得释归，跪进汤饵。徵曰：'永之于父，当成其志。'卒挥去不食，死。邑人私谥曰'端节先生'"。此书所纪，尤能见徵死难之活跃。

《鹿樵纪闻》又载"葵心（王徵字葵心）之友袁养和，亦以拒召绝粒而死"。葵心为天主教教徒，其友养和亦天主教教徒乎？明清之季，官吏文人中之入天主教者颇不乏人，但于其传记、墓志中，皆不题及信仰事，故使后人尤难考定也。

《泾阳王徵传》曰："登抚孙元化亦天主教徒也。疏起徵为山东按察司金事，监辽海军务。崇祯四年（西一六三一）闰十一月，登州游击孔有德等叛。登州陷，元化被执，徵只身航海归。六年（西一六三三）二月，官军复登州，论罪遣戍，寻遇赦，归不复出。"阅《方望溪文集》，有《与孙以宁书》。盖孙以宁因他人为王徵作传，皆未得体，故再请望溪另为徵作传。望溪因告以作传之权衡曰："诸贤为之作传，其大致不越二端，或详讲学宗旨及师友渊源，或条举平生义侠之迹，或盛称门墙广大，海内向仰者多。此三者，皆徵君之末迹也。三者详，而徵君之志事隐矣。……徵君义侠，舍杨、左之事，皆乡曲自好者所能勉也。其门墙广大，乃度时揣己，不敢如孔、孟之拒孺悲、夷之，非得已也。至论学，则为书甚具，故并弗采著于传上，而虚言其大略。……仆此传出，必有病其太略者。不知往者群贤所述，惟务征实，故事愈详而义愈狭。今详者略，实者虚，而徵君所蕴蓄转似可得之意言之外。他日载之家乘，达于史官，慎毋以彼易此。惟足下的然昭晰无惑于群言，是徵君之所赖也。"孔以宁其元化之后辈，当无可疑。但《望溪文集》中只有《书泾阳王佥事家传后》，并无家传。望溪所言，即其所作之传软？抑另有家传，而未录存其稿耶？其家传后有言曰："泾阳王佥事徵，当明崇祯朝，以边才由司理擢按察司佥事，监登莱军。未阅月，军变，落职，归田里。甲申三月，闻庄烈愍帝殉社稷，七日不食，死。公少时即慕诸葛武侯演八阵图，仿木牛流马，制械器，皆可试用。其家居，见流贼猖獗，倡筑鲁桥城，以保泾原，乡人赖之。"

编者案：吾邑先贤孙元化，字初阳，一字火东，为手奠嘉定天主教基础之巨子。邑志本传：元化师事上海徐光启，受西学，精火器，从军辽左，请据宁远前屯，筑台制炮练兵，朵颜入犯，元化用关东将卒，所向有功，守抚宁，救开平，复建昌滦州，所隶八城，二十四堡，屹然不动。崇祯三年，擢抚登莱，大凌河告急，奉檄往援，会孔有德兵变，元化自刎不殊，归朝待罪，首辅温体仁论元化大辟，时光启在内阁，叹为冤狱。子和鼎、和斗、和京，孙致弥等，均信奉基督弥笃云。

最近发现王徵遗文记略

方　豪

编者按： 本文原载《圣教杂志》1936 年第 25 卷第 3 期。方豪（1894—1955），字俶新，又名兆鼎，浙江金华人。毕业于北京大学法学院，五四运动时期的学生领袖之一，后主要从事教育工作。

昨辅仁大学校长陈援庵先生垣，以《国立北平图书馆馆刊》八卷六号（民国二十四年十一月十二月）王徵专载抽印本，邮寄示余，余既细读一过，乃为之记。

九年前，余读陈先生《王徵传》（《益世主日报》十六年八期等），知徵为明末教友，时陈先生所据者，仅《陕西通志》、《泾阳志》（康熙、乾隆《王志》《蒋志》），暨清初张缙彦撰《王公墓志铭》，并《职方外纪》《西儒耳目资》《远西奇器图说录最》等序跋，及《四库》评语。既而已故北大黄教授节，亦有《王徵传》之作，余未寓目。民十七，余亦于《望溪文集》得见《书泾阳王金事家传后》。民二十，于右任先生获孙元化致徵手札墨迹，我友徐景贤君为之考释（载同年《圣教杂志》九期及二十一年五期），所得新史料有：清初张炳璿撰《王公像赞》（二十年十一期《圣教杂志》插图），马侍辇《王葵心尽节诗》，《明儒学案》《道学渊源录》王传，及所撰《崇一堂日记随笔小引》（徐家汇藏书楼藏抄本，《我存杂志》一卷四期揭载），并《温恭毅城祠记》。二十一年，于右任先生又于温氏《海印楼名贤词翰》中，得王先生《和陶靖节归去来辞》，沪绅朱志尧为之注释（载《我存杂志》一卷四期）。去年秋，于先生复于三原书肆得端节天启时会试朱卷三册，从张扶万鹏一先生之请，赠藏陕西省立图书馆。今岁，张先生本人亦于《泾献文存》中发现徵文甚多。北平图书馆馆刊编者，假抄一副本，合张先生所撰《端节公会试朱卷跋》，及陈先生所作徵传，汇为单行本，以备言明清之际西学者省览焉。余以徵遗文中颇多教理语，且间有教会史料，故摘而记之，盖不独徵个人之宗教信仰将因此而愈明，即明末公教之文献亦可借此而略窥一斑也。

（一）《奏奴氛日炽人心动摇敬请祈天固本以佐末议疏》

（案：王徵文中屡有"天"或"上帝"等字样，因明末时尚未禁用，故此处一仍其旧。）

（上略）"何谓挽天意？从古治乱相寻谓之天运，至于殷忧儆戒，实系天威。……夫君道首称敬天，即时当康宁，尚不敢不畏天命。矧兹天威已赫，尚可泄泄然，不亟加恐惧修省乎哉！第不知实动吁天哀悔之诚，与夫祈天挽回之念否？……徵曾闻海外有一小国，为强敌所围困，其势将亡。维时国中一大德人，仰跪祈救于天。……此小国遂以获免。一人回天之力如此，何况圣主之转念！……果能齐心祷悔，痛洗从前悠悠忽忽之心肠，另换一番卧薪尝胆之干局。用一人必当天心，行一事必合天理，诛一人不稽天讨。……以诚意祈祷于皇天，天心一转，何物小丑，不立时殄灭也哉。……徵愚夙闻光禄少卿李之藻忠勤不二，廉干无私，见理城守军需；如果徵言可采，简命斯人主持提督，而徵得以布衣从容谋议其间，相与悉心调度。"（下略）

（二）《登岛兵变情形折》

按，登岛兵变情形，史册所载，对元化与徵颇致微辞，读此折乃恍然矣！但折有云："少刻孙抚台乘马而至，见城已破，辄自刎仆地。"此传闻之误也。盖元化后曾归朝待罪，且有手书致徵，可资证也。

（三）《简而文自记》（徵自筑别墅，名"简而文"）

（上略）"远离市尘，渐扫三仇浊累；潜伏洞壑，永遵十诫（原作械）清修；此余素怀，而今计可幸惬耳。暂尔行游，曹寄余心之药（原文恐有舛误）；终焉安止，终成自在之乡（谓息止安所也）。爰述数言，用券异日。"

（四）《两理略序》（崇祯丙子一六三六）

此序略述生平，可作自传读。有云："独时时将畏天忧人念头提醒，总求无愧寸心。曾书一联自警曰：'头上青天，在在明威真可畏；眼前赤子，人人痛痒总相关。'"序末自署支离叟，未见他书。盖因得怪木而自号也，有《怪木供赞》。

（五）《天问词序》（万历丙午一六〇六）

（上略）"且托言问帝，亦知我惟天之意云耳。"（此言承行主旨也。）

（六）《贺张仪昭授满城县令序》（崇祯己卯一六三九）

（上略）"居恒仰吁造物主，既已笃生此千古难遘之圣主矣，奈何不遹令

斯世斯民安平治之福？每与表弟张仪昭旰衡谈天下事，盖未尝不动圣主贤臣之想云。"（下略）

（七）《告神文》

（上略）"有此人力无如之际，唯有哀吁神聪，默载天听而已。倘得天心一转，遄发宽大浩荡之傍言，宁惟兹土之幸，官兹土之幸，实亦宠绥兹土者之幸。乃徽凤屑图维，冀神俯听之第一义也。……更愿徽神之灵，借我明照，……迄无令徽得罪于百姓，得罪于朝廷，得罪于垂佑下民之上帝。则神之惠也！"（下略）

（八）《与张仪昭书》

（上略）"迩来百无一事于心，三碗饭饱后，一枕黑甜余，自立工课，汇辑《西儒缥缃要略》，每日手录五七叶，业已多半。计其全，可数百叶，或成一种不刊之奇书也。"（下略）缥缃者，书卷也，则此《要略》殆即《道学家传》之类欤？（见《青年会季刊》二卷二期）信然，则韩霖张赓不得专美于前矣。余所藏《辩学》抄本，亦有康熙年间陆希言思默氏所撰《铎德姓氏录序》，并求政凡例；可知前人之从事于此者正复不少。而散佚为可惜也！

（九）《即事》

"老天生我意何如？天道明明忍自迷。精白一心事上帝，全忠全孝更无疑。"

按，张缙彦所撰《王公墓志》称其临危书"全忠全孝"四大字，付公子永春曰："吾且死，死岂为名？欲汝识吾志耳！"读此诗，乃知王公平日，固无时不以"全忠全孝"为念也。

（十）《山居自咏》（正宫端正好）（依美陂先生春游韵）

（上略）"买鼎安炉，傍门安户，那个识天真主。……奇人幸得多奇遇，资人耳目元音谱（指其所校刊金尼阁撰《西儒耳目资》），启我灵函圣迹图。但开口，皆奇趣。情知道天花香艳，哪怕他世路荒芜。……半生潦倒，笑百样颠危赖主扶。（此出《早晚课》《感谢经》语也。）……洒圣水消除了白业（想系"百业"之误，"业"与"孽"通，借用佛教名词也）。……三仇五浊谁能去？"

文抄中尚有：《浒北正翁训子歌跋》《历代事略发蒙歌》《祭尚宜人文》《怪木供赞》《五云太守来公墓志铭》《山居再咏》《同春园即事》《山居题咏跋》，及附录梁尔升《简而文小引》，张缙彦《两理略序》，钱洪谟《兵约题辞》。以与圣教无关，概行从略。

又徵会试朱卷，馆刊以其过繁，不录，仅载张先生所为跋。跋录考试官罗喻义首场第二题"思知人不可以不知天"，批语曰："其佳句云：尝试想贤豪之结契，觌面若隔，而精神感召，反若千里同堂，则不以形遇而以神遇者，天之默相通也。……写天人相感之义，真功独至。"读此，真所谓尝一脔足以知鼎之味矣！犹忆宁波府顺治五年举人朱宗元（见余藏咸丰七年京师板《国朝两浙题名录》）大比时，文题为"郊社之礼，所以事上帝"，宗元有语曰："上帝者，天之主也，为天之主，则亦为地之主，故郊社虽异类，而统之曰：事上帝耳。"时文宗颇加击赏，乃拔置第一，批语曰："此公少习天主教，故能如此精策。"（见《益世主日报》十八年四十七期，恬庐君《我华公教先贤的学识》）可见吾教先达，每能以文字自见，虽策试亦不例外，而当时信教之风之所以极浓者，亦由此而造成，漪欤盛矣！（豪按：顺治五年，浙江解元系慈溪人王嗣槀，恬庐君"拔置第一"之语，容有失检处也。）

王徵与我国第一部机械工程学

刘仙洲

编者按： 本文原载《新工程》1940年第3期，原标题后有"附图"二字。《真理杂志》1944年第1卷第2期亦有刊载，但标题略有调整，且部分内容有删节。相较而言，《新工程》所载字迹清楚并附有本文目次，故据《新工程》本录入点校，同时参照《真理杂志》本补入本文所附按语与附言。刘仙洲（1890—1975），河北完县（今顺平县）人。著名机械工程学家和工程教育家。倡导"工读协作制"的教育思想，自编我国工科大学第一套教科书。先后任教于河北大学、东北大学、清华大学等。著作有《机械原理》《热工学》《中国机械工程发明史》等。

摘要： 王徵是我国三百年前的第一位机械工程学家。他所译的《奇器图说》和所著的《诸器图说》是我国第一部机械工程学。本文系将王公生平的事迹和这部书的内容加以介绍，以备我国机械工程界同人的参考。[①]

目　次

---

① 摘要为原文内容。

一、引言

在我国几千年的历史上，若搜求对于机械工程有相当创造的人，虽说也能得到一二十位（参考拙编《中国机械工程史料》），如张衡的创造候风地动仪，诸葛亮的创造木牛流马，耿询的创造水力浑天仪，贾秋壑的创造脚踏车船，等等。但有计划的、有条理的写一部关于机械工程学的著作，则不能不首推明末的王徵。我在《中国机械工程史料》上《由西洋输入的机械工程学》一章上，曾约略的介绍过一次。现在就我搜得的材料，再作一比较详细的叙述，以供我国机械工程界同人的参考。

二、传略（本段因多系采用原来字句，故仍用文言）

公讳徵，字良甫，号葵心，又号了一道人。陕西泾阳县人。明隆庆五年（1571）公生。距今三百六十六年。父应选，号浒北。以经算教授乡里。著有《算数歌诀》《浒北山翁训子歌》各一卷。

万历五年（1577），公年七岁。从里儒张鉴游。鉴曾任河东运司。有学行。后乡人私谥曰"贞惠先生"。公受父师之训，自少即有经世志。

万历十四年（1586），公年十六岁。补博士弟子员。

万历二十二年（1594），公年二十四岁。中举人。后九上公车不遇。芒履蔬食，以著书力田为务。当是时，耶稣会士利玛窦（Matteo Ricci，意大利人，1552—1610）讲学京师。东南人士，如徐光启、李之藻等与之游。公以屡上公车之故，亦时闻绪论；且性好格物穷理，尤与西士所言相契，遂受洗礼。尝慕木牛流马之奇，又受西人输入之自鸣钟等器之影响，曾自制虹吸、鹤饮、轮壶、代耕，及自转磨、自行车诸器。后绘图附说，成《诸器图说》一卷。初刻本有天启六年（1626）自序。

天启二年（1622），公年五十二岁，中进士。明年（1623），西人艾儒略（Jnles Aleni，1582—1649）所著《职方外纪》成。公读之，见其中所载奇人奇器，绝非前此闻见所及，对于西洋奇器遂发生极大之兴趣。

寻补广平推官。值白莲教兴，株连无数，公悉辩释之。又浚清河闸，溉田至千顷。教民以诸葛阵图，曰："天下不可以无事之治治之也。猝有变，将何恃？"天启三年（1623），以继母忧去职。

天启五年（1625），公年五十五岁。时比利时人金尼阁（字四表，原名Nicolas Trigault，1577—1628）在山西，乃邀至陕西开教。金尼阁于利玛窦卒年至中国。曾集利玛窦笔记为拉丁文《中国开教史》。又曾著《西儒耳目资》一书，以拉丁字母注汉音。当时西人入中国，能阅中国文字多资焉。公既从金尼阁习其文，乃自为之序，并丐其乡人前吏部尚书张问达序而刻之于陕，故迄今言中国人习拉丁文最先者，亦当推公也。

天启六年（1626），公年五十六岁。服阕，入都。会西人龙华民（字精华，意大利人，Nicolas Longobardi，1559—1654）、邓玉函（字函璞，瑞士人，Jean Terrenz，1576—1630）、汤若望（字道未，德国人，Jean Adam Schall Von Bell，1591—1666）以候旨修历留京邸，公与之游，乃以《职方外纪》所载奇器叩之，三人因出其所藏图籍之关于奇器者令公纵观。公大悦，遂急请择其中实有益于民生日用、国家兴作甚急者译以中文。由邓玉函口授，公任笔译及绘图，不数月即完成，名之曰《远西奇器图说录最》。后多简称之曰《奇器图说》。天启七年（1627）刻于北京，距今三百十余年。清乾隆年间修《四库全书》，著录子部谱录类。

补扬州推官，适三王之国。从者诛求无艺，民不堪其扰；公挺身白王，王为折节。徽州富民吴养春与弟争产，弟赴东厂首其兄占黄山，获大利。魏忠贤提养春拷讯，词连巨室数百人，下公按问，公据法争之，全活甚众。各省为魏阉建生祠，扬州祠成，公与淮海道陕人来复独不往拜，时称"关西二劲"。旋丁父忧去职。

岛贼为乱，登抚孙元化疏起公为山东按察司佥事，监辽海军务。崇祯四年（1631）闰十一月，登州游击孔有德等叛，登州陷，元化被执，公只身航海归。崇祯六年（1633）二月，官军复登州，论罪遣戍，寻遇赦归。

关中寇盗充斥，三原令张缙彦从公受方略，议战守。为连弩、活机、自行车、自飞炮，以资捍御。间阎获安。当时相国叶向高、徐光启，太傅孙承宗，冢宰李松毓，中丞左光斗等，咸推为王佐才，交章争荐。卒为权奸所抑，未能复出。

崇祯十六年（1643），李自成入关，罗致荐绅。公知不免，手题墓石曰"明了一道人之墓"。闯使至，公引佩刀自誓。乃系其子永春去。公素德于乡，乡人以身赎者百人，永春得不死。

崇祯十七年（1644），京师陷，怀宗殉国。公闻变，设帝位哭于家，七日不食死。（《明史·祝万龄传》称：西安陷，万龄深衣大带，趣至关中书院，哭拜先圣，投缳死。佥事泾阳王徵，太常寺卿耀州宋师襄……皆里居，城破并抗节死。未知孰是。）享年七十有四。门人谥曰端节。清乾隆时，又追谥曰忠节。

所著之书，除《奇器图说》与《诸器图说》外，尚有《学庸解》《百子解》《天问辞》《两理略》《了心丹》《痴想语》《任真语》《耆镜》《士约》《兵约》《乡兵约》《兵誓》《屯兵末议》《甲戌纪事》《草野杞谈》《感时俚言》《特命录》《忠统录》《路公绘心录》《元真人传》《张贞惠公年谱》《崇正述略》《事天实学》《真福直指》《历代发蒙》《辨道说》《畏天爱人论》《忧旱祷天歌》《西书释译》《西洋音诀》《山居题咏》《景天阁对联》《吁泰三因》等各一卷，《吁泰衷言》四卷，《尺牍》二卷，《尺牍遗稿》四卷，《奏议》一卷，《文集》六卷，《经集全书》二十七卷。

永春子琪。琪子承烈，清康熙四十八年（1709）进士，官至刑部尚书。承烈子穆，雍正元年（1723）举人，以诗书世其家。

三、不甚合理的记载①

我们读古人的传记，常见有言过其实的地方。当推崇一个人，往往称许的太过；当痛恨一个人，往往贬抑的太过。这似乎都是不应当的。王公的传记，从前都失之太简略。《明史》上只有附在《祝万龄传》上的几句（见前段）。《陕西通志》《泾阳县志》说的也都很简单。《方望溪文集》上《书泾阳王金事家传后》一文，和张缙彦为他作的墓志上，说的较详，但是只注意他的政绩，称赞他的死节，对于他的学术，无甚阐扬。对于他各方面记载比较最详的，当推近年来黄节先生在《国粹学报》上为他立的传和陈垣先生在《青年进步》杂志上为他立的传。但黄传上有下列的一段：

> ……未通籍时，每春夏播耕，多为木偶以供驱策。或舂者，或簸者，或汲者，或炊者，或操饼杖抽风箱者。机关转捩，宛如生人。至收获时，辄用自行车束载以归。其所居室，窍一壁以通言语。每一人语窍，虽前后相隔数十屋悉闻之。皆其心所发明者……

陈传上亦有同样的一段：

> ……每当春夏耕作，即驱所制器从事陇亩，舂者、簸者、汲者、炊者、操饼杖者、抽风箱者，机关转捩，宛然如生。至收获时，则以自行车捆载禾束以归。邑人奇而效之，利甚溥。所居室，窍一壁以传语。每值冠昏丧祭，以一人语窍，则前后数十屋皆闻，名曰空屋传声。见者以为诸葛孔明复出……

这样说法，未免过于玄妙了！就现在所说的"机器人"，似乎也没有这样

---

① 《真理杂志》1944年第1卷第2期改为"几点可疑的记载"。

玄妙。无论就机械的原理言，或是就当时机械工程的程度言，都似乎是不可能的事。后来我考察他们两位这样记载的来源，知道都是根据清道光十年（1830）重刊本《奇器图说》张鹏翮所作的序文。他的序文里边有这样一段：

> ……余闻之父老云：公未通籍前，每春夏播耕时，多为木偶以供驱策。或舂者、簸者、汲者、炊者、操饼杖者、抽风箱者，机关转捩，宛然如生。至收获时，辄制自行车以捆载禾束，事半功倍。……名曰空屋传声。

我们看这一段序文，开首说是"余闻之父老云"，且道光十年距公生时，已有二百年的时间，传闻之言，可靠性已甚小，而黄、陈两位先生竟又把得之传闻的话去掉，就真似实有其事的样子了。因为这样言过其实的推崇，对于王公学术上的真价值并不能有所增进，所以我没有把它列在传略里边。

又，在张鹏翮的序文里边，还有下列的一段：

> ……公于甲申林下时，闻李自成寇京师，公垒瓦砾为内外城，如京制。绕城默祝七昼夜。适一犬自西南至，拽城一隅圮。公知事不可为，乃仰天恸哭，七日不食而殉国难。

这一段，黄、陈两位先生所作的传都没有采入。我以为是很对的。

四、译《奇器图说》的动机及其经过

关于译《奇器图说》的动机及其经过，在第二段已经稍微叙述了一点。若打算知道更详细的情形，最好读他那篇最详细最有价值的自序。现在把它摘要抄下，以备参考：

> 《奇器图说》乃远西诸儒携来彼中图书，此其七千余部中之一支。就一支中，此特其千百之什一耳。余不敏，窃尝仰窥制器尚象之旨，而深有味乎璇玑玉衡之作。一器也，规天条地，七政咸在，万祀不磨。奇哉，蔑以尚已。《考工指南》而后，代不乏宗工哲匠。然自化人奇肱之外，巧绝弗传，而木牛流马遂擅千古绝响。余甚慕之爱之。闲尝不揣固陋，妄制虹吸、鹤饮、轮壶、代耕及自转磨、自行车诸器，见之者亦颇称奇。然于余心殊未甚快也。

偶读《职方外纪》所载奇人奇事，未易更仆数；其中一二奇器绝非此中见闻所及。如云多勒多城在山巅取山下之水以供山上，运之甚艰。近百年内，有巧者制一水器，能盘水直上山城，绝不赖人力，其器自能昼夜运转也。又云亚而几墨得者，天文师也。承国王命，造一航海极大之舶。舶成将下之海。计虽倾一国之力，用牛马骆驼千万，莫能运也。几墨得营作巧法，第令王一举手引之，舶如山岳转动，须臾即下海矣。又造一自动浑天仪，其七政各有本动，凡列宿运行之迟疾，一一于天无二。其仪以玻璃为之，悉可透视，真稀世珍也。《职方外纪》，西儒艾先生所作，其言当不得妄。余盖爽然自失，而私窃向往，曰："嗟乎，此等奇器，何缘得当吾世而一睹之哉？！"

丙寅冬，余补铨如都。会龙精华、邓函璞、汤道未三先生，以候旨修历寓旧邸中，余得朝夕晤请教益，甚欢也。暇日因述外纪所载质之，三先生笑而唯唯。且曰："诸器甚多，悉著图说。见在可览也。奚敢妄？"余亟索观。简帙不一。第专属奇器之图说者，不下千百余种。其器多用小力转大重。或使升高，或令行远，或资修筑，或运刍饷，或便泄注，或上下舫舶，或预防灾祲，或潜御物害，或自舂自解，或生响生风。诸奇妙器，无不备具。有用人力物力者，有用风力水力者，有用轮盘，有用关捩，有用空虚，有即用重为力者。种种妙用，令人心花开爽。间有数制，颇与愚见相合。阅其图绘，精工无比。然有物有像，犹可览而想象之。乃其说，则属西文西字。虽余向在里中，得金四表先生为余指授西文字母字父二十五号，刻有《西儒耳目资》一书，亦略知其音响，顾全文全义则茫然其莫测也。于是亟请译以中字。邓先生则曰："译是不难。第此道虽属力艺之小技，然必先考度数之学而后可。盖凡器用之微，须先有度有数。因度而生测量，因数而生计算。因测量、计算而有比例。因比例而后可以穷物之理。理得而后法可立也。不晓测量计算，则必不得比例，不得比例，则此器图说必不能通晓。测量另有专书，算指具在同文，比例亦大都见《几何原本》中。"先生为余指陈。余习之数日，颇亦晓其梗概。于是取《诸器图说》全帙，分类而口授焉。余辄信笔疾书，不次不文，总期简明易晓，以便人人阅览。然图说之中，巧器极多，第或不甚关切民生日用，如飞鸢水琴等类，又或非国家工作之所急需，则不录。特录其最切要者。器诚切矣，乃其作法或难，如一器而螺丝转太多，工匠不能如法，又或器之工值甚巨，则不录。特录其最简便者。器俱切俱便矣，而一法多种、一种多器，如水法，一器有百十多类。或重或繁，则不录。

特录其最精妙者。录既成，辄名之曰《远西奇器图说录最》云。

　　客有爱余者顾而言曰："吾子向刻《西儒耳目资》，犹可谓文人学士所不废也。今兹所录，特工匠技艺流耳。君子不器，子何敝敝焉于斯？矧西儒寓我中华，我辈深交，固真知其贤矣。第其人越在遐荒万里外，不过西鄙一儒焉耳，奚为偏嗜笃好之若此？"余应之曰："学原不问精粗，总期有济于世；人亦不问中西，总期不违于天。兹所录者，虽属技艺末务，而实有益于民生日用、国家兴作甚急也。倘执不器之说而鄙之，则尼父系《易》，胡以又云：'备物制用，立成器以为天下利，莫大乎圣人？'且夫崎人罕遘，纪学希闻，遇合最难，岁月不待，明睹其奇而不录以传之，余心不能已也。故向求耳目之资，今更求为手足之资已耳，他何计焉。"……

五、当时一部分士大夫接受西洋科学的精神

　　当明末万历、天启、崇祯三朝，即十六世纪的末年到十七世纪的初年，我国一部分士大夫极有接受西洋科学的精神。徐文定公光启就是当时的领袖人物。纯粹科学，如天文、数学；应用科学，如水利、测量、机械等；都尽量加以迻译。又当时译书的方法，除由西人自译的以外，大多数是由西人口授，中国人笔述。如利玛窦、徐光启合译的《几何原本》前六卷；利玛窦、李之藻合译的《同文算指》前编二卷，通编八卷，别编一卷；利玛窦、李之藻合译的《圜容较义》一卷；熊三拔（Sabbathin de Ursis，1575—1620）译的《泰西水法》六卷；罗雅谷（Jacques Rho，1593—1638）译的《测量法义》十卷，《比例规解》一卷；邓玉函译的《大测》二卷，《割圆八线表》六卷，《测天约说》二卷；汤若望译的《浑天仪说》五卷，《筹算指》一卷等。

　　由以上的情形看起来，可以知道当时将西洋科学输入中国的精神非常的热烈。虽有一部分人士，如徐如珂、沈㴶、晏文辉、余懋孳等不断的表示反对，亦不之顾。惜译机械工程者只王徵一人。

六、当时在中国的传教士与西洋学者的关系

　　当时在中国的传教士大多数是饱学之士。因为当时中国人对于外人排斥的很厉害。不但传教是不容易的事，有时甚至入国境都很困难。所有传教士一方面想着和中国的士大夫交游以取得社会上的地位，一方面更打算取信于当时的国君，非很有学问的人是很难胜任的。如利玛窦曾经从当时大数学家所谓丁先生者学过

几何。他在所译的《几何原本·自序》里边说："……至今世又复崛起一名士，为窦所从学几何之本师，曰丁先生（1537—1612）。开廓此道，益多著述。窦昔游西海，所过名邦，每遘颛门名家，辄言后世不可知，若今世以前，则丁先生之于几何无两也。先生于此书覃精已久，既为之集解，又复推求续补凡二卷，与元书都为十五卷……"丁先生所著的数学书籍，由明末传教士带来，现在仍藏在北平北堂图书馆的还有十余种。并且当时徐光启译的《几何原本》，李之藻译的《同文算指》《圜容较义》等书，都是根据他的著作。（参考李俨著《中国算学史》）

又张星烺著《欧化东渐史》上说，邓玉函未入教前，俗名Schreck，年三十余，入耶稣会。善算学。在欧洲时，曾交游意大利国著名物理学家盖利流（Galileo）云。

由以上的情形看起来，可知当时输入的科学，其程度并不低。

七、所译《奇器图说》的内容[①]

《奇器图说》计分三卷。第一卷系"绪论"和"重解"。"绪论"大致叙述这门学问的性质和应用。"重解"叙述重、重心和比重等。第二卷为"器解"，叙述各种机械之构造及其应用。如天秤、等子、杠杆、滑车、轮盘、藤线、斜面等。第三卷为各种机械实际上之应用，计有起重图说十一、引重图说四、转重图说二、取水图说九、转磨图说十五、解木图说四、解石图说一、转碓图说一、书架图说一、水日晷图说一、代耕图说一、水铳图说四。兹抄录四例，以见一斑：

（1）引重第一图说

先为方架如甲。次用辘轳，一人转之如乙。但此辘轳如瓜瓣样，有六齿。紧靠辘轳齿，立安大轮。轮周有齿，与辘轳之齿相合，如丙。大轮之轴斜安铁螺丝转，如丁。紧靠此螺丝转竖一立轴。轴下端亦平安斜螺丝转，如戊。上端安小轮，有齿，如庚。小轮紧靠有平安大轮如己。周有齿，与小轮齿相合。大轮同轴下端有小滑车如辘轳状。上缠索三回，如辛。以一端系重，以一端用一人曳之如壬，则重行矣。

（2）转磨第三图说

磨中之枢，下安铁曲拐，如甲。枢下端再安十字木杆。杆末各安铅柁，如乙。枢下安铁钻，入铁窠中，如丙。于曲拐中安木桄。两端各为转环，如丁。一端转环安人手曳桄上，如戊。其人手所曳之桄，上端安于架上立桄，亦有转轴，

---

①《真理杂志》1944年第1卷第2期改为"所译《奇器图说》及所著《诸器图说》的内容"。

如己。一人斜曳其手中之木，可前可后，而枢端下面，十字铅轴柁为之助力，则磨自可转矣。倘或磨重，于对旁再增一曲拐，再有一人对曳如前法，尤有余力。

（3）解石图说

假如有石欲解成几板。则有架如甲。于架近一头处安立轴。上安有齿平轮，如乙。平轮转旁灯轮如丙。灯轮又转小立轮上，如丁。小立轮有外轴曲拐，如戊。曲拐之端贯直铁杆。两端有环，如己。一端之环贯曲拐之末。一端之环则贯曳锯之长木杆下端。长木杆上端有轴可转。木杆立贯锯于两头滑车槽辘中，如庚。锯或二或三，俱精铁为之，第无齿耳。两曳锯长木杆下端连以铁杆两端有环，如辛。以一马曳立轴平轮，则曲拐往来，锯自行矣。

（4）水日晷图说

先以小缸盛水。于底钻一小孔，徐徐出水。上安小槽辘。长转轴木，如甲。然亦不必太重。上端出墙外。槽辘上缠以索，下端击重系小重，如乙。墙外轴端，定安日晷如丙。水徐徐下，则重木亦必徐徐下，而日晷以时转矣。此省便法也。

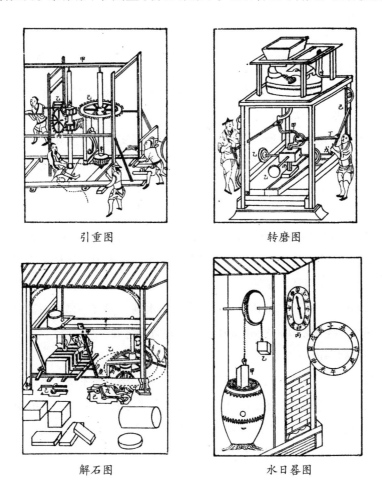

引重图　　　　　　　　转磨图

解石图　　　　　　　　水日晷图

八、所著《诸器图说》的内容

《诸器图说》一卷，据自序说，是他自己著的，和《奇器图说》完全译自西洋书籍者不同。所包的内容如下：

（一）引水之器

（1）虹吸

（2）鹤饮

（二）转砠之器

（1）轮激——用水力

（2）风动——用风力

（3）自转——准自鸣钟之理，用重为力

（三）自行车——准自鸣钟之理，用重为力

（四）轮壶

（五）代耕

（六）连弩

若细读书上的叙述，知除鹤饮、代耕等数种外，其余有的是采取西洋自鸣钟的原理而加以变通，如自行车与自行磨；有的是根据中国的旧法而加以改良，如连弩。且精细研究之，彼所计划的自行车、自行磨实难见之实用。但以三百年前的老进士，不但能把自鸣钟的原理及构造懂清楚，更能根据它计划新机器，也就很可钦佩了！现在也抄录四列如下：

（1）鹤饮图说

为长槽。或以巨竹，或以木。其长无度，竑水深浅以为度。尾杀于首三之一。首施戽，为朴属为良。戽之容则以觳。戽臀，施木刀，如棹末之制，俾与水无忤。中其槽，设两耳。函轴。乃于岸侧蔺两楹高地仅尺。俾毋杌，楹之巅对设以轵，贯轴其中，惟活。昂其首，入之戽也。水满，则首一昂，而流之奔于槽外也，其孰御？视桔槔之功，无虚而捷也。可省力十之五。

（2）风砠图说

为层楼一座，上七下八。方径各长丈有三尺。楼上层不围。下层三面围墙，一面门。楼下安砠以台。台高三尺。砠上扇中凿方孔，深三寸。用安将军柱下端。将军柱长丈有二尺。上端安铁钻，俗所谓六角六面是也。其尖入上横梁。横梁当四方之最中处，安铁窠。窠即为柱尖入处。柱下端为方柄，相砠上扇中所凿方孔为之。

将军柱从楼板中央贯上，直至横梁，横梁下尺许以下，楼板上尺许以上，始安风扇。风扇凡四，每扇横长六尺，上下五尺。坚木为框，中加十字木枨。一面用席障之。边皆以索连之框上。先于将军柱楼板上尺许以上，横梁下尺许以下，安夹风扇木轮二。各厚尺许。周围除安将军柱外，宽仍尺许。各十字凿五寸深槽。槽视风扇框厚薄为之。风扇入槽以里，仍两端为孔安上。即用索紧束柱上，勿令活动为则。风扇可卸可安，楼之制照寻常。砲亦寻常用者。无他谬巧，只借风力省人畜之力耳。此盖西海金四表先生所传，而余想象图说之若此。观者肯广为传制，或于民生日用不无小补云。

（3）准自鸣钟推作自行磨图说

先以坚木为夹轮柱二根。厚四寸，宽六寸。高视轮为度。轮凡四，名之甲乙丙丁。甲轮之齿凡六十；乙齿四十八；丙齿三十六；丁之齿则二十四，与砲周轮齿相对。乙丙丁之轴皆有齿，数皆六。甲轮轴则独无齿。然有副轮，径弱于正轮者尺有五。副轮者，贯索而垂重，所以转诸轮因而转其磨者也。而转副轮则另有一机，其垂而下也，与正轮同体而下，其上也则转副轮而正轮分毫无挂。且其转上之法甚活，妇人女子可转也。此为全体。轮架安定，旁安其磨。磨上扇，周施齿如丁轮，但与丁轮齿相间无忤则磨行矣。凡甲轮转一周可磨麦一石。若索可垂深两轮，则又不止一石而已。第作此较难，非富厚家不能。如只用数转，则轻便殊甚。是在智者，自消详焉。

（4）准自鸣钟推作自行车图说

车之行地者轮凡四。前两轮各自有轴，轴无齿。后两轮高于前轮一倍，共一轴。轮死轴上。轴中有齿六，皆坚铁为之。即于轴齿直上悬安催轮，凡四，名之甲乙丙丁。丁齿二十四，丙三十六，乙四十八，甲六十。甲轴无齿，乙丙丁各轴皆有齿，齿皆六。甲轮以次相催而丁。催轴齿则车行矣。其甲轮之所以能动者，惟一有机承重。愈重愈行之速，无重则不能动也。重之力尽，复有一机斡之而上。倘遇不平难进之地，另有半轮催杆催之。若所称流马也者。其机难以尽笔。总之无木牛之名，而有木牛之实用。或以承人，或以运重。人与重正其催行之机云耳。曾小样，能自行三丈。若作大者，可行三里。如依其法，重力垂尽，复斡而上，则其行当无量也。此车必口授轮人始可作，故亦不能详为之说，而特记其大略若此云。

鹤饮图

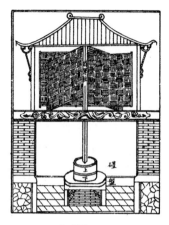

风碓图

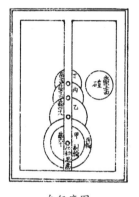

自行磨图

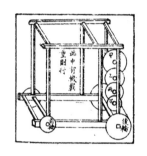

自行车图

九、《奇器图说》与《诸器图说》的版本

此两书向来都是合刻的。它的版本，除《四库全书》本不计外，据我个人搜集的已有四种。

（一）天启七年（1627）版

此版最前列武位中作的《奇器图说序》。其次为王徵《自序》。《自序》第四页有"候旨修历"字样。"旨"字抬头，另起一行。此为其他版本所无。可证明确系明代刻版。每页九行，每行二十字。又《奇器图说》每卷之前都有下列三行：

西海耶稣会士　　邓玉函　　口授

关西景教后学　　王　徵　　译绘

金陵后学　　　　武位中　　较梓

《诸器图说》之前，除一《自序》外，并有下列两行：

关西　王徵著

金陵　武位中较梓

又此种版本，后于清嘉庆二十一年（1816）由公的七世孙王介加一序文，曰《明关学名儒先端节公全集序》，并加《陕西通志》上的《王徵传》于序后。

（二）清道光十年（1830）版

此版字样纸张均较次。前无王介序文，但加入张鹏翂一序文。自序中"旨"字不抬头。《奇器图说》每卷前的第三行改为：

金陵后学武位中较　安康张鹏翂梓

《诸器图说》之前也改为：

关西王徵著　金陵武位中较　安康张鹏翂梓

封面有篆文"奇器图说"四大字及"道光庚寅仲春月重镌""来鹿堂藏板"等字。其余相同。

（三）清光绪三年（1877）版

此版将书名改为《机器图说》，将《诸器图说》的序文和本文都提到前边。实在毫无足取。或因光绪年间一般人对于"机器"一名词已经比较的普通，书贾为推广销路起见，改"奇器"为"机器"也未可知。最可笑的是只把书名和序文里边的名称改了，书里边并没有改。其余的也和道光年版没有差异。

（四）守山阁丛书版

以上三种都是单行本。这一种则列入丛书的子部。和单行本不同的地方如下：

一、书前边加入《四库全书提要》一文。

二、除王徵《自序》外，他序都删去。

三、各种单行本，《奇器图说》中各图上和说明里边多用拉丁字母为标志；此种版本，则一律改为甲乙丙丁等字。

四、绘图较精。本文所采的八个图，都是根据守山阁丛书本制的。

五、《奇器图说》每卷前边改为：

　　　明　西洋　邓玉函　口授

　　　　　关西　王　徵　译绘

　　　　　金山　钱熙祚锡之　校

《诸器图说》前边改为：

　　　明　王徵　著

　　　　　金山　钱熙祚锡之　校

六、书最后加钱熙祚作的《奇器图说跋》一文。

十、结论

根据以上所叙述的，我们可以得到下边的两点感想或认识：

第一，就第五和第六两段来看，知道在十六世纪的末年和十七世纪的初年，我国已有一部分远见之士，诚意的接受西洋的纯粹科学和应用科学；而当时到中国的西洋人，又多和西洋的著名科学家有关，他们科学的程度并不低下。倘我们的学者能保持并扩大这种精神，政治方面，不但不予以抑压，反加以提倡，则我国的学术或早已和西洋的学术并驾齐驱。可惜多数的读书人眼光太短，不但不予以授受，反予以排斥；政治方面，不但不予以提倡，反予以抑压，甚至对于西洋人有驱令出国等事。坐使最近三数百年，人家的科学和工业都突飞猛进，我国则使大多数的聪明人埋头于戕贼人性的八股文，最上者，亦不过从事于所谓考据、辞章或经义，以致今日一切落人之后，此真可为痛心者。

第二，我国自与西洋交通以来，一般学者对于西洋的学术所以不愿接受，甚至反加排斥的原故，我常想最主要的是两种偏见在那里作祟。其一为所谓"攻乎异端"的偏见。孟子的拒杨墨，韩愈的攻佛老，是这种偏见的代表。历代的学者都要学这一套，才算是正派，才算是圣人之徒。外来的学术，当然要认作异端的，所以也当然在应排斥之列的。其二为所谓"道与艺"或"形而上形而下"的偏见。读书人的责任是要研究所谓"道"、所谓"形而上"的学问的。属于科学的、工业的，都是所谓"艺"、所谓"形而下"的。读书人是不应学不屑学的。直到最近，某国立大学文法学院的学生还有主张把工学院分出去，说它是职业学校，不应使它和所谓"研究学术最高学府"在一处！这种偏见，在我国学术史上的恶影响也是非常的大。对于这两种偏见，非有很大的毅力、很高的见解的人，不容易跳出它的范围。王徵就是这样的一个人。我们看他两篇自序里边所表现的见解和主张是怎样。

在《奇器图说》的自序里，他说：

> 学原不问精粗，总期有济于世。人亦不问中西，总期不违于天。兹所录者，虽属技艺末务，而实有益于民生日用、国家兴作甚急也……

在《诸器图说》的自序里，他说：

> 民生日用之常，渐有轻捷省便之法。使犹滞泥罔通，似于千古制器尚象之旨不无少拘……

这是何等的见解！可惜王公倡之于前，很少有人加以继续。至最近数十年，因国难日深，才又有表示接受西洋学术的倾向。但我国学术界虚过这三数百年的损失，真是太大了！于介绍王公生平事迹和他的不朽的著作的时候，实不禁感慨系之！

参考文献

1.《祝万龄传》，《明史》卷二百九十四列传第一百八十二《忠义六》；

2.《陕西通志》；

3.《书泾阳王佥事家传后》，《方望溪先生文偶抄》；

4.黄节著《黄史列传·王徵传》，《国粹学报》；

5.陈垣著《泾阳王徵传》，《青年进步杂志》；

6.张星烺著《欧化东渐史》；

7.李俨著《中国算学史》；

8.天启七年版《奇器图说》；

9.道光十年版《奇器图说》；

10.光绪三年版《奇器图说》；

11.守山阁丛书版《奇器图说》。

二十六年七·七　清华大学古月堂

谨案：此稿系民国二十六年，在北平清华大学所写。原拟在是年太原举行之中国工程师学会年会上提出。后因抗战事起，年会停开。笔者亦闯关南下。二十九年，曾在《新工程》第三期上发表一次。因明年（1944）恰为王公逝世三百周年纪念，方杰人先生拟在《真理杂志》上为出一特辑，对于此稿，仍愿收录，故稍加以整理而付之。

笔者附志，三十二、十二、六

附 言

此稿于十二月九日上午寄出。当日下午，又收到方杰人先生寄来《西北论衡》第九卷第七期上所载存萃先生撰《读明末泾阳王徵所著〈额辣济亚牖造诸器图说自记〉手稿录后》一文。披读之余，知王公尚有手迹存于人间，无任欣慰！将来倘有机缘，定当拜读也。至此文之内容，除与拙稿有不少互相印证之处外，最要者，知公于前述之《诸器图说》出版以后，对其内容曾有相当之增订。根据崇祯十三年（1640）公之日记，知增订之稿，其中诸器目录计有下列二十四类：

天球自旋	地堑自收	日晷自移	月规自转	水轮自汲	水漏自升
火船自去	火雷自轰	风轮转重	风车行远	云梯直上	云梯斜飞
气足发矢	气足传声	机浅汲深	机小起沉	自转常磨	自行兵车
活台架炮	活钳擒钟	灵窍生风	妙轮奏乐	通流如海	神威惊敌

又据日记中言，其他尚有多种，如：一人坐转常磨之器凡四种，急流河水逆取高处灌田之器凡二种，活用自为启闭及常闸上下转移之器各一种，闸水长短活堤一种。此外尚有榨油活机、螺丝转梯、折叠藏梯、千步弩、十矢连发弩、袖弩、袖箭、断弦箭、弩弹弓等等，惟均似欲加入而尚未加以叙述者。

因存萃文亦在《真理杂志》转载，故不多赘。仅取其与拙稿内《诸器图说》之内容有关者，附志于此。

三十二年十二月十日

读明末泾阳王徵所著
《额辣济亚牖造诸器图说自记》手稿录后

存　窆

编者按：本文原载《西北论衡》1941年第9卷第7期。《真理杂志》1944年第1卷第2期"王葵心先生逝世三百年纪念特辑"专栏亦有收录。另，《西北文化》1945年第17、18期亦连载有作者署名为刘耀藜之《〈奇器图说〉著作者之续制未刊稿》一文，其内容大略与本文相同，故不录。存窆，即刘耀藜。多年从事教育和新闻工作，曾编著《山西徐沟县志》。抗战期间避居西北后，深感西北宗教问题的重要，认为其不仅有历史及政治背景，而且有深刻的社会根源。著有《伊斯兰教之理智研究》《伊斯兰教名考正》《黄河流域入声区的入声韵音考证》《西北的文化宝藏——天水县图书馆》等。

天水县图书馆所储前陕西省政府主席邵力子《学庐藏书》，有署云《额辣济亚牖造诸器图说自记》，为明末泾阳王徵手抄稿本，长幅各约三寸有半。首段写自记，"在崇祯十有三年季冬"，署"了一道人自记"。朱章云"了一道人王徵"。其次则诸器目录，次为正文及图。惜各章正文后图处空白，仅有图字。次论器，以或问说明其体用。末跋辞又署曰"了一道人再记"。其尾有今人三原峨山野史跋曰："此泾干王端节公《诸器图说》草稿也。公以辽海监军致仕，未几，即逢甲申之变，陕匪迫令在籍诸缙绅助捐，吾原焦涵一兄弟、渭南南宗伯居益均殉难。方匪之逮公也，公子代往，公忧国痛子，复恨秦为文武盛地，而竟产此匪类，遂不食而死。公生平好奇，与南怀仁、利玛窦等友善，多得西洋格致之学，此即说明也。历三百年而有科学发明。公书成在三百年前，实为吾国有科学之始。乙亥四月，泾阳人以此求售，予以其为先贤手迹也，遂留之箧中"云云。

余读其全编，其文倜傥而凝实，书半行楷，风致端丽若鲁公。其首即云"额辣济亚乃全能造物主开发学人心灵，独赐恩佑之异名也"云云。额辣济亚，初视之即易认为伊斯兰之阿拉（Allah），或阿而宝，嗣考证其拉丁文，乃gratia之译字，知为晚明加特力教信徒，并知其文中所谓"谙若"者，乃拉丁文Angelus之译字。按《泾阳县志·经籍略》："《奇器图说》四卷，按察司金事谥端节公王徵著。"云："端节学通天人，著书数十种，其裔孙刻有目录，而书皆未见行于世。惟有此书，《四库提要》极称其有用。前三卷，乃西士邓玉函所授而端节译出之，末一卷，乃端节所自创也。端节自称了一道人，又称景教后学。"又《耆旧传》："王徵，字良甫，号葵心。进士。广平府监官。浚清河闸，演八阵图，具有经济。魏阉构黄山狱，徵抗争，生全数百人。及建魏祠，徵不入拜。以边事升山东按察司金事监辽海军务，阅月，有登莱之变，遂回籍。李自成陷关中，檄徵不应，自题墓石付其子曰：吾惟一死。嗣闻京师不守，七日不食，卒。门人私谥端节。"《明史纪事本末》云："崇祯十六年十月己丑，李自成陷西安，山东道金事王徵七日不食死。"又其《图说》之《火船自上章》有云："……向余舅师朝议，公在林胡时，闻倭奴乘舟来犯，令余想一火船自去之法"云云。又其《风车行远章》中有云："向余平干为理时，因督兵使者索余自行车之制，曾作一小式试之，宪台良验，嗣后传久矣"云云。可知其所制，在当时皆有实需。此《图说》即《四库提要》所云徵著之《奇器图说》？旅中无书，俟向《四库》读其原书可知。此编正文，多言其效。器之所造，当详之于图而图已失。《泾阳县志·耆旧传》所载，先生所著有《两理略》《奇器图说》《了心丹》《百字解》《学庸解》《天问辞》《士约》《兵约》《元真人传》《历代发蒙》《辨道说》及《山居》诸书。余又见其本书稿《自记》中，尚有《客问》《痴想》《草野杞谈》及《吁嗫衷言》诸作。余于此手抄稿本，并受其文与其□□之书法。庚辰九月，天水馆因防敌空袭，移其珍本于乡特归之。俟机当以照相珂板印之以飨来者。今纪其文如下：

额辣济亚牖造诸器图说自记

"额辣济亚"，乃全能造物主开发学人心灵，独赐恩佑之异名也。"牖造"云者，正是天牖厥衷，创作非常之谓，凡我世人，寻常日用，动念兴思，悉有一天神领守名"谙若"者为之照护引治。至若奇异想头，创作希有，为人间世所不经见之制，匪徵全能者造物主之思牖，断乎不能。况以至愚极拙之人，弗繇师传，绝无捐授，一旦用志不分，辄克胸中了了，触类引伸，慕古轶今，如鼎彝尊罍，获睹异式，种种出人意表，岂真自己些须聪明力量猝能成就乎哉。

余不敏，正世所称至愚极拙人也。一切世事不甚通晓，即家人生计，与夫时尚世局，总安愚拙，都不料理。顾独景慕古人奇异诸制，如璇玑，风鸢，指南，奇肱，及武侯木牛流马之类，恨不当吾世而悉得目睹之焉。若不获观，结想成痴。因读西儒力艺之学，而有感于用穴用气、用水用风诸说，恍如开悟，顿克成造种种机器，业有四伏、四活、五飞、五助及新器诸刻传之矣。兹再续成诸器，既绘为图，又各以说详之，而冠之以"额辣济亚"之名者，盖自知愚拙无能，匪徽造物主特恩启牖之万一，万万弗克成也。故欲传以救世，先自感颂主恩若此。

客有见而疑之者，笑谓余曰："览子种种诸制，不第目所未见，实多耳所未闻。真有神授，殆若天成，谓非天畀灵巧不可，而子乃归功于天上主，感颂启牖之特恩也，诚哉诚哉！初阅种种名目，涉于怪异秘密，疑鬼疑神，似真似幻，私意必属莫可测识，不克晓解之物。此历览诸图，而又细绎其说，却又日用寻常简易平实，人人可晓，凿凿可行，其机缄孔穴，一一分明显露，略无隐晦闭藏也者，真可应民用而救世。但其中可裨世用者固多，而毒人者亦不少也。如火船、兵车、炮台、云梯等类，似是杀人第一毒器，于救世乎何居？"余曰："以杀止杀，从古已然。夫敌加于己，不得已而应之。止杀匪杀，其胡能应？况我人不伤，而船与车自焚自战，用力最捷，而炮与梯可击可登，其所默救于众者，不既多耶？又况偶尔出奇，足以破敌人之胆而詟其神，虑无不倒戈而归命。其所全活于敌人者，或亦多多矣。不知高明以为何如？"客乃釂然嘉叹曰："良工苦心哉！良工苦心哉！古人尚象制器，开物成务本意，从此可概见也已。"于是一一赏玩，录之而去。余因次其问答语，笔之册首，用解观者之疑。时崇祯十有三年季冬，了一道人自记。（其章曰"了一道人王徵"）

诸器目录

天球自旋	地堑自收	日晷自移	月规自转	水轮自汲	水漏自升
火船自去	火雷自轰	风轮转重	风车行远	云梯直上	云梯斜飞
气足发矢	气足传声	机浅汲深	机小起沉	自转常磨	自行兵车
活台架炮	活钳擒钟	灵窍生风	妙轮奏乐	通流如海	神威惊敌

上诸器目录，以"天地日月""水火风云""气机自活""灵妙通神"四语列序，凡二十四次。其余小器微机不必尽为图说，亦不另列款目。只录厥名，汇附于后（正文省录）。上二十四类，因各成一器，故图说之如此。其他尚有多种，如一人坐转常磨之器凡四种，急流河水逆取高处灌田之器凡二种，活闸自为启闭常闸上下转移之器各一种，

闸水长短活堤一种。此外尚有榨油活机，及螺丝转梯、折叠藏梯，与夫千步弩、十矢连发弩、袖弩、袖箭、断弦箭、弩弹弓，种种犹多，谓其零星碎琐，且散逸诸书中，无暇尽简，俟后再续成帙耳。

或问："诸器皆属新奇，既著为说，又绘以图，知胸中有成书矣。第不识果能一一实行之乎否？"余笑应曰："实行不能，图说奚用？"曰："既可实行，胡不自造成器，而徒描写于笔端为？语云：契论经歌讲至真，不将火候著于文，又云：谁家绣出鸳鸯语，不把金针度与人。将无其中秘藏不可尽传之真诀，尚有引而不发者在耶？"曰："火候原自分明，金针伊人本具，世之明眼有心人绎歌按谱，肯一玩索，应自了然神会，乌能人人强聒之。倘直视纸上为虚谈，必欲一一造成而始验，则木牛流马，南阳耕夫当须自作田家器用，何必祈山道上方行料理也哉！因忆少年时，偶阅《武功县志》，见苏若兰《织锦回文图说》，字仅八百有奇，其诗乃有三千七百五十二首之多。初甚骇异，不无夸诞之疑，然心甚爱之不忍释也。爰用白纸一幅，照图作格，即于格中用小圆圈圈之，圈内书字，圈外仍照图说各色，各依款段涂之。比成，五色绚然，宛成奇锦。因粘壁间，坐卧其下，朝夕玩味，久之豁然，纵横逆顺，左右回环，或正或斜，或借字，或勾联，靡不会意谐声，别册款录，果不啻三千之多。始信古人不我欺也。且心字正居中央，安排姓氏，璇玑名图，真是绝妙千古，为宇宙内一篇大奇文字。噫，若兰一女妇耳，乃能结撰如是。谓非天纵云质，胡能露此灵文？以此粗粗校勘，则余之种种图说犹然痴人说梦，不过传若兰之一笑云尔，奚足奇？"曰："子不自奇，奇自难掩。惟是孔子有云'用之则行，舍之则藏'，他日又云'不在其位，不谋其政'，向读吾子所著《兵约》《客问》及《痴想》诸书，敬服忠爱之极思，私谓当官者不得不然。今既退伏林泉，纯心事天之学，日唯以乐天为工课矣，何复鳏鳏然，时切当世之虑？前此《草野杞谈》《吁泰衷言》诸作，固难自恝胸中之意见乎？而识时君子业已忤触时忌是虞，兹之图说，又多娓娓行阵间事，毋乃犹是子行三军，则谁与之遗风欤？不然，用行舍藏之训谓何？而顾甘冒出位之嫌。况几事不密，祸来又贻敌人之借资，将奈之何？"余曰："嘻！余过矣。余过矣。居恒自哂，天付热肠，脉脉难冷，性耽痴思，丝丝易萦。居诸荏苒，蹉跎七十老矣。崦嵫景暮，桑土梦殷。回想幼学时，拙于诵读，日苦父师之绳束。比壮而之官，民事关心工鞅掌簿书无暇晷。今天幸逸我以老，净几明窗，无所事事，寸阴可宝，仅有余闲，辄出新思，再忆旧作，不觉缕缕底帙乃若此。

录存刍荛，用备当事者之采择，腐鼠之吓，非余心也。至于不密之诲，爱我良深。私衷戚然，初亦虑及。故其中凡关民间用物，惟恐少不分明，而涉于战阵，诸说尚多含蓄，未尽详露，谅非明眼有心人，或亦未必遽洞晓也。不则木牛流马，载在杜氏《通典》者，制度尺寸，犁然备具。何自司马氏后，迄今犹未有仿而为之者哉？若夫用行舍藏之微旨，乃圣门师弟商榷自家现成本领语。味两则字，然是功力圆满，水到渠成光景。盖必真真实实有可行可藏之本领，夫然后有不用用之则行，有不舍舍之则藏已耳。脱非完善之至，奚必蕴椟而藏？如原无可藏之物，又将以何物为藏也耶？至'不在其位，不谋其政'二语，疑是有感云然。谚云：李四有官不会做，张三会做却无官。似亦与用行舍藏同一微旨，非真谓不可谋也。倘执词而害意，则隐居何必求志，壮行不须幼学，彼匹夫而抱卿相之略，江湖而怀廊庙之忧者皆非欤？恐又与好谋而成之旨不相蒙也。"客遂唯唯，而深有味乎余言。

跋　辞

　　图说甫既，好友致音。乃以勖辞，作台良箴。盖云良工示人以朴，良贾深藏若虚。子乃凿浑沌之窍，泄玄灵之秘，固称天巧乎哉，将无来好异炫奇之疑。刌纸上凿凿，似皆人人攸好。庭前空空，谁见种种成造。匪诞即夸，能无丛诮。余拜昌言，蟫蟫靡宁。报以谢章，往用质成。其辞曰：

　　夐哉尚已，宇宙茫茫。机乘籁鸣，天倪自章。世多以偶不经见者，诧为奇异；于所习见不可测度之神奇，反忽焉而若忘。粤稽元主，造物以意。不做质模，化成天地。六日工成，万有咸备。盖全能而无一能名，极两间而莫二，今夫天，高广不知其几千万里也，杳不见车轮推运之迹，亘万世而常旋。今夫地，博厚重深，上下四旁，迨非亥步所能穷也，乃块处中央，孰维系而常悬？只此两大，奇胡能宣，乃终日戴天覆地，亦既称万物之灵矣，畴能不知其自感谢造物元主之洪恩。况天壤间代有畸人，猝难悉举。有几墨得者，天文师也，巧绝无比。曾以玻璃作一自动之浑天仪，真希世珍也。层层透视，七政各循其常，一一克肖乎天体。又曾作一航海极大之舟舶，泊于海岸，计举国之徙马骆驼千万，虽曳莫能动也，中藏巧机，第一引手焉而辄徙。如此奇制，彼犹视若平常。今此纤巧器具，何啻比蛙步于千里？嗟余小子，结想成痴，徼天之佑，偶成一得之愚。言念苦心，手录藏笥。敢曰希踪卧龙，聊以饱于蠹鱼。自哂虽属寸长，不过工匠技艺之末务已耳，何关经世大献之万一？本来无奇可异，又奚好异炫奇之足疑？惟是巧匠难觅，物力难全。苦自造之无资，不得不暂假之言诠。夸诞之诮，深自怀惭，好友勖我，敢不勉旃。惟愿造物主垂怜痴人，假我余年，庶几哉——自造之有成也，不致终作空言。不第解人之嘲，实可了我心愿。于是书之册末，留为异日之券。了一道人再记。

以上皆王公本书自记或问及跋辞如此。其人不奄阿于魏珰，不见屈于流贼；致其身而死于国。谥曰端节，宜矣。然能以数理造器械，在十七世纪之前半，即在世界已为特能，余尤神其为能以宗教哲学论宇宙人生；以汉魏散文韵语为具而运至文：有经济之才以治政军，岂端节云者，足以尽其为人哉！

二十有九年九月，存宴记于天水

孙元化手书与王徵交谊始末注释

方　豪

编者按：本文原载《真理杂志》1944 年第 1 卷第 2 期"王葵心先生逝世三百年纪念特辑"专栏。

孙元化墨迹，记与王徵结交始末，今监察院院长于右任先生于民国二十年所得者。我友徐卢伽先生景贤曾作《明孙火东先生致王葵心先生手书考释》，载《圣教杂志》第二十卷第九期及第二十一卷第五期，并有单行本。余案头缺其书，而徐君又远在赣东，值王葵心先生逝世三百年纪念，乃据孙公墨迹摄影重为笺释，以志敬仰云尔。

往从西铎^{（注一）}，知泾阳有葵心王先生^{（注二）}。壬戌乃见，便浪游渝关，不再相闻矣！^{（注三）}癸亥回^{（注四）}，则先生司李平^{（注五）}，干内艰去辽；稿一册，附西铎为问，他无言也。丙寅冬，先生除服调选。余再从宁远归职方，益闻所未闻。^{（注六）}

盖向者道义相许，至是乃更得其巧思绝学；而所谓道义许，即与翁同得之西铎，^{（注七）}亦未有一闻不待见，一月不待试，若许翁之深。其所以深，余不自解，而翁何能相解？即丁卯春，余得谴投闲，^{（注八）}两筐一兜，萧萧挥手，故知不避嫌忌，坐视行色者，先生一人。此世俗贤豪所尚，高致义举者，而两人结契，并不在焉。翁补理广陵，仍从西铎。^{（注九）}一相闻，彼此数行，淡然玄漠。戊辰，余赐环，道出广陵，^{（注十）}固知翁望见故人甚切，而仍取他途，非必不见，乃不必多一见耳。未几，翁复外艰归，余入部，出关垂一年，在房外七月，寻往登莱。^{（注十一）}此两年者，日在骇浪惊涛，游魂夜跳，万死余生，乃复入此苦海！为国为身，人惟求旧。西铎有言："友，第二我也。"^{（注十二）}我非第二翁，翁实第二我。翁才望高出一时，长安以势要相许者，不亚于余之道义，而余不顾势要之足夺与否，毅然请之。^{（注十三）}亦心知翁之自必不以势要夺也。不意一片痴肠，终成大梦！潦倒诏狱，卧废已死，翁同苦而尚以其苦余，左右提挈子弟僮仆之事，周至有加。盖自宦登，而无五日不一再见者，半年；自乘城而无日夜不一再见者，半月；自陷贼航海，下北司，过西曹，而日止一再刻不见者，半年余矣。^{（注十四）}今翁重拟谪戍，黯然言别，以细索手迹，为长途疏伴。余手受刑五六，加掠二百余，至今酸楚摇颤，间一举笔，横直宛转，起止之间，皆不自繇。手之好也，犹不能书，况其病乎？乃书交谊始末，前淡如水，后苦如荼，翁见其书，如见其病，亦请翁书此，使儿曹识之，更见翁书，即如见翁之同病，而且救乃父病也。^{（注十五）}

壬申七月吴人孙元化书^{（注十六）}

（附件一）同难题名录

率属就法，古今创举。后有余纸，维炤其详列之。^{（注十七）}同志同难，亦借将军妙墨，不虚此纸耳。

孙元化，号火东，南直隶嘉定县人，巡抚登莱，右佥都御史。

宋光兰，号绮石，福建莆田县人，海防道副使。

王徵，号葵心，陕西泾阳县人，辽海监军道佥事。

吴惟诚，号冀峰，北直冀川人，登州知府。

贾名杰，号望宇，北直真定县人，登州同知。

秦世英，号北溟，陕西三原县人，蓬莱知县。

王尚坤，号心求，福建龙溪县人，蓬莱训导。

张焘，字维炤，浙江钱塘县人，东江前协副总兵。

（附件二）温自知跋

中丞孙先生，绝世聪明，于古今远迩书无不读，遵西儒教，以敬天为主，以苦身守诚为诚。^{（注十八）}余里人王良甫先生深交笃信，廿余年矣。迨孙先生节镇登城，劳心焦思，欲为主上分忧，欲为小民造福。时良甫先生亦以虚衔共事，正相商而图吾君。无奈吴桥之变，相变而成祸乱！两先生即有一片赤心，亦无能施其经纶矣。^{（注十九）}福海就法，西曹幽禁，有"天主圣明，臣罪当诛"之意。及良甫先生握手言别，孙先生自叙相知始末，出之素笺，以识道义之雅，患难之情。余小子偶一读之，吁嗟太息，欲叩上苍，胡以挺此高贤，而不俾建非常之勋？且令困顿以死，天道真不可解已！崇祯庚辰春日，华池温自知与亨跋。（注二十）

【注释】

（注一）大主教教士称司铎，西铎者，西洋教士也。按孙元化曾于天启元年（一六二一）赴杭州，邀郭居静（P.Cattaneo）、曾德昭（P.Semedo）二司铎至嘉定开教，并曾为高一必司铎（P.Vagnoni）所撰《则圣十篇》作序；王徵曾从金尼阁司铎（P.Trigault）习西字拼音法。故二人相识，必此四司铎介绍也。

（注二）王徵字葵心，陕西泾阳县人。

（注三）壬戌为天启二年，公历一六二二年。是年徵五十二岁，成进士。（见张缙彦撰《墓志》）乾隆《嘉定县志·人物志·贤达门·孙元化传》谓："天启二年，计谐入京。"则二人相见，必在中都。"渝关"当为河北临渝县，盖是年孙先生即从军辽左也。（见《县志》）

（注四）癸亥为天启三年，公历一六二三年。

（注五）司李亦作司理，推官也，时徵任广平府推官。《墓志》称其"以继母忧去"。

（注六）丙寅为天启六年，公历为一六二六年。是年冬，徵以"补铨如都"。（见《奇器图说》王徵自序）

（注七）言向者与徵同从西教士学道，至是则徵更得其科学知识也。（并见《奇器图说》王序）

（注八）丁卯为天启七年，公历一六二七年。《嘉定志·元化传》曰："魏阉讽其阿己，当大用；元化正色拒之；遂矫旨夺职。"

（注九）广陵为江都县，明扬州府治。据费赖之《入华耶稣会士列传》法文原本，是年在扬州之西铎为何人，不可考。惟页一二六称："一六一三年（万历四十一年）艾儒略（P.P.Aleni）入中国，初居北京，既而随徐光启至沪，并奉命赴扬州，为城中某大员讲授西洋科学。大员旋即领洗，取名伯多禄（彼得）。……迫伯多禄返陕西，携艾儒略同往。伯多禄在陕省颇有地位"云云。费氏此文系据十七世纪意大利耶稣会史家巴笃里司铎（P.Bartoli）所记，所云受洗进教之扬州大吏，而又研究西洋科学者，殆非王徵莫属。惟徵之洗名曰斐理伯，其官扬州亦不在万历年间。然徵研究西洋科学之兴趣，又确为艾儒略之《职方外纪》所引起，故巴笃里所记必为王徵无疑。洗名与年代之误，间因手头无巴氏原书可稽，无从知其是否出于费氏之过也。谨按：王徵亦为反对魏忠贤最力者，《墓志》曰："补广陵，直三王之国，从舟执事者如林，脍人脂血为食。公挺身白王，王为折节。及魏阉构黄山狱，事连巨室数百人，黠者乘机构害，一时侧目。公毅然曰：
'某在，必不敢废法，断断者其容啗弱肉乎？'以一官争之，当事卒不能夺。建
祠役兴，公与淮清道来公阳伯，力持不可，不往拜，一时称为'关西二劲'。"

（注十）戊辰为崇祯元年，公历一六二八年。《嘉定志·元化传》曰："崇
祯初，起武选员外郎。"

（注十一）《明史·徐从治传》谓："崇祯三年，皮岛副将刘兴治为乱，
廷议复设登莱巡抚，遂擢孙元化右佥都御史任之。时在六月。七月，元化疏辞，
不准。"参见《明史·职官志》及《崇祯长编》册五六两卷。《嘉定志·元化
传》亦曰："迁职方郎中。袁崇焕亦再起，以兵部尚书督师，乞以元化自辅，升
山东布政司，兼整饬宁前兵备。……元化善用关东将卒，所向有功，守庶宁，救
开平，复建昌，滦州、永平、遵化，其所隶八城，二十四堡，四百里之边，屹不
动，以功升佥都御史，推辽抚；会皮岛刘兴治作乱，改抚登莱。"

（注十二）"友为第二我"之说，出利玛窦《交友论》。焦竑《答金伯祥
问》，亦尝曰："西域利君言：'友者，乃第二我也。'其言甚奇，亦甚当。"
可见当时利氏此言之受人注意也。利氏原文作"我友非他，即我之半，乃我第二
我也"。

（注十三）徵□□元化幕，受元化召也。元化尝疏起徵为山东按察司佥事，
监辽海军务。（见张撰《王徵墓志》）然二人实同受徐光启之邀。《增订徐文定
公集》卷三有《崇祯四年十月二十一日钦奉明旨敷陈愚见疏》，即有"速召孙元
化于登州"之语，又曰："其间经营联络，剂量分配，齐众若一者，非孙元化不
可也。"再曰："速召孙元化、王徵于登州，令先发见兵。……其西洋统领公
沙的等，宜差官星夜伴送前来。"盖彼时，光启正计划以天主教信友之力，挽
救国难，除尽量登用教友外，复同潼关□西洋□□，募葡萄牙兵。公沙的原名
Gonzalves Texeira，全译为公沙·的西劳。

（注十四）此会两人同在登州半年，同预登州防守之战半月，又同狱半年
余。按：元化守登州，所部孔有德等叛，登州陷，元化被执，后世对元化俱有微
辞。读此书，则两人谋国之忠跃然纸上，不辩而诬自雪。《练川名人画像记·巡
抚孙先生象记》曰："吴桥之役，朝廷以事由激变，责令招抚，旨为御史王道纯
所匿，不即颁，兵遂溃。渡海待罪，思陵遣中使验刳痕，无杀先生意。次辅温体
仁，欲借以倾宜兴，屡进密揭，遂及于难。临刑风雷起足下，黄霾翳日，地震殷
殷。徐文定光启曰：'此足证登抚之冤矣！'"按地震之说，并见《祁忠敏公
日记》，详下注十六。若更以西文史料为证，则登州之变，其真相尤可大白。
一六六三年罗马出版巴笃里著意大利文《耶稣会史中国之部》，曰："孙元化
（原文称其洗名，曰孙依纳爵）因徐光启（原文作保禄博士）之荐，任辽东经略

使，以御清兵。旋升该省（按为山东登莱）巡抚。张焘（文作张弥额尔）来任参将，然不久焘即为人所忌，其长官（案即指元化）日□□以死。缘其时京中□糈不至，元化虽知为朝廷所弃，犹屡疏抗争，不幸各疏俱为嫉视天主教及徐光启之太监所得，遂益为所恨，而控亦愈甚。所部遂叛，并欲降敌。元化愿负兵变之咎，偕张焘、王徵（原文作王斐理伯）入京。众以此行必罹巨祸，劝易清帜，三人以忠天主之心忠君，卒奉命去。元化与焘皆论死，徵削职，并籍没家产。二人受刑前，汤若望乔扮炭商，借故入狱，为行告解圣事，时一六三二年也。其在巴笃里稍后者，一六八八年巴黎出版之奥尔来益司铎（P.Orleans）法文《鞑靼人两次征服中国记》亦述及此事，且较详细，惟以年代较后，兹不录。

（注十五）元化既云："亦谓翁书此，使儿曹识之……"可知王徵亦必有遗墨留赠元化后嗣，惜墨迹犹未发现耳。

（注十六）壬申为崇祯五年，公历一六三二年。按元化此文，书于壬申七月，其受刑在七月二十二日。《祁忠敏公日记》，是日记曰："朱佩南早来，言宣抚有周旋之者，反为其累，别去，乃饭。金稠原来，时地震，余不知也，以王尊五约，惩责官伍，乃即出，遇驾帖，意其为决孙火东也，果然矣！予于东长安门出，晤吴芝山。恐华凤超有疏，故托暂止之。"所谓宣抚有间旋之者及托阻止华凤山之疏，均可证当时知元化受诬，而欲营救者，实不乏人。

（注十七）维焰为张焘字，《同难题名录前序》亦出元化手，《题名录》则元化请焘代书者。

（注十八）远西儒教者谓元化信天主教也，又谓其于古今远迩书无不读，疑元化或亦尝攻读西文；曰"古今远迩书者"，犹言古今中外书也。

（注十九）温自知此跋亦旨在为两人辨白。

（注二十）庚辰为崇祯十三年（一六四○），元化书文后八年，徵卒前四年也。自知字与亨，十九为博士弟子，后入太学，康熙初年卒，私谥"孝靖先生"，有著述多种，详乾隆《三原县志·人物志·文学门·温自知传》及《著述门》。父纯，《明史》有传，叶向高曾为撰《恭毅温公神道碑》。叔编，兄予知、日知，《县志》皆有传。

纪念王徵逝世三百周年

——真理不灭，学术无国界

邵力子

编者按：本文原载《真理杂志》1944 年第 1 卷第 2 期"王葵心先生逝世三百年纪念特辑"专栏。邵力子（1882—1967），原名邵闻泰，字仲辉，号凤寿。浙江绍兴人。中国近代著名民主人士，社会活动家、政治家、教育家，复旦大学杰出校友。早年加入同盟会，并与柳亚子发起组织南社，提倡革新文学。曾任上海《民国日报》主笔、黄埔军校秘书长、甘肃省政府主席、陕西省政府主席、国民党宣传部部长、驻苏联大使等职，主张国共合作。中华人民共和国成立后，曾任全国人大常委会委员、全国政协常委、民革中央常委等。

今年（一九四四年）是王葵心先生逝世的三百年。我一向是敬慕王葵心先生的一个人；我所以敬慕王先生，正如我敬慕徐文定（光启）公的理由一样，也正如我敬慕马相伯先生的理由一样。我因从马相伯先生求学，而对于徐文定公发生敬慕之念，其后又知有王葵心先生，敬慕之念也油然而生。我觉得马先生和徐、王两先生，虽时代相隔两百余年，但他们仿佛是一个人，他们都信仰一个真理，这一个真理是：学术无国界。我们应当取人之长，补己之短，对世界新的科学迎头赶上去。他们爱国家、爱民族、爱真理的心，都是雪一般纯洁，火一般热烈的。

王葵心先生是跟徐文定公同时代的人，王先生比徐先生后死十一年；他们两人生前的一切，都有相同之点：他们同是达官，同是对中国固有的道德学问富有根柢，而又同是信仰天主教，同是和耶稣会来华的学者做朋友，同是研习译著格致数理之学；一个生在江苏上海，一个生在陕西泾阳，南徐北王，可说无独有偶。后来知道王先生的人，比知道徐先生的人少得多。（梁任公先生写《中国近三百年学术史》，讲述徐先生很详，而未及王先生，更奇怪的是梁先生列举徐派学者姓氏至十九人之多，仍独遗王先生，显然梁先生未知有王先生这一个人。）这是否因为王先生的官位比徐先生稍小一些，或者还有其他的原因，很难断定。我总不想说王先生著译的书，如《奇器图说》《诸器图说》之类，比不上徐先生的《几何原本》《农政全书》。我并不因此而认为王先生特别不幸，我却惋惜我们中国在三百多年以前就有徐、王两先生这样有世界眼光的学者，而没有真正能影响我国整个的学术界，以致我国在科学和工业方面到今天还大大落后，这岂只是徐、王两先生的不幸，更是我们中华民族的不幸！

在徐、王两先生的时代，我国对于外国宗教的信仰，和对于外国学术的传播，似乎都比较自由；两先生信奉天主教，译著科学书籍，都没有因此而受到挫折，这可以从两先生都做高官享盛名看出。两先生逝世以后，直到清康熙末年，约八十年间，这种情形还没有改变；到了清雍正元年，便突然放逐教士，除了在钦天监供职的西洋人以外，其余皆驱往澳门看管，不许闯入内地，从此以后，明末清初那一点点科学萌芽，从耶稣会士输送进来的，便完全摧折，中国学界和外国学界断绝来往一百多年。等到鸦片战役失败，不平等条约成立，基督教在中国重得自由传布；但中国士大夫多厌恶西教，复以厌恶西教之故，多迁怒西学，这实在是思想界的一种厄运，更是科学和工业长久落后的大原因。清康熙帝在这一方面，应负的罪责很重，我曾经把中、俄两国的历史对看，把康熙帝和彼得帝作一比较，我简直想武断康熙帝是中国文化史中的一个罪人。在徐、王两先生的时代，中国学界已和外国学界有密切的接触，而没有能成为主要的洪流，时值明代衰乱，并不足怪，但是在天启、崇祯年间，还能完成历法改革的事业。康熙帝是一位极聪明而精力饱满的人，他在位六十年，又是清朝极强盛而文化发皇的时代，如果他真能提倡科学，奖励工艺技术，特设学校，广为传习，或设专科以试士，如果他更能提倡信教自由，使基督教文化在我国，与佛教文化在我国，占同样的地位，我想过去学术界空疏褊狭的陋习，必可矫正许多，百余年之后，中国必可与西方各国同时迎接工业革命的巨潮，中国近百年来的国耻根本不会发生，而现在也早已成为现代化的国家了。不幸康熙帝虽然相信科学，对于天文历算有相当的研究；虽然罗致许多耶稣会的西洋学者，轮日进讲测量、数学、天体学、物理学等；虽然借西洋学者的帮助，制定康熙《永年历》，并著有《数理精蕴》《历象考成》等书；虽然专用西洋学者，用西法测量舆地，绘成一部《皇舆全览图》；虽然他也欣赏西洋美术，罗致许多西洋画家作内廷供奉；但是他从没有设置专门学校，以教授这些专门学问，对于八股试帖诗的科举制度，也一点不肯更改，此外他所提倡奖励的，是诗赋词章，是各种旧学，尤其是宋儒的理学；对于西洋传来的学问，他似乎只想利用，只知欣赏，而从没有注意造就人才，更没有注意改变风气；梁任公曾批评康熙帝，"就算他不是有心窒塞民智，也不能不算他失策"。据我看，这"窒塞民智"的罪名，康熙帝是无从逃避的。尤其可叹的，雍正帝驱除西洋学者这一个悖戾的举动，也还是康熙帝先开其端；他于康熙四十六年，把教皇派来的公使送到澳门监禁，原因是在康熙四十三年（一七〇四年），罗马教皇忽然对于在中国的耶稣传教会教士，发布命令，勒令他们改变传教的方法，最要的条件是禁拜祖宗；原来耶稣会教士最初来华传教的时候，很迁就中国人的习俗，仍许信教者祭天和敬祖，罗马教皇有此改变，难怪触怒中国人和康熙帝。但是康熙帝把教皇派来的公使送到澳门监禁，总不免太暴戾一点。有了康熙帝这一次举动，天主教在华已受顿挫，而由传教师传来的那些学问也早被带累了。

我很知道，泰西学术在当时所受的摧残，不应专责备康熙帝一个人；中国有那样丰富的文化遗产，有那样悠久的文化传统，对于外来的宗教和学术，最初总不免有扦格不入的情形。在明末清初百余年中间，耶稣会的传教传学虽然比较自由，中国士大夫里面也有像徐文定、王葵心两先生这样有特识的人，但毕竟是极少数；大多数的人总是存着夷夏之见，视西教为异端，目西学为末艺。康熙帝是很懂得这些人的心理的，他看清楚专用八股试帖诗，再加上"博学鸿儒"的荐举，就可以把中国智识阶级笼络住，也就可以把中国整个江山统治得很好；他当然要认为没有设立学校传习西学的必要。至于中国学界接近欧化的机会，从雍正朝起错过，一搁二百年还没有完全恢复，以至影响中国整个的国运，那当然不是康熙帝所能预料的。因此之故，我联想到俄国大彼得帝，把他和康熙帝作一比较。康熙帝和彼得帝是同时的人，拿个人的学问相比较，康熙帝的博学，决非彼得帝所能及；拿他们所承受的文化遗产相比较，俄国更远在中国之后；但是彼得帝有真知，有灼见，能知道要谋国家强盛，非尽力学习西欧的工艺技术不可；彼得帝更有决心，有毅力，既要学习西欧的工艺技术，非对旧势力奋斗而战胜之不可；康熙帝在这些方面，都远不如彼得帝。彼得帝变法的历史，我在这里不想详说；我只想到倘若康熙帝能和彼得帝一样，我相信中华民国开国时所能承受的工业遗产，不至于比苏联开国时所能承受的工业遗产更少，而现在我国的经济建设，也不至于那样困难，远落在苏联和欧美各国的后面了。所以康熙帝的"窒塞民智"或是"失策"，实在是非常可以惋惜的事！

丰富的文化遗产，悠久的文化传统，本是国家民族所可引为庆幸并用以自豪的；但同时必须不自满足，对于世界新的文化，仍能迎头赶上去，而使它与原有的文化相融合，并化成为自国文化的一部分。跟上世界的潮流，去学外国之所长，必可以学得比较外国还要好，所谓后来者居上；如果不学外国的长处，我们还是要落后。这是一个真理，这个真理是不会磨灭的。徐文定公、王葵心先生以至马相伯先生，都是笃信这个真理的。清康熙帝、雍正帝以及三百年来一切顽固的人，只能使这个真理暂时晦塞，而现在已渐是恢复光明的时代了；所以我们不必过于惋惜过去三百年的耽搁，而是要加倍努力跟上世界的潮流去学外国之所长，以弥补三百年来的缺憾。现代科学的进步，已把整个世界的范围缩小；这次反侵略战争的团结，更增加国际合作的可能性。我们可以相信世界大同的理想已微露实现的曙光，但先要实现学术无国界的信念。我愿以这个信念，纪念王葵心先生与我师马相伯先生；并愿以这个信念，公诸爱好真理的同志！

《真理杂志》编者按：邵先生于王端节公之为人及其介绍西学之功，素极钦仰；前在陕西省政府主席任时，并致力搜求王公著述与墨迹，曾获得王公所撰《额辣济亚牖造诸器图说自记》手稿，视为至宝，后邵先生以所有书籍及地方文献，悉数捐赠天水县图书馆，王公墨宝亦在其内，本志本期有专文介绍。

王端节公现存遗著遗文目

《真理杂志》编者

编者按： 本文原载于《真理杂志》1944年第1卷第2期。为《真理杂志》编者所编。

《远西奇器图说》

详本志本期刘仙洲撰《王徵与我国第一部机械工程学》。

《诸器图说》

同上。

《额辣济亚牖造诸器图说自记》

手稿现藏天水县图书馆。见本志本期存奁撰《读明末泾阳王徵所著〈额辣济亚牖造诸器图说自记〉手稿录后》。

《杜奥定先生东来渡海苦迹》

旧抄本，现藏巴黎国家图书馆，编号为Chinois 1021，高23.5生的，阔13.5生的。误字甚多。向达有录本，并为校改。署"方德望玉清甫译，王徵良甫氏述"。又题曰："崇祯十年冬日了一子记。"徵自号"了一道人"。崇祯十年为徵自登州归乡后四年，逝世前七年。方德望（P. Etienne Le Fèvre）乃法国耶稣会会士，明崇祯三年（一六三〇）入中国，永历十三年（即清顺治十六年，一六五九）去世。在陕时间颇久，足迹遍今洋县、城固、南郑等地。墓在南郑，乡人呼之曰"方土地"。费赖之（P. Pfister）法文《入华耶稣会士列传》著录此书，名《渡海苦绩记》。（原书二〇七、二一六页）杜奥定乃意大利耶稣会士，原名P. Augustin Tudeschini，后德望一年入中国，先王徵一年去世，墓在福州海边。或谓此书系奥定自撰，误。

《畏天爱人极论》

巴黎国家图书馆藏旧抄本，编目为Chinois 6868，向达亦有录本。共约一万六千余字。署"泾阳王徵葵心父著，武进郑鄤垒阳父评"。郑鄤序一，署"崇祯元年七月之望，昆陵年弟郑鄤垒阳氏敬题"。末附"畏天爱人极论记言"，署"崇祯元年孟秋十有五日书于景教堂"。按：崇祯元年徵在扬州，此所谓景教堂即扬州天主堂。徐光启有《绛州景教堂碑记》；又巴黎国家图书馆所藏《熙朝崇正集》亦题"皇明闽景教堂辑"；又友人全增嘏云，前在香港时，曾见某日人所辑我国画集，内有嘉兴南湖图，附近有景教寺，或亦天主堂也。此书记与西士谈道经过，熟谙教义。

《和陶靖节归去来辞》

见温氏《海印楼名贤词翰》。

天启会试朱卷

现藏陕西省立图书馆。民国二十四年秋于右任先生在三原书肆购得。

《奏奴氛日炽人心动摇敬请祈天固本以佐末议疏》

《登岛兵变情形折》

《天问辞序》

《两理略序》

《简而文自记》

《贺张仪昭授满城县令序》

《告神文》

《与张仪昭书》

《即事》

《祭尚宜人文》

《山居自咏》

《浒北正翁训子歌跋》

《山居再咏》

《历代事略发蒙歌》

《怪木供赞》

《山居题咏跋》

《五云太守来公墓志铭 》

《同春园即事》

以上均见《泾献文存》，北平图书馆有副本，并曾在该馆刊八卷六号发表。

《崇一堂日记随笔小引》

抄本，上海徐家汇藏书楼藏，杭州《我存杂志》一卷四期发表。

代款篇序

见我存杂志社出版《我存文库》第七种，杨廷筠著、代款续编《温恭毅城祠记》。

王端节公《和陶靖节归去来辞》跋

方 豪

编者按： 本文原载《真理杂志》1944 年第 1 卷第 2 期。

归去来兮，茫茫然宇宙将安归？贱贵富贫总归尽，羌谁喜而谁悲？叹浮景兮易逝，慨空过兮难追，痛已往之迷误，可仍蹈乎前非？愿洗心兮圣水，更祓除其裳衣；寻上达之正路，莫显见乎隐微。乃溯大原，望道而奔。首畏天命，归依孔门；知天事神，日养日存；钦崇一主，惟上帝尊。辄斋戒而沐浴，日对越兮天颜，奉一仁以作宅，历千变兮常安；身未臻乎乐域，心每惕乎贤关；虽晤言于一室，时俯察而仰观；睹圣域之至宝，忍素手而空还。矢朝乾以夕惕，敢玩愒而盘桓？归去来兮！形未游而神游，天既诏我以真乐，又何事乎旁求？底天乡而自立，消人世之百忧。然欲享秋成之乐，须殚力乎田畴，挽下坡车，撑上水舟；勿空谈乎羽翰，勿曲佞乎比丘；扫旁门之邪径，毋随波而逐流，惟寸心之耿耿，愿与物而咸休。呜呼噫嘻！电光石火那能久？惟有真神万世留。胡为乎，舍此将何之？善恶终有报，殃祥无了期；守荒田而空望，曷乘时而耘耔？必切磋与琢磨，始可得而言诗。既依天为归，莫我知兮又何疑？

跋曰：上泾阳王端节公徵《和陶靖节归去来辞》，民国二十一年三原于右任先生得于温氏《海印楼名贤词翰》中。全文叙其信奉圣教，领受圣洗之感想，语至恳挚。以间用教会故实，亦非于教理有深知者不辨，实我国早期天主教文学作品中之仅见者。所谓"圣水洗心"，即言领洗圣事可以浣涤心灵上之罪污；所谓"祓除裳衣"，即圣保禄致《爱弗所人书》第四章第二十二节及二十三节所训"脱下旧人，穿上新人"之意也。古制，教友在复活节领洗后，必衣白衣，表灵魂之清洁，凡历一星期，故复活节后之主日，亦曰卸白衣主日。文中不以依归孔门为已足，而尤切戒信奉佛老。以此世为电光石火，以天主为永远常存；明赏善罚恶之理，表修德立功之诚。追求真乐，仰望天乡。读之可令教外者油然生学道之心，其已入教者，则尤当以公为楷模，朝乾夕惕，勿稍玩愒。端节公之微旨，殆尽于此矣！

民国三十三年春，杭县方豪谨跋于渝北文笔峰下

《山居咏》序

卢 前

编者按： 本文据卢前辑《饮虹簃所刻曲》（正续集）卷前录入。卢前（1905—1951），原名正绅，字冀野，自号饮虹、小疏，江苏南京人。戏曲史研究专家、散曲作家、剧作家、诗人。1921年入国立东南大学国文系，师从吴梅、王伯沆、柳诒徵、李审言、陈钟凡等人。毕业后曾受聘于金陵大学、河南大学、暨南大学、光华大学、四川大学、中央大学、国立女子师范学院等学校。曾任《中央日报·泱泱副刊》主编、国民政府国民参议员、福建国立音乐专科学校校长、南京市文献委员会主任、南京通志馆馆长等。继承业师吴梅的衣钵，一生致力于戏曲史研究，主要剧作有《饮虹五种》《楚凤烈传奇》《窥帘》《孔雀女》等。戏曲史论著有《明清戏曲史》《中国戏曲概论》《读曲小识》《论曲绝句》《饮虹曲话》《冶城话旧》。中华书局出版过《冀野文钞》，收集了卢前各方面的代表作。

王徵《山居咏》一卷，三原于右任先生得之泾阳，录以见示。前案《陕西通志》有传。徵，字良甫，号葵心，泾阳人，天启壬戌进士。初授广平推官，佑善褫奸，明允著誉。熄白莲乱，生全万民，开清河闸，利济百世。起，复扬州推官，导三王驾，不苦骚扰。释艖使诬，弗拜魏珰之祠，风节凛然。特以边才，荐升登莱监军佥事，未阅月，逆弁鼓噪，遂回籍。值流寇发难，倡立忠统，堵贼保民，泾、原获安。当道疏荐王佐才，未展其用。及李自成陷秦，徵避乡曲，贼屡追胁，佩刀自矢，竟不赴省。闻京师失守，设帝位哭于家，七日不食死。著有《两理略》《奇器图》《了心丹》《百字解》《学庸解》《天问辞》《士约》《兵约》《元真人传》《历代发蒙辨道说》《山居咏》诸集行世。学者私谥"端节先生"云。

往者，前著论道、佛、回教，各有曲籍，独公教盛于明季，而无歌赞天主之词，窃尝疑之。今读斯《咏》，曰"那个识真天主"，曰"启我灵函圣迹图"，曰"百样颠危赖主扶"，曰"洒圣水消除了白业"，曰"丹心航海归朝去"，皆天主教义，徵故当日公教徒也。回环虔诵，前为惊喜数日。即论文藻，视康、王、韩、张，盖无愧色。

丙戌立春日，卢前渝州陶园记

了一道人《山居咏》笺证

方　豪

编者按： 本文据卢前辑《饮虹簃所刻曲》（正续集）卷前录入。

胜利还都之岁，金陵卢冀野先生以吾教先贤端节蔡心《山居咏》梓行问世。《山居咏》及遗文十四种曾收入《泾献文存》，并发表于《北平图书馆馆刊》八卷六号。余以端节文中多用教会典实，非教外人所习知，尝为文表微，载上海《圣教杂志》二十五卷二期，去今且十年。先生校刻者，实三原于氏所藏钞本，详为编订，厥功甚弘。而阐扬天教文学，益令教中人见之有赧色焉。刻既竟，先生属豪笺证，用代序言。爰条举于次。

《简而文自记》有"渐扫三仇浊累，永遵十诫清修"二语。"三仇"者，谓吾人修德之三大敌也，曰肉身，曰世俗，曰魔鬼是也。"十诫"者，曰钦崇一天主万有之上，曰毋呼天主圣名以发虚誓，曰守"主日"，曰孝敬父母，曰毋杀人，曰毋行邪淫，曰毋偷盗，曰毋妄证，曰毋愿他人妻，曰毋贪他人财物，胥《圣经》所记者。《自记》复有"终焉安止"一语，盖教会追悼亡人之祝词也，原出腊丁文，或译"息止安所"。

《山居自咏》："奇人幸得多奇遇，资人耳目元音谱，启我灵函圣迹图。但开口，皆奇趣。"盖端节有巧思，乡居时常自制机器多种。后遇德教士邓玉函，所获尤多，乃撰为《诸器图说》及《远西奇器图说》二书，此即所称奇人奇遇也。端节又尝从比教士金尼阁习腊丁文拼音法，并欲以此改良我国之切音。金尼阁撰《西儒耳目资》，端节序之。所谓"资人耳目元音谱"者，此之谓也。《自咏》又有："百样颠危赖主扶，自在乡，由人住，洒圣水消除了白业。"首句出早晚课感谢经，意义甚明。言人生在世，一切危难，俱恃天主庇佑。天主教言人有原罪，有本罪。原罪为人类始祖亚当所遗，本罪则人各自犯者。耶稣既降世，尝受洗于若翰，并遣门徒远出传教，为信者施洗。教会奉行迄今，凡入教者必以水洗额。平时亦手点圣水作十字状于胸前及额上，或洒圣水于居宅。端节所云，盖指洗礼而言，"白业"或"百业"之误。《自咏》又曰："三仇五浊谁人去，防淫紧似防奔马，策怠还比策蹇驴。"案，葡教士庞迪我曾著《七克》，以七德克七恶：曰谦逊以克骄傲，曰仁爱以克嫉妒，曰舍财以克贪吝，曰忍耐以克忿怒，曰淡泊以克贪饕，曰绝欲以克迷色，曰忻勤以克怠惰。此谓"五浊"，当为"七浊"之误。而所举则仅防淫与策怠二事，盖因行文之便而从略也。

《山居再咏》："正蜃楼气结妖氛，誓挥戈血染征裾，丹心航海归朝去，五刑曲宥思同旻。"登州易见海楼蜃市，为明末防倭、防满之要塞。崇祯初，登州巡抚孙元化亦天主教徒，疏起端节为山东按察司金事，监辽海军务。四年闰十一月，登州游击孔有德等叛，城陷，元化被执，徵只身航海归。六年二月，官军复登州，论罪遣戍，寻遇赦归，不复出。民国三十三年春，豪发刊《真理杂志》一卷二期，叙其事甚详。

呜呼！端节逝世逾三百年矣！其行谊久不彰，则有新会陈援庵先生为之传；其遗文湮没已久，复有冀野先生之表扬。先生与豪，同避寇巴渝，今复同返都门，百感交集，而先生以是为急。顾先生非教中人，其钦仰端节乃若是，则豪虽不敏，又曷敢以不文辞乎？

天主降生一千九百四十六年耶稣复活瞻礼日，南京教区司铎方豪敬识

王徵与所译《奇器图说》

惠泽霖 著　景明 译

编者按： 本文原载《上智编译馆馆刊》1947 年第 2 卷第 1 期。惠泽霖（1877—？），即 Hubert Germain Verhaeren，荷兰人，一说比利时人。遣使会会士，曾任北堂图书馆馆长。著有《北堂图书馆西文善本目录》（1949）、《中国公教典籍丛考》（1947）等。景明，生平事迹不详。

王徵字良甫，号葵心，为我国三百年前介绍西洋物理学之第一人，国人已知之甚稔；前岁为公逝世三百年纪念，适豪在渝发刊《真理杂志》，乃于第一卷第二期中，辟纪念特辑，除转载陈援庵先生旧作《泾阳王徵传》外，昆明西南联大机械系主任刘仙洲先生撰《王徵与我国第一部机械工程学》，考《奇器图说》版本等甚详；存萟撰《读明末泾阳王徵所著〈额辣济亚牗造诸器图说自记〉手稿录后》，则为记天水县立图书馆所藏王徵手抄稿本，书乃前陕西省政府主席邵力子先生力学庐原藏，赠与该馆者；邵力子撰《纪念王徵逝世三百周年》，说明"真理不灭，学术无国界"之至理；末附拙著《孙元化手书与王徵交谊始末注释》。今夏来平，北堂图书馆主任惠泽霖神父（H.Verhaeren）为示徵所著《奇器图说》所依据之原本，为之狂喜，亟请撰文发表，并由景明先生为之迻译，固亦可视为徵卒后三百年纪念之遗响也。

方豪谨识

时至今日，欧美科学涌入中土，沟通中西文化之机构，日有增加；同时对于十七世纪初期，利玛窦及耶稣会其他会士在中国科学上之贡献，亦纷起加以检讨。尝考彼时此种贡献，可谓博及学术的整个领域，诸如哲学、数理、自然科学、医学、地理等科，殆无不包括在内。窃拟试举一具体之例，乃有关机械工程者，盖即《远西奇器图说录最》一书是。姑先对此书著译者王徵，及其口授者邓玉函二人，作一简单介绍；再对此书内容加以分析，而究寻其取材之所自，倘亦读者所乐闻欤。

一、王徵事略（一五七一至一六四四）

本段引用书：

一、《天主教史论丛》，页七五至七八（陈垣：《泾阳王徵传》）。

二、徐景贤：《明孙火东先生》。

三、卫匡国：《中华新舆图补·满洲史》（拉丁文），页八起。

四、夏鸣雷：《西安景教碑考》（法文）卷二，页五七至六九注。

王徵，明陕西泾阳人。父以经算教授乡里。徵性聪颖，年十六，补弟子员；二十四，中万历廿二年（一五九四）举人。后九上公车不遇，芒履蔬食，以著书力田为务。自制诸器代耕行馌，邑人奇而效之，以为诸葛孔明复出。

当是时，耶稣会士讲学京师，徵以屡上公车故，时闻其绪论，且性好格物穷理，尤与西士相契，遂受洗入教，圣名斐理伯。时年五十二矣。天启二年壬戌（一六二二）成进士，旋补广平推官。是年在京识进士孙元化（字火东，圣名依纳爵）。元化后为登莱巡抚，疏调徵资臂助焉。

天启四年（一六二四）以母忧去官，乃请于耶稣会值会，邀西士一人，来三原为其家人付洗，并在陕省开教。金尼阁方传教绛州，受命应邀往，此天启五年（一六二五）春间事也。尼阁抵三原，遭疾留邑中六月。迨病痊，徵与乡人张保禄秀才（前吏部尚书问达子）送之省城，立堂设馆。适景教碑出土，尼阁遂为教士中得见碑文之第一人。

尼阁以所著《西儒耳目资》，授徵拉丁字母读法。徵序其书，并丐邑绅张问达序而刻之陕中，时天启六年（一六二六）五月，徵年五十六矣。是年冬服阙入都。会龙华民、邓玉函、汤若望以候旨修历留京邸，徵时过从请益，见会士所藏图籍之专属制器类者，请于邓译为中文。邓本医家，精草木之学，制器则非其所擅，然以徵之请，欣然诺之。第谆谆以先习测量、计算、比例为告。徵虽老，习之数日，即能晓其端倪。于是取《诸器图说》由邓口授，徵奋笔录之，甫匝月而脱稿，名之曰《远西奇器图说录最》，以天启七年（一六二七）七月刻于京师。

徵晚年事迹，愿简述之：《奇器图说》问世后，徵补扬州推官，廉劲有守。魏阉势方张，时人争阿谀，徵独不屈。旋丁父忧归籍。值岛贼为乱，登抚孙元化（火东）疏起徵为山东按察司佥事，监辽海军务。在官数月，崇祯四年（一六三一）辽寇内侵，孙部下游击孔有德等叛于吴桥，胁元化从逆。元化率亲信抗之，徵与炮手张熹从，熹亦教徒也。登州陷，元化等北渡天津，晋京请罪。孙、张议死，崇祯五年（一六三二）弃市。徵遣戍，寻遇赦归，不复出。

明之衰也，流寇扰关中。徵与乡人议战守，制器资捍御，闾里获安。岁祲，结仁社赈之。崇祯十六年（一六四三）李自成入关，罗致荐绅，徵知不免，手题墓石曰"明了一道人之墓"。闯使至，徵引刀自誓，乃系其子永春去。乡人争以身赎，永春得不死。明年（一六四四）京师陷，思宗殉国。徵闻变，绝粒七日卒，年七十四。门人谥曰端节。

徵著述甚多，详陈垣所为《泾阳王徵传》尾。此特其大略而已。

二、邓玉函事略

本段引用书：

一、费赖之：《入华耶稣会士列传》（法文原本）页——一至一二〇"金尼阁"条；又页一五三至一五八"邓玉函"条。

二、斐化行：《汤若望之历书》（《华裔学志》卷三页五〇）。

三、萧静山：《天主教传行中国考》，页一八二。

邓玉函（J. Terrentius），德国人，父业律师。公元一五七六年，玉函生于君士坦市。其家本姓"施莱克"（Schreck），乃"恐怖"之意，故拉丁姓从义译作Terrentius焉。幼年游罗马，入日耳曼公学，就克拉维（Clavius，即利玛窦《几何原本》所译丁先生也；Clavius拉丁文钉也；亦为利之数学师）习科学。又至巴都阿，受教于天文家伽利略。归国后，入大公爵雷沃波宫廷为医算侍从，旋授徒于布拉格。一六一〇年际，复至罗马。值翟西亲王Cesi掌林奇（Lincei）学会，乃收玉函为会员。一六一一年十月杪，玉函突以会徽缴还会所，翌日即退隐耶稣会初学院。越三年，金尼阁奉值会龙华民命回欧，于一六一四年杪，抵罗马。玉函以来华传教为请，尼阁许之，乃同游欧陆募集同志，及经费图籍。一六一八年四月十六日，发于里斯本，同行会士十九人，罗雅谷、汤若望与焉。是年十月四日抵卧亚。一六一九年（万历己未）五月十五日，复航来华，七月达澳门。

尼阁离华之际，沈淮之难作。在华教士多避祸澳门，或潜迹杭州杨廷筠家。玉函间关至杭，转道达嘉定。其地有孙元化为西士所建寓所，新来教士多集于此，习中国语文。一六二三年，龙、汤二人入京，扬言于众，谓能助政府练兵。一六二五年初，玉函追踪至，与若望共修历书。自撰《人身说概》，为介绍西洋医理之始。一六二六年末，复与王徵合译《奇器图说》。熹宗崩，魏珰放逐，士大夫之信教者，方能公然庇护西士。又二年，值一六二九年（崇祯己巳）六月廿一日之蚀，有司计算多误，帝乃决意以修历委诸徐光启、李之藻，但任其事者实诸西士也。于是玉函乃厘定应译天算各书计划，聚教中文士十二人，分任译事，并学习观测。部署略定，猝于一六三〇年五月十三日溘然长逝，全功未得竟，汤若望、罗雅谷继起，成其志。

三、徵书之内容

《奇器图说》原刻本不得见，道光廿四年（一八四四）钱熙祚收入《守山阁丛书》。作者分析是书，即以钱刻为据焉。

按《奇器图说》凡三卷。第一卷前有徵自序。凡例九则：一、正用，列举治机械学必须先修之七科；二、引取，列举有关斯学之著作十八种，多为同会利玛窦、罗雅谷、艾儒略诸人所撰之华文书；三、制器，列工具十九种；四、记号，列西洋字母二十，附葡读华字对音；五、每口用物名目六十六项；六、诸器所用，列举动力廿九种；七、诸器能力，共十一项；八、诸器利益，八项；九、全器图说，即第三卷所绘五十四器之分类表。表尾有《人飞图说》一目，宜饶兴趣，而书中阙如，可惜也！

按徵凡例所列诸目，书中未必皆有解。统观全编，概可窥见当日成书之仓促。是以脱落删节，随处而有，盖其著意在图，不得不有所省略也。然钱氏此刻各图，则又模拟拙劣，不若《古今图书集成》（《经济汇编·考工典》卷二四九）所制各图之精妙。

卷一，首表"力艺"之内性外德，继以详解四端，分为四卷：第一卷"重解"，第二卷"器解"，第三卷"力解"，第四卷"动解"。究其实际，则与预定者互有歧异：自此处起，凡六十一款，言重，言重心，言重容、比例及其他问题。

卷二，凡九十二款，述机械学基本原理，言天平，言等子，言杠杆，言滑车，言轮，言螺丝，其他言斜面者若干款。

卷三，为图说，凡五十四器，图文对照，分类如下：

起重图说	十一	引重图说	四	转重图说	二
取水图说	九	转磨图说	十五	解木图说	四
解石图说	一	转碓图说	一	书架图说	一
水日晷图说	一	代耕图说	一	水铳图说	四

书末有钱熙祚跋语，书前有凡例，卷端录《四库全书提要》一首。

后附《新制诸器图说》，乃徵个人所发明，凡九器：曰虹吸，曰鹤饮，曰轮激，曰风砲，曰自行磨，曰自行车，曰轮壶，曰代耕，曰连弩。最后一图，《图书集成》不载，或已移置他处矣。

四、徵书蓝本

徵书卷端（卷一，页四）有云："今时巧人最能明万器所以然之理者，一名'昧多'，一名'西门'；又有绘图刻传者，一名'耕田'，一名'剌墨里'。"愚按"昧多"殆为昧多维斯（Vitruvius）之缩称，"西门"殆指司太芬（Stevin），盖司氏号（Simonde Bruges）较为世所知也；所谓"耕田"殆即拉丁文农夫亚格利各拉（Agricola）之意译，而"剌墨里"应是意大利人Ramelli之对音。

玩徵语气，趣涉想其所指诸人，殆即玉函口授诸书之作家。及检视北平北堂图书馆所藏四人著作而益自信。复按各书原本之成书年月，又皆在玉函离欧来华之前。其中之一，且为著者持赠玉函者。复以各书内容，与图书互相比勘，更无可疑矣。

兹先述各书概略如次：

其一，昧多维斯者，公元前一世纪之罗马建筑师也，著有《建筑术》（*De Architectura*）一书，献之罗马帝奥古斯特。书凡十卷，其末卷专论机械。北堂图书馆藏有拉丁文原本二部，又意大利文译本一部。拉丁文二部之一印刷特精。书名页题曰M.Vitruvii Pollionis：*De Architectura*，*Libri Decem*云云。其出版时地则为：Venetiis，Apud Franciscum Franciscium Senensem & Joan.Crugher，Germanum，1567。

其二，西门司太芬者，玉函同时人，为那骚（Nassau）亲王毛利斯（Maurice）之业师，尝官荷兰堤岸总管。北堂图书馆藏其所著书四种。王徵所采之书，原名：*Hypomnemata Mathematica...Mauritius*，*Princeps Auraicus*，*Comes Nassoviae...A Simon Stevin Conscripta*。至其出版时地则为：Lugduni Batavorum，Ex Officina Joannis Patii，Academiae Typographi，1608。书为单开本，分上下两册，上册论三角术、宇宙学、天文学，徵所用者仅其下册耳。

其三，"耕田"者，即亚格利各拉氏，名乔治，德国医师，公元一四九四至一五五五间人也。其主要著作原名：*De Re Metallica Libri* XII，*Quibus Offcia*，*Instrumenta*，*Machinae*云云。其出版时地为：Froben.Basileae，1556。北堂图书馆所藏之本，上有题字，曰：Reverendo in Christo Patri Joanni Terrentio Societatis Jesu Presbytero pro Missione Sinensi Dono Dedit Georgius Locher V.I.D. In suprema Ducali Curia Quae Est Monacchij Advocatus。书中笺注颇多，七八两章尤甚。

其四，剌墨里者，名奥古斯丁，盖意大利工师兼机械师也。一五三一年生于米兰公国。初在查理五世军中，后游法兰西，为亨利三世宾客。此书杀青，遂以献亨利。原有意法两国文，名曰：*Le Diverse et Artificiose Machine*，*Del Capitano Agostino Ramelli*云云。其出版时地则为：A Parigi, in Casa Del' Autore, 1588。是书亦单开本，图之整幅者，凡一九五帧，铜版精镌。

上述四书中，耕田氏所作，徵采用特少。愚意徵书凡例之五，"每口用物名目"一项所列者，或即采自耕田氏，以原书缕述特详故也。其采矿、验卵、镕金各器中，间有水斈、转碓之属，徵或师其意而自创新图欵。

徵书一二两卷之取材，主要者盖出于司太芬*Hypomnemata*一书之下册。司氏书之开始，为几何论，多言测量、计算、比例诸端，亦即玉函以预习劝徵者也。其第四篇曰静力学，边注冗繁，其在页七、十四至十七者，多涉天平之原理；其在页一七四、一七五者，多涉滑车，复滑轮之属。其言重、言重心，以及其他基本机械，如天平、等子、滑车、辘轳、杠杆诸节，皆与徵书中一二两卷所论者吻合。司氏书页三四以下，及页九九，亦有论斜面者。

味多维斯所著《建筑术》之第十章，在北堂藏本第三三二至三五〇页。其所叙诸器，相当于徵书卷二，词简而赅，徵颇知善为引用，绘图尤然。

至于徵书卷三图说之部，则多采用剌墨里之书。此处撷取之迹，显而易见。盖本卷诸图，雷同剌氏者，不下二十。兹将两书同器异次者，表列于下以明之：

		王书	剌书
一、起重图		九	一三九
		一〇	一七〇
		一一	一七四
二、引重图		一	一七八
		二	一八〇
三、转重图		一	八五
		二	八九
四、取水图		一	四五
		二	四七
		三	六一
		四	七三
		五	一一二
		九	一〇九
五、转磨图		一	一二三
		二	一二四
		三	一二八
		四	一三〇
六、	解木图	二	一三六
	解石图	一	一三四
七、书架图		一	一八八

按　语

钱氏守山阁本《奇器图说》曾以《四库提要》冠其首。顾当日馆臣执成见，谓其《表性》《表德》二篇，"大都荒诞恣肆，不足究诘"；独于其制器之巧，叹为"甲于古今""具有思致"。以今视之，或得其反。诚以原书诸器，多不切实用，尤以剌墨里所绘一九五种中，取水之器竟占一一二种之多。意乃兴会所至，以大同穷小异耳。徵书则顾及实用，抉择较严，故删而存者，不过九器，且为最简便者，"录最"之称，允足当之。然徵书虽精，亦非绝不旁骛，如转书轮，如水日晷等制，皆可有可无者也。援庵先生为徵作传，谓"今日工学诸译名，无不溯源于是书"，诚所谓一语道着。盖徵之功，确在此而不在彼也。

译者按：《奇器图说》中之图，多经改绘，人物均改中国人，惟亦有疏漏者，如书架图，其转轮上之书已改为中国书，惟立架上之书则仍为西式装订者，其一例也。

王徵著述遗版搜辑序略

李宣义

编者按： 本文原载《上智编译馆馆刊》1947 年第 2 卷第 2 期。李宣义，生平事迹不详。由本文及相关资料可知，其当为陈垣的学生，陕西高陵人，毕业于辅仁大学，曾任天主教西安教区司铎。

一、引言

民国二十九年，负笈故都，得余师陈援庵（垣）先生《泾阳王徵传》，始略识此三百年前乡先贤行谊，然仍以未能一读王公著述为恨。三十四年，就诊西安，牛司铎亦未告以敝村通远天主堂内，藏有王氏著述遗版，入山而未见薪，宁不可愧？归里后，即遍加搜觅，果于柴堆中，发现王氏《客问》一片，大喜。搜裒再三，竟得王氏遗版六种，然大部已用为燃料，灰飞尘化，目击心伤。

据云：书版乃民国初年，由王氏家裔购得；后人不知珍惜，遂使书版散失殆尽。往者已矣，此劫余残物，岂可任其荡灭以尽耶？于是尽心搜辑，分目编藏，不惟片次各得其所，即异时殊域之同道，亦得一饱眼福矣。

兹将各遗版之名目、内容、著述、篇数分列于后，俾研究王氏之学者，资省览焉。

二、《客问》

（一）题解

"客问者，客感东事（义谨案：东事即辽东御满人入关之谓也。）而发端，余亦就事论事，面为辨难商榷而条对者也。……故总笔之曰客问。"（本书《自记》）

（二）内容体例

《客问》一书，大都以东事为主：或问疏请军马钱粮器械，难以所求，将奈之何，（二四页）或论救败莫先于振军威，明赏罚，（二八页）或谈经臣不谋等。全书凡五款，一事一款，款又分段，眉目朗然。

（三）撰人

王氏有《额辣济亚牖造诸器图说自记》引客曰："向读吾子所著《兵约》《客问》及《痴想》诸书，敬服忠爱之极思，私谓当官者不得不然。"（《真理杂志》一卷二期）此证《客问》实为王氏之作，书刊于天启三年（一六二三）孟夏望日（阳五月十四日）。作者自述其成因曰："客感东事而发端，余亦就事论事。……第恐从声影起议论，用口语为筹策，譬如病人，不诊脉息，不望颜色，臆度病症，传会古方，岂有取效之理？且立谈之顷，不暇顾虑，罔识忌讳，或触当事者之疑怒居多耳。私念忧坠同嫠妇，无怀将虚舟，知我罪我，客固有以原之矣，匪问胡答？故总笔之曰客问。"（本书《自记》）

（四）版数

《客问》始于二三页，当与他书合订。今通远堂内只存有第二三、二四、二八、二九页，共四页耳。

三、《兵约》

（一）题解

"兵约，约兵者也。约凡三：一曰兵制，一曰兵率，一曰兵誓。"（本书《自记》）

（二）内容体例

钱洪谟《兵约题辞》："公祖（蔡心）天付故奇，虽俯事八股业，非所屑意也。……先是公祖为北府司理，当道因奴难孔棘，趣使练兵，其食公祖久矣，公祖亦让，已而随试辄效。至有方之卧龙者，公祖亦不惊，其所蕴蓄，固不可量矣。……徐出《兵约》相示，则其所尝练兵者也。约例有三：曰制曰率曰誓。制防八阵图，而率则防之易，誓则防之书，其实非防也，通其变而善用之，则大将军之位，可以意增核其实而明习之，则位置进退血气傈猛，可以意转。此约之所以设乎？"（《泾献文存》外编卷六）又本书《自记》，谓全书凡三约，即：

（1）《兵制》

款凡五："何谓兵制？制者战阵之总局也。酌古审今，显标更番接战之妙用。"

（2）《兵率》

款凡七："何谓兵率？率者赏罚之定表也。真操实练，默寓鼓舞振作之微权。"

（3）《兵誓》

款凡二："何谓兵誓？誓则仿古誓师之意。誓与文武将吏，以及材官蹶张，共习兵制，共遵兵律，共奋忠勇，共雪国耻，于以共建挞伐荡平之伟绩也。"

义谨案：《兵约》遗版之《兵制》《兵率》，页中缝皆刻"兵约某页"，表为《兵约》之两约；然兵誓版，右边首刻"兵誓第三，款凡二"，页数体例皆同前《兵制》《兵率》两约，惟中缝却刻"兵誓某页"非"兵约某页"，与前两约异，不知何故。王介《读明史甲申之变先端节公殉国略述梗概百韵注》，与吾师援庵先生《泾阳王徵传》等，皆谓《兵约》《兵誓》各为一书，抑或本乎斯耶？然葵心《自记》云"《兵约》凡三：一曰《兵制》，二曰《兵率》，三曰《兵誓》"与钱洪谟之"约例有三：曰制曰率曰誓"，将何所指乎？余以为《兵誓》乃《兵约》之一约，幸读者有以教之！

（三）撰人

《兵约》为葵心先生所著，除本书题辞外，《忠统日录上·王公乡兵约》曰："训词练格各另有专书：一名《兵约》，乃余所夙著；一名《八阵合变图解》，乃余舅师湛川先生所刊行者。"又梁文明《御寇四略》："如王先生练兵用之法，详且如也。"《两理略》卷一《悬赏鼓勇》："余即以更番教练休息接战诸议，编作通俗俚语，为兵约两款。"（谨案：此乃《兵约》之初编，故为两款耳。）书成于天启三年（一六二三）孟夏望日（阳五月十四），详本书《自记》。书之成因，王公自述曰："余初理平干，谬承督兵主者檄召恒阳，委以练兵之役。再三辞不可；不得已，乃溯义易师卦之原，及余舅师湛川先生所著《八阵合变图解》，并诸名家已成之法，而间附一得之愚，聊以仰副上台为国之盛心云耳，敢猥云知兵乎哉？归而录之笥中，以备异日在师中者之采择。"（本书《自记》）

（四）版数

计存：（1）《兵制》存有第一、二、五、七、八共五页，尚缺第三、四、六等页。（2）《兵率》存有第九、十三共两页，尚缺第十、十一、十二等页。（3）《兵誓》存有第十四、十五、十六、十七、十九、二十、二一，共七页。

义谨案：《兵誓》版多挖改痕迹，如第十九页："年来被□□杀掳人民，抢占我城都。……想那□□身材长短与我们一般，……何□□反胜，我反常败？"第二十页更甚。今玩味其文，综贯上下之意，所挖改者当为诋詈满人之言，盖原版刻于明也。

四、《士约》

（一）题解

《士约》乃葵心拈录宁陵吕公之嘉言，以约多士之书。（本书《后序》）

（二）撰人

《士约》之作，《两理略》卷一《解经除戎》曰："司理王公著《学庸解》，……以及《士约》等书，商之转相抄传而去，此大名府中事也。"书刊于崇祯元年（一六二八）仲夏二十日（阳六月二十一日）。书之成因，王公自序曰："是约也，非余之言，乃宁陵吕公之言，余尝录之以自警者也。余不敏，不能仰承大君子之明教，兹特拈出以约多士。"（本书《后序》）又王名世《士约后跋》云："司理王公临学谈艺，出《士约》三款以示，不佞再四披读，忻然有当于中，与四司训共议发梓，为多士鹄，多士诚字字体认，时时研究，身心性情裨益不浅，异日端士伟人，必且继起，以成光明俊伟之业。"（《泾献文存》外编卷六）

（三）内容体例

是书所录之言，或教士人读书诚厚，以求修身淑世，不当如僧道之为人念诵，但图得钱耳。（第七第八两页）或教士人语言忠信，行动廉清，不耻于儒服，不虚于民望。（第十一第十二两页）万不应倨傲不恭，结党济恶。（第十三第十四两页）——凡此各端，皆用以约士。全书共分三款。

（四）版数

今存第一、七、八、十一、十二、十三、十四、十五、十六，共九页。

五、《学庸书解》

（一）题解

《学庸书解》乃司理王公，朔望临庠，与诸士谈学之语录耳。（本书《大名王名世后序》）

（二）撰人

此书为王公之作，除题解外，《两理略》卷一《解经除戎》谓王公："著《学庸解》，……以及《士约》等书，商之转相抄传而去，此大名府中事也。"本书《王名世后序》记此书之成曰："《学》《庸》两解，悉发前人所未发。……诸士争相抄阅，弗能遍及，爰付之杀青，以广其传。"

（三）内容体例

《学庸书解》原为王公"据所读得语也。……公朔望临庠，与诸士谈学，其要在体验身心，阐晰性理"。

（四）版数

仅存第九、十与封面三版而已。

六、《忠统日录》

（一）题解

崇祯二年（一六二九）泾原等五县，起练乡兵义丁，团结抗御陕北李自成，号曰"忠统"。《忠统日录》者，乃记录此次义举之起因经过结果之史册也。原名《忠统日录》，简称《忠统录》或《忠统》。

（二）撰人

书为王公所编撰，见《王简日省录》后序与《泾阳王徵传》等。书成之年月，据《忠统》内容，常在崇祯二年七月之后。因御守同盟，发起于崇祯二年二月初（详《忠统》上《三原县北城守御同盟传单》），而记录讫于七月也。

（三）内容体例

就通远现存各版观之，《忠统》全书分上中下三卷：（1）上卷记"忠统"之发起，人物机务，与夫练乡兵、设防陈、辑民心、编夫役、治奸细、赏功臣等之计策誓约；（2）中卷载录"忠统"成立后，当时之上下文书、委令人员、处治奸细、战时情报等；（3）下卷，败贼后，首刻各方之赞词贺诗，次开公费物器之节目等。

义谨案：《泾阳王徵传》谓《忠统录》一卷，而通远存版分有上中下三部，各自起讫，与此或异。

（四）版数

通远存有《忠统录》上遗版第一、八、十、十三、十五、十七、十八、二十、二一、二四、二八、三三、三四、三七、四二、四四、四八、五一、五三、五七页，共二十页。

《忠统录》中有第一、二、六、十、十二、三一、三三、三九、四十、四一、五九、六三、六四、六五、六九页，共十五页。

《忠统录》下有第二、四、五、九、十一、十二、十三、十四、十五、十六、十七、十九、二六、二七、二八、三十、三二、三六、四六、五三、五六、五九、六一、六四、六八、七十、七四、七七、七八、七九、八十、八二、八三页，共三十有三页。

清光绪二十四年（一八九八）冬，九世孙王简，以《忠统日录》版经兵燹，残缺不少，遂补刻完璧。（《日省录》后序）

七、《两理略》

（一）题解

《两理略》顾名思义，乃王公两任司理时，从政事迹及文牍之记略耳。然所以名曰"两理"者，亦有意在。王公曰："余以老书生两作司理：初任平干，再则广陵，到手事皆生平梦寐所弗及，终日懵然，攒眉作苦。只得抖擞精神，只凭自家意思做去。独时时将畏天爱人念头提醒，总求无愧寸心，曾书一联自警曰：头上青天，在在明威真可畏，眼前赤子，人人痛痒总相关。此外一切世法宦套时尚弗顾也。于是人见驺从裁减，厨传弗饬，则有笑其仍是秀才气者；见不甚作威，不多打人，则有笑其大非理刑体者；见一布一蔬，现价平买，一金一帛，不轻馈遗，则有笑其无挥霍手段，远大作用者；……或且笑其古板，不善圆活；或且笑其一味实做，不图赫赫声誉，如何能作台省路上人？余闻之，不觉自笑。"（《泾献文存》卷七）

（二）撰人

本书各卷首皆书：

　　泾阳了一道人王徵良甫甫撰记

　　楚　武昌　孟道弘能孺甫阅校

　　鲁　任城　魏应泰烨辰甫

　　古　焦获　温自知与亨甫、来鉴宜公甫同校

据此，书为王公之作无疑。而《两理略》撰著之动机与时代，则可于其《自序》见之。《自序》曰："余追忆往昔事实数款，信笔直述于册；又取公移之仅存者，手录以附。名曰《两理略》，用以自解。……时崇祯丙子。"（《泾献文存》卷七）又张缙彦《两理略序》："秋八月雨甚至，王良甫先生履不出户者经两旬余。已而出一编，名曰《两理略》。……时崇祯丙子阳月之吉。"（《泾献文存》外编卷二）由上观之，书诚脱稿于崇祯丙子年（九年，一六三六）然焦之雅《两理略小引》末后题记："崇祯丁丑（十年，一六三七）上巳日门生焦之雅顿首撰并书。"则《两理略》之刊刻当在成书之次年矣。

（三）内容体例

全书共分两大部：一言事，一记文。言事者，司理广平为第一卷，司理扬州为第二卷；记文者，广平移文为第三卷，扬州移文为第四卷。兹将全书篇目录后，以见其梗概：

《两理略》目录

卷之一

　事款（广平府）

　　恒阳简兵　平干息乱　借盗擒魁　悬赏鼓勇　汰兵足饷

　　解经除戎　肥城治水　清邑开河　力白令诬　抗议边筹

　　审结李自新案　活闸救秧　移木　完廪泄涨引溉　开淤成塘

卷之二

　事款（扬州府）

　　三迎王舟　四结钦案　潜消商祸　显豁盗板　擒凶千里

　　通利八场　力杜兵端　祈晴文　除剪叛首　备乐尊圣

　　建阁崇贤　恤商裕国　信诏休民　易闸利运　闭堤滋深

卷之三

公移（广平府）

修署议　酌饷议　勘灾议　筑堤议　会勘两盐院语　治水议

开河议　谕惊逃　审结李聚一案　审结毛绣一案

审结殷懋敬一案　审结苑华一案　审结聂招一案

审结张氏一案　审解贾振武　审结张月一案　审结史秀一案

审结张佳彩一案　审解徐虎子一案　审结张惟韩一案

审结张忱一案

卷之四

公移（扬州府）

开坝议　告神文　谢神文　谕盐商　又谕盐商　谕戢盗

谕场灶　谕息讼　会勘两太守语　会勘谭运同语

会勘蔡举人语　查报黄山一案　擒解吴荣一案　驳审姚德一案

审结王子龙一案　附报擒获大盗徐虎子申文　录梁垛场申报

义谨案：本书目录之标题，与书内之标题间有出入，如：卷三目录"审结苑华一案"，书内"发审苑华一案"；目录"审结聂招一案"，书内"发审聂招一案"；目录"审结张月一案"，书内"审解谣言张月一案"。卷四目录"会勘两盐院语"，书内"会勘房樊两盐院语"；目录"会勘两太守语"，书内"会勘杨颜两太守语"；目录"擒解吴荣一案"，书内"擒解叛奴吴荣一案"。

又谨案：《泾阳王徵传》谓"两理略为一卷"，与此或异。

（四）版数

通远现存《两理略》遗版：

卷一之第三、四、五、七、十一、十三、十六、十八、二十、二一、二二、二三、二四、二五、二六、三二、三四、三八、四十、四一、四四、四六、五七页，及封面一、自序一、张缙彦序二、焦小引二、跋一、目录三页，共三十三页。

卷二之第一、二、三、六、七、八、十三、十四、十七、十八、十九、二一、二二、二六、二八、二九、三十、三一、三四、四三、四四、四六、四七、五十、五三、五四、五八、六一、六四、六五、六七、六八、六九、七一页，共三十四页。

卷三之第一、三、五、八、九、十、十一、十二、十三、十五、十六、二一、二四、二五、二八、二九、三十、三三页，共十八页。

卷四之第一、二、三、五、六、十二、十六、十七、十八、十九、二一、二三、二四、二五、二六、二七、二八、二九、三十、三二、三四、三五、

三九、四十、四一、四三、五二、五三、五四页，共二十九页。

《两理略》并经王简补刻。（详《日省录》后序）

编者按：《上智编译馆馆刊》1947 年第 2 卷第 2 期"作家动态"载有《李宣义李俨宋伯胤等研究王徵事迹》，第 3 期"作家动态"载有《李宣义继续搜求王徵遗著》。由此可知李宣义等人对王徵研究的基本动态。兹录于此，以备参考。

作家动态：李宣义李俨宋伯胤等研究王徵事迹

西安教区司铎李宣义，曾毕业辅仁大学；近年努力搜求教中先贤王徵文献，所获颇丰；除本刊本期发表之文字外，并曾在西安《教友生活》月刊第一卷第五期发表《访谒了一道人故里记》。又陇海铁路总工程师李俨先生，近亦由本馆方馆长介绍，至通远坊天主堂研究王徵遗著遗版，已撰一文，将在某处发表。宋伯胤则为北京大学史学系高材生，非教友，亦致力于王徵之研究，所得明代文献中之材料，为数亦不在少；最近曾由北大教授向觉明先生及辅仁大学校长陈援庵先生之介绍，向方馆长请求指导，并商借有关书籍。

作家动态：李宣义继续搜求王徵遗著

西安李宣义司铎年来对明末陕西吾教先贤了一道人王葵心先生之事迹及著述等，极为留意，上期作家动态栏已略有介绍，并曾发表其近著《王徵著述遗版搜辑序略》。兹得其来函，谓："近闻张鹏一先生家藏王徵著述颇丰，不远百里，三往拜访，而不获见，将于暑期中，再往谒见。"又云："将来拟汇刻《了一丛书》，第一部分为王公各种巨著，第二部分为王公短篇文字，第三部分则选录近人所撰有关王公之论文。"最近李司铎搜得王公四文，为：《题崇仁书》《龙桥名议》《清北创建温恭毅公缮城祠碑记》《温恭毅公像赞》。又高陵通远坊天主堂内藏有王公及其夫人遗像各一，但或疑其非是。李司铎寄来照片各一帧。下期本刊可发表其《山居咏校读》一文。

跋王徵的《王端节公遗集》

王重民

编者按：本文原载 1947 年 5 月 23 日《大公报图书周刊》第 19 期，亦见载于《上智编译馆馆刊》1947 年第 2 卷第 4/5 期，以及《图书季刊》1947 年第 1/2 期。王重民（1903—1975），又名鉴，字有三，号冷庐主人，河北高阳人。中国古文献学家、目录版本学家、图书馆学教育家、敦煌学家。1924 年考入北京高等师范学校国文系，从高步瀛、杨树达、陈垣等专攻文史。1928 年毕业后，曾在保定河北大学、北京辅仁大学、北海图书馆、北平图书馆、北京大学任职。1949 年后，任北京图书馆副馆长、北京大学图书馆系主任。主要从事文史研究，著述颇丰，著有《中国目录学史论丛》《校雠通义通解》等专著、论文 160 余部（篇）。

民国十二三年，王兆麟泾阳作知县，因为陕西要修通志，于是他接到一篇应修县志的通令。兆麟的老师柏堃，字厚甫，就是泾阳县人，刚刚谢了富平县职，遂请他来主持县志局的事情。他于是仿他老师贺瑞麟修《三原县志》的例子，把泾阳学人的作品和与泾史地人事有关系的诗文，辑成了《泾献文存》正编十二卷、外编六卷，又《诗存》正编四卷、外编三卷；又把泾阳先贤的遗著，印行了七种，总题为《泾阳文献丛书》。都于民国十四年铅印行世。

大概因为泾阳很偏僻，书籍不易流通的缘故，自印行后二十二年，北平图书馆方才买到这一部《泾阳文献丛书》。丛书第一种是《王端节公遗集》四卷，第五种是《正学斋文集》三十卷。

在最近二十年内，我们很注意研究王徵的遗文和历史。可惜这部遗集虽说辑印于二十年以前，我们大家都没有见到。《正学斋文集》是王介作的，介字一臣，是王徵的七世孙。他曾把他的七世祖王徵遗书的版片整理过，又把王徵的遗文尽心搜辑。所以我们要研究王徵，王介这部文集，也是很重要的参考书。

不但我们住在北平的人没有看到这部《王端节公遗集》，就是陕西耆儒张鹏一扶万先生，也没有看到。扶万先生早即注意王徵的遗诗遗文，曾从《泾献诗文存》内，辑出了王徵的散文十四篇、诗咏四篇。民国二十二年，向觉明先生游陕西，就向张老先生录了一个副本，带回来刊在《国立北平图书馆馆刊》第八卷第六号内，题为《王徵遗文抄》。在没有看到这部遗集以前，我们所知道的王徵遗文，以这部《遗文抄》为最多。

我现在看到了《王端节公遗集》，又看到了《泾献诗文存》，于是先用《诗文存》校《遗文抄》，再用校本《遗文抄》来考校这部遗集。

《泾献文存》卷三有王徵的《新制连弩图说引》，卷七有《奇器图说序》《兵约序》《西儒耳目资序》，卷八有《跋士约后》，卷十有《了一要语》，凡六篇，都不见于《遗文抄》。疑是张老先生抄辑的时候，有的由于失检，有的因为原书有传本，遂没有再抄。《遗集》内没有《西儒耳目资序》和《了一要语》两文，似乎也可以用同一的理由来解释：《西儒耳目资序》因为有原书流行，《了一要语》大概是失检了。

《遗集》凡有散文三十三篇，然无《遗文抄》内的《告神文》。《告神文》原载《两理略》卷四，恐怕柏堃未必能注意到这一点。——这便是说，他把《告神文》收入《泾献文存》而不收入《遗集》的原因，大概也是由于编辑时候的失检，不一定因为《两理略》有了那篇文字，柏堃便不收它入《遗集》了。

《遗集》比《遗文抄》多出了十九篇，有的很重要，有的不重要。《遗集》卷一凡载奏疏三篇，第一篇《奏恭承特命监理海疆恳辞分外殊恩愿佐军前成议朝襄实功疏》、第二篇《奏仰谢天恩恭请明命疏》并为《遗文抄》所无，都是重要史料。卷二为书牍十五首，惟末一篇《与张仪昭书》已见《遗文抄》外，余均未见，都是他丁继母忧谢了广平推官以后所写的应酬文字。王介《正学斋文集》卷一有《先端节公尺牍全集序》云：

> 天下之士，仰公如泰山北斗，不获长与公游，往往以尺素相通款，惟公则无不以尺素答之。数十年来，往复手翰，不下数千百篇。余生也晚，凡公尺牍，年岁既远，多所失存，今虽竭力搜罗，十有余年，而其所获，不过十之三四。谨为参考编次，缮写成书，藏之先祠，遗于后世。

若是原来果有几千篇，王介既然收到了十之三四，则那部尺牍全集，约应有一千多篇，今仅得十五篇，可见散亡之多了。卷三载序跋八篇，均见于《遗文抄》及《泾献文存》内。卷四杂著七篇，惟《士约》《兵约》两篇，不见于《遗文抄》与《文存》，我也没有见过别的刻本。《上智编译馆馆刊》第二卷第二期，有李宣义先生的《王徵著述遗版搜辑序略》一文，说他在泾阳的通远天主堂内，发现的王徵的著述遗版里边，有《士约》残版九叶，《兵约》残版十四叶。这儿所载的《士约》《兵约》都是全文，一定是从那些刻版的初印本抄来的。现在那些刻版不完全了，这儿的文字，也有些脱误。

这部四卷本《遗集》，有柏堃的序文，说编辑的经过：

> 先生著书数十种，版多散佚。余与邑人士谋将先生《奇器图说》及《两理略》陆续付印，而于先生《文集》六卷、《经济全书》二十七卷，搜罗弗获，仅得友人所藏尺牍稿十五篇，又奏疏三篇，《士约》《兵约》及序跋赞铭祭文记揭等共十八篇。又列本传、墓志于卷首，都凡四卷，为先生《遗集》。

柏堃所说的"先生《文集》六卷……搜罗弗获"者，大概是指的王介编辑的本子。王介《正学斋文集》卷一《先端节公文集序》云：

> 公生平著述，不下数十种，俱已行世。惟尺牍与文集，向无成书。今已竭力搜罗，十载有余，共得若干篇，录辑成帙，略序颠末，谨藏先祠。行并付梓，以垂不朽焉。

序末署"己卯四月"，己卯当是嘉庆二十四年，下距柏堃编此遗集时，已有一百多年。柏堃还未见到，我们见到的机会更少了。

十余年来，我也很注意王徵的遗文和遗事，曾想为他编年谱、重编文集，所以看到这部遗集里的新材料，非常高兴。拟从此便将所辑王徵的天学诸书序跋，和他所著的《畏天爱人极论》《仁会约》，所译的《杜奥定先生东来渡海苦迹》等篇，编成一部比较完备的集子。

《遗集》卷端载张炳璿的《王端节先生传》一篇。张炳璿就是王徵的表弟张仪昭。王徵死节的时候，是先和仪昭握了握手，方才瞑目的。后来张缙彦为王徵撰墓志铭，也是依据这篇传文作底稿。所以这篇《王端节先生传》，是研究王徵的第一流史料。

王徵墨迹四文笺释

李宣义

编者按： 本文原载《上智编译馆馆刊》1947 年第 2 卷第 6 期。

序　言

尝见贺复斋《三原县新志》节引葵心王徵《龙桥名议》与《清北创建温恭毅公缮城祠碑记》二文，遍搜全文，久未遇目。孟夏初，走访韩城鱼老先生存之，述及此事。先生莞尔笑曰："全文在兹，且皆了一道人手笔，曷早言之？"遂出示。原为吕文清天斋世藏本，故封面有天斋先生"了一道人墨迹"之题签。封皮外，仅存十二叶。纸张脆薄，色似火焦，微触即破。收文四。首为《温恭毅公像赞》，共六行，行十六七字，尾有丹色方章二：上书"了一道人王徵"，下书"辽海监军"，文为楷书，与温自知《浒北山翁训子歌》引体近似。次为《清北创建温恭毅公缮城祠碑记》，共九十七行，行二十字，宋体，当为碑文之监本，此文贺氏《三原县新志·建置志》曾节录中段。再次为《龙桥名议》，共五十三行，行十九二十字不等，全篇行书，贺氏《三原县新志·建置志》节引十余句。末乃《题崇仁书》，共三十二行，每行字数，少则十五，多则二十不等，书法同前。

上智编译馆馆长方杰人司铎，函嘱钞录，以飨同道；恨冗俗羁身，未克早日从命。幸假期稍闲，兹将四文恭录于后，并僭为笺释，博学君子，幸赐教焉！

一、《温恭毅公像赞》

祠曰温公，或者疑是司马君实俎豆之官；不知此乃姓氏，彼以爵封，不一者像貌，并美者德功。立朝则事业均倚重于宗社，居乡则忠诚均感孚乎儿童。此盖我明少保，三原温公之祠也，而与宋代司马洵异世而同风。瞻者敬仰，无贰尔衷！

【笺释】

温恭毅公——温纯，字景文，嘉靖四十四年（一五六五）进士。知寿光县，歼巨寇马天保，垦田、劝耕、决狱，一本经术。擢给事中。隆庆三年（一五六九）穆宗既禅除，犹不与大臣接，纯请遵祖制，延群工，决章奏。屡迁兵科都给事。倭陷广海，卫总兵刘焘以战却闻，纯劾焘欺罔。黔国公沐朝弼有罪，诏许其子袭爵，纯言事未竟不当便，遂复旧制。俺答请贡市高拱，廷议许之，纯谓弛边备，非中国利。出为湖广参政，捐赎锾，拒武岗王之行贿乱宗者，遂乞归。万历初，用荐起河南参议，分部南阳，约唐府无侵民徭赋，境内辑宁。入贰同卿，陟棘署晋光禄，面规张江陵，夺情之非，忤意归，江陵没，起守旧官，累擢巡抚，两浙改漕，折减织造，复陂池，葺泮宫，禁淫祀，人情大悦。入为户部左侍郎，督仓场，母忧去。起南京吏部尚书，召拜工部尚书。父老，乞养；终丧，召为左都御史。矿税四出，纯极论其害。不报，诸阉益横，纯等忧惧，不知所出，乃倡诸大臣，伏阙泣请。帝震怒，问谁倡者，对曰："都御史臣纯。"帝为霁威，遣人慰谕曰：疏且下，乃退，已而卒不行。妖书四起，大索长安。疏言楚宗无反状，请会议，而事始决。御史于永清，按陕西，贪，惧纯奏，与都给事中姚文蔚，比而倾纯。纯疏发永清，交构状语，颇侵首辅沈一贯。给事中陈治则、钟兆斗，皆一贯私人，先后劾纯。御史汤兆京不平，疏斥其妄。纯求去，章二十上，杜门九阅月，帝雅重纯，谕留之。三十三年（一六〇九）大计京朝官，纯与吏部侍郎杨时乔主之。一贯所欲庇者兆斗及钱梦皋等，皆在谪中。疏入，久之，忽降旨切责，仍留被察科道官，而察疏仍不下。纯求去益力。梦皋兆斗连章讦纯，廷臣大骇，争劾梦皋等，俱留中。时乔称纯，公忠清正。南京给事中陈嘉训等，极论二人，阴有所恃，朋比作奸，当函斥之，而听纯归，以全大臣之体。帝予纯致仕，梦皋兆斗亦罢。纯请曰：奉公五主，南北考察，澄汰悉当。肃百僚，振风纪，时称名臣，卒赠少保。天启初，追谥恭毅。今按：著有《学一堂文集》三十卷、《二园诗集》、《二园学集》、《续集》、《自省录》、《齐民要书》。（《明史》本传）

二、《清北创建温恭毅公缮城祠碑记》

邑治必有城，城惟一，制也。原之初，厥城亦惟一，乃今南北对峙，胖焉为两者何？则以清治二河，汇流而东，横冲其中故也。岁浚月削，滋深滋阔，势若太极中判，而两仪不得不为之分割。然城在河以南者，实四方财货辐辏区；且制台、中丞御史台、诸藩臬道府行旄，往往驻节焉；而圣庙学宫，仓库衙宇，胥在内；又县大夫朝夕听政所也。城故不圮；即圮，旋补筑之无难耳。北城既泮焉，越在河之北岸，其中土著居民，聚庐而处者，虽数百千万之众，与士大夫家鳞次栉比乎。第县治既在南，商贾既在南，冠带轮蹄往来应酬既在南，则当事者之精神虑无不急在南，而北或膜外视之，其势也，亦情之所易至也。以故楼橹渐倾，城日颓坏，漠然罔闻，恬不为怪。久之，垣蟊罄池凸，郁成菜蒿，跛羊可牧，蹊径交交；又久之，高者就平，雉飞无踪，城基断续，面面皆风。斯时也，承平日久，狃以为常，筑凿之谋，大家相忘。少保温恭毅先生偶家居，念此城，名仅有面实弗存也。穆然深思，谓保障无资，一旦有警，将奚所恃而无恐？爰谋之县大夫，与诸绅士父老，议城事。或曰："是役也众。"先生曰："吾能众。"曰："费恐不资。"曰："吾能费。城者所以保吾众而善藏厥费者也。既欲域民，不众不费，胡能城？从古有天成之城，地涌之城乎哉？"曰："费大，而以众动也，恐人将以利己为口实。"先生曰："嘻，天下皆己也！凡此同城之众，林林总总，百千万家，谓非一家之人也欤哉？独吾一家之人也欤哉？果为己耶，人即谓不己也，实自愧；果不独为己耶，即人谓利己也，庸何伤？"或又曰："今天下九塞晏然，八方平定，正夜户不闭时也，无故而兴不急之役，姑无问费且若何，众实谓劳我也，将奈何？"先生曰："图久安之，不得不暂劳之矣。天下宁有不一劳而能久佚者哉？吾闻之，计小者害大，道谋者寡成。未雨彻桑，鸟且能然。如必汤而始井也，井能渴及也耶？此城不成，吾心之诚，不能一日宁。"辄毅然捐金倡义，董率区画，为之重筑北城，并补南城，以固其围。工肇于万历癸巳，不数月而四门重阙，楼橹焕然，崇墉言言，雉堞云连，屹然称金汤矣。方筑凿时，果有借此以事抨弹者，先生不之恤也。缮城之工，必欲告成而后已。既告厥成，先生之心方宁；愿不自以为功，即当日之人，或亦未甚德其功。迨至崇祯戊辰，关中大饥，流寇纷起，掳聚日繁。千骑万侣，耽耽焦获之原，环驰城之郊；且数次。维时，乡村猝无堡寨，蹂躏焚掠之惨，不忍见闻。郭外之氓叟稚妇，跳贼而求入者，踵相啮也。当事者与诸士绅父老议：贼众不远，恐得以隙乘之也。"门拒不内。余谓："城所以卫民也，奈何拒吾赤子而委之贼？且贼尚远，未遽乘也；即乘，吾力能拒之。"议者又云："城内无百日粮，骤内多人，以耗吾食，非计。可令挟刍粟者入，弗挟者毋得入也。"余又谓："均赤子也，奈何逆拒其饥者委之贼？况贼风雨飘忽，必不肯为百日攻。"当事者是余言，遂大开城门纵之入。诸见阻他门者，亦转徙而入，可数万计。遂择其精壮者，亦派为城守之夫。诸绅婴城指挥士民，咸登陴力守。一时城头数百千人，贼遂逡巡咋舌退。于是诸绅士父老辈拊城兴思，咸聚而叹曰："天，天！设非今日城守之严，吾辈不知当作何状，设非当年预筑此城，即欲为今日之守，何可得？作此城者，何其流泽之无穷也！今既饮水而知源，安可忘恩而不报？其亟建一专祠，以报此缮城之功德也可？"金曰："可哉，可哉！"于是镶金易地，庀材鸠工，不数月而祠已报竣。人心感服之深，翕应之速，可概见矣。祠凡六楹，遗像如生，群拜群祝，维城之宗。乃先生及门之士，张玉芝来舒吾诸文学十数辈，咸请徵言，以文丽牲之石。徵素不文，且不喜为赞媚过实之文，而独于先生之德之功，则喜谈而乐道之，与诸绅士父老有同情焉。盖居恒私叹：士大夫居乡，必有一段不朽功德，利赖一乡，令乡之人久久感颂不忘，称曰乡先生，始不虚耳。不然，身都显贵，乡之人毫无所利赖；或徒拥富厚，广田宅，日夜为子孙图百年便利，于乡之人，若秦越不相关也；甚或睚眦凌轹，恣逞其所欲为得为，反贻害于闾里，令乡之人，心非巷议，腹诽背诅，敢怒而不敢言，此即求免一时之訾詈且不能，矧能声施后世，殁已数十年，犹然令乡之人追思俎豆无已时哉？如先生者，真可百世不朽已！犹忆向者，偕诸绅士守城日，玉芝张君建议，于北城外，相距数十武，可筑关城一座，一则为大城犄角，一则为附近居民清野守保计。条画区当，策甚善也。当事者首肯，诸士绅父老，亦无不心是之者；惜无毅然首事之人，迄今犹悬道傍之谋。益思先生爱人之真，见事之彻，独断独行之力，真古大臣，先忧后乐襟度，非区区寻常士大夫所克仿佛于万一也。倘先生一闻人言，便引筑怨之嫌乎，其何得有今日？徵常读西儒真福实指，所指真福八端之一有曰："为义而被窘难者乃真福，为其已得天上国也。"如先生之真已永永享天上之福矣，笑游帝庭，宁独人间之庙貌也欤哉？夫祠者思也，所以思前而示后也。今而后，谒先生之祠者，为封疆之臣，则思其所守；为邦之簪绅衿裾，则思其所立；见乡之人，追念乡先达功德，弥久而弥殷也，则各思所为不朽。是则建祠者之意，谅亦先生睠念桑土来欹来尝之意也。因述其缮城始末如此，而系之以铭。铭曰：

> 于都先生，处为真儒，出为名臣。学穷二酉，志在三立，体惟一仁。
> 朝著忠清，家传孝友，乘史详陈，兹所特祀。恩深桑梓，土彻未阴，
> 睠念浚隍，独尘衣袽。睊目荆榛，乃倡大义，乃协群策，乃捐多金。
> 畚杵登登，壺簟翼翼。睨者狺狺，筑怨弗恤。遭才罔儡，工竣乃忻。
> 垂数十年，功德巍巍。渐忘所因，倐遭流寇，掠我鄙野，逼我城闉。
> 仗此崇垣，全活大众，百千万人。爰感遗泽，建此专祠，俎豆惟寅。
> 仰瞻先生，在帝左右，展矣明神，崇庙岩岩，击鼓坎坎，万舞佻佻，
> 先生临格，阖城豫乐。荐旨祈歆，丰我禾黍，固我藩垣！永绝氛尘，
> 准塘虎踞，龙桥蛇承，并表嶙峋。铭此负岷，千秋万年，尸祝长新！

【笺释】

"名仅有面实弗存也"——"面"为"而"之误，《三原县新志》引文

作"而"。

"万历癸巳"——明神宗二十一年，公元一五九三年。

"崇祯戊辰"——明毅宗元年，公元一六二八年。

"焦获之原"——《三原县新志·地理志》谓《诗·大雅》"整居焦获"。朱传焦未详所在；获郭璞以为瓠中，今在耀州三原县。又《建置志》谓明三原县治南一里，有焦获里，管村五；而三原南平坦无原，此"焦获之原"当指三原北之各原而言。

"环驰城之郊"引文作"环驰北城之郊"，引文正。与上句"耽耽焦获之原"亦合。

"跳贼而求入者"——"跳"引文作"逃"，通。

"均赤子也"——引文作"均吾赤子也"。

"奈何逆拒其饥者委之贼"——引文作"奈何拒其饥者而委之贼"。

"指挥士民"——引文作"指麾"。

"饮水而知源，安可忘恩而不报？"——引文作"饮水而思源，安忍忘恩而不报？"

"张玉芝"——《三原县新志·人物志》："张光先字玉芝，清修自好。少为先圣像，虔奉而心师之。习云麾将军书，得其神妙，凡碑版殿额题柱，非俒即光先。得其尺幅，争相宝重。光先持身不苟，与张俒并峙，其出处同，其寿考近，耄期亦同。俒有子富，光先无子。温自知曰'白太傅司马温公均无后也，于今为烈矣'。"

"来舒吾"——《三原县新志·人物志》："来廷对字舒五，受业温恭毅门。慷慨尚义，友人王宗禹卒，其子行乞于市，怜之，百计筹画，赠以金，教之营生，闻者叹息。"又县志吾作五。

"久久感颂不忘，称曰乡先生"——引文作"久久不忘感颂，称曰乡先生"。

"始不虚耳"——引文作"殆不虚耳"，是。

"日夜为子孙图"——引文作"日夜为子若孙图"。

"西儒真福实指"——谨案：王公曾撰有《真福直指》一书，现藏梵蒂冈图书馆，疑即一书。

"真福八端"——是耶稣训示万民，真正福乐之所在，共八端：一神品者乃真福，为其已得天上国也；二良善者乃真福，为其将得安土也；三涕泣者乃真福，为其将受安慰也；四嗜义如饥渴者乃真福，为其将得饱饫也；五哀矜者乃真福，为其将蒙哀矜已也；六心净者乃真福，为其将得见天主也；七和睦者乃真福，为其将谓天主之子也；八为义而被窘难者乃真福，为其已得天上国也。

"瞎念"——"瞎"乃"瞎"之误，前亦作踏。

三、《龙桥名议》

尝谓天下不患无人品，第患无真心肠；不患无学问，第患无真德行；不患无事功，第患无真经济。而真经济、真德行，壹是皆以真心为主，真心者何？仁是已。孟子曰："仁，人心也。大人者，不失其赤子之心。"又曰："人皆有不忍人之心。先王有不忍人之心，以不忍人之心，行不忍人之政，治天下可运之掌上。"内圣外王，有体有用，所谓千古一道、千圣一心，讵非吾夫子相传一贯之真旨哉？试将君子终食不违仁，颜子三月不违仁，与曾子仁以为己任，死而后已，诸说互相参订，一贯单传，宁不了了？此余素所证明，愧未克实实体验，然亦未克多见其人。乃今观于少保恭毅温先生，事功、学问、人品，卓冠三朝，师表一代，真堪与本邑。王太师端毅公相伯仲！至就龙桥旧址，创建石梁，伟绩尤能于万难措手处，独建前人之所不能建。诸名公叙赞颂赋，亦既章章备矣。余不文，又何能再赘一辞？惟是桥以龙名，虽以往因取义，然既言龙斗败桥，于义殊亦弗嘉；且于造桥初念，似无干涉。曾闻桥成，舆情欲以温公名之，先生力止。功成不居，自是先生执谦美意。顾先生一片济人利物真实心肠，于此正露一斑，宁得终掩抑耶？每忆先生肇造之初，心心念念，时时刻刻，事事处处，精神毕注于此，自己家事莫过也。其不忍人溺之真心肠，宁独终食不违，三月不违？盖将终其身，不底厥成，必不肯自己者。古之人谓专于文者，嬉笑怒骂皆文；余谓先生此事，嬉笑怒骂皆桥也，则皆仁也。脱念头少有不真，或沽名，或畏难，又或勤始怠终，其胡克成此千百世不拔之基？故先生之真经济、真德行不具论，而余小子独深服其眈眈不已之真心肠有若此。谚云："天下无难事，只怕有心人。"夫果有一副真实心肠，自然有一种真实学问，自然有一段真实事功，将必爱人一如爱己，将必视国事一如家事，将必处天下最难处事，一如自己身家，万不容诿之事。噫！使人人能心先生之心，又何德功之不可立奏乎哉？向余议，于桥上居中，建四明楼一座，不但壮两城之巨观，且以为巩桥之重镇；更于桥之东里许，作一滚堰聚水，俾之满而后溢。一则水无冲逆，永为桥基远护；一则两城咸有深池，永为保障之资；一则玉带之水常环，永为两城文风之助。两者所费不过数百金耳，奈人心不一，竟为道傍之筑。益信先生之真心肠询哉！其莫克两也。窃谓桥日以崇，先生之仁与之俱崇。桥之崇，千百年不朽；先生之仁，亦千百年与之俱崇不朽。夫先生之里，既以崇仁名矣，胡不即以"崇仁"名桥？而顾取名于茫然无稽之龙为？况古人伟绩，凡可传于后者，舆论既协，即自欲掩没不得；不然彼苏公范公之堤，胡至今名不改也？今即不直以温公名桥，亦宜推本先生造桥不忍之真心，直以崇仁标坊，不独可以表先生之仁，抑且可以兴后来观感者之仁。

或以先生之所首肯，倘不欲龙桥之旧遽湮乎，另竖一碑于桥之上，大书"三原县龙桥故址，新筑崇仁桥"，亦庶乎两全而无议耳。不知舆论以为何如，敬书此以俟知言君子。

【笺释】

"龙桥"——《三原县新志·建置志》：龙桥在县治北门外。旧架以木。万历二十年（一五九二），少保温公倡建石桥。……李维桢《温公创建龙桥记略》云：桥需五七万，公先以千金为倡，邑人及监司守令，各捐助有差，而公起家为司寇御史大夫，割其禄秩数千金；继之，介弟编子，予知咸加一力。广三丈三尺有奇，高七丈五尺有奇，长十余丈。皆石钩连铁锢之。为钩栏若干，甚严。饬下为石，旁为堤石，蔺入地者，丈有奇。更植大木千余为楗。《李志》：南北各建石坊，一题龙桥，一题崇仁桥。今按：桥有温公祠，两旁旧皆市廛，火后复兴，亦邑中名胜。

"王太师端毅公"——《三原县新志》卷六《人物志》，引王恕《明史》本传："字宗贯，号介庵。正统十三年（一四四八）进士，授大理左评事。进左寺副，条陈刑法不中者六事，迁扬州知府。天顺四年（一四六〇），超迁江西右布政使。成化元年（一四六五），南阳荆襄流民乱，擢恕抚治之。会丁母忧，诏奔丧两月即视事。恕辞不许，与尚书白圭共平大盗，移抚河南。……十二年（一四七六），云南镇守中官钱能贪恣甚，大学士商辂等议改恕右都御史，巡抚云南。……二十年（一四八四），复改南京兵部尚书。时钱能亦守备南京，语人曰：'王公天人也，吾敬事而已！'……先后应召陈言者二十一，建白者三十九，皆阻权幸，天下倾心慕之，……时为谣曰：'两京十二部，独有一王恕。'……孝宗即位，廷臣荐召为吏部尚书。……刘吉合私人魏璋等共排之，恕知志不得行，力求去。……正德三年（一五〇八）四月卒，年九十三。讣闻辍朝，赠特进左柱国太师，谥端毅。"

"崇仁"——依《三原县新志》，在县治西北，去城一里，是温公故里。

四、《题崇仁书》

少保温恭毅先生，在我关西为名家，在海内为名世，在昭代为名臣。丰功伟烈，嘉言懿行，传播人间，与太师王端毅公埒。一时大手笔如：李宗伯本宁，叶相国台山，文光禄天瑞，来潘伯星海，诸先生洋洋洒洒，数百千言，率皆赞述不□□。而杨制台修龄先生，又以数言总括之，谓先生清白似杨伯起，方正似王彦方，济人利物似范文正，器识德量似司马温公，真足写先生居身居乡居朝之梗概矣！先生撰著甚富，《学一堂集》《二园诗稿》《历官奏议》等刻，行世已久。

兹册所集，正诸名公之所赞述。乃先生季子与亨，业皆勒之贞珉，今又汇次成书，藏笥备梓也者。徽偶得而读之，曰：于都哉美矣盛矣！先生言行功烈，借此诸大手笔，足传不朽。徽生也晚，先生立朝大业，未克悉。至所为德于乡，如造桥，如筑城，如建尊经阁，与夫救荒恤灾，种种懿美，脍炙人口，即儿童妇女，迄今称说不已，一如宋时司马君实故事，则耳之甚熟悉也。私念士大夫居乡，必有一段不朽功德，利赖一乡，令乡之人，久久感颂不能忘。如先生者，始可称曰乡先生不虚耳。不然身都贵显，于乡之人毫无所利赖，或徒拥富厚，广田宅，日夜为子孙图便利，于乡之人秦越不相关；甚或睚眦凌轹，恣逞所欲为得为，贻害闾里，令乡之人，心非巷议，腹诽背诅，敢怒而不敢言。此即求免一时之訾詈且不能，矧能声施后世乎哉？呜呼，如先生者，真可传世不朽也已！然非与亨孝思勤笃，畴能从戎马倥偬，守陴弗遑之际，力举数十年未举之事？既取诸名公手笔，悉勒之石矣，复汇次成书，仍欲授梓备传。若此，则徽之所为洸然嘉叹者也。用是，不揣谫陋，敬题数语于册末。

【笺释】

《学一堂集》——《三原县新志·地理志》谓："温少保在县郭西建一园，曰井园。中有一阁，曰学一堂。"又《人物志》本传谓："少保曾撰《学一堂文集》三十卷。"

《二园诗稿》——二园乃温少保讲学栖息之所。韩诗有记："一曰井园，中有学一堂；一曰遁园，中有观物堂。《二园诗稿》之名当源乎斯。"（《三原县新志·地理志》）

"先生季子与亨"——温自知，字与亨，恭毅季子也。十岁丧父，一恸几绝。十九为博士弟子员，提学赏其《夏声赋》，来阳伯、赵子函、郭引伯诸名流咸推重。入太学，与黄思白、程端伯辈相善。西游朝郡，总督杨鹤延为上客，欲以军功上太常，坚辞。庚辛之交，大祲，捐钱谷活人无算。制二广柳车，掩骼数千，壬午焚韦杜田券。惟义所在，毕力赴之。逆闯陷关中，榜掠诸绅士，籍民财，自知亦与焉。是时闯踞秦府，逮者至，亲鞫于堂上，众谓不免。韩诗作与亨系狱诗忧之。及进见，对以先人宦资，尽于龙桥，言甫毕，有朱衣金幓侍闯右者，厉声曰："知尔贪可即宁家。"既出，询知朱衣者安定张国绅也，时为伪政府尚书。其初落魄，自知曾赒之，故脱于难。康熙元年，知县林逊开志馆，延自知纂修，稿未及半而卒。河滨李楷私谥"孝靖先生"。今按：所著有《获音》及续集、遗集、代集，《海印楼文集》，《诸游草》，《三原志料》《海印楼》《龙桥》各志。（《三原县新志·人物志》）

"私念士大夫居乡……"——谨按：《清北创建温恭毅公缮城祠碑记》亦有此段，字句大致相同。

从《山居咏》看王徵的思想和信仰

宋伯胤

编者按： 本文原载 1947 年 11 月 3 日《益世报》（天津版）"人文周刊"
新第 26 期，原标题为"王徵的《山居咏》"。同年 11 月 5 日北平《经世日报·读
书周刊》第 64 期转载。宋伯胤（1921—2009）， 陕西耀县（今陕西省铜川市
耀州区）人，中国博物馆学家、考古学家。曾在西南联大历史系学习，受业于
向达、王重民、裴文中教授。1948 年毕业于北京大学历史系，获文学硕士学位。
毕业后到南京中央博物院（即今南京博物院）工作。曾任南京博物院副院长、
厦门大学人类学系兼职教授、秦始皇兵马俑博物馆特约研究员等职。主要著作
有《明泾阳王徵先生年谱》《我国瓷器渊源略论稿》《竹林七贤砖画散考》《博
物馆学概论》《博物馆学基础》《剑川石窟》《博物馆人丛语·宋伯胤博物馆
学论著选》《宋伯胤说陶瓷》等。

历史对于人类并没有"必然性"；但当客观环境要求改变，主观意识有所觉
悟的时候，人类对于历史却有合理的"应然性"。惟有能勇敢适应历史发展的人，
才是那一时代的"强者"，才能代表那一时代的灵魂。在当时，这些"强者"们，
或横遭物议，或备受歧视，甚而招来杀身大祸，但对他所生长呼吸的那一个时代总
算尽过一番力量，有过一番创造，后代人是会给予一个最公平的评价的。

16世纪以降，西洋教士接二连三地来到中国，习华语，学中文，做皇帝的
上宾，做士大夫的密友，翻译西书，制作仪器，实为中西交通开辟了一个新的纪
元，使开明的中国士大夫"凛然于六艺九流之外，尚有学问，而他人之浚发，乃
似过我"，于是想急起直追，企图维新。这一运动，虽然抵不过东林社的谭名
理、公安派的讲清谈，以及权阉庸宦的中伤破坏，终于烟消云散，消灭殆尽；但
他们贡献出来的努力，至今仍灿烂地闪烁在史册之中，不容忽视。

王徵是明末维新运动的人物。他所译述的《奇器图说》是"我国第一部有计
划的，有条理的关于机械工程学的著作"。这方面，前西南联大教授刘仙洲先生
在《真理杂志》上曾有专文论及。北堂图书馆惠泽霖（H. Verhaeren）神父，近对

王著所依据的原本，亦有论列。至于这部书的版本，问题尚多，皆以所见材料不够，未敢轻加论断，只好俟诸他日。

《山居咏》是王徵遗文中最能表现他的个性的作品。清楚鲜明，活生生地给我们刻绘出一个"权利不能倾也，群众不能移也，天下不能荡也"，硬朗坚强的人格。《山居咏》的写作年月，已不可考，但究其内容，必是被谪归田后写的。王徵因吴桥兵变与中丞孙元化归朝待罪，这是崇祯五年（壬申）的事，同年七月，王徵"重拟谪戍"，元化曾手书相知始末，作徵"长途疏伴"。二十二日，元化就被处了死刑。这一层《明史稿》《罪惟录》《嘉定县志》记载得都很模糊，倒是和王徵同年成进士的祁彪佳说得很清楚。他说："崇祯五年壬申七月二十二日，朱佩南早来，言宣抚有周旋之者，反为其累。别去乃饭。金稠原来。时地震，余不知也。以王尊五约，惩责官伍，乃即出，遇驾帖，意其为决孙火东也，果然矣！"王徵谪戍后，究于何时"遇赦归"，戍至何地，且是否"没收家产"，均不可考，只好暂为付阙。

梁尔壮的《简而文小引》，是我们研究《山居咏》写作时日的重要的根据。第一，梁文明明白白地说："且与至戚张仪昭丈读书琴弈，暇日撰乐府词曲数阕，以寄寓情志。"这里说的"词曲数阕"，应该就是指《山居咏》而言。因为不论在遗文抄或文存里，我们再没有发现他和张氏唱和的其他词曲，除非很早就散佚了。第二，梁文是作于"乙亥之秋七月"的。乙亥当是崇祯八年。八年七月以前，梁氏就看到他们往来唱和的散曲，并且大大赞扬他们是"深谙召律，颉颃古今，更唱迭和，并驱中原"。照这样看来，《山居咏》必是王氏在崇祯五年七月以后、八年七月以前的作品。那时候，他该是六十二岁到六十五岁的年纪。

一个耳顺之年的老人，尤其是怀才不用、饱受风霜的老人，对于自然所赋予的根本的力量和限制，已经彻头彻尾地了解了。于是现实的自我开始有强烈的醒悟。他说：

> 从今勘破从前误，且轩渠，拭眼掀须，经了些虎豹丛，干戈聚，千磨百炼，梦里尚迷糊。（《山居自咏》）
> 自怜枉把经纶误，斗狰狞磨齿捋须。只落得两鬓苍，双眉聚，忧愁风雨，前路眼迷糊。（《山居再咏》）
> 再休提张拳斗虎，随斑振鹭，拥篲题桥，拜相封侯，伐虢图虞。（《山居再咏》）
> 看什么邗关梅岭花，说什么蜃海仙楼话，只为那宦情海样深，勾惹出祸患天来大。（《同春园即事》）

他既看穿无法逃避现实的摆布，也知道"妄想"是自己招来的烦恼。于是他尽情地让一颗疲惫的心去向大自然取得谐和。所以从他笔下流露出来的满是对于"外境"的赞歌：

> 这壁厢小丘峦，小蹊径，小桥渡，那壁厢幽院深，幽窗净，幽人住。看的是洞中泉，檐端溜，瀑边树。听的是树头莺，花间鸟，池旁鹭，兀的不爱杀人也么哥！兀的不爱杀人也么哥！（《山居自咏》）

> 爱杀咱绕篱边水一渠，筛花阴月满居，这便是山家长物，喜今朝结茅庵，小可庭除，醉溪声懒去沽谱，莺簧作意呼！（《山居再咏》）

> 爱云山穷鸟鼠，送年华任兔乌，山容如画更朝暮，林花娇绽飞红乱，畦稻秧齐翠染初，恰好约登临去，青排四面，锦敷前途。（《山居再咏》）

> 想林泉清梦绕天涯，猛回头尧门山下，红桃围野坞，绿树隐人家，锦绣云霞，泼染就天然画。（《同春图即事》）

人类原是自然的儿子，永远接近自然的人，生活也就新鲜健康得多。王徵本是一个禀性热烈、感情丰富的人，起初何尝不想有一番作为？可是等到他不能按下性子向残酷的现实低头时，摆在他面前的一条路就是让自己任运率性地回到自然的彼岸。于是他的童心复活了，天真地唱出生活之歌：

> 一会家听许由瓢历历临风度，一会家吟洞仙歌踏踏留云住，一会家携双柑寻黄鸟深深树，一会家看方塘浴清沼闲闲鹭，兀的不趣杀人也么哥！兀的不趣杀人也么哥！（《山居再咏》）

> 喜的是芙蓉翠霭青难去，招寻些山翁田甫，杖头钱使尽何如？管甚么牛马称呼！谩夸他檀糟琼液叹醽醁，且把这瓦钵磁瓯胜玉壶，青眼儿频频顾。许我醉悠悠化国，任人赋皎皎生刍。（《山居再咏》）

> 有时节濯凤垢，清峪水涯，有时节拜奇石，嵼嵷山峡。戴一顶漉酒巾，脱一纳连泥袜。任逍遥眼底春华，醉访清溪处士家，把一行乍见的人儿爱杀！（《同春园即事》）

> 玩不足层台小筑黄茅瓦，偏桥飞渡红衫马。……先陇近草庐，薄产足耕稼。闷了时引儿孙戏耍。也不羡平山堂，也不访桃源路，也不卖成都卦。深林鹏语圆，浅水虹梁跨，尽教咱老头儿住咱。只这个六合亭一派趣儿清，还想甚两间园儿番话儿假。（《同春园即事》）

129

这是多么超脱自在的生活，多么无挂无虑的生活！除了让他自己的本性"无适"地任运而化外，他再没有什么希望！

再不问谁甘谁苦。只这个成熟福地，赛过蓬壶，升沈变态同烟雾，那能够事事欢娱？（《山居自咏》）

止知丘壑堪藏拙，谁道名山好著书，销缴了千年虑，三竿高卧，一枕华胥。（《山居自咏》）

山青阁两眉，川晴濯六腑，便从今永断长安路，耐他些麟阁凌烟千万古。（《山居再咏》）

王氏一生的道路是艰难的。少年困于公车，仕后见垢于阉党。就连他的家人妻子，也都不能满意他的"秀才气"，相互嗟怨着说："居家时不务正经学业，专做人所不必做的事。忝做官矣，又不自理本等职业，专做人所不肯做的事。无怪作官后，依然还像未作官也。奈之何！奈之何！"这一层，王氏替自己回答得很妙。他说：

爱只爱，本分生涯，较雨量晴，插柳栽花，牧羊山童，灌园野叟，浣衣村娃。密树底投壶打马，小园中竹笋茶芽，遍野桑麻，盈沼鱼虾。平安乐有余，冷淡趣无涯。（《同春园即事》）

至于王氏的信仰问题，在《山居咏》里更可找到清清楚楚的自白：

远离市尘，渐扫三仇浊累，潜伏洞壑，永遵十诫清修。（《简而文自记》）

奇人幸得多奇遇，资人耳目元音谱，启我灵函圣迹图。（《山居自咏》）

糊涂账，何须算，神明境，乐有余，分明认得来时路。半生潦倒从人笑，百样颠危赖主扶，自在乡，由人住，洒圣水消除了百业，叹南柯劳攘杀玄驹。（《山居自咏》）

半年来，我看到十四种记述王氏生平的史料。其中能像王氏这样坦白、直率承认自己是个天主教徒的只有：

（一）张缙彦《金宪王端节公墓志》

公通西学，与利玛窦之徒罗君善。造天主堂居之，著有《畏天爱人极论》，为前人所未发。

（二）查东山《罪惟录》

徵奉天主教，最辟佛事，因习西洋术，制有自行车、自行磨、引水、代耕、测漏、连弩。草《奇器图说》。……贼至，手剑坐天主堂，闭口不食，七日死。

（三）黄嗣东《道学渊源录》

先生三十年，勤事天人之学，刻刻念念以畏天爱人为念。

（四）陈垣先生《王徵传》

徵以屡上公车，亦时闻绪论，且性好格物穷理，尤与西士所言相契，遂受洗礼，圣名斐理伯。

他如徐果亭（秉义）、邹漪（流绮）、方望溪、王介、张鹏一、黄节诸人，都闭口不谈王氏的信仰问题。徐果亭的《明末忠烈纪实》据朱希祖先生考订是在康熙二十一年至卅三年乞假归里之时写的。邹氏的《启祯野乘》则始执笔于康熙甲申（四十三年）。方望溪的《书泾阳王金事家传后》虽撰著之年月不可考，但或为康熙五十六年以后的作品。王际有在康熙九年修《泾阳县志》时，虽录张缙彦所撰之王公墓志，却删去"公通西学"以下三十三字。这些都情有可原，不该厚非。因为他们正赶上杀教士，洗教民，禁立教堂。流风披靡，草木皆兵，一般文人又怎能畅所欲言呢？

张炳璿是王氏许有"恺悌热肠"的至戚知友。王氏归田后，他们俩常常在一起读书、下棋、作诗、饮酒，傲然自得的乐他们的天年。甲申变作，王氏在慷慨赴义临死垂危之时，犹紧紧握着他的手不放。其期许的殷切，可见一斑。但在王氏尸骨未寒，他就以"虽似辟耶稣之学，此生平好奇则然"的话来厚诬他的师友，当时教禁之严、文网之密，以及信教人士的受人嫉病，都可得一相反的证明。此外，张氏写的《王端节先生传》，时贤誉为是研究王徵的第一流史料。但详读全文，其着眼点全在事亲、从政、立世、死节诸方面。对于王氏的信仰与科学技术上的贡献，却是轻轻地含糊过去。我认为这是"第一流史料"要贬值的理由。因为避开他的宗教生活，其思想就少了一个主要的渊源。惟其有"百样颠危赖主扶"的信仰，才能认识源头，无怨无艾。若果抛开他在科学技术与语音文字学上的贡献，我们对他的研究，也就失去了主要的两方面，我们检来检去的只是他生活的渣滓而已。至于王氏对于"天"的认识，当另为文一论。

吕天斋先生藏王端节公诗文目

李宣义

编者按：本文原载《上智编译馆馆刊》1948 年第 3 卷第 3/4 期。

王端节公徵，明末奇士，余已屡为文考其行谊，并访求其遗著，年来所获，亦颇不少。缘端节公所为诗文，向无成帙。民国以来，其《文集》已极罕见，即《遗集》所增收者，亦不过尺牍十五篇、奏疏三篇、《士约》、《兵约》及序跋、赞铭、祭文、记揭等共十八篇而已。惟年来宜义所得者，除《泾献诗文存》与夫墨迹四文而外，余皆零星篇什，颇多残阙。乃最近忽得睹吕天斋先生所藏《王端节公诗文》一本，书法端整，文多愚所未见，庆喜万分。念天下人士，渴望王公遗文久矣，故敬将该集所独有之篇目，表列于后，以飨同道。

（一）文

《创修泾阳会馆记》

《祝少泉张翁寿文》

《中秋后一日即景记事》

（二）诗

《河渠叹》（此与余前次所获者同）

《和靖节先生归去来辞》（此与温氏《海印楼名贤词翰》中所收者颇有出入）

《寿诗》

《题温与亨海印楼五言古一首》

《秋日温与亨招同诸子饮海印楼》

《送马贞一》

《送孙火东归田》

《秋意》

《冬梅》

《颂唐邑侯政成荣擢》

（三）曲

《感怀南香子八阕》

《戏为射覆语奉和铁汉先生》

《从心令》

（四）对联

各联原本无题，兹略按其文意而为之目。

简而文隐居咏联一

圣母联一

天主联二

耶稣圣容联一

格言联一

圣教联一

传教士联二

降生联一

一九四七，十一，廿二，通远

王徵所制奇器辑佚

李宣义

编者按：此文原载《上智编译馆馆刊》1948 年第 3 卷第 3/4 期。

"学以致用"，是以古人之治学也，六艺并重，孔子多能鄙事，而执乎御。有唐以来，以科举进士，学风凋零，考工忌谈。泾阳了一道人，迥然异是，治学总期济世利民，著述不外资心资身，此诚学者之龟镜也！其生平致用之作甚富，尤以奇器为首。所制各器，先后汇集刊行者，有：《奇器图说》三卷，《诸器图说》一卷，今已六七版矣；次为《额辣济亚牖造诸器图说》（手稿现藏天水图书馆），曾否刊梓，不得而知；然《两理略》卷二《易闸利运》与《额辣济亚牖造诸器图说自记》谓"前此业有四伏、四活、五飞、五助及新制诸刻传之矣"，惜至今尚未目遇，悲夫！尝读王公著述，见有不少奇器名目，散之各书，而图说专册，仍未采得。私念全豹既不易窥，散逸宁能阙乎？因不辞无才，将管见所及之奇器名目用式，撮录于后。旨在辑逸，如能故物重光，则更幸矣！

一、龙尾车——《奇器图说》凡例每所用物名目有"龙尾车"一器，《两理略》卷一《肥城治水》："爰以所制鹤饮、龙尾、恒升、活杓诸器，咸挹水如流……"又卷三《治水议》："为照本府，前已制有龙尾、鹤饮、虹吸、恒升诸水车器具，用力少而水可尽泄，似易取效。"依此，"龙尾车"当为吸水挹水之器具。图说佚。

二、恒升车——依《奇器图说》与《两理略》，亦为取水之器。图说不详。

三、活杓——《奇器图说》凡例每所用物名目列有"水杓"一器，或即此也。《两理略》谓"亦挹水之器也"。图说失详。

四、活闸——《两理略》卷一《活闸救秧》述，王公在邯郸时，以死闸不便，思一活机作闸，一人可启，一人可闭，遂绘图口授，令匠人依法制之，甚为便利。又卷二《易闸利运》言，王公见闸不利于船运，便另造一机器闭启之闸。以上两闸之治法，《易闸利运》言之弥详；然其图式，《活闸救秧》谓："其式另汇集各图说中，兹不赘。"而《易闸利运》谓该两闸之图式，汇集于四伏、四活、五飞、五助及新制起重船机诸器式中。

五、活辊木——《忠统日录》下《守御器具图说》谓，崇祯元年，忠统军兴，王公曾制一守御器曰"活辊木"，图说具载书中。然《两理略》卷一《悬赏鼓勇》："鄜阳马了贪智巧绝伦，创制兵轮、战车……及活动辊木、简易陷马筒诸器。"又《移木完廪》述，王公依其友马了贪所制活辊成式，移木为辊，见者称神。依此，"活辊木"原为了贪所发明者，王公曾仿制耳。

六、运重机器、活动地平——《两理略》卷二《易闸利运》记，京师将兴大工，以大石难运，上下交苦。王公闻之，"因偶思一法，止多造运重机器数十具，皆精铁为之，与活动地平凡百具，皆坚木为之。不用牛马，亦不多占途路，且不必拆碍路房屋，只用三二百夫役，运铺地平，转动机器，载石之车，俱从地平上轮转；机器转动，人不行而车行，石可随之自前也。计石之重（依所用言）不及百万，而余所制机器，一人可起七千多斤。盖依《远西奇器图说》中诸制，增减裁酌而为之。曾先制一小机人，用一指轻轻转动，便起百斤之石，易易者。……诸器诸式，悉有成画成说"。然其成画成说，究存何处，盖阙如也。

七、千步弩——《诸器图说·连弩散形图说》与《忠统日录》下《连弩说》均谓，连弩外，又有千步弩者，其治法是由连弩而益成之，"别有图说"。《额辣济亚牖造诸器图说自记》谓，千步弩之制法，散逸诸书中。究散于何书，待考。

八、十矢连发弩——《额辣济亚牖造诸器图说自记》谓，尚未收辑之器中，有"十矢连发弩"。此弩图说，不知散于何书，或亦连弩之增减耳。

九、生火机——《忠统日录》下《守御器具图说》谓，生火机不用火而万炮齐发，其器另有专书秘载。《奏奴氛日炽人心动摇敬请祈天固本以佑末议疏》同。该专书为何，待考。

十、拒马刀——《忠统日录》下《守御器具图说》：拒马刀，伏地中，遇贼突起。其图与说，另有专书秘载。该专书为何，亦待考。

十一、西洋神器测量定表——《忠统日录》下《守御器具图说》谓，西洋神器测量定表可发十数里。图说不知存于何书。

十二、一人坐转常磨——由十二至二十二，各器皆存目于《额辣济亚牖造诸器图说自记》。

十三、急流河水，逆取高处灌田之器。

十四、活闸自为启闭，常闸上下转移之器——此闸绝非前第四目所称之活闸，该闸已汇入四伏、四活、五飞、五助中；而此活闸，则王公谓尚未收集。

十五、闸水长短活堤。

十六、榨油活机。

十七、螺丝转梯。

十八、折叠藏梯。

十九、袖弩。

二十、袖箭。

二十一、断弦箭。

二十二、弩弹弓。

二十三、活揭竿——活揭竿者，长竿自起，为力以揭贼人之梯，或其他上城物之器具。图说俱见《忠统日录》下《守御器具图说》。

二十四、活舂竿——活舂竿以长竿系架上，贼至，猛下放，任何坚实物品，无不捣坏。图说俱详《守御器具图说》。

一九四七、十二、十五日

《王徵遗书》序

王重民

编者按：本文原载《上智编译馆馆刊》1948 年第 3 卷第 6 期。

王徵译著关于天主教的书约有十种，大半散亡，国内好像都没有传本了。可是欧洲的图书馆里却保存了四种：一、《畏天爱人极论》；二、《仁会约》；三、《崇一堂日记随笔》；四、《杜奥定先生东来渡海苦迹》。民国二十五年至二十七年之间，向觉明先生在欧洲采访遗书，把这四种都抄了回来。近由宋伯胤先生的汇校和方杰人先生的赞助，将由上智编译馆印行。

宋君是北京大学史学系的同学，研精明清历史。对于明末王徵和孙元化两人的事迹，素所留意。他以为"登莱之役"和明清两方面势力的消长有关系，若是研究清楚了这一件事情，还可说明和当时有关系的许多事情。《王徵遗书》的校辑，不过是他研究中一件小小的局部工作。

我和觉明旅居欧洲的时候相同，这四种王徵的译著，我也都翻检过。所以觉明、杰人和宋君都要我再复校一过，并且写一篇短序。我也很愿意趁着这个机会，把这四部书的收藏地点和情形写在下面：

一、《畏天爱人极论》，一卷，抄本。郑鄤序是大字，好像是预备付刻或者从刻本摹写的样子，可是还没法证明这书有刻本。此抄本郑序凡六叶，本文四十八叶，纪言二叶，共五十六叶。半叶九行，行十八字。今藏巴黎国家图书馆。Courant 书目的著录号码是六八六八。

二、《仁会约》，一卷，刻本。自引三叶，本文三十九叶，附录四叶，共四十六叶。半叶九行，行十八字。Courant 著录号码是七三四八。可惜本文第二叶阙，现在找不到第二个本子来补他。别的叶内也间有剥落一二字或二三字的地方，也同样的没有方法校补。如附录所载的"西国用爱二端"，篇末有王徵的识语云："□□□全图说中，详叙西国风尚语也。特摘录此二端，以为仁会之一证云。"因为"全图"上剥落了三个字，便不知这"说"是谁的说了。利玛窦的《世界全图》，可能有这说，只是不在手边，无法证实。我因去检艾儒略的《职方外纪》，在卷二页五至八，正有类似的记载，但是字句稍差了一点。虽说王徵极有可能是根据的《外纪》，我也不敢质言。在那个时代，王徵未必能依据别人的全图。故可作为推敲：他若根据的是利图，则剥落的三个字应该是"利玛窦"；若根据的是艾纪，则剥落的三个字应该是"艾儒略"。

三、《崇一堂日记随笔》，一卷。欧洲保存着这部书的两个本子：一是抄本，凡二十六叶，今藏牛津大学Bodeian图书馆，就是觉明所抄来的本子；一是刻本，凡四十一叶，半叶九行，行十八字，今藏华谛岗图书馆，编号为Borg.Cin.336·3。我没有把刻本照相，仅抄了王徵的小引一篇。今拿刻本的小引和牛津的抄本相校："事小者每叶或一段"，刻本"小"作"少"，与下文"事多则每段或满一叶"相对。"奈何兀坐窗"，刻本"窗"上有"书"字。"提扶保全之恩已多且重"，刻本"重"作"厚"。都是刻本比着抄本好一点。献县耶稣会藏有一本，最近已移存北平光启哲学院，杰人司铎曾借出传观。

四、《杜奥定先生东来渡海苦迹》，一卷，抄本。凡九叶，半叶九行，行二十字。Courant的著录号码是一○二一。

民国三十七年二月四日王重民识

王徵先生简谱

宋伯胤

编者按：《王徵先生简谱》原分为上、下两部分发表。上部分起于明穆宗隆庆五年辛未（1571），止于崇祯五年壬申（1632），原载《上智编译馆馆刊》1948年第3卷第2期。下部分起于崇祯七年甲戌（1634），止于崇祯十七年甲申（1644），原载《上智编译馆馆刊》1948年第3卷第3/4期。

明穆宗隆庆五年辛未（西元一五七一）

是年四月十九日（阳历五月十二日）先生生。先生讳徵，字葵心，又字良甫，自号了一道人，圣名斐理伯（Philippe），陕西泾阳县人。郑鄤《浒北王君墓志》曰："泾阳之有王旧矣。故老相传，所号金牌王也。系远不具述，传至瓒，瓒生尚仁，仁生云。"云生应选，先生之父也。应选字浒北，生于嘉靖二十九年己酉。平生恂讷自藏，耻为人杓，终以农丈人老。配张氏，奉议大夫张鉴之女弟。先应选三十年逝，享年四十有五。生二子，徵其长也。

神宗万历五年丁丑（一五七七）

七岁。从舅师张鉴游。鉴字湛川，乡人私谥贞惠先生。来复曰："其人力学纯行，少年居于乡，为名儒。已而宰邑佐郡，为良吏。材能既裕出，以研苦肆笃古之余力，旁及于方伎图谶诸外家之说。"又曰："公居官二十余年，不能谋三楹之室，以妥八口；归而聊佹居屋，而犹能倒囊赊酤酒，以供宾客座上之资。"（《来阳伯文集》卷三《贺仪昭张子举婚序》）亦云豪矣！

万历十三年乙酉（一五八五）

十五岁。张缙彦《王徵墓志》曰："年十五，文章骏发，立志落落，不与众伍。敦大节，肆力问学。有修庵尚翁，一见异焉，妻以女。"尚翁者，先生表弟张炳璿之舅氏也。

万历十四年丙戌（一五八六）

十六岁，补弟子员。

万历十五年丁亥（一五八七）

十七岁。《两理略》自序曰："十七入庠读书，见范文正公做秀才，便以天下为己任。辄慨然有意其为人。"

万历二十二年甲午（一五九四）

二十四岁。《两理略》自序曰："二十四岁叨领乡书。甫数月，先慈即见背。"郑鄤《浙北王君墓志》曰："元配张孺人……与君相庄三十年，慈惠俭勤，囊无私蓄。浣笔井臼，其勤苦有寻常所不肯为、不屑为者。自生王子，即善病，然操家政不少懈。为女、为妇、为母，皆克尽。犹及见王子乡举。"

《两理略》自序又曰："顾颇好奇，因思传所载化人奇肱、璇玑指南，及诸葛氏木牛流马、更枕、石阵、连弩诸奇制，每欲臆仿而成之。累岁弥月，眠思坐想，一似痴人。虽诸制亦皆稍稍有成，而几案尘积，正经学业，荒废尽矣。又性宽缓耽延，不即就铨，致弟友亲爱辈，咸嗟怨刺讽不已。直至十上公车，始克博一第焉。"

张炳璿《王端节先生传》曰："……困公车三十年，而绝无一字阳鱎其间。布袍蔬食，著书谈玄。时而策蹇，时而徒步，谦光道气，有灭明叔度之遗韵焉。"

万历三十三年乙巳（一六〇五）

三十五岁。先生舅师张鉴卒于里，享年六十。先生亲视汤药棺殓，冀稍尽衣食教诲之恩。盖先生自总角以来，时就外家，如陈聪幼小时故事然。

万历四十年壬子（一六一二）

四十二岁。是年孙元化举顺天乡试。元化字初阳，号火东，圣名依纳爵（Ignace），宝山高桥人，师事上海徐光启，习西洋火器之术。元化尝论与先生之交谊曰"前淡若水，后苦若茶"，两人之结契专在道义，是其明证矣。

万历四十一年癸丑（一六一三）

四十三岁。是年先生在京师，尝与来复等游碧云寺及西山凤凰岭。复有诗记其兴曰："踏月怜尘客，喧游恼八关。烟中生万柳，烛里照重山。梵吹邻歌席，昙香拂醉颜。却因对宝焰，共讶衣珠还。"诗载《来阳伯诗集》。集又有"游西山之凤凰岭，同王良甫、李元镇分韵二首"。则先生必有和作，惜乎！今竟不传。

万历四十三年乙卯（一六一五）

四十五岁。先生弟徽中副榜。

万历四十四年丙辰（一六一六）

四十六岁。先是先生家居，有友人惠《七克》一部，受而读之，种种会心，语语刺骨，不愧不怍之准绳也。后诣都门，晤及《七克》作者庞迪我（Didace de Pantoja，1571—1618），乃细扣究竟。庞子详为解说，并出天主十诫示先生。按：庞迪我于万历二十八年与利玛窦（Matteo Ricci，1522—1610）同至北京。利子卒后，与熊三拔（Sabbathino de Ursis，1575—1620）、李之藻同修历法。是年礼部郎中徐如珂、侍郎沈潅等合疏斥天主教邪说惑众，请旨驱逐西士回澳门，庞子乃怏怏离京，四十六年一月卒。按：《七克》刻成于万历四十二年。若先生读《七克》在四十二年冬或四十三年春，而四十四年为大比之年，则先生之来京师，当在四十三年冬或四十四年春，是先生之晤庞子应在是年或前年冬尽也。且庞子或为先生交接西士中之第一人。

熹宗天启元年辛酉（一六二一）

五十一岁。先是杨廷筠（圣名弥格子Michel）撰《徵信篇》。是年先生为之序曰："西学向天主三德，信为之首。十二宗徒各表所信为《性薄录》（方杰人先生谓《性薄录》即Symbolum，宗徒信经也），诚重之矣。木之发叶，托命在根，室之巍然，造端在基。根拔而基坏，虽有场师大匠，不能成功。故曰：师无当于五服，五服不得不亲；信无当于五常，五常不得不举。学者欲希圣希天，为安身立命之事，未有不从信入。此西学惓惓指引，首辟信门。而弥格子承其意，作《徵信论》即《代疑篇》二十有四篇，有味乎言之矣。"

天启二年壬戌（一六二二）

五十二岁。张炳璿《王端节先生传》曰："壬戌，登文震孟榜进士，时五十二矣。擢第之日，无论识与不识，莫不欣欣相贺。粹品积学，郁然公辅之器。其有益风教民生，将未艾也。"是年主考官为隋州何宗彦、秀水朱国祚；而阅荐先生之卷者，则为益阳罗喻义。同榜诸人，尤不乏奇节之士，如山阴祁彪佳，嘉定赵洪范，上虞倪元璐，莆田王家彦，海盐吴麟徵，宜兴卢家升，遂安汪乔年，漳浦黄道周，光州尔达䋲，无锡华允诚，武进郑鄤，进贤傅冠，富平田时震、朱国栋等，或遭冤狱，或忤时奸，或死甲申之难，或入清不仕，遁迹山林。

高风劲节，皆末世之真品望也。

广宁弃后八日，孙元化抵京，与先生见于邸中。元化尝言："往从西铎，知泾阳有葵心王先生，壬戌乃见。"

郑鄤《送王太封翁八十寿序》曰："犹忆壬戌予同籍中，独于泾阳王子有目成之契。间有究竟，常至星移。天人之际了然，道器之精咸备。"

天启三年癸亥（一六二三）

五十三岁。补广平推官。当道以辽事孔急，拟委以练兵之役，先生再辞，不可。乃依其舅师张鉴所著《八阵合变图解》及诸名家兵法，草为一书，名曰《兵约》。约例有三：曰兵制、兵率、兵誓。又感辽事糜烂，撰《客问》一书。全书凡五款，一事一款，皆以东事为主。旋以继母忧去任。在广平虽仅数月，如辩白莲之诬服，定清河之水闸，丹笔明冤，蠡鱼表洁，最为美政。

天启四年甲子（一六二四）

五十四岁。先生居忧在家。拟邀耶稣会士一人来陕开教。时金尼阁方在绛州传教，乃受命往。金尼阁（Nicolas Trigault，1577—1628）者，杜爱（Danai）人也。一六一〇年来华。一六一一年在南京从郭居静（Lazaro Cattaneo，1560—1640）学华语，次年返欧洲。一六二〇年再来中国传教。一六二三年入河南；是年来山西绛州，高一志亦在焉。

天启五年乙丑（一六二五）

五十五岁。是年春，金尼阁抵三原，留邑凡六月。先生送之西安。适景教碑出土，尼阁遂为教士中得见碑之第一人。先是尼阁居绛时，因韩云之请，纂成《西儒耳目资》一书。过新安，邂逅吕维祺。维祺字豫石，通音韵小学，又多订正。及抵关中，先生酷爱其书，请于乡人张问达父子，寿之剞劂。又就洪武《正韵》《沈韵》《等韵》作《三韵兑考》，以较金氏所传"五十字母，母各五声之韵"。今原书流传不多，有民国二十二年北平图书馆与北京大学合资影印本。刘复跋曰："金尼阁所撰《西儒耳目资》，内分《译引》《音韵》《边正》三谱。《译引谱》讲述音理，《音韵谱》按音求字，《边正谱》即字求音。实欧洲音韵输入此土最早之一书。……然就金氏书以求明季音读之正，较之求诸反切，明捷倍出。又编制精审，离内容而言方术，亦尚足资楷模，是其书固未即可废也。"

天启六年丙寅（一六二六）

五十六岁。是年冬，先生除服，将北行，舅母尚宜人移舆来送。并谓之曰：

"吾老矣！而往服官，东西南北，多历年所，不知可能再见否也？"

抵京，会龙华民（Nicolas Longobardi，1559—1654）、邓玉函（Joann Terrenz，1576—1630）、汤若望（Johann Adam Schall Von Bell，1591—1666）三先生以候旨修历，寓旧邸中。先生乃朝夕请教，并以《职方外纪》所载奇器扣之。邓玉函因示其专属奇器之图，并为之一一解说。先生信笔直书，乃成《远西奇器图说录最》三卷，与先生自著《诸器图说》一卷，于次年合刻于扬州。后世简称之曰《奇器图说》。清乾隆修《四库全书》，著录于子部谱录类。今以守山阁丛书本最易得。

按《奇器图说》三卷：卷一首表力艺之内性外德，继以六十一款，叙述重、重心、重容比例诸问题。卷二凡九十二款，叙述各种机械之构造及应用，如天平、等子、杠杆、滑车、轮盘、斜面、螺丝等。卷三为图说，凡五十四器：计有起重图说十一，引重图说四，转重图说二，取水图说九，转磨图说十五，解木图说四，解石图说一，转碓图说一，书架图说一，日晷图说一，代耕图说一，水铳图说四。《诸器图说》一卷，乃先生个人发明。凡九器：曰虹吸、鹤饮、轮激、风碨、自行磨、自行车、轮壶、代耕、连弩。刘仙洲先生撰《王徵与我国第一部机械工程学》一文，有云："在我国几千年的历史上，若搜求对于机械工程学有相当创造的人，虽说也能得一二十位，如张衡的创造候风地动仪，诸葛亮的创造木牛流马，耿询的创造水力浑天仪，贾秋壑的创造脚踏车船等，但有计划的有条理的写一部关于机械工程学的著作，则不能不首推明末的王徵。"

至于先生译述《奇器图说》所依据之蓝本，惠泽霖（H.Verhaeren）先生近有专文论及。谓先生书中所谓"味多"即味多维斯（Vitruvius）之缩称，"西门"即指司太芬（Stevin）而言。"耕田"乃拉丁文农夫亚格利各拉（Agricola）之意译，"剌墨里"应是意大利人Ramelli之对音。味多维斯者，公元前一世纪之罗马建筑师也，著有《建筑术》（*De Architectura*）十卷，其末卷专论机械，北堂图书馆藏有拉丁文原本二部，意大利文译本一部。西门司太芬与邓玉函同时，北堂图书馆藏有彼之著作四部，而先生所采之书为单开本，分上下两册。原名：*Hypomnemata Mathematica...Mauritius*，*Princeps Auraicus*，*Comes Nassoviae...A Simon Stevin Conscripta*。亚格利各拉乃德国名医师，其主要著作是*De Re Metallica Libri XII*、*Quibus offcia*、*Instrumenta*、*Machinae*云云。剌墨里是意大利之工程师兼机械师。其书原名*Le Diverse et Artificiose Machine*，*Del Capitano Agostino Ramelli*。先生所译之一二两卷，多取材于司太芬*Hypomnemata*之下册。味多维斯所著《建筑术》之第十章，即北堂藏本之第三三二至三五〇页，其所叙诸器，相当先生所译述之卷二，至于卷三图说之部，则多采自剌墨里之书。惟耕田氏所作，先生采用特少。

天启七年丁卯（一六二七）

五十七岁。补扬州推官。四月，瑞、桂、惠三王之国，从者诛求无艺，几以人为脯。先生挺身白王前，王为折节。又徽州富民吴养春与弟争产，置其仆吴荣于狱。荣脱狱入京师，诉于东厂。诬其私占黄山历年租税。魏忠贤命阉党于六年六月逮吴养春至京，坐赃六十余万，蔓引几数百人，将构大狱。至是先生独矢天日曰："司李，郡执法也。即某在必不敢废法。法不废，断断者其容啮弱肉乎？倘不以平反报司李，愿罢斥去。废朝廷法，而为一己功名，死不敢为也。"当事不能夺，全活甚众。时先生封翁在扬州署中，亲视其直拼身家，为君父存如线之生意，不第不加阻止，反适适然以为喜。诚如郑鄤之言："是王子之所自期待，皆翁之教也。而翁之所养可知已。"

当是时也，珰势渐灼，人争献媚。自六年六月浙江巡抚潘汝祯倡言为魏忠贤建祠，不一年，而"祠宇遍天下，俎豆及学宫"。扬州祠成，惟先生与淮海道来复，毅然不往拜，时称"关西二劲"。后郑鄤有诗壮来公之风节曰："去年九月天未开，猰貐尚在儿童哀。巾帼衣冠更无愧，香火跪拜何甚颓？使君须髯独存载，父老颜色惊如灰。当日丈夫岂容易？此时媚子安在哉？！"（《峚阳草堂诗集》卷八）

思宗崇祯元年戊辰（一六二八）

五十八岁。先生在扬州。与同年郑鄤过从甚密，尝话旧于琼花观中。鄤自撰《天山自叙年谱》亦云："……渡江游广陵，时王葵心为扬州司李。葵心玄理极精，而有巧思，出《奇器图说》相示，问以木牛流马，亦云可造。若所为代耕、风磨、水漏之类，真有裨益于经济。"时先生所撰《畏天爱人极论》方杀青，乃请鄤评点以传。原书未见国内有藏本，巴黎国立图书馆藏有旧抄本一册，有郑氏序而无评点。

郑鄤《浒北墓志》曰："会有善数学者，余与王子各挟一白笔往问。术者言：'若两人同志，白头如新。'顾低徊久之曰：'两人者其有同忧乎？'及冬，而余有家府君之变。哀毁中，闻王子果亦丁太翁艰。"

按：先生九上公车，才博一第。两任司李，又以内外艰归。计其两次实历宦籍，才两年有余，先生诚亦坎坷人矣。

先生在扬闻父讣时，即知舅母尚宜人亦抱恙久，星夜就道，尚冀一望颜色，及抵里，宜人弃世已月余矣。

崇祯二年己巳（一六二九）

五十九岁。四月，先生弟徽卒。秋，移书郑鄤，请为其封翁撰墓上之言。鄤有感于"素车白马之谊",谓"我两人千里如对也",其何容辞?乃志浒北君之行谊。有云:"读封翁状,使人怆焉神感。封翁既习农,顾津津读古人书,经史无不手录。夫野人之筋力,与圣人之神智,两者不兼,不可以农隐。如君可谓至德乎?案上喜置《太上感应篇》《明心宝鉴》诸书,间自编为歌说,以教里人。常命诸子曰:'古圣贤格言懿行,原留与后人作式样耳。倘读得一句就行得一句,虽终身韦布,亦不失为天下完人。若徒以文词猎取富贵,于身心何益?纵万卷亦成聚姜耳。'故每见人有一善,则击节嘉叹,为之传美,即里儿必激劝之。否则,则虽尊贵人不之许也。甚或面折不少让。邵尧夫云:常将此意流天下,天下何由不太平?呜呼!可不谓贤乎?"

崇祯三年庚午(一六三〇)

六十岁。先生理扬州时,因远西诸儒振铎中土,爰建天主堂一所于西安,名之曰"崇一堂"。盖取《天主十诫》"一钦崇一天主在万物之上"之意也。比自扬州归里,汤若望寓此堂中,振扬天主教义。先生间一躬访,辄留连十数日不止。尝夕坐,汤氏为先生译述《苦修会中奇迹》一二段作为日课。先生则一一笔记之。五月,汤氏奉召入京,与罗雅谷(Jacques Rho,1593—1638)供职历局。先生乃整理所记,并加评赞于后,成《崇一堂日记随笔》一卷。

六月,皮岛副将刘兴治为乱,廷议复设登莱巡抚,擢孙元化以右金都御史任之。先是袁崇焕计杀东江将毛文龙,议撤海防。及元化受敕,并有援辽恢金复海盖四卫之命。

崇祯四年辛未(一六三一)

六十一岁。二月初九日服阕。接登莱巡抚孙元化移札称:"已经部覆,擢先生山东金事,监军海外。"将行,友人温与恕以诗壮其行色曰:"宪使中丞地分连,知将镶锁依名贤。图麟功业雄莱阁,横海兵威净岛天。筹策孔明驱木马,旌旗王浚拥楼船。雨来洗罕添行色,一别何须意黯然?!"

五月入都,上疏恳辞分外殊恩曰:"臣才智本无寸长,独怀一片朴忠。尝以畏天爱人自誓。每恨东虏猖狂,不觉言词激烈,曾有《兵约》《客问》等书,条画东事,见者误相许可。……不知臣实书生,何尝谙晓兵事,不过忧时念切,报国思殷,义激于中,慨发刍议云耳。今……以推官而拔为金事,如此殊恩,臣实感激零泣,忍复畏险惮劳?况南北东西,惟上所命。筹边报国,系臣素心。即令臣以本等之官,躬拮据于海外,亦臣职当然,如谓监军海外险地也,海外监军专任也。以之上赞军机,下钤将吏。令出须遵,法行须畏,只在重其事权,不问官之崇卑。但许机务入告,葑菲荷采,推官犹金事也。惟履危蹈险,覆竦足虞,然实不敢爱惜顶踵而辞其任。惟是未任事先猎迁，似非用人赏功之当典。臣愿朝廷之上，爱惜名爵而慎其官也。"疏入不允。遂觅脚赴登，于七月二十日到任。

广宁陷后，辽民相率入关。寄寓登莱地方者，不下十数万人。辽人性桀傲，登人又以伧荒遇之，指勒欺侮，相仇已久。先生到任之初，访知其情，乃以俚言劝导登民，晓喻辽人，勉以仇奴大恨，团结御侮。颇渐相安。不料闰十一月而孔有德之难作。孙元化深知兵变有因，内哄可畏，乃移檄招抚，且令所过郡县毋迎击。十二月二十二日，孔等率兵逼登州，元化犹遣人招降。讵料村屯激杀辽人于外，登城侵辱辽人于内，以致外党日繁，内应忽作，登城遂于翌年正月初三夜被陷。元化与先生及副使宋光兰、知府吴维诚、副总兵张焘、同知贾名杰等俱被执。而葡军将领公沙的西劳（Gonzales Texeira-Carrea）及炮手二十五名死难。总兵官张可大则投缳死。

崇祯五年壬申（一六三二）

六十二岁。先生与孙元化等泛海归朝，幽禁西曹。后论罪遣戍，孙元化手书论交始末赠先生。文曰：

往从西铎，知泾阳有葵心王先生。壬戌乃见，便浪游渝关，不再相闻矣。癸亥回，则先生司理平干，内艰去；辽稿一册，附西铎为问，他无言也。丙寅冬，先生除服谒选，余再从宁远归职方，益闻所未闻。盖向者道义相许，至是乃更得其巧思绝学，而所谓道义许，即与翁同得之西铎。亦未有一闻不待见，一见不待试，若许翁之深，其所以深，余不自解，而翁何能相解？即丁卯春，余得遣投闲，两筐一兜，萧萧挥手，故知不避嫌忌，坐视行色者先生一人。此世俗贤豪所尚高致义举者，而两人结契，并不在焉。翁补理广陵，仍从西铎一相闻，彼此数行，淡然玄漠。戊辰，余赐环道出广陵，故知翁望见故人甚切，而仍取他途，非必不见，乃不必多一见耳。未几，翁复外艰归。余入部出关垂一年，在庑外七月，寻往登莱。此两年者，日在骇浪惊涛。游魂夜跳，万死余生，乃复入此苦海，为国为身，人惟求旧。西铎有言："友，第二我也。"我非第二翁，翁实第二我。翁才望高出一时，长安以势要相许者，不亚于余之道义，而余不顾势要之足夺与否，毅然请之，亦必知翁之自必不以势要夺也。不意一片痴肠，终成大梦，潦倒诏狱，卧废已死。翁同苦，而尚以苦余左右提挈子弟童仆之事，周至有加。盖自官登，而无五日不一再见者半年，自乘城而无日夜不一再见者半月。自陷贼，航海，下北司，过西曹而日止一再刻不见者半年矣。今翁重拟谪戍，黯然言别。以緪索手迹，为长途疏伴；余手受刑五次，加掠二百余，至今酸楚摇颤，间一举笔，横直宛转起止之间，皆不自繇。手之好也，犹不能书，况其病乎？乃书交谊始末，前淡如水，后苦如荼，翁见其书，如见其病，亦请翁书此，使儿曹识之，更见翁书，即如见翁之同病，而且救乃父病也。

首辅周延儒与元化善，谋脱其死，不得。乃援其师徐光启入阁，共图之，亦不得救，卒于七月二十二日与张焘同弃市。行刑前，汤若望司铎以煤烟涂面，乔装炭夫，混入狱中，为元化与张焘行告解赦罪礼，并加以鼓励。后先生遇赦归，却扫著书，不复出。

崇祯七年甲戌（一六三四）

六十四岁。先生创立仁会于里中。以救饥、衣裸、施诊、葬死、舍旅、赎虏、饮渴七端为急务。凡入会之人，日给银一分，多出者听。有会督会辅，专司贮收、易置、传银、散给等事。先生为勖勉会中同志及感发人心之仁念，撰《仁会》一卷刻行之，俾共遵守。其原刻本今藏巴黎国立图书馆。北平图书馆有摄影本。

崇祯八年乙亥（一六三五）

六十五岁。先生自归里后，买山樊川之滨，戏字之曰简而文。日与至戚友朋，读书琴弈，更唱迭和，成词曲三阕，曰《山居咏》，曰《山居再咏》，曰《同春园即事》。近者胜利还都之岁，金陵卢冀野先生据三原于氏藏本梓行，题曰《山居咏》。考《山居咏》及遗文十四种，俱收入《泾献文存》。陕西耆儒张鹏一先生，录出为单本。民国二十二年，向师觉明游陕，假抄一副本，刊于《北平图书馆馆刊》第八卷六号，题为《王徵遗文抄》。卢氏未言于氏所藏为何本，余尝校其异同，发现卢刻本与《泾献文存》及《王徵遗文抄》乖异之处颇多。亦有显为卢氏转抄脱误者。

崇祯九年丙子（一六三六）

六十六岁。秋八月，阴雨连绵，先生履不出户者两旬余矣。追忆往事，已而成《两理略》四卷。自序曰："以老书生两作司理，初任平干，再则广陵，到手事皆平生梦寐所弗及。终日慒然，攒眉作苦，只得抖擞精神，只凭自家意思作去。独时将畏天爱人念头提醒，总求无愧于心。曾书一联自警曰：'头上青天，在在明威真可畏；眼前赤子，人人痛痒总相关。'此外一切世法、官套、时尚弗顾也。于是人见驺从裁减，厨传弗饬，则有笑其仍是秀才气者。见不甚作威，不多打人，则有笑其大非理刑体者。见一布一蔬，现价平买，一金一帛，不轻馈遗，则有笑其无挥霍手段远大作用者。或且笑其质朴无甚风裁，或且笑其古板不善圆活，或且笑其一味实做，不图赫赫声誉，如何能做台省路上人？余闻之不觉自笑，室人辈亦皆私相传笑，谓人言何其一一相肖若此也。又私相嗟怨曰：'居家时不务正经学业，专做人所不必做之事，忝居官矣，又不自理本等职业，专做人所不肯做之事，无怪作官后，依然还像未作官也。奈之何！奈之何！’余闻之益不觉自笑。诗不云乎：‘政事一埤益我，室人交遍谪我。’其殆为我而作欤？感于人言，深切内讼，因追忆往昔事实数款，信笔直述于册。又取公移之仅存者，手录以附，名之曰两理略，用以自解。”言事款者，广平府卷一，扬州府卷二。言公移者，广平府卷三，扬州府卷四。书中皆实事实录，无粉饰一如其为人。原书刻于崇祯丙子。法人伯希和（Paul Pelliot）游关中，购得嘉庆间刷印本，今藏巴黎国立图书馆。去年陕西高陵县通远坊天主堂发现先生遗书残板六种。内有《两理略》一百一十四叶。计卷一，三十三叶；卷二，三十四叶；卷三，十八叶；卷四，二十九叶。

崇祯十年丁丑（一六三七）

六十七岁。是年西士方德望（Etienne Le Fèvre, 1598—1659）为先生译述意大利耶稣会士杜奥定（Augustinus Tudeschini, 1598—1643）东来苦迹，先生笔记之，成《杜奥定先生东来渡海苦迹》一册，凡八叶。巴黎国立图书馆有旧抄本。书手甚劣，鲁鱼满目，向师觉明于二十七年冬手录一本，并为校改误字。北平图书馆有摄影本。按：方德望为法国耶稣会士，崇祯三年（一六三〇）来华，在陕传教颇久，足迹遍今汉南各地。乡人呼之曰“方土地”。清顺治十六年（一六五九）卒。墓在南郑。杜奥定后德望一年来华，先先生一年辞世。墓在福州海边。

崇祯十一年戊寅（一六三八）

六十八岁。是年秋，先生序刻《崇一堂日记随笔》行世。

崇祯十二年己卯（一六三九）

六十九岁。张炳璿授满城县令。炳璿于先生为至戚，亦为好友，乃为文贺之曰："守与令皆亲民官，而从来父母之称，惟令君为然。正谓其好民所好，恶民所恶，一点恺悌真心，恰如亲父母之与儿女：虑周而神自到，意美而法自良。斯不愧民之父母。吾弟熟悉当世之故，夙晓经济之猷，一旦得百里而南面之，知必家事视邑，身事视民，不患不以才显。惟是皭然不缁，实守父母之绳墨，以恺悌热肠抚彼困顿憔悴之苍赤；则吾所致勖于吾弟者，亦吾素所蓄积，而今可见之行事者也。"炳璿以清介不合时，甫匝岁即罢去。

崇祯十六年癸未（一六四三）

七十三岁。十月初六日李自成攻陷潼关，十一日西安不守。自成遣使四出，故以伪命辱荐绅先生。先生知不免，乃手题墓门之石曰："明进士奉政大夫山东按察司佥事奉敕监辽海军务了一道人良甫王徵之墓。"旁更署一联曰："自成童时，总括孝弟忠恕于一仁，敢谓单传圣贤之一贯。迄垂老日，不分畏天爱人之两念，总期自尽心性于两间。"书迄，付其子永春俾永年曰："吾不忍七十余年君亲生成之身，辱于贼手。旦夕且求死，死以吾所题字镌诸墓门。泉下人渠复为名计，死不忘君，永吾志足矣！"

崇祯十七年甲申（一六四四）

七十四岁。自成遣使至。先生拔所佩高丽刀欲自杀，使前夺刀，刀伤使手。使者虓怒，将系先生以行。其子永春哀求代系，先生强相慰劳："儿代我死，死孝；我矢自死，死忠。虽不能不痛惜，儿顾以忠孝死，甘如饴也。"永春见自成，抗声言曰："吾父国之大臣，义不可屈。若欲杀之，则有永春之首在。"自成壮而释之。及归，先生已于三月初四日捐馆矣。

先生属纩之际，犹紧握张炳璿手，诵所谓"忧国每含双眼泪，思君独抱满腔愁"之句。绝无一语及他。卒后，乡人私谥曰"端节先生"。

邹漪《启祯野乘·王徵传》论曰："未申之际，盖难言哉！有必当死而不死者，有可以无死而死者。如公固进不与其忧，而退可避其刃，卒之七日绝粒，谈笑就义。真可以无死而死，乃所谓板荡忠臣也。其视文山、叠山，岂有让哉？"张仪昭曰："文山乎？叠山乎？光武侯而后法和，不犹系九鼎于一丝欤？惜乎千秋立暝，六鳌断揸。总之天实为之，非人力所能为也。"（《王公像赞》）

十二月九日夜写竟。搁笔时雄鸡唱晓矣

王徵的"天学"与"儒学"

宋伯胤

编者按： 本文原载《上智编译馆馆刊》1948年第3卷第6期。

陈受颐先生在民国二十四年，写过一篇论文，叫作《明末清初耶稣会士的儒教观及其反应》，刊在北京大学的《国学季刊》五卷二号上。在这篇文章里，陈先生指出明末清初的耶稣会士，在利玛窦的领导下，对中国文化经过相当的认识、观察和较量，终于决定一个简明而一致的态度。这态度的最初的见于文字，就要算利玛窦的《天主实义》。这部书初稿在万历十三年（一五八五）刻于肇庆（即端州），后来大加修改，二十一年（一五九三）再刻于北京。若果说范缜的《神灭论》是儒佛决战的宣言，那么，利子的《天主实义》就是耶稣会士开始要接近儒家，排斥道佛的一条"新路"。由于这种态度的明朗，陈先生说他们对于中国文化凝成的概念有四种：一、天主等于儒经的上帝，而不是太极。二、中国先儒信仰灵魂不灭。三、后儒的说话，不能代表原始的纯粹的儒教。四、中国"先进"虽然大体不差，仍需天主教的补足。后来的教徒，大都继续扩大和发挥这些概念。

来到中国的教士，对于儒教，既然有了一番新的解释，并且"下了断语，著成专书"，可是"抱残守阙"的中国学人，对这新思潮的接受与否定，截然因其信仰的不同和倾向的差异而有分别，谁也没有虚心而踏实地去研究中西文化的根本问题。反对耶稣会士这种说法的，不是佛门弟子，便是"传统派"的儒者。可以拿黄宗羲、杨光先、袾宏和尚做代表。同情而且接近各种讲法的，大半都是教徒。这方面陈先生列举了八个人，王徵便是其中的一个。

陈先生在写有关王徵这一段时，所引用的材料只有陈援庵先生的《王徵传》、《西儒耳目资》序文和《北平图书馆馆刊》八卷六号刊出的《王徵遗文抄》。这是非常不够的。陈援庵先生是国内近三十年来，最早留心王氏学行，而且是第一个综合各种发现替王氏写传的史学家。但因近年来新材料的不断出现，陈先生所写的《王徵传》，当然也就发现了许多值得商榷的地方。《西儒耳目资序》和《王徵遗文抄》，固然有它的价值所在，但都不是研究王氏宗教信仰的理想材料。一年来，我看到一些关于这方面的新的记载，条记抄录，已经不少，现在我把它整理出来，或者多少能替陈受颐先生那篇宏著中关于王徵的一节做个补充。"狗尾续貂"，固然太不成话，但能贡献给陈先生和留心这类问题的师友一点不常见的材料，倒是挺愉快的事。

（一）王徵在思想上的苦闷

究竟王氏是不是认为天主就是经书里的上帝，陈先生在《王徵遗文抄》里并没有找到肯定的答案，这是从《西儒耳目资》的序文中看出他的态度。陈先生所根据的是这样一段话：

> 先生（指金尼阁）学本事天，与吾儒"知天""畏天"，"在帝左右"之旨无二。（《西儒耳目资》，北京大学及北平图书馆影印本，王序六至七页）

其实，这态度在王氏的《畏天爱人极论》一书里表现得最清楚，发挥得也最透彻。这部书是王氏在崇祯元年（一六二八）写成的。前面有郑鄤的序（这序文不收在《崇阳全集》里），巴黎国家图书馆里藏有一个抄本。向师觉明旅居欧洲的时候，曾抄录了一个副本。最近我把它同王氏的其他三种遗文，辑在一处，略加考校，题曰《王徵遗书》，交给上智编译馆印行。至于这部书的收藏和情形，王师重民的《王徵遗书序》里说：

> 《畏天爱人极论》一卷，抄本。郑鄤序是大字，好像是预备付刻或者从刻本摹写的样子，可是还无法证明这书有刻本。此抄本郑序凡六叶，本文四十八叶，纪言二叶，共五十六叶。半叶九行，行十八字。……著录号码是六八六八。

在这部书里，王氏托为主客的问答，对天儒的关系有极详细的讨论。首先他说明自己思想转变的路线和笃信天主教的理由：

> 客曰："……闻子曾求之瞿昙氏矣。一切征心见性之义，幡动钟鸣之解，靡不证合。一时诸老宿咸谓善知识无两也。亡何乃竟弃去不问，旋且转而问之黄老。于是黄老之书，又靡不寻览，且依古本，手订《周易参同契》，注《百字牌》等书已；且自为《辨道篇》及《元

真人传》与《下学了心丹》诸作。缙绅先生见之者，谓似类古之得道者然。乃子沉涵于是业廿余年矣。顾今又弃去不问，独笃信西儒所说天主之教。子何轻弃其所已学而信未学，弃旧学而信新学，弃近学而信远学之若是哉？"（《畏天爱人极论》一至二页）

余曰："……余惟求天之所以命我者而不得，故屡学之而屡更端。总期得其至当不易之实理云耳。乃释典尽费参究，而迄不见其要归。人虽谬云解悟，而反之此中，殊未了了。敢自欺乎？故不得已寻养生家言，以为此或修真之正路也。维时钻研日久，颇获的传。亦复识其所料孔冗，殚力行持，似亦稍有征验。顾行身非不快适，而心神辄复走放，亦无茫无巴鼻，此中犹弗慊也。……适友人惠我《七克》一部，读之见其种种会心，且语语刺骨，私喜跃曰：是所由不愧不怍之准绳乎哉？！"（同上，三页）

显然的，王氏是要求得思想上的出路，要求得一个"不愧不怍"于"天人之际"的信仰的依归。因此，他放下儒家的经典，去叩佛家的门，去念道家的经，但都不能使他找到解答。这种谋求思想出路而屡遭碰壁的失望，偶然接触到闻所未闻、十分新鲜的思潮，他怎能不再做一次试探呢？于是他就由儒而佛，由佛而道，由道而信奉了天主教。因研究的时间太短，所以他对于天主教教义的了解当然不会很深，同时，他的儒家气息，在和天主教教义可融合的场合中，也依然保存着。

（二）天主就是儒经里的上帝

要建立一种新的学说，必须要击败或者说服某种与自己利害冲突的原则、原理和学派。王氏是笃信天主教教义的，当然对于佛、道两家是视为异己的，但王氏在驳难佛、道时，却完全以儒家的思想做理论的根据，并且对于佛、道的责难还有程度上的差别。他说：

彼佛氏之教，不尊天主，惟尊一己焉耳。已自昧于大原大本，所宣诲谕，大非天主之制，具可谓猖狂自在，岂天主委任之乎？黄老神仙之属，窃天地之机，盗造化之精，以自养其身形；虽未合乎大道为公之旨，然犹每每尊天而弗敢自尊，故君子亦不概为深罪。独怪夫佛之猖狂自任，政不奉朝廷之正朔者也。有忠义之心者方将声罪致讨之不暇，宁肯借朝廷之名器为之宽假乎！盖择主而事，良臣之哲；从违一判，忠佞立分；彼佞佛之功，而自以为至善利者，不犹事篡

逆者，弥竭其忠，弥显其奸佞乎！（同上，十九页）

用"篡逆"和"正朔"来指斥佛教，这不是儒家精神是什么？对于黄老，虽然说他们违背了"大道为公"，但多少还有一点偏袒的嫌疑，承认他们是"每每尊天而弗敢自尊"的。这里的"天"，在王氏的了解下，就是"生天生地生人生物之真正大主宰"，也即是儒经里的"上帝"。上面的话并不是一个孤证，在他的书里有的是：

　　试观孔子大圣人也，而未操赏罚之权。再四陈请，欲讨一阵恒而不能，则其他可知。……惟其极爱之情，欲其生而不能，推其极恶之情，欲其死而不能；不但不能，而反为惑矣。然则世之好人恶人者多，而能好人，能恶人者固不数数见也。其惟仁者乎？其惟上帝之至仁者乎？《书》云："惟上帝不常，作善降之百祥，作不善降之百殃。"此真正永远大赏大罚之权舆也。（同上，二十二至二十三页）

　　其实吾西国原无是称。此中不尝曰：帝者天之主宰乎？单言天非不可，但恐人错认此苍苍者之天，而不寻认其所以主宰是天者，似涉于泛。故于天加一"主"字，以明示一尊更无两大之意。且主者视父尊严，专操赏罚之大权，不独偏施生全安养之恩而已也。（上面是庞迪我对王氏说的话。）曰：此正与吾书所言"惟上帝不常，作善降之百祥，作不善降之百殃"，其义适相吻合。可以窥赏罚之大指矣。然即易之以上帝之称，似无不可。而胡必欲名之天主，以骇人之听闻？曰：初意亦以上帝之号甚当也。比见此中庙貌甚多，称上帝者甚夥；余以为上帝之庙貌也。窃喜此中人知敬天矣。乃徐察之，则率以人神而谬拟之。如玄天上帝之类，不可枚举。私又惧其混也，以人侪天，故卒不敢亵吾陡斯之尊称。要之，果真知其为生天生地生人生物之主宰而畏之，而爱之，而昭事之。则谓之天也可，天主也可，陡斯也可，上帝也亦可，而奚拘拘于名号之异同哉？（同上，七至八页）

这话很明显，天主就是上帝的异名，也即天的异名。他是创造者，他是大赏大罚的最后的权舆。那么，对于物质的"天"他不得不辩说清楚，免得再混在一起。于是他接着说：

　　天果积气乎？气即积久，亦未有不散者。胡为乎万古恒如斯？且日月星辰之照垂者，胡其布置位列毫发不爽，从无一日一时之散乱错动也邪？即使为气机所动，自然而然，借问起初使之自然而动者为谁？……乃今天如此其高明也，地如此其博厚也，日月星辰山川草木如此其照耀而克郁也。畴为开此？畴为辟此？畴为生养而安全此？信非生天生地生人生物起初之陡斯，决无能办此者。而反疑穹窿之上，只苍苍之积气，而无主宰之者，噫！亦甚愚矣！（同上，十一至十二页）

（三）天堂地狱

什么是上帝的最后的大赏大罚的权舆呢？他说：

> ……厥赏在于何所？则有前所称明光之天堂在。厥罚在于何所？则有前所称万苦之地狱在。（同上，二十二页）

可是，有人说这一套"天堂地狱"的说法，原是他们从佛家经典里偷窃来的。王氏加以驳斥，但不够透彻。他说：

> 谁窃谁耶？佛氏西窃天堂地狱之大旨，而又妄附之以闭他卧刺（按：系 Pythagoras 的译音）谬语，增以轮回六道妄言，以鼓动世人。其所以能鼓动世人之信从者，正此天堂地狱之说有以欣发其良心耳。然徒知其名似，而实未灼见其真境，故其说仍复狂诞不根。令有识者转滋疑怪。乃今至疑天主之教窃彼诞言乎，是齐丘子翻谓景升盗我《化书》也。不亦可笑乎？（同上，二十页）

积极地，王氏并没有提出任何有力的证据，可以证明佛家窃取了他们的"天堂地狱"的说法。我认为，上面所引的这一段话是站立不住的。李之藻在《重刻畸人十篇序》里说，"天堂地狱"这句话，虽然是不见于经传，但道理上是一定存在的。"西泰子子身入中国"，就从瞿昙氏的书里把它夺回来，"归之吾儒，以佐残阙"。李氏这话已经有些勉强了，而王氏却进一步地否定了"补儒"的说法，简直认为"天堂地狱"在古儒的经传里就有过，不同的是话有隐显、言有微末，只要仔细思量，就会想得通。他说：

> 地狱之说，吾圣贤书中虽未显见；而天堂之意义，则固有明载焉者。第读者急在文，缓在意，弗及细思之耳。《诗》云："文王在上，於昭于天。……文王陟降，在帝左右。"又云："世有哲王，三后在天。"《召诰》云："天既遐降，大邦殷之命，兹殷多哲王在天。"

《金滕》云："乃命于帝庭，敷佑四方。"夫在上，在天，在帝左右，非天堂之谓其何欤？！而况明明言上帝之有庭，乃命于帝庭耶！夫既有天堂，则自然有地狱，二者不能相无，其理一也。如真文王、殷王、周公在天堂上，则桀、纣、盗跖必在地狱下矣！（同上，二十五页）

引经据典，王氏说了一大篇道理，但仍嫌浮泛，没有提出什么积极而有力的证据，来折服他人。王氏是新教友，只跟着西士研究了一点教理门径，当然没有深入堂奥，更没有专攻神学，所以不能说得透彻。以后他又把"古义"的淹没归罪到秦火的毁灭：

说者谓秦焰酷而其意弗存，故吾圣贤书中不见载。然政不得因其不载而有疑。不然，彼轮回六道之诞言，凡出佛书无理之谈，悉吾圣贤书中所不载，且皆有识之儒所力辟者，何世之人反信之而不疑耶？！（同上，二十六页）

这样，他不仅否定了"后儒"的话语，而且在努力向古儒接近。

（四）灵魂不灭

至于灵魂不灭，原是天主教的基本信仰，于是王氏在详论天堂地狱以后，持"劝善惩恶"的说法再发挥他的灵魂不灭论，他说：

夫世界之魂有三品：下品名曰生魂，即草木之魂是也。此魂附草木以生长，草木枯萎，魂亦消灭。中品名曰觉魂，则禽兽之魂也。此魂附禽兽以生育，而又使之以耳目视听，以口鼻啖嗅，以肢体觉物情，但不能推论道理，至死而魂亦灭焉。上品名曰灵魂，即人魂也。此兼生魂觉魂，能附人长养，及使人知觉物情，而又使之能推论事物，明辨理义。人身虽死，而魂非死，盖永存不灭者焉。夫灵魂之本用，则不恃乎身焉。盖恃身则为身所役，不能择其是非。……有形之魂，不能为身之主。独人之魂，能为身主，而随志之所纵止。故志有专向，力即从焉。虽有私欲，岂能违公理所令乎！则灵魂信专一身之权属于神者也。不与有形者坏也。（同上，四十页）

维有灵魂，常在不灭。所遗声名善恶，实与我生无异。若谓灵魂随死消灭，尚劳心以求体誉。譬或置妙画以己既盲时看焉。或备美乐以己既聋时听焉。……夫灵魂者正前所云天生（向师抄本注曰：

"应作主。原抄误。")造成亚当厄袜之身，而赐之以亚尼玛者也。灵性一赋，常存不散。第善者藏心以德，似美饰之。恶者藏心以罪，似丑污之。如兼金然，或以之造祭神之爵，或以之造藏污之盘，皆我自为之耳！然其藏秽盘独非兼金乎？（同上，四十一至四十二页）

在这里，王氏把"灵魂"和"灵性"是看作一个东西的。灵魂虽不灭，但它却是天主所创造的；而这个"灵性"的为善为恶，其主宰又属于"我"，并且就字里行间来看，王氏根本是从儒家哲学的"性善"一说出发的。由此看来，王氏的口吻虽是讲天主教义，实际上还是忠实做儒家的卫道者，当然，这或许是他不自觉的。

据我考证：王氏的信奉天主教，最早不能在万历四十三年（一六一五）以前，最迟不能在天启四年（一六二四）以后。按庞迪我（Didace de Pantoja，1571—1618）的《七克》刻于万历四十二年冬或四十三年春，而王氏的来京师，当在四十三年冬或四十四年春，所以他看见庞迪我应该在这一年或前年冬末。同时，我怀疑庞迪我是王氏交接的第一个传教士。或者就在他看见庞子以后，开始信了天主教。到了天启四年，他居忧在家，就请金尼阁（Nicolas Trigault，1577—1628）来陕开教。显然的，这绝不是一个非教徒的行谊。若果这个推测不错，到王氏盖棺论定的那一天止（一六四四，三，四），他信天主教已经有三十年长的历史了。

谈述王无异

李　果

编者按：本文原载陕西省立第一图书馆编辑《图书馆》1933 年第 1 卷第 1 期。李果，籍贯及生卒年不详。

曩阅读某报，载有党君晴梵，关于关学之著作，不禁令人击节叹赏。以其持论平衡，打破门户之锢习，有符私衷故也。

盖门户之见，可使学术竞进，是其所长。然又能使人各执己见，壁垒森严，不相溶铸，驯重支离偏严，学问日非，而不自知，是其所短。宋元以降，讲宋学者，大别为程朱派，为陆王派。尊程朱者，派衍尤多。若河东、白沙、三原等派，各尊先圣之一语，衣钵授受，金以为道脉在兹，俨然以继往开来自命矣。殊不知仅得先圣之一体，或其余绪，其笺注，其讲授，或失之晦，或失之诬，或失之迂，或失之泥，鲜有不免者。然阐明义理，功亦不尠，未可以一概论也。最可痛者，人皆知阳明学派渊源于象山，而不知阳明尚有非陆之语。陆子尝谓"学有讲明，有践履"，以致知格物为讲明之学，云云。阳明反以陆子此语，是其未精一处。杨慈湖之说，尤甚于乃师，学派云乎哉。

关学以张子为倡导之宗，明有四先生之目，清初有三李之称，或谓三李无二曲，有河西。而雪木之为文，奇逸奔放，不类理学。总之，皆耻为胡臣者也。此种名目称谓，率皆门生故吏，标榜揄扬，铺张阀阅，有所为而为也。华阴王子无异，学问淹博，品节昭著。其为文，鉴空衡平，折衷群说。其所著《正学隅见述》一书，足见其志。中孚、天生，悉序简端，誉美再再。盖其书以"格物""致知"，本于程朱；"无极""太极"之辨，本于象山。见解精审，器宇宏阔，直合伊川、紫阳、濂溪、象山，一炉而冶，千锤铸锻，殆取其百炼之金，而舍其碎屑也。讲学者，固当如是去取矣。

然在当时之贤者，如朝邑王子仲复，仍非其说。初则请废其说，继则请更数字，无异坚执未从。是可知执门户之见者，以为非如是，不足以为醇儒。噫！何其隘耶！理有未公，醇于何有？正当时之贤者尚如此，遑论其后者，能使之与四先生、三李同骥并辔，驰誉飞徽于关学之场乎？然而王子无异，天下才也，岂限于关中哉！

无异于清初，与顾宁人及其两兄而时、云隐，切磋于太华山麓。与三李同时被征，乃侨寓江淮十余年，广交闻人，其学愈博，所著之《砥斋集》，亦多脍炙人口之语。

愚肤受末学，亦无所谓派。鉴于党君之倡而随声和之，不计其辞调之中乎五音十二律否也，敢于党君所取诸先生之外，愚又取乎王端毅公。不阽阽二于章句，不斤斤忠于训诂，谈理平易，无深晦奇险之弊，行谊功业，煊赫史牒。所谓经济文章，有关国脉民命者也。向人皆目之以忠贞之名臣，愚且称之以硕儒。

李二曲的哲学思想

——《中国哲学史》中关于李二曲的论述

谢无量

编者按：本文选自谢无量所著《中国哲学史》（中华书局 1927 年版）第三编下"近世哲学史"之第十六章"李二曲"。题目为编者根据内容拟定。谢无量（1884—1964），四川乐至人。原名蒙，字大澄，号希范；后易名沉，字无量，别署啬庵。近代著名学者、诗人、书法家。1901 年与李叔同、黄炎培等同入南洋公学。清末任成都存古学堂监督。民国初期任孙中山先生秘书长、参议长、黄埔军校教官等职。之后从事教育和著述，任国内多所大学教授。中华人民共和国成立后，历任川西博物馆馆长、中国人民大学教授、中央文史馆副馆长。著有《中国大文学史》《中国哲学史》《诗经研究》《佛学大纲》《楚辞新论》《中国古田制考》《中国妇女文学史》《谢无量书法》等。

李颙，字中孚，号二曲，西安盩厔人。家贫无书，从人借读，自经史百家至二氏之书无不观，遂以成学。隐逸自守，当世慕其名，踵门求见，力辞不得，则一见之，终不报谒，曰："庶人不入公府，可也。"再至并不复见。有馈遗者，虽十反亦不受。既而母卒。康熙九年，门人请南下入道南书院，发顾、高诸公之遗书讲之，听者云集。又开讲于江阴、靖江、宜兴。自后屡征，皆以疾辞，闭门不与人接，惟顾宁人至则款之而已。晚年惟以所著《四书反身录》教人。当是时，北则孙夏峰，南则黄黎洲，与二曲并号三大儒。夏峰自明时，已与杨、左诸公为石交，又孙高阳相国，折节致敬，易代后声名益大。黎洲为忠端之子，蕺山高弟，又从亡海上，资望皆素高。独二曲自孤寒清苦中，耿光四出，拔地倚天，视夏峰、黎洲尤难云。门人集其遗书为《二曲集》二十二卷。

二曲论学曰：

> 天下大根本，人心而已矣。大肯綮，提醒天下之人心而已矣。
> 是故天下治乱视人心，人心邪正视学术。凡学在反身，道在守约，功

在悔过自新，而必自静坐观心始。静坐乃能知过，知乃能悔，悔乃能自新。又言：学者当先观象山、慈湖、阳明、白沙之书，阐明心性，直指本初，以洞斯道之大源。然后取二程、朱子及康斋、敬轩、泾野、整庵之书玩索，以尽践履之功。否则，醇谨者乏通慧，颖悟者杂异端，无论言朱言陆，皆于道未有得也。

是二曲之学，亦以心学为始。尝因心体论《易》曰：

> 求《易》于《易》，不若求《易》于己。人当未与物接，一念不起，即此便是"无极而太极"；及事至，念起惺惺处，即此便是"太极之动而阳"；一念知敛处，即此便是"太极之静而阴"；无时无刻而不以去欲存理为务，即此便是"天行健，君子以自强不息"；人欲净尽，而天理流行，即此便是"乾之刚健中正纯粹精"；希颜之愚，效曾之鲁，敛华就实，一味韬晦，即此便是"归藏于坤"。亲师取友，丽泽求益；见善则迁，如风之疾；有过则改，如雷之勇；时止则止，时行则行；见可而进，知难而退。动静不失其时，继明以照四方，则兑、巽、震、艮、坎、离，一一在己，而不在《易》矣。（《锡山语要》）

盖二曲之学，归本一心，而注重践履。或问入门下手之要，曰："我这里论学，却不欲人闲讲泛论，只要各人自觅各人受病之所在。知有某病，即思自医某病，即此便是入门。"又谓："徒侈闻见博杂，以一事不知为耻者，皆玩物丧志之类，去道愈远矣。"

李二曲学述

王 庸

编者按： 本文原载《学衡》1922 年第 11 期。王庸（1900—1956），字以中，江苏无锡人。著名地理学家，中国地理学史学科的开创者。1925 年入清华国学研究院，从梁启超、王国维等先生治中西交通史。著有《中国地理学史》《中国地理图籍丛考》《中国地图史纲》等。

目 录

一、传略

李中孚，讳颙，关中盩厔人。家在二曲之间，故皆称为"二曲先生"。父讳可从，字信吾，慷慨有志略。

> 龚百药《李氏家传》：父名可从，为人慷慨有志略，喜论兵，而以勇力著里中，呼为"李壮士"，常负其才不我知也，欲为知己者死。

明崇祯末，从陕督汪乔年讨贼死难，时二曲年仅十六也。

> 江藩《宋学渊源记·李中孚》：崇祯末，应募从军，隶监纪孙
> 兆禄军，从陕西总督汪乔年讨李自成。乔年战死襄城，兆禄与可从
> 等五千余人同日死难。中孚年十六而孤。

家贫而母贤。

> 陈玉璂《李母彭氏传》：顾幼子泣曰"汝父能为国死忠，吾独
> 不能为夫死节乎？"阖户欲殉身，子号恸，家人守视乃免。然彭虽不
> 死而家贫，实无以自活。邻媪有劝再醮者，彭叱之。日夜艰苦纺织，
> 佐以缝纫，易升斗粟以为常，如是者数年。而子稍长，年十六，就塾
> 师，塾师以贫嫌，不纳。母曰："无师遂不可学耶？古人皆汝师也。"
> 由是发愤读书，凡濂洛关闽之书，无不窥。

二曲之成就，未始非基于其母之教育也。后二曲惟以圣贤之学为务，不问帖括
俗学。

> 《李氏家传》：隐君心自开悟，未几通制义。学博，延安左君览之，
> 大惊曰："天下有不从帖括，而竟为迈俗之文若此者乎？"劝之就童
> 子试，不应。自是厌弃俗学，求圣贤所以为学之道。

其后，二曲学问之名渐著。邑令骆（钟麟）且师事之，并济其乏焉。

> 《李氏家传》：关中之学者，莫不尊师之，称为"二曲先生"。
> 盩厔令骆侯闻其贤，躬造隐居之庐而学，馈之粟帛酒脯，以养其母。
> 《二曲全集·志愧》：而愧先慈之丧，贫无以殓。邑宰骆侯闻
> 而助之以棺，始克掩形。

及骆去，二曲饯送之，遂东游华山。

> 《二曲全集·东行述》：丁未春，先生饯邑侯骆公赴京师，始东行，
> 登华岳。先生性不喜游，足未尝逾邑境，是时因饯骆侯东行，始为华
> 麓之涉。骆侯者，浙人，莅邑有异政，尊贤敬士，详见河汾贾发之《养
> 贤记》中，故先生远送之。

后更南往襄城，求父骨。

> 《李氏家传》：自壮士之死于围城者三十年，隐君常痛父，思襄城流涕，愿一往。以母在也，难之。及母死，而隐君始南游襄城，求父骨不得，乃为文以招父魂。

时骆为毗陵知府，迎二曲。于是其学乃传播江南。

> 《宋学渊源记·李中孚》：常州知府骆钟麟，师事中孚。闻在襄城，迎至道南书院，主东林讲席。继讲于江阴、靖江、宜兴等处。

其华山与毗陵之行，为一生二大游历。而途中备受当时学者之欢迎。《全集》中《东行》《南行》二述，言之详矣。但当南行时，欢迎者尤众。

> 《南行述》：约间日统会于府庠明伦堂及武进县庠明伦堂，上自府僚绅衿，下至工贾耆庶，每会无虑数千人，旁及缁流羽士，亦环拥恭听。
>
> 又二十七日，无锡宰吴公同教谕郝君肃启奉迎。初二日，吴公偕郝君设座明伦堂，请先开示。是日阖邑绅衿①咸集堂上，庭墀环拥稠叠，门外众庶莫不遥望窃听。
>
> 又初八日，应江阴县学之聘。次午抵县，邑宰周公偕学博郊迎。十一日，开讲于明伦堂，听者云拥。

想见当时盛况，实不亚于今日之欢迎杜威、罗素，岂以江南尚有东林之流风余韵，故向学者特众欤？后陕督鄂善慕其名，延主关中书院讲席。

> 《全集·报鄂制台书》：仆本无似，明公不察，误采虚声，聘主关中书院讲席，三辞不获，冒昧从事。

集中《关中书院会约》即其教授之规程也。继而鄂督又以隐逸荐诸清室，而二曲至欲以死辞之，后乃闭户，不与人通，清苦以自终焉。

---

① "衿"，原文作"矜"，误，径改。

　　《宋学渊源记》：康熙十二年，陕西总督鄂善以隐逸荐，固辞以疾。十七年，礼部以真儒荐，大吏至其家敦迫之，中孚绝粒六日，至拔刀自刺。大吏骇去，以得疾辞。遂居土室，反扃其户，不与人通。

当时慕二曲之风而问学者，不可胜计。能传其学者，王心敬而已。

　　《宋学渊源记》：弟子王心敬传其学。
　　《全集·答王心敬书》：智过于师，乃可传授。汝聪明过人，吾安得不喜！竭平生所蕴而传授之，舍汝其谁耶！

二、著述

二曲学术，主于心性上下修养功夫，轻视著述。

　　《全集》（下略）《答吴野翁书》：惟今春所寄《明儒参订》与杨老《明儒偶评》大同小异，中间不无可商。纵一一至当归一，毫无可商，推至南海、北海、东海、西海，千百世之上，千百世之下而准，亦与切己大事有何干涉？区区蚤岁过不自揆，尝欲上自孔曾思孟、下至汉隋唐宋元明诸儒，以及事功、节义、经述、文艺秉收并包，勒为《儒鉴》一书而细评之，俾儒冠儒服者有所考镜，知所从事，念非切己要事，遂辍不复为。
　　《答徐斗一书》：然吾所望于斗一者，非区区著述之谓也。人生吃紧要务，全在明己性、见己性，了切己大事，诚了大事，焉用著述？如其未也，何贵著述？口头圣贤，纸上道学，乃学人通病。

故其遗著甚少。今通行之《二曲全集》二十六卷，除《悔过自新说》《观感录》《关中书院会约》三卷，及其杂著诗文六卷外，皆汇讲学时学生之笔记及他人为二曲述作之传记诗文等而成。

　　《四库全书提要》：《二曲集》二十二卷，国朝李颙撰。每卷分标篇目，曰《悔过自新说》，曰《学髓》，曰《两庠汇语》，曰《靖江语要》，曰《锡山语要》，曰《传心录》，曰《体用全学》，曰《读书次第》，曰《东行述》，曰《东林书院会语》，曰《匡时要务》，曰《关中书院会约》，曰《盩厔答问》，曰《观感录》，皆其讲学教授之语，或出自著，或出门弟子所辑，凡十六种。其第十六至二十二卷，则颙所杂著文也。二十三卷以下，曰《襄城记异》，曰《义林记》，曰《李氏家乘》，曰《贤母祠记》，刊集时并以编入，盖用宋人附录之例，然卷帙繁重，而无关颙之著作，殊为疣赘。

至于《四书反身录》一书，亦其弟子王心敬所笔记。

《四书反身录·原序》:《四书反身录》者，录二曲先生教人读四书，反身实践之语也。小子躬侍函丈，特蒙提诲尤谆。日获闻所未闻，退即随手札记，自夏至冬，不觉成帙，然遗忘不及记甚多。

此书虽多自出心裁，而其目的则在解释四书，与发表个人思想者有别，故兹所述，以《全集》为本焉。

三、学术论

二曲视学术颇重。以为世间事业，皆须有学术以贯彻之。

《匡时要务》:全人达人，全在讲学；移风易俗，全在讲学；拨乱反治，全在讲学；旋乾转坤，全在讲学；为上为德，为下为民，莫不由此。此人生之命脉，宇宙之元气，不可一日息焉者也，息则元气索而生机漓矣。

但其学术之目的在救人心，与普通所谓学术者有别。

《匡时要务》:天下之大根本，莫过于人心；天下之大肯綮，莫过于提醒天下之人心。然欲醒人心，唯在明学术。

人心为学术之本，故不第词章名利在所不取。

《匡时要务》:自教化陵夷，父兄之所督，师友之所导，当时之所鼓舞，子弟之所习尚，举不越乎词章名利，此外茫不知学校为何设，读书为何事。呜呼! 学术之晦，至是而极矣。

《答友求批文选书》：是书连篇累牍，莫非雕虫。中间有何可取而嗜之若饴？愈令人难解。

《答梁质人书》：声百妙龄登科，将来前程万里。与其为一时春华之王、杨、卢、骆，何如为千古卓荦之韩、范、富、欧？若一刊诗，仆实惧世俗之人，仅以诗文小技目声百也。

即读书而不求诸身心，徒恃言论材艺，而不知实用者，皆在进斥之列。

《授受纪要》（附《富平答问》下）：我这里重实行，不重见闻；论人品，不论材艺。夫君子多识前言往行，原为畜德。多材多艺，贵推己及人，有补于世。若多闻多识，不见之实行以畜德，人品不足而材艺过人，徒擅美炫长，无补于世，以之夸闾里而骄流俗可也，乌足齿于士君子之林乎？

又：人之所以为人，止是一心。心之所以常存，全赖乎学。孔子曰："学而时习之。"孟子曰："学问之道无他，求其放心而已矣。"若外心而言学，不是世俗口耳章句博名媒利之学，便是迂儒徇末忘本支离皮毛之学。斯二者均无当于为人之实。

《两庠汇语》：但古人之学多为己，今人之学多为人。夫子教子夏所以有君子儒、小人儒之分，而君子、小人之分，只在立心上辨别。为己之学，事事从自己身心上体认，绝无一毫外炫；为人之学，不但趋名趋利，为圣贤所弃，即聪明才辨，无一可恃。人能从为己上用功，不论禀资高下，个个可造到圣贤地位。

《富平答问》："读书特患无得。若果实有所得，则居安资身，施于四体，四体不言而喻，即此便是发明。纵其身无一字论著，亦不害其为善读书者。夫读书而不思明体适用，研究虽深，著述虽富，欲何为乎？不过夸精斗奥，炫耀流俗而已。以此读书，虽谓之未见六经面，未识四书字，可也。噫！圣贤立言觉世之苦心，支离于繁说，埋没于训诂，其来非一日矣。是六经、四书不厄于嬴秦之烈火，实厄于俗学之口耳。抱隐忧者，宜清源端末，潜体密诣，务期以身发明，正不必徒解徒训，愈增葛藤，以资唇吻已也。

《答胡士锁书》：不知随境炼心，则学非真学。炼心而不能念念操持，则炼非真炼。纵聪明特达，颖悟迈群，谈元说妙，讲尽道理，敏言过于飞龙，躬行同于跛敝开鳖，仰愧天，俯愧人，昼愧影，夜愧衾，闭藏消沮，身未死而心先死矣。

是则二曲之所谓真学术，全在一己身心道德之修养，其他皆炫外为人之学也。以此说衡之，今日学术与道德不并论之态度，似有过当之处。然文化而徒恃学术、不讲道德，则文化乎何有？且二曲生当明末清初，目击当时风俗之颓败、人心之污卑，举世滔滔，江河日下，因欲障回狂澜，以维持人心世道自任，故遂排斥一切浮靡驳杂之学，而归宗于道德。固时势之药石，而亦挽救今日世风之针砭也。二曲既有志于身心修养之学，则其究心于宋明以来之理学，自不待言。然二曲之学，固非徒规规于理学之迂儒，亦重经世致用。

　　《答王天如书》：今时非同古时，今人不比古人。须明古今法度，通之于当今而无不宜，然后为全儒，而可以语治平事业。须运用酬酢，如探囊中而不匮，然后为资之深，取之左右逢其源，而真为己物。若惧蹈诵《诗三百》之失，而谓至诚自能动物，体立自然用行，则空疏杜撰，犹无星之戥、无寸之尺，临时应物，又安能中窾中会，动协机宜乎？兹以吕新吾《谕士说》一篇寄览，亦足以知空躯壳、饿肚肠，究无补于实用分毫也。

　　《体用全学》：经世之法，莫难于用兵。俄顷之间，胜败分焉，非可以漫尝试也。今学者无志于当世，固无论矣，即有志当世，往往于兵机多不致意，以为兵非儒者所事。然则武侯之伟略、阳明之武功，非也？学者于此苟能深讨细究而有得焉，异日当机应变，作用必有可观。自《大学衍义》至《历代名臣奏议》等书，皆适用之书也。道不虚谈，学贵实效，用而不足以开物成务，康济时艰，真拥衾之妇女耳！亦可羞矣。《律令》最为知今之要，而今之学者，至有终其身未闻者。读书万卷不读律，致君尧舜终无术。夫岂无为云然乎！《农政全书》《水利全书》《泰西水法》《地理备要》等书，咸经济所关，宜一一潜心。然读书易，变通难。赵括能读父书，究竟何补实际？神而明之，存乎其人，夫岂古板书生所能办乎！

盖以人生最大之希望，不仅在颜曾之道德，而当兼有伊周之事功。明体适用，内圣外王，方为至正。

　　《授受纪要》：立身要有德业，用世要有功业。德须如颜、曾、思、孟、周、程、朱、张，功业须如伊、傅、周、召、诸葛、阳明，方有体有用，不堕一偏。

《答梁质人书》：他日道德如周、程、朱、张，事功如韩、范、富、欧。天德王道，一以贯之，为天地间第一流人物。

《答许学宪书》：理学经济，原相表里。进呈理学书而不进呈经济书，则有体而无用，是有里而无表，非所以明体适用、内圣而外王也。

彼一偏之儒，皆二曲所不取也。

《盩厔答问》：明体而不适于用，便是腐儒；适用而不本明体，便是霸儒；既不明体，又不适用，徒灭裂于口耳伎俩之末，便是异端。

四、程朱与陆王之调和

吾辈皆知宋明理学有程朱与陆王二派。程朱重道问[①]学，陆王重尊德性；程朱重下学，陆王重上达。二派之争议，开于晦庵、象山。但象山之学，除杨慈湖外，后世几无传人。而程朱之学独盛，但承袭其说者，往往流于支离破碎，渐失本真。阳明遂远继象山，起而辟之，直指心性本原，故二曲极言其有思想革命之功。

《答范彪西征君书》：夫姚江之变，乃一变而至于道也。当士习支离锢蔽之余，得此一变，揭出天然固有之天良，令人当下识心悟性，犹拨云雾而睹天日，否则道在迩而求之远，醉生梦生，不自知觉，可不为之大哀耶？

《答张敦庵书》：然晦庵教不躐等，固深得洙泗家法。而其末流之弊，高者徇迹执象，比拟摹仿，畔然欣美之私，已不胜其憧憧；卑者桎梏于文义，纠画于句读，疲精役虑，茫昧一生而已。阳明出而横发直指，一洗相沿之陋，士始知鞭辟著里，日用之间，炯然涣然，如静中雷霆，冥外朗目无不爽然，自以为得向也。求之于千万里之远，至是反之己而裕如矣。

然二曲之学不主一偏，要以"明体适用"为学问之本根。故凡学术之内足以涵养身心，外足以开物成务者，无不善。程朱与陆王各有所长，苟身体而力行之，皆可为学问之助。否则徒于言论门面上争闲气，何足道哉！

---

① "问"，原文作"闻"，据文意改。

《靖江语要》：要之，二先生均有大功于世教人心，不可以轻低昂者也。若中先入之言，抑彼取此，亦未可谓善学也。然辩朱辩陆，论同论异，皆是替古人耽忧。今且不必论异同于朱、陆，须先论异同于自己。试反己自勘，平日起心动念及所言所行，与所读书中之言同耶，异耶？同则便是学问路上人。尊朱抑陆亦可，取陆舍朱亦可，异则尊朱抑陆不是，取陆舍朱亦不是，只管自己，莫管别人。

《富平答问》：今日亦知辟象山、尊朱子，及考其所为尊，不过训诂而已，文义而已。其于朱子内外本末之兼诣，主敬褆躬之实修，吾不知其何如也？况下学循序之功，象山若疏于朱，而其为学先立乎其大，峻义利之防，亦自有不可得而掩者。今之尊朱者能如是乎？不能是，而徒以区区语言文字之末，辟陆尊朱，多见其不知量也。

《答张敦庵书》：一则曰禅陆，再则曰禅陆。借陆掊王，不胜费词，学无心得，门面上争闲气，自误误人。识者正当怜悯，何可据为定论。

于是二曲以其功用，调和二派，各与以相当之位置，而明其利弊。

《富平答问》：姚江当学术支离锢蔽之余，倡致良知直指人心一念，独知之微，以为是王霸、义利、人鬼关也。当几觌体直下，令人洞悟本性，简易痛快，大有功于世教。而末流多玩实致者鲜，往往舍下学而希上达，其弊失之空疏杜撰，鲜实用，则失之恍惚虚寂，杂于禅，故须救之以考亭。然世之从考亭者多辟姚江，而竟至讳言上达，惟以闻见渊博、辨订精密为学问之极，则又矫枉失直，劳罔一生，而究无关乎性灵，亦非所以善学考亭也。以致良知明本体，以主敬穷理、存养省察为工夫，由一念之微致慎，从视听言动加修，庶内外兼尽，姚江、考亭之旨不至偏废。下学上达，一以贯之矣。故学问两相资则两相成，两相辟则两相病。

其论精辟中正，可谓至当不易。盖二派之说，一重演绎、重抽象，一重归纳、重具体，各得事理之一偏。苟离事实而谈学理，则二者似不相容。惟依事实而言其作用，则二者实相资为用。近代实验主义以功用观念，调和惟心与惟物及演绎与归纳之冲突，其性质虽异，其态度正复相类。苟推二曲之说而广之，则世间一切言论上种种主义之纷争，可调和而互用者，正不少也。

然此不过就功用上立论，若就学术之本体言之，则二曲实偏于陆王之说。

《体用全学》（所列书籍，以陆王一派之书为明体中之明体，以程朱一派之书为明体中之工夫）又云：自象山以至慈湖之书，阐明心性，和盘倾出，熟读之则可以洞斯道之大源夫！然后日阅程、朱诸录及康斋、敬轩等集，以尽下学之功，收摄保任，由工夫以合本体，由现在以全源头，下学上达，内外本末，一以贯之，始成实际。

《授受纪要》：学问贵知头脑，自身要识主人。诚知头脑，则其余皆所统驭；识主人，则仆隶供其役使。今既悟良知为学问头脑、自身主人，则学问思辨，多闻多见，莫非良知之用。所谓"识则本体，好做功夫，做则工夫，方算本体"。尊德性不容不道问学，道问学乃所以尊德性。

此其言虽二派并举，而究其语意，则所谓下学工夫，所谓道问学，皆不过工具。其目的则全在尊德性而上达本体，是以陆王之学为头脑、为主人，而程朱为所统驭者、为役使者。其意彰彰明甚。是则研究二曲之学者所当注意也。

五、心性论

考宋明以来朱、陆学说之争，穷其底蕴，实不过心性上二元论与一元论之冲突。朱子主二元，故有天理与人欲、人心与道心之别；而陆子则谓心即理，人性即良知，凡所谓心也、性也、理也，以至于天理、人性，皆一也。故朱子论心性之相对区别，概不承认。二曲虽不非程、朱，而其论心性则又主陆、王之一元论。观其《学髓图解》而可显然也。

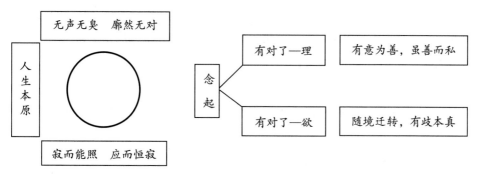

此浑沦一大圈，即濂溪之所谓太极，陆王之所谓心之本体。乃无善无恶、凝静而绝对之本性也。此其意义及其与相对的善恶理欲之关系，则在《答朱字绿书》中辨之甚明。

《答朱字绿书》：阳明之是非明，即不佞之图说明也。门下谓"无善而至善存"是也。而疑阳明划却"至善"二字，独不思心之本体，本至善乎？即至善乎？孟子道性善，而《鱼我所欲》章则指为本心，心体即本心也。本心者，道心之谓也。道心即善性也，但异其名称耳。周子谓"无极而大极"，阳明谓"无善无恶心之体"，其言异，其旨同也。"无极而大极"之说无可疑，则"无善无恶心之体"亦犹是矣。知乎阳明之旨同乎周子，则知夫"无善无恶"之旨异乎告子矣。且性至善也，而明道则曰："人生而静以上不容说。才说性，便已不是性也。"夫说"性便不是性"，则人为之善恶不可谓心体明矣。人为之善恶不可为心体，则无善无恶即至善之心体，何必更增"至善"字于字句内，而后知其为至善乎？而《学髓》浑沦一圈，又何殊于《太极图》之浑沦一圈乎？……大抵门下所疑，皆为护持一"善"字。惟恐无善无恶之说流于莽荡，即惟恐鄙图之浑沦一圈类于无善无恶。甚盛心也，而未及思夫心体即至善也，而未及思夫《学髓》之浑混一圈即太极之浑沦一圈也。《太极图》浑沦一圈不患其遗太极，《学髓》图浑沦一圈亦可知初非遗至善矣。抑惟恐有善有恶之涉于对峙，即惟恐鄙图之善恶分路有背乎"继善成性"之旨。意良美也，而未及思"有善有恶"从乎意动之后而言，而非言乎本然之性真有此对峙也；而未及思鄙图之善恶两行，亦指乎意动之后也。

由此言之，心之本体为静的，其未动之时为一元，而于意动之后才有二元。故所谓善者，亦有绝对之善与相对之善。由相对之善以言，则人性可谓无善无恶。若以绝对之善论，则可谓人性本善也。

此心此性，为人所同具，本无善恶、理欲、君子小人之分。但与情欲、气质相感应，然后有此种种相对之区别。且其感应之后，本体仍完全存在，彻始彻终，未尝少损也。

> 《学髓》：人人具此灵原良知良能，随感而应，日用不知，遂失其正。
> 《答朱字绿书》：门下谓"善彻始终"是也，独不思感于物动于意，遂有善不善乎？谓"善与恶非对峙"是也，独不思气拘物蔽而意之动，遂有善有恶乎？有善无不善者，性也。拘于气，蔽于物，而不能无不善者，情也。情本乎性，性无不善，故善与恶不可对也。情不能不拘于气而蔽于习，故性虽善，而情不能无善不善也。意者，情之动也。犹人之性皆善，则宜皆为君子，而世卒不能无小人者，则气拘而物蔽

之也。故小人与君子，同一善性，原不可对峙。气拘而物蔽之后，则亦遂从而分途，而对称之为君子、小人而已。六经、四书之以小人君子、善恶、邪正、是非对称者，皆是义也。犹之水清而卒不能不清浊并有也，镜明而卒不能不明暗并有也，一气而卒不能不阴阳并有也。继善成性，秉彝帝则，及孔孟之言，言乎天命本然之初，有善有恶；言乎气拘物蔽之后，本不相戾也。

《悔过自新说》：人多为气质所蔽，情欲所牵，习俗所囿，时势所移，知诱物化，旋失厥初。渐剥渐蚀，迁流弗觉，以至卑鄙乖谬，甘心堕落于小人之归，甚至虽具人形，而其所为有不远于禽兽者。此岂性之罪也哉！然虽沦于小人禽兽之域，而其本心之与天地合德日月合明者，固未始不廓然朗然而常在也，顾人自信不及，故轻弃之耳。譬如明镜蔽于尘垢，而光体未尝不在；又如宝珠陷于粪坑，而宝气未尝不存。诚能加刮磨洗剔之功，则垢尽秽去，光体宝气自尔如初矣，何尝有少损哉！

此所谓气质，似与朱子之气质之性相类。则二曲又为理气二元论矣。不知朱子言性之本体，分为天地之性与气质之性，有对待之二元。

《朱子语类》：有天地之性，有气质之性。天地之性，则大极本善之妙，万殊之一本也；气质之性，则二气交运而生，一本而万殊者也。论天地之性，则专指理而言；论气质之性，则以理与气杂而言之。以理言之，则无不全；以气言之，则无不偏。

而二曲言性，其本身无二元之对待。所谓气质，全为性外之物，观其解《中庸》"慎独"二字，即可了然也。

《四书反身录》：《中庸》以何为要？曰："慎独为要。"请示慎之之功。曰："子且勿求知慎，先要知独。独明而后慎可得而言矣。"曰："注言'独'者，人所不知而己所独知之地也。"曰："不要引训诂，须反己实实体认。凡有对，便非独。独则无对，即各人一念之灵明是也。天之所以与我者，与之以此也。此为仁义之根，万善之原，彻始彻终，彻内彻外，更无他作主，惟此作主。'慎'之云者，朝乾夕惕，时时畏敬，不思一毫牵于情感，滞于名义。"

此说显与朱子训诂反对，而渊源于象山、阳明。盖一主相对之独，一主绝对之独。即一为善恶对待之善心善性，一为无善无恶之心性或本体之至善。彼其解释，今无论其是否合于原义，而二曲之说，实较朱子为深切高明，更进一层矣。

至此心性本体之境界，二曲常以虚明寂定等字形容之。然此全得之于自心，反观之经验，不第不可以言传，且一落想象，即失本真矣。

> 《学髓》：虚明寂定之景若何？曰：即此是景，更何有景？虚若太空，明若秋月，寂若夜半，定若山岳，则几矣。然亦就景言景耳。若著于景，必认识神为本面，障缘益甚，本觉益昧。

但此境即为真我，为人生本原，为安身立命之处。

> 《学髓》：此天之所以与我者也。生时一物不曾带来，惟是此来；死时一物不曾带去，惟是此去。故学人终日孜孜，惟此事为人生第一要务。动作食息，造次颠沛，一注乎此而深造之，以求自得。居安资深，左右逢源，此谓之安身，此谓之立命。

苟得此境，则聪明绚达，万事皆得其本。

> 《学髓》：目赖此而明，耳赖此而聪，足赖此而重，手赖此而恭，四端五常，三百三千，经纶参赞，赖此以为本。

若对于世俗之聪明言之，则反似如痴如哑，昏昏冥冥之态。然彼所谓聪明，乃心性以外之物，皆靠不著也。

> 《答张钦伯书》：汝年来切实为己，学虽精进，然只增得几分知识见解而已，性灵尚未澄澈。内未凝一，故外鲜道气，收摄不密，聪明尽露。昔人所谓"目击而道存"，实未臻此，可不勉乎！须敛而又敛，如哑如痴，精神凝聚，斯气象凝穆，凝凝凝！
>
> 《答王心敬书》：今汝谈论，皆汝聪明之发也。语虽无病，然终语语皆是，千是万是，终是舍己之田而耘人之田，终靠不得一毫。无病亦是病。今而后须黜汝之聪，堕汝①之明，昏昏冥冥，自觑自觅，

---

① "汝"，原文作"如"，据文意改。

务求终身靠得著者而深造之。

二曲之一元论，不第为心性立言，更推之于宇宙，而为超绝空时之泛神论。

《学髓》：形骸有少有壮，有老有死，而此一点灵原，无少无壮，无老无死，塞天地，贯古今，无须臾之或息。会得时，天地我立，万化我出，千圣皆比肩，古今一旦暮。

问："此不过一己之灵原，何以塞天地、贯古今？"曰："通天地万物上下古今，皆此灵原之实际也。非此灵原，无以见天地万物上下古今。非天地万物上下古今，亦无以见此灵原。是以语大语小，莫载莫破。"

是一己之灵原，与宇宙之理同体。尽人性而物性亦尽，此所以为己为人、明体适用，有一贯而无抵触也。

《授受纪要》：内外交养，湛然无适，久则虚明寂定，浑然太极，天下之大本立矣。大本立而达道行，以之经世宰物，犹水之有源，千流万派，自时出而无穷。

《富平答问》：久则内外澄澈，打成一片。所存于己者得力，则及于人者自宏。自尔在在处处，转移人心，纵居恒所应之事、所接之人有限，而中心生生之机，原自无穷。此立人达人、位育参赞之本也。

《两庠汇语》：己身安定和平，人对之则鄙吝自消。是不言而饮人以和，鲜有不和者矣。此所谓正己而物正，一正百正，一了百了。心和则气和，气和则天地之和亦应矣，乃位育参赞之实际也，夫何疑！

六、道德论

二曲既以彼至善之心体为人生之本原，亦即为人生之最高目的，故唯一之道德标准，当能超脱世间一切功名、知识及种种外物之牵缠，而达此虚明寂定、澄湛洒脱之本体。

《传心录》：纵生平著述绝世、聪明过人，声名溢四海，勋业超古今，至此总与性命毫无干涉，毫无可倚。为今之计，力将从前种种牵缠尽情摆脱，如鱼鸟之脱网罗，麋鹿之离陷阱，寻一安身立命归原结果之处，此中一念之炯炯者是也。

诚能屏缘息虑，常寂常定，口无他言，目无他视，耳无他闻，心无他念，内想不出，外想不入，洁洁净净，洒洒脱脱，此即一念万年之真面目也。勿先讲论以滋葛藤，勿先著书以妨实诣，勿执臆见于门面上争闲气。去耳目支离之用，以全虚圆不测之神，则身安命立，天赋之本然复矣。

《学髓》：岁月易过，富贵如电。吾身尚非吾有，身以外何者是吾之有？须及时自策自励，自作主宰，屏缘涤虑，独觑本真。毋出入，毋动摇，毋昏昧，毋倚落，湛湛澄澄，内外无物，往复无际，动静一原，含众妙而有余，超言思而迥出，此一念万年之真面目也。至此则无圣凡可言，无死生可了。外此而言学，即博尽羲皇以来所有之籍，是名玩物；著述积案充栋，是名丧志，总之为天刑之民。噫！弊也久矣！

《靖江语要》：不起意，不逐物，内外澄湛，而实无一物之或遗。尽此谓之尽性，立此谓之立命。大本达道，同体异名。如是，则形骸肢体虽与人同，而视听言动，浑是天机。通身是眼，十目十手，犹其末也。人尽而天全，朝闻之夕死可矣。

但二曲并非极端反对功名著述者，不过以此为人生之末事，必先由本以达末，不可舍本而逐末耳。

《靖江语要》：为学先要识本，诚识其本而本之，本既得则末自盛。譬之于水，水惟其有源，自然混混时出，流于巴蜀则为岷江，流于豫章则为九江，流于金山则为镇江，流于沧溟则为东海。随所在而名之，源初不知也。吾实苟知本，实体于躬则为道德，而不知所谓道德也；宣之于言则为文章，初非有心于文章也。见之于事则为功业，初非有心于功业也；不幸值变则为气节，初非有心于气节也。亦犹水之随在得名，不期然而然耳。若舍本趋末，专意文章，则神思所注，止知有文章，是本为文章所汩矣；志在功业者，所急惟在功业，遇之则意气飞扬，矜功恃业，不遇则精神消沮，垂首丧气，甚至所志不展，蕴之于胸，不胜技痒，作祟不浅。气节亦然。盖志在气节，则必不以客气为气节，其害事又复不浅。凡此者，皆由无本故耳。甚矣！学贵敦本也。

是以苟无其本，即气节亦所不取。苟得其本，则科第利禄亦属正当。

《蓋厓答问》：然则登科第非也？曰："人能登科取第，正好借此立功名，何可非也？但不当逐末舍本，肯留心于事业则善矣。"

《东林书院会语》：举业云者，言其修明体适用之业，举而用之也。其制曷尝不善？试以五经四书，欲人之明其体也。试以论，欲人之有酝藉也。试以策，欲人之识时务也。表以观其华，判以验其断，从是科者，果能一一本之躬行心得之余而可效之实用，则"举业"即"德业"矣。

若夫由本达末与舍本逐末之区别，则全在无意与有意之间，必使功名出于自然。

《蓋厓答问》：功被一方，则不待求名一方，一方自然传其名；功被天下，则不待求名天下，天下自然传其名；功被万世，万世自然传其名。

《两厓汇语》：所谓功名者，有功于一方，有功于天下，有功于万世。如伊周孔孟，得志则经纶参赞，兼善天下；不得志则绍前启后，兼善万世。自然天下颂之，后世传之。不求名而名自随，如形之必有影，是有功即有名也。

为善毫无私意。

《答范彪西征君书》："有意为善，虽善亦私。"此前人见道语。盖心须寂然不动，感而遂通，恻隐、羞恶、是非、辞让，随感而应，莫非自然，莫非天则，非勉然而然起炉作灶，若无所感而有意为善。犹未见孺子入井而辄欲怵惕，夫何思何虑寂然不动之本体，便是起炉作灶。即一无所为而为毫弗涉私，亦是出位逐外，行仁义非由仁义，非私而何！人果真实从事性功，恶固不可有，善亦岂可执？善与恶须一切放下，胸无一善可执，方可为至善，方是尽性至命之绝诣。若尽性而犹有为善之见横于胸中，物而不化，未免心为善累。犹眼为金玉屑障，性何由尽，命何由至？故必忘而又忘，并忘亦忘，令心如太虚，始获庶几。

不偏不倚，廓然大公，物来顺应，从容中道。虽酬酢万变，而心不与之俱驰，乃道德之极则也。

《传心录》：楷问心。曰"无心"。曰："心果可以无乎？"曰："行乎其所无事则无矣。其未发也，虚而静；其感而随通也。廓然大公，物来顺应，如是则虽酬酢万变，而此中寂然莹然，未尝与之俱驰，非无心而何！"

《富平答问》：静时心无所寄，总由未见本地风光。见则心常洒洒。无事时湛寂凝定，廓然大公；有事时物来顺应，弗逐境驰。

《靖江语要》：学者胸中能有此景况，不发则已，发则自无不善。遇亲自能孝，遇兄自能弟，当恻隐时自恻隐，当羞恶时自羞恶，当辞让时自辞让，当是非时自知是非。溥博渊泉而时出之，经纶酬酢变通，夫焉有所倚？

《答张澹庵书》：炯炯常觉，则主人翁在室，不至认贼作子，以识神为本，而空空无适，则自无不善之动，得其所止。而心如太虚，乃未发之中，本性真体，不落思想，不堕方所，无声无臭，浑然太极，大德之所以敦化也。当恻隐即恻隐，当羞恶即羞恶，知爱知敬，知是知非，随感而应，小德之所以川流也。

人若能达此境，则人生与天地为一，乃大自在、大快乐。世间一切寿夭穷通、富贵贫贱，均无入而不自得矣。

《富平答问》：欲知孔颜之乐，须知世俗之忧。胸无世俗之所以忧，便是孔颜之所以乐。乐则富贵贫贱患难流离，无入而不自得。即不幸至于饥饿而死，俯仰无怍，莫非乐也。

君子修己，要在存理遏欲，久之欲尽理显，耳目口鼻虽与人同，而所以视听言动，浑是天理，可以达天，可以参天。天与之死，不妨速还造化；天与之生，不妨久待天工。存，吾顺事；没，吾宁也。

《靖江语要》：学苟真实用力操存，则自觉身心爽泰。当其未与物接，必有湛然虚明时。即从此收摄保任，勿致汩昧，驯至常虚常明，浩然无涯，所谓"夜深人复静，此境对谁言"，乐莫乐于此矣。

《答王心敬书》：学须剥皮见骨，剥骨见髓，洞本澈源，真透性灵，脱脱洒洒，作世间快活自在人，方一了百了。

七、为学方法

二曲之学虽偏于陆王一派，而其论为学方法，则陆王与程朱并重。观其论二派之功用而可见也。且二曲教人为学入门之方，不主定见，惟在各人求自己受病处下手。

《两庠汇语》：入门下手之要，可得问乎？先生曰："我这里论学，本无定法，本无一定下手之要。惟要各人自求入门，自图下手耳。"曰："学人若知自求入门、自能下手，则何敢过问，以滋烦聒。"先生曰："我这里论学，却不欲人闲讲泛论，只要各人回光返照，自觉各人受病之所在，知有某病，即思自医某病。即此便是入门，便是下手。若立定一个入门下手之程，便不对症矣。譬犹所患在虚寒，教以服温补之剂，若即以此概投之强壮之人，误人不浅。"

然即就此"回光返照"与"知有某病，即思自医某病"二语，吾辈可略分二曲之为学方法为积极与消极二方面。其积极一方面，即为静坐、斋戒，务使涤除外物，认识本体，以达于虚明寂定之境。

《学髓》

虚明寂定

斋戒

静坐

昧爽香　　　　中午香　　　　戌亥香

此神明其德之要务也。

鸡鸣平旦，与此相近。起而应事，易于散乱。先坐一炷以凝之。

自朝至午，未免纷于应感，急坐一炷，以续夜气。

日间语默动静，或清浊相乘，须坐一炷，以验之果内外莹彻脱洒不扰否。

水澄则珠自现，心澄则性自朗。（故）必以静坐为基，三炷为程，斋戒为功夫，虚明寂定为本面。静而虚明寂定，是谓"未发之中"；动而虚明寂定，是谓"中节之和"。时时返观，时时体验。斋者，齐也，所以齐其不齐也。或静或动，觉有一念之不如此，便是不齐，即斋之使齐。戒者，防非止恶，肃然警惕之谓也。终日乾乾，保摄乎此而已矣。

《关中书院会约》：晤对之余，各宜打并精神；默坐澄心，务令心澄神怡，表里洞然，使有生以来一切嗜好、一切外慕，及种种技能习气，尽情融消，洁洁净净，无一毫牵缠粘滞，方有入机。

静坐而求收敛虚灵，惟有使逐外之念，随逐随觉，随觉随敛。而欲敛逐外之念，又以主静为本。

　　《两崖汇语》：静坐所以收敛此虚灵也。而一念省存，一念逐外，奈何？先生曰："此切问也，然亦无他捷法。惟有随逐随觉，随觉随敛而已，久则自寂自定。静坐时如此，纷扰繁冗时亦如此矣。譬犹浊水求澄，初时犹浊，既而清浊各半，久则澄澈如镜，自无纤尘。"
　　问："随逐随觉，随觉随敛，犹从流溯源也。不知可于未流时，得其主宰，自不至逐否？"先生曰："亦无他法，只是要主静，静极明生。无事时自不起念，有事时自不逐物，如明镜，如止水。终日鉴而未尝驰，常寂常定，安安而不迁，百虑而一致，无声无臭，浑然太极矣。"

此非理论之循环，乃事实之互相为用。吾辈固不可以论理学上形式之背逆，而难其事实之功用也。总之，不外以心观心，务使心无所向，不稍落边见，则几矣。

　　《答王天如书》：以心观心，乃学问用功之要。高明广大之域，必如此方可以驯至。始也以心观心，久则无心可观。夫观心而至于无心可观，至矣！若谓堕落方所，舍心从事，不沦于空虚莽荡，便滞于边见方所，而千古圣贤用心、存心之训，皆剩语矣。
　　《靖江语要》：静坐而不严理欲之辨，固不可静坐。而先横一理欲之辨于胸中，亦不可心斋。有云只心有所向，便是欲有所见，便是妄。既无所向，又无所见，便是无极而太极，良知一点，分分明明，停停当当，此神圣之所以经纶变化而无穷也。

消极之法，则在悔过自新。

　　《悔过自新说》：皎日所以失其照者，浮云蔽之也。云开则日莹矣。吾人所以不得至于圣者，有过累之也。过灭则德醇矣，以此优入圣域，不更直捷简易也。
　　同志者苟留心此学，必须于起心动念处潜体密验，苟有一念未纯于理，即是过，即当悔而去之。苟有一息稍涉于懈，即非新，即当振而起之。若在未尝学问之人，亦必先检身过，次检心过。悔其前非，断其后续，亦期至于无一念之不纯，无一息之稍懈而后已。盖人之所造，浅深不同，故其为过，亦巨细各异。搜而别之，存乎其人，于以诞登圣域，斯无难矣。

悔而又悔，以至于无过之可悔；新而又新，以极于日新之不已。庶几仰不愧天，俯不怍人，昼不愧影，夜不愧衾。在乾坤为肖子，在宇宙为完人，今日在名教为圣贤，将来在冥漠为神明，岂不快哉！

悔过之方，首当不隐己过。

《会约》：吾人苟能奋志求新，痛自洗剔，创艾不作，盖藏方始有益。昔齐宣王自谓好勇、好货、好色，肯将自己所受之病，一一向孟子面陈。前陈说略，无一毫隐讳，所以孟惓惓属意于王，以为足用为善。譬之病人，不自讳忌，肯将自己病源一一述出，令医知其标本所在，药始中病。苟谓不然，即有万全良剂，与症不对，亦何补哉！

莫见乎隐，莫显乎微。

《悔过自新说》：众见之过，最足障道。何者？过在隐伏，潜而未彰，人于此时最所易忽，且多容养爱护之意，以为鬼神不我觉也。岂知莫见乎隐，莫显乎微，舜跖人禽，于是乎判，故慎独要焉。

而其要，尤在立定主意，不自暴弃。

《悔过自新说》：世固有抱美质而不肯进修者。揆厥所由，往往多因一眚自弃，迨其后虽明见有善可迁、有义可徙，必且自诿。曰："吾业已如此矣，虽复修善，人谁我谅耶？"殊不知君子小人、人类禽兽之分，只在一转念间耳。苟向来所为是禽兽，从今一旦改图即为人矣。向来所为是小人，从今一旦改图即为君子矣。当此之际，不惟亲戚爱我，友朋敬我，一切人服我，即天地鬼神亦怜我而佑我矣。然则自诿自弃者，殆亦未之思也。

此二者，一重充善，一重去恶；一重上达，一重下学；一从本体德性上直接涵养，一在外物迹象上间接修治。乃一事之两方面，而非划然二事。盖悔过固所以除外物而自新，即认识本体。

> 《悔过自新说》：性，吾自性也；德，吾自得也。我固有之也。曷言乎新？新者，复其故之谓也。辟如日之在天，夕而沉，朝而升，光体不增不损，今无异昨，故能常新。若本体之外欲有所增加以为新，是喜新好异者之为，而非圣人之所谓新矣。

静坐方能悔过。

> 《悔过自新说》：静坐一著，乃古人下工之始基。是故程子见人静坐，便以为善学。何者？天地之气，不翕聚则不能发散；吾人之学，不静极则不能超悟。况过与善，界在几微，非至精不能剖析，岂平日一向纷营者所可辨也！

悔过方尽德性。

> 《悔过自新说》："圣人之学，下学上达。其始不外动静"云，谓"日用平常之事，而其究则必曰穷理尽性以至于命"。人苟有纤微之过尚留方寸，则性必无由以尽，性既不能尽，则命亦无由以至，而其去圣功远矣。故必悔之又悔，新而又新，以至于尽性至命而后可。

且悔过而必潜体密认，即关于静坐之功。静坐而必斋戒，又涉及悔过之事。二者固未易各别，必相依为用，内外交养，打成一片，而后始可为善学也。

> 《东林书院会语》：其见于内也，戒慎恐惧，涵养于未发之前。回光返照，致审于方发之际。察念内之萌动，炳理欲之几先，惩忿窒欲，遏淫扩善，无所容乎人欲之私，而有以全乎天理之正，皆所以养其中也。其见之于外也，足容重，手容恭，头容直，目容端，口容止，气容肃，声容静，立容德，坐如尸，行如蚁，息有养，瞬有存，昼有为，宵有得，动静有考程，皆所以制乎外，以养其内也。内外交养，打成一片，始也勉强，久则自然。喜怒哀乐中节，视听言动复礼，纲常伦理不亏，辞受取与不苟，造次颠沛一致，得失毁誉不动，生死患难如常，无入而不自得，如是则心存性复，不愧乎人道之宜，始可以言学。

《授受纪要》：终日钦凛，越对上帝，笃恭渊默以思道。思之而得，则静以存其所得，动须察其所得，精神才觉放逸。即提起正念，令中恒惺惺，思虑微觉纷杂，即一切放下，令万缘屏息。修九容以肃其外，扩善端以纯其内，内外交养，湛然无适，久则虚明寂定，浑然太极，天下之大本立矣。

若夫所学之对象，则不可骛远好高，而忽切近之事。

《传心录》：最上道理，只在最下修能。不必骛高远、说精微、谈道学、论性命，但就日用常行，纲常伦理极浅近处做起。须整顿精神，中常惺惺。一言一动，并须体察，必使言无妄发，行无妄动。暗室屋漏，一如大庭广众之中。表里精粗，无一或苟。

《会约》：迩来有志之士，亦有不泥章句，不堕训诂，毅然以好学自命者，则不舍目前进步之实，往往辨名物，徇象数，穷幽索大，妄意高深。昔人所谓"自笑从前颠倒见，枝枝叶叶外头寻"是也。吾辈宜深以为戒。要在切问近思，一味著里。

《富平答问》：学贵知要而晰疑，须是循序，方谈静功。而辄泛及于位育参赞等说，未免驰骛。恐非切问近思之初意也。

但为学之中心紧要处，则"敬"之一字为尤重。

《两庠汇语》：成始成终，不外"敬"之一字。是圣贤彻上彻下的工夫，自洒扫应对，以至察物明伦，经天纬地，总只在此。是绝大功业，出于绝小一心。

《传心录》：用功若先于主敬。"敬"之一字，彻上彻下的工夫。千圣心传，总不外此。须当下发愤，弃一个你死我活，实实下一番苦功，犹如人履危桥，惟恐堕落，不敢稍懈。虽隐微幽独，无人指视，而在我一念之知好知恶，知是知非，炯然于心目。即十目十手、万耳万目之指示，莫过于此。岂可悠悠忽忽，虚度姑息自恕！

此所谓"敬"，不可以谨慎规矩之消极意义视之，乃积极的、坚忍的意志。盖人之意志一薄弱，则一切修养皆归乌有，此所以为始终要道也。

二曲之学，既不以言论为学术之本体，故事事必归之躬行，不尚空谈。

《会约》：语称"疑思问"，《中庸》谓"有弗辨，辨之弗明弗措"。吾人苟真实刻苦进修，则问与辨，又乌容已？譬之行路，虽肯向前直走，若遇三岔歧路，安得不问路上曲折？又安得不一一辨明？故遇歧便问，问明辨行，方不托之空言。若在家依善安坐，只管问路辨程，则亦道听途说而已矣。夫道听途说，为德之弃，吾人不可不戒。

《靖江语要》：迩来讲学者，颇有其人。道其明矣乎，而不知其忧方大也。往往讲之以口，而实未尝验之于身。逞臆见、争门户，只以增胜心，此亦通人之通患也。昔有众将争谈杀贼之略，一将独否，或诘其故。答曰："诸君以口杀贼，不才要以手杀贼。"斯言可为吾曹深鉴。

《答张澹庵书》：承索鄙言以为宗守，夫儒先之言多矣，何俟鄙言？数年来拙刻拙札之作，不为不多矣。夫复何言？乃言外索言，何异骑驴觅驴？若言外赠言，真同床上叠床，方惭道听途说，岂可吹波助澜？盖多言不如少言，有言不如无言，于穆不言之真，绝无声臭，终日乾乾，宗此守此而已矣。此内无烦于言，此外本无可言。议论多而成功少，从来书生通弊，当以为戒。

其教学方法，亦不在多言，而在有当。

《会约》：习学先习不言。无论见未透、行未至者，不言即见已透、行已至者，一概静默不言。始也勉强力制，数日不发一语，如是则所蓄者厚，所养者深。不言则已，言则成经矣；人不闻则已，闻即信服矣。所谓三年不言，言乃雍是也。万一尊长或平日知契固闻，惟就所闻，坦怀以对，必诚慎，务要简当。

《与友人书》：至于语言不但不可轻发，即凡以笔札与人，亦当审其人。果十分真心求我方可，勿轻以长篇与人往还。

即所谓著述以垂教后世者，亦只可听其自然，不可出之有意。

《与友人书》：著述一事，大抵古圣贤不得已而后有作，非以立名也。故一言出而炳若日星，万世而下，饮食之不尽。其次虽有编纂，亦不必当时夸诩于人，或只以自怡，或藏诸名山，至其德成之后，或既死之日，举世思其余风，想其为人，或访诸其子孙，或求诸其门人，思学得其生平之一言，以为法训。斯时也，是惟无出，一出而纸贵洛阳，千门传诵矣。

而教学之最高方法，断在人格之感化。

> 《与友人书》：吾人立身涉世，务使人饮醇心醉，景我之盛德。毋令人群吠虚声，扬我之才锋。且念盛名之下，其实难副，当以异地之风闻为可惧，勿以远方之远播为可喜。盖兹事之任重且大，当徐俟德成之后，四方之人企我如景星庆云，祥麟威凤，渐有向我求我若饿若渴之怀，然后举所得而昭示之，譬如顺风之舟，一日千里矣。至此方以道统自任，谁不信之？未至于此，且当埋头独诣，深自韬晦，以待吾德之熟，可也。

> 《答张伯钦书》：冯慕冈先生会友于白下，凝然相对，寂无言说。或曰："冯公何无讲？"客曰："此人浑身是讲。"此皆以身发明道理，而不尚诠释者。兹拈以示吾伯钦。

> 《南行述》：一夕月下，及门咸集。茶罢，请诲。先生默坐良久，众见其不语，又请。乃莞尔笑曰："吾已讲矣。夫讲之以言，何如其无言？讲之以口耳，何如讲之以身心之为得耶？"

即吾人读古书而尚友古人，亦不可以模仿古人为目的，而当视为一种方法。

> 《两庠汇语》：性本人人各具之性，则道为人人当由之道。非尧舜禹汤文武周公孔子之所得而私也。然人人当由而人人不能尽由，惟尧舜禹汤文武周公孔子能率其性之所固有，由其日用之所当然。如尧之"允执"，舜之"精一"，禹之"只承"，汤之"以义制事，以礼制心"，文之"不临亦式，不谏亦入"，武之"敬胜怠，义胜欲"，周公之"思兼"，孔子之"敏求"，皆是也。后之学者，诚能如群圣已然之效而率之由之，尊所闻，行所知，见群圣之心而因以自见其心，始也就其效先觉之所为，而若致尧舜禹汤文武周公孔子之道；终也自返自照，自成自证，乃各人自致其各人当由之道也。于尧舜禹汤文武周公孔子乎何有？若执为尧舜禹汤文武周公孔子之道至致之，是义袭于外也，是舍己之田而耘人之田也。其摹拟仿效畔援欣美之私，中心不胜憧憧，乃行仁义者之所为，而非由仁义之实际也。（《东林书院会语》中有一节，其言与上所引略同）

象山谓"六经皆我注脚"，由是言之，则不啻谓古圣贤皆我工具也。其言深切著明，较之象山，更上一层矣。

八、二曲之品行

论学不妨与道德分离，然二曲之学说，必有二曲之品行以副之，而后其学始可贵，否则为学愈高，为人愈卑。盖讲理学者，非如天文、地舆，可离行为以言学也，而况体认躬行、悔过自新之说，固二曲所反复丁宁者乎？故必略述二曲之品行，以为其学之殿。

二曲立志，即以振学济世、挽救人心自任。

> 《传心录》：立志当做天地间第一项事，当做天地间第一等人，当为前古后今担当这一条大担子，自奋自力。在一方思超出一方，在天下思超出天下。今学术久晦，人失其心，阐而明之，不容少缓。当与一二同心，共肩斯事，阐扬光大，衍斯脉于天壤，救得人心千古在。勋名直与泰山高，则位育参赞事业，当不借区区权势而立矣。
>
> 《授受纪要》：吾人既戴天履地而为人，须参天两地以有事。为天地立心，为生民立命，为往圣继绝学，为天下后世开太平。志不如此，便不成志；学不如此，便不成学；做人不如此，便不成人。

此虽为期望学者之言，而实二曲之所志也。然其学说既重为己之学，而轻为人之功名著述，故生平自责用功至严。

> 《吁天约》：仆资本偏驳，动多疵疢，虽尝惭悔力改，顾志弗胜气，随改随滋，未能彻底廓清涤旧习而新之。荏苒虚度，只是旧人。每一念及，辄栗栗悚惧，自恨自伤，不禁泪流。即自责曰："李颙！汝前半生业已蹉跎莫追，今行年如许，若复悠悠，更将何待也？"乃斋心吁天，痛自淬励，誓不敢玩愒因循，姑息自弃。诸君资皆粹美，素履罔玷，乃亦反己自讼，怨艾深切，既虑理欲迭乘，亦不妨祈监于天，每旦蒸香仰天，叩谢降衷之恩。生我育我，即矢今日心无妄思，口无妄言，身无妄行，一日之内，务刻刻严防，处处体认；至晚仍蒸香仰叩，默绎此日心思言动，有无过愆，有则长跽自罚，幡然立改，无即振奋策励，继续弗已，勿厌勿懈，以此为常。终日钦凛，对越上帝，自无一事一念可以纵逸。如是则人欲化为天理，身心皎洁，默有以全

乎天之所以与我者，方不获罪于天。今日俯仰无愧，浩然坦荡于世人，他日属纩之时，检点平生，庶不至黯然消沮，自贻伊戚于地下，存顺没宁，何快如之！区区有志未能，愿相与共勉之！

未尝以其学自鸣，而为有意之宣传。观其著述，不第于普通应酬文字一概谢绝。

《答范彪西征君》：历读佳刻，诸弁言咸痛快醒发，豁人心目。《备考》暨《仁者赠》诸名笔，业已煌煌简端，仆何人，斯敢于佛顶着粪耶？兼区区素坚文戒，若一旦破例，后有求者，将何辞以谢？爱我如先生，知必相谅于常情之外，不我罪也。

《答梁质人》：序言之命，非所敢承。矧仆学不为文，生平未尝应人以文，而显者尤所严戒。若一旦破例，则开罪于前后知契不浅。

即讲学之文，传者绝鲜，今所存者，皆后人本崇仰其学之诚，汇集笔记杂文而成。其东行、南行时受人欢迎，讲学之盛，纯为人格上之感化。与近日中国之欢迎杜威、罗素，尤不可同日语也。然犹常以此虚名自悔。

《答四川周总督》：仆之浮名远播，正是洗心不密，人得而窥。转相告语，誉过其实。其名弥张，其罪愈大。识者方当怜悯，何可误信虚声，以伤知人之明。

《答友人书》：人多不察，遂有高人石隐之目。庙堂诸公，往往闻声遥慕，托人致意，抑岂知不肖之情事异人，原无他长耶？人无所不致，惟天不容欺。不肖若谬不自揣，妄意高尚，自欺天也。不肖敢欺天乎？此行到京，有相问，其幸以实对，庶使不肖不至终为久假不归、有名无实之小人，则不肖受赐多矣。

《答费允中书》：弟畴昔书院之入，合六合三十县之铁，不足为此错。今方追悔无及，岂可复蹈覆辙！

甚至为谢世之言。

《谢世言》：仆幼失学，庸陋固似，只缘浮慕先哲，以致浪招逐臭。诚所谓纯盗虚声，毫无实诣也。年来天厌降灾，疾病相仍，半身觉痿，两耳渐聋，杜门却扫，业同死人矣。然而朋伍中不蒙深谅，犹时有虑然枉顾者，是使仆开罪于先生长者，非爱我之至者也。今以往与二三良友约，凡有偶忆不肖而欲赐教者，窃以为上有往哲之明训，下有狂谬之厄言，期与诸君私相砥砺，足矣！奚必入其室而觏其人，以致金玉在前，形我芜秽乎？伏望回其左顾之辙，埒仆于既化之残魄，玉仆为物外之野夫，此仆所中心佩之，而父师祝之者也。

呜呼！其道义之高，岂彼以一得之知识、一偏之主义相号召，而惟宣传标榜是务者所能梦见耶！

二曲家境虽贫困异常，而辞受取与一芥不苟。

《答张澹庵书》：辞受取与，全要分明。及其老也，戒之在得。若犯在得之戒，冒昧屡受，则廉耻扫地，所失多矣。所得不补所失，其为心病，何可胜言！往年糯稻之惠，原因弟病。盖谓糯米可以养病。病愈常受，殊觉无谓。去秋之受，至今常如顽冰在心，此番若违心复受，愈增心病。弟老矣，岂堪中心多病耶？前札业已致意，诚恐再弗信心，故复致丁宁，今后千万勿再贻，全弟晚节是荷。

《答阿抚台书》：承馈金数镒，惠恤良至，仆璧谢再四，非敢矫情，实以辞受一节，乃人生操履所关，若随来随受，则生平扫地矣。且明公加意于仆者，以仆能安贫也。安贫而受金，则仆之安贫何在？以故不避方命之罪，仍用返璧。

《答建威将军书》：兹又蒙垂德，惠贻种种。自揣病废如仆，何以得此于麾下哉？将军行之，固为盛德，在仆受之，则为非义。仆生平百不逮人，惟于辞受之节，颇知自慎。若并此一失，将军亦何取于仆耶？今后乞全愚守，惠无再贻，则仆也拜赐多矣。

生平誓不履官府之门。

《报鄂制台书》：所以不敢一诣宪辕谒谢者，实以生平安邱壑之分，未尝投足公门。今若一旦破例，有负特达之深知，翻辱阐幽之盛举，则其为罪大矣。

显贵造谒，不轻于启门，

《答四川周总督》：仆所以启户，一晤知己而不敢觍腼颜再晤者，实以闭户之人，数启户以接显贵，闭户之谓何？公爱我者也，爱我则必使所以成我，岂可令仆闭户不终，坏例以开纷纷之端也?

亦未尝轻答显官之书。

　　　　《答布方伯书》：仆平日安幽岩之分，未尝轻答显贵之书，兹
　　　　所以率意缕复者，心实敬公之贤也。

清室征召，至以死严拒之。其辞征诸书，情意恳挚坚决，至谓不敢以隐逸求荣。

　　　　《与当事论出处书》：今既以某为隐逸矣，若以隐而叨荣，则
　　　　是美官要职，可以隐而坐致也。开天下饰伪之端，其不得志于科目者，
　　　　必将退而外假高尚之名，内济梯荣之实，人人争以终南作捷径矣。某
　　　　虽不肖，实不忍以身作俑，使风俗由某而坏。

虽属不得已之诡对，而世之受此病者，能不为之悚然也。
　　若夫二曲之不赴征，实出不欲臣清之志。是固识者所共知，而亦二曲之绝
对不可与李光地辈理学家相提并论者也。然二曲之隐逸，更不可以玩世之名士目
之。其学说之体用并重固矣，其心实未尝忘治平事业，观其上布抚台、董郡伯救
荒之策，不第计虑周密，直足见其仁心诚意，对于人民疾苦表无限之同情，甚且
不以己身家之贫苦生死为怀，而惟以不能博施自愧。

　　　　《答李汝钦书》：然饥馑虽困我身，而不能困我心。我思之熟矣。
　　　　年已六十有五，死不为夭，若怕饿死，将来不病死乎? 总之，总有一
　　　　死，何如今日饥饿而死之为愈耶? 家口嗷嗷，无可奈何，听之而已。
　　　　惟是在在枵腹流离之惨，痛若身经。往者散友及门常州吴滨长在日，
　　　　每遇地方饿荒，多方拯救。吾今目击饥民之危殆，而赤手空拳，不能
　　　　略充其恻隐之心，愧何可言。虽尝力劝当事救荒题荒，顾杯水无补于
　　　　车薪，奈何奈何!

即不能亲施匡济之业，而此心此情，仁慈博大，已属万金不换矣。世之高谈学
术，而对于斯世人民之疾苦漠无感觉、心同铁石者，其学虽高，吾弗知之矣。
　　孝弟为仁之本，则二曲之仁，必以孝为本。而彼当时之知名，为李孝子，实
先于理学家。

梁溪应求录陈世祉《赋赠关中李二曲先生叙》：时人但知其为李孝子，而不知其为理学精粹也。

其孝思之见于文字者，不胜枚举。

《答张伯钦书》：噫！父母存日不能及时尽敬尽礼，一旦见背，虽欲刻刻周旋膝下，左右怡养，一日三朝躬，舁父母游山玩景，何可得也！我写至此，肝肠欲裂，泣下不能自制。嗟乎！李颙生为抱憾之人，死为抱憾之鬼，幽朋咸无以自容矣！

《答马仲章书》：吾少丧父，居恒每见人之有父者，未尝不私窃感伤。今阅悔文，于我心有戚戚焉。

《志愧书仁者赠》：余生而单寒，无一椽寸土之产资生，菽麦之供阙如，见先生事母，备极敬养之隆而愧。先慈之丧，贫无以殓，邑宰骆侯闻而助之以棺，始克掩形。见先生治母之丧，衣服棺椁，凡负于身者，巨细毕备而愧。余生未期而王父逝，甫八龄而王母亡，权厝两地，至今力不能合葬，日夜徒抱隐痛。见先生为六代祖修茔筑垣、甃碑楼、种松柏而愧。噫！百行莫先于孝，先生孝行如此，回视余不孝之罪，真上通于天矣。

《跋父手泽》：偶清理故纸，遂得此书。巫长跽捧读，伏地号泣，恸不欲生。其书皆为不孝颙而发，惟恐不孝颙不免于群小之构陷，抑岂知不孝颙彼时幸免仇人构陷之小难，而吾父未及一月，反委骨他乡，不免逆闯屠城之大难也。痛子者父，痛父者谁耶？父仇不能报，父骨不能觅，有子如无，抱憾终天，死有余恸矣。

为父求骨之事，则《南行述》言之详矣。至于《襄城记》之怪异，虽不可谓至诚感鬼神，然亦未始非至诚感人心，故幻为异闻，与王祥等遗事正相类也。二曲孝思，如此其笃，故扩而为博施济众之怀，亦真挚自然，彼倡言博爱，热心社会，而视父母如路人者，吾不知其与禽兽相去几何也！

九、余论

以上分述二曲之学术、行事，大体略具。惟二曲之学，浑然一致，各方之关系密切，非但学术、心性、道德以及为学方法调和朱、陆等说，均一致无二；即其品行与学说，亦几不易分割。且其言论，大半为随时答问发挥之体，非有意为统系之著述，故以上分类陈述，不过为暂时之便利计，而于其学说中各方面关系之精神，不免有削足适屦之病。此所以分析之法虽一方为有利，而他方则弊亦随之也。

二曲学说虽多精粹之处，然并无特异之发明，大抵根源宋明以来理学诸说。然二曲为学，能居安资深，施于四体，即为发明。世之以外表之知巧为发明者，正二曲所深恶痛嫉。论者如以不能发明责二曲，则颠矣。

此外则余于二曲之学有感者三事，兹列之，以终是篇。

（一）往古学术常与品行合一，几于不能分离，而以吾国为尤甚。彼学术高明而品行卑污者，皆为论者所鄙弃，即天文、数理等学，与品行不生关系者，历史上鲜重视之。近世欧西自然科学发达，学术与品行截为二事，乃有论学不论人之趋势，甚至其势侵入人文学术，遂有深究文哲、社会、政法等学，而对于一己之品行，漠不自觉者。呜呼！人心之本体不改良，而惟于外物知巧上用功夫，吾恐社会科学愈发达，而人类社会之纷乱将愈甚也。正本清源以挽救人心，为学术之中心。二曲之有功世道，亘古今而不易者，于是乎在。

（二）坐而言即起而行，学者之正轨也。近世事业繁多，分工愈细，甚至学问家与实行家分工。一则高谈学理，旁观批评；一则干练知巧，参与实验。其势非不善也，然而世间一切无谓之冲突，于是乎生。前者往往责后者以卑陋，后者又返责前者以迂腐。试观近日中国武人、胥吏，不知政学而窃据政柄；名士、文人，不察社会而侈谈理想。幸而冲突犹可，不幸而各行其是，遂胥全国而流于死气沉沉之境，此无他，学不顾行，行不顾学，无联络一致之精神以贯注之耳。苟学问、思辨、躬行、心得，明本体而适致用，功业与德业互济，二百年前之二曲，谁谓无关于今日之世乎！

（三）理智之发达，人类之特长也，而弊亦随之。盖凡事苟皆理智是从，则人事咸为有意之处置。一切化为机械，于是感情、意志皆遭斫丧，而人道不可问矣。苟其正当，犹可；不幸而不正，则勉为强行。人生自然之性全失，而人类种种无形之痛苦，社会上无理之纷扰，将无已时。谁谓科学方法之有利于世界哉？尤可叹者，世间一切善事佳名，皆必为有意之宣传，逐名逐利，不求之自己之实功实力，而惟人是务。试察今日一切事业著述，其背景何一非名利为其后盾，何一为自己躬行心得之而自然流露者？自己无文学上实在之创作，而倡言文学革命；自己无科学之实诣，而宣传科学方法；一事未始，先为鼓吹；一书未出，早登广告；一切有体有用之事，皆化为政客争名夺利之具。又有以反对政客，不为名利为主义，以反对著述为著述，是皆有意为善者也。其亦可以已矣。愿世之好为言论争辩者，三复二曲之学也可。

李二曲著述考

顾颉刚　陈　槃

编者按：本文原载《图书馆报》1929 年第 7 卷第 2 期。原题为《李二曲杭世骏著述考（清代著述考未次稿之一）》，今仅取二曲著述考，故改标题为《李二曲著述考》。顾颉刚（1893—1980），名诵坤，字铭坚，号颉刚，小名双庆，笔名余毅、铭坚等，江苏苏州人。中国现代著名历史学家、民俗学家，古史辨学派创始人，现代历史地理学和民俗学的开拓者、奠基人。1920 年毕业于北京大学，后历任厦门大学、中山大学、燕京大学、北京大学、云南大学、兰州大学等校教授。中华人民共和国成立后，任中国科学院历史研究所研究员、中国民间文艺研究会副主席等职。著述繁富，有《顾颉刚全集》。陈槃（1905—1999），字槃庵，号涧庄，广东五华人。1927 年追随傅斯年（孟真）在广东大学（中山大学前身）学习古代文学史、先秦诸子、史学方法、史记研究等科目，后又师从顾颉刚学习上古史、春秋研究等科目。1931 年毕业后入中央研究院历史语言研究所，从事谶纬研究和春秋史地考证工作。1949 年后任台湾大学文学院教授等职。著作主要有《左氏春秋义例辨》《大学今释》《中庸今释》等。

　　先生姓李，讳颙，一名容，字中孚，关中盩厔人。家在二曲之间，故皆称为二曲先生。明天启七年丁卯（一六二七）生，康熙四十四年乙酉（一七〇五）卒，年七十有九。

著　述

《二曲全集》二十六卷（通行本）

《悔过自新说》

《学髓》

《两庠汇语》

《靖江语要》

《锡山语要》

《传心录》

《体用全学》

《读书次第》

《东行述》

《东林书院会语》

《匡时要务》

《关中书院会约》

《鳌屋答问》

《观感录》

《历年纪略》一卷

《潜确录》一卷

《杂著诗文》六卷

《襄城记异》

《义林记》

《李氏家乘》

《贤母祠记》（以上四种附录非先生自著）

《四书反身录》十四卷

《反身续录》二卷（上二书弟子王心敬笔记）

《十三经纠谬》

《二十一①史纠谬》

象数书（上之书俱轶，见《先正事略》）

附 录

《李二曲学述②》，王庸著，《学衡》第十一期

先生学极博。尝著《十三经纠谬》《二十一史纠谬》及象数语书。既自以为近于口耳之学，不复示人。惟以《反身录》示学者。（《先正事略》）

然吾所望于斗一者，非区区著述之谓也。人生吃紧要务，全在明己性，见己性，了切己大事。诚了大事，焉用著述？如其未也，何

---

① "二十一"，原文作"廿一"，据下文改。
② "述"，原文作"术"，据王庸《李二曲学述》改。

贵著述？口头圣贤，纸上道学，乃学人通病。（《全集·答徐斗一书》）

自教化陵夷，父兄之所督，师友之所导，当时之所鼓舞，子弟之所习尚。举不越示词章名利，此外茫不知学校为何设？读书为何事？呜呼！学术之晦，至是而极矣！（《匡时要务》）

人之所以为人，止是一心，心之所以常存，全赖乎学。孔子曰："学而时习之。"孟子曰："学问之道无他，求其放心而已矣。"若外心而言学，不是世俗口耳章句博名谋利之学，便是迂儒徇未忘本支离皮毛之学，斯二者无当于为人之实。（《授受记要》）

二曲学术主于心性上下修养功夫，轻视著述，故其遗著甚少。今通行之《二曲全集》二十六卷，除《悔过自新说》《观感录》《关中书院会约》三卷及其《杂著诗文》六卷外，皆汇讲学时学生之笔记及他人为二曲述作之传记诗文等而成。

二曲学说，虽多精粹之处，然并无特异之发明，大抵根源宋元以来理学诸说。然，二曲为学，能安居资深，施于四体，即为发明。世之以外表之智巧为发明者，正二曲所深恶痛疾。论者如以不能发明责二曲，则颠矣。（节录王庸《李二曲学述[①]》，《学衡》第十一期）

---

① "述"，原文作"术"，据王庸《李二曲学述》改。

李二曲的哲学

——《中国哲学史》中关于李二曲哲学的论述

钟 泰

编者按： 本文选自钟泰《中国哲学史》（商务印书馆1929年版）卷下第四编"近世哲学史"之第七章"李二曲"。标题为编者根据内容拟定。钟泰（1888—1979），字䜣斋，号钟山，别号待庵，江苏南京人。早年留学日本，毕业于东京大学。回国后在两江师范学堂任日文译教多年。辛亥革命后，先后任教于安徽高等学堂、南京法政专门学校、杭州之江大学、湖南蓝田国立师范学院、贵阳大夏大学。1944年冬，赴四川乐山，讲学于马一浮创立的复性书院。日本投降后，任光华大学教授。中华人民共和国成立后，先后任职于华东师范大学、上海文史馆、长春东北文史研究所等。著作主要有《荀注订补》《国学概论》《庄子发微》《春秋正言断词三传参》《䜣斋论语诗》《顾诗笺校订》等。《中国哲学史》是其首刊大著，为其任教之江大学时以三年精力撰就。

李颙，字中孚。陕西盩厔人。家在二曲之间，人称"二曲先生"。父可从，崇祯十四年以应募从军，死于襄城之役。时中孚年十五，家贫无力就师，母彭氏教之识字。中孚心自开悟，从人借书观之。悉通经史百家二氏之学。既弃去，从事静坐观心，大有所得。故顾亭林谓"坚苦力学，无师而成，吾不如李中孚"（《广师》）。盖的评也。盩厔令骆钟麟闻中孚之贤，踵门请学。既，骆迁常州守，迎中孚南下，讲于东林。继讲于江阴、靖江、宜兴。及归关中，陕督部臣迭荐于朝。清圣祖必欲致之，中孚称疾不起。大吏强舁至省，中孚绝粒以死自誓，乃得放归。由是闭居土室，不与人接。唯顾亭林至，一款之而已。晚年，移居富平。年七十五卒。门人王心敬，辑其著述并讲学之语，为《二曲全集》二十六卷。又《四书反身录》十四卷，则清圣祖西巡时，中孚命其子进呈者。而早年所著《易说》《象数蠡测》《十三经纠缪》《二十一史纠缪》《帝学宏纲》《经世蠡测》等，皆不传。

中孚之学，得自心悟，故纯然陆、王家法。其平生所持以教人者，曰"悔过自新说"。而曰："同志者苟留心此学，必须于起心动念处，潜体密验。苟有一念未纯于理，即是过，即当悔而去之。苟有一息稍涉于懈，即非新，即当振而起之。"夫于起心动念处潜体密察，正"致良知"之教也。故在常州，府学博问阳明"良知"之说。曰："此千载绝学也。"（《汇语》）在富平，或问良知之说何如。曰："良知即良心也。一点良心便是性，不失良心便是圣。若以良知为非，则是以良心为非矣。"（《富平答问》）不独是也。中孚亟称王龙溪、罗近溪（近溪名汝芳，江西南城人。其学出于颜山农）。此皆当时所指为王学之末流，以禅冒儒之罪人，而独有心契，即其门户可见也。

然中孚亦自有其弥缝王学之失之处。曰："以致良知明本体，以主敬穷理存养省察为工夫。"（《富平答问》）曰："最上道理，只在最下修能。"（《传心录》）言本体而必及工夫，此其弥缝王学者一。曰："明体而不适于用，便是腐儒。适用而不本明体，便是霸儒。"（《盩厔答问》）曰："明道存心以为体，经世宰物以为用。"（《答顾宁人书》）曰："理学经济，原相表里。"（《答许学宪书》）言体而必及用，此其弥缝王学者二。而吾以为其言之最平亦最实者，莫如平停程朱与陆王之争。曰："先觉倡道，皆随时补救，正如人之患病，受症不同，故投药亦异。孟氏而后，学术堕于训诂词章，故宋儒出而救之以主敬穷理。晦庵而后，又堕于支离葛藤，故阳明出而救之以致良知。"（《南行述》）又曰："陆之教人，一洗支离锢蔽之陋，在儒中最为警切。令人于言下爽畅醒豁，有以自得。朱之教人，循循有序，恪守洙泗家法，中正平实，极便初学。要之二先生，均大有功于世教人心，不可以轻低昂者也。若中先入之言抑彼取此，亦未可谓善学也。"（《靖江语要》）观此，则中孚之会合朱、陆，过考夫之人主出奴远矣。

抑中孚讲学，以识头脑为先。尝曰："学问贵知头脑，自身要识主人。诚知头脑，则其余皆所统驭；识主人，则仆隶供其役使。"（《授受纪要》）又问学问之道，全在涵养省察当如何。曰："也须先识头脑，否则涵养是涵养个甚么？省察是省察个甚么？"（《汇语》）而考夫《与何商隐书》则曰："《论语》一书，谨言慎行为多，不亟亟于头脑也。"（《杨园全书·文稿》）是又张、李二先生入手之异，而亦即朱、陆两家之分歧。学者所宜着眼者也。

中孚颇近夏峰，而较夏峰尤为俊快直截。曰："我这里论学，却不欲人闲讲泛论。只要各人回光返照，自觅各人受病之所在。知有某病，即思自医某病。即此便是入门，便是下手。"（《汇语》）曰："学须剥皮见骨，剥骨见髓，洞本彻源，直透性灵，脱脱洒洒，作世间快活大自在人，方一了百了。若不窥性灵，自成自证，徒摹仿成迹，依样画葫芦，饰圣贤皮肤，为名教优孟，后世有述焉，吾弗为之矣。"（《答王心敬书》）呜呼！自象山、阳明而外，盖鲜有能为是语者矣。而《学案小识》乃必为中孚涂饰，称其笃守程、朱，护之而适以诬之，是亦不可以已乎！

读《二曲集》书后

徐希德

编者按： 本文原载《青年会季刊》1930年第2卷第2期。徐希德，生卒年及生平事迹不详。

仆今得《二曲全集》，偶一涉猎，不禁有三感焉。

仆生资粗率，自解事以来，以至今日，懵然一辙，屡受折磨，不能动心忍性，操危虑深，以致人多诟病，动辄得咎，而又耻于悔改，孤陋寡闻，毫无进步，为可伤也。今读集中《悔过自新》一篇，所云"君子小人之分，只在转念间耳，向为小人，今一旦悔改，即为君子矣，刮垢磨光，涤污去秽，悔而又悔，以至于无过之可悔；新而又新，以至于极新日新"等语。诵读之下，不觉触目惊心，始知空抛岁月，辜负为人，是先生于我痛下针砭者一也。读至《吁天约》，则知先生之道德渊深，跻于圣域，非惟人事完全足以启发世人，更知人之所自，有责于大造，朝夕蒸香祈祷，长跽自罚，为生顺没宁计，何其朝乾夕惕，与我公教不约而同耶。此吾所以惊讶而喜慰者二也。又观其为学工夫，虽贫无立锥，朝不谋夕，尚鞭辟着里，脚踏实地，砥节砺行，孜孜不已，非但造成道德名儒，而又博通古今，学问渊深；泊乎声闻于上，征召屡颁，急于星火。而先生誓死不出，枯槁是甘，抱道自守，非有特立之节操，而能如是耶？后世之标榜门户，徒尚浮文，非为沽名钓誉，即为干禄希荣之地步，更有文字不通，声名恶劣者，亦复妄自赞营，托名高尚，比而较之，与先生相去，奚止天壤之别，舜跖之分也，此吾所以感而倾倒者三也。

嗟乎！当今竞争剧烈之时代，人心日下，风俗日偷，道德一途，无人过问；而先生之流风余韵，亦不得复见矣，悲夫！

李二曲的教育学说

——《中国教育史》中关于李二曲的论述

陈青之

编者按：本文选自陈青之所著《中国教育史》（商务印书馆 1936 年版）下册第五编"半封建时代后期的教育"第一期"清"之第三十八章"清代教育家及其学说（一）"第三节"李二曲"。题目为编者根据内容拟定。陈青之（1891—1943），又名炎联，号春阳，湖北沔阳人。1921 年毕业于北平高师，往日本考察教育，回国后入北平高师教育研究科进修，后在北平创办群化中学，并在中国大学、师范大学兼课。1934 年 7 月撰成《中国教育史》。1938 年后，任教于宣恩李家河省一女师。其著作还有《中国历史朝代变迁图》《中国疆域变迁图》《中国通史》《中国民族英雄史》《五十自述》等。

一、生活小史

李二曲名颙，字中孚，是明末的遗民，是清初的大儒，是学兼朱、王的一位教育家。他以明天启七年生于陕西盩厔县，十六岁就死了父亲（父名从信，以壮武从军，为材官。于崇祯十五年讨贼，殉难于河南襄城），家境贫寒，母子二人生活且难维持。是时二曲只粗解大义，以无力缴学费，从师数人皆被拒绝。赖有贤母彭氏亲自教导，纵令日不举火，也不令他失学，而他因此更加发愤，家中无钱买书，乃向人借书来读，凡经、史、百家以至佛、老之书，无不观阅，其结果竟成一代大儒。

他的父亲以忠君死难，他的母亲以节义自守，且日以"忠孝节义"的话勉他，因此铸成他的人格，天性至孝，感情极富，节义之概溢于面背，一生誓死不肯臣事清廷。自三十岁以后，他已从事于讲学生活，在四十岁以前，他的学行业已响鸣于天下了。当时清廷为康熙大帝，屡开特科，借以罗网一般明末遗民，二曲亦在罗网之列。承宣大吏尝以威吓利诱的手段逼他就范，但他誓死不屈，卒能保持其初衷。康熙九年，他的学生骆钟麟为扬州守，乘他在襄城掘骸之便，请来常州讲学，所以东南人士遂得仰见其风采，亲聆其讲说。每到一处，从游极众，在常州一带日夜讲演了三个月，卒以思亲心动，匆匆北返了。自此以后，足迹不大远行，常筑一壁室自居，自名"二曲壁室病夫"，所以学者称他为"二曲先生"。二曲死于何年，史书没有明文可考，但看他于康熙二十七年在其父亲忌日，犹率两子设馔祭过了一次的，则他至少活了六十二岁。此六十多年的老翁，纯粹是一个平民，讲学生活至少有三十年之久。康熙大帝很钦佩他的学行，亲赠以"关中大儒"四个大字，李氏可以当之而无愧。

二、灵原论

李氏论性也是遵守孟子的性善说，也是折衷程子的性兼气质说，毫无新的贡献，对于性与心的区别及关系，未尝谈及。不过在《学髓》里面曾拟设了一个本性图，且再三说明此图之意义。大意是：人生最有价值的只是一点"灵原"，这一点东西是绝对的浑然一体的，又是纯粹至善无一毫人欲之私的。"与天地合其德，与日月合其明"，与时间同其长久。吾人初生，即具此灵原；吾人既死，而它依旧永存。当它念头未起时，极其精微，具有万理，吾人一切感觉及能力皆由此发生。当它念头初起时，又极其危险，非常活动，所有善的恶的、公的私的，莫不由此显现。念头初起，合于天理，便是善的念头；起于人欲，便是恶的。但勿论念头如何，吾人本来的一点灵原未尝不善。本来既然是善的，何以能发生人欲之念而有恶的行为呢？他答复如下：

> 天地之性，人为贵。人也者，禀天地之气以成身，即得天地之理以为性，此性之量，本与天地同其大；此性之灵，本与日月合其明，本至善无恶，至粹无瑕。人多为气质所蔽，情欲所牵，习俗所圈，时势所移，知诱于物，旋失厥初，渐剥渐蚀，迁流弗觉，以致卑鄙乖谬，甘心堕落于小人之归。甚至虽具人形，而其所为，有不远于禽兽者，此岂性之罪也哉！（《悔过自新说》）

吾人所以发生恶念，其原因有二：一方由于先天的气禀，一方由于后天的物诱。禀受之初，倘是气质已偏了，再加以环境的引诱，引诱不已，因之成为小人，因之近于禽兽。但结果虽然这样坏，而其本来的一点灵原，仍然完存，未尝丝毫损坏。譬之明镜，外面虽蒙些尘垢，而光体未尝不在，只要把一些尘垢洗剔干净，这个镜子依然透明可照。由此看来，李氏以吾人本性只是一点灵原，纯粹至善的，因"气禀"与"物诱"的原故，才有种种恶的行为发生。而恶之形成，不过起于最初之一念，所以这一念最是吃紧。教育的工夫，就当在这一点上着力。

三、悔过自新与讲学

"悔过自新"四个字，是李氏对于教育的意义之解释。吾人本性如同明镜，当其原始之初，意念未起之时，一尘不染，莹澈无瑕，而又能明照万物，所以又名"灵原"。倘能永远保持原状，虽有意念而所起无不善，则他的行为自然合于天理，也是一尘不染，莹澈无瑕。只是圣人才有这样程度，至于一般人，多半受了物诱的引诱、环境的习染，有了尘垢，有了瑕疵，就与原状不相同了。这种尘垢或瑕疵，李氏谓之"过"。过悔而新自常，犹如垢去而明自见，所以教育的意义，就是教人悔过以自新。但吾人的过失勿论大或小，全是起于一念之顷。一念不善，滋长起来就为害无穷，可以悔过的工夫须于"起心动念处"下手。他说：

> 同志者苟留心此学，必须于起心初念处潜体密验。苟有一念未纯于理，即是过，即当悔而去之；苟有一念稍涉于懈，即非新，即当振而起之。若在未尝学问之人，亦必且先检身过，次检心过，悔其前非，断其后续，亦期至于无一念之不纯，无一息之稍懈而后已。（《悔过自新说》）

但过与善界在几微，非至精至明不能剖析。吾人一向纷纭烦扰，如何能够于动念初起处即觉察而悔改之？所以悔过的初步，还须一段静坐的工夫。静久则精神自能收敛，收敛时则心自明澈，可以察觉其隐微，可以主持其动念。在此念头初起之顷，是善的，则用力存养；是恶的，则用力克去。存养善念固然是新，克去恶念而新亦自见。但悔过的初步虽须静坐，却不是空虚的，是要从日用常行中用力；不是高谈的，是要从极浅极近处用力。于日用常行中、极浅极近处澄心体察，切实改悔，"悔而又悔，以至于无过之可悔；新而又新，以至于日新之不已"。如此用力，继续不已，到了最后，人欲全消，所发无非天理，工夫才算成熟，教育才是成功。到了此时，可以穷理尽性以至于命，可以优入圣人之域。

关于教育宗旨，李氏是主张培养"明体适用"的通儒的。明体而不适用，谓之腐儒；适用而不明体，谓之霸儒；既不明体又不适用，谓之异端；通儒是既明体而又能适用的。怎样谓之"明体适用"？他说：

> 穷理致知，反之于内，则识心悟性，实修实证；达之于外，则
> 开物成务，康济群生，夫是之谓"明体适用"。（《盩厔答问》）

换一句话，"明体"即是"穷理尽性"，"适用"就是"至于命"，能穷
理尽性以至于命了，才是"明体适用"，才是有德有能的通儒。而工夫仍不外于
"悔过自新"四字。关于"明体"所应读的书，则"先观象山、慈湖、阳明、白
沙之书，阐明心性，直指本初，以洞斯道之大源；然后取二程、朱子及康斋、敬
轩、泾野、整庵之书玩索，以尽践履之功"（《先正事略》）。关于"适用"所
应读的书，则有《大学衍义》《文献通考》《资治通鉴》《纲目大全》及农田水
利等书，以为经国济民之工具。由此亦可以知二曲之不偏于一家之说了。

李氏一生以昌明圣学为己任，所以对于讲学看得非常重要。"讲学"二字，
也可以当做"教育"解释，故他认为教育是很重要的。他说：

> 天下之大根本莫过于人心，天下之大肯綮莫过于提醒天下之人
> 心。然欲醒人心，惟在明学术。此在今日，为匡学第一要务。洪水猛兽，
> 其为害也止于身；学术不明，其为害也根于其心。非大有为之君子以
> 担当斯道，主持名教为己任，则学术何自而明，心害何自而极？天下
> 之治乱，由人心之邪正；人心之邪正，由学术之明晦；学术之明晦，
> 由当事之好尚。（《匡时要务》）

这一番沉痛的语句，不是明明以天下治乱的责任放在教育上面吗？有了好的
教育，才有好的学术；有了好的学术，才有好的人心。人心正了，而天下自治。
所以他又说：

> 立人达人，全在讲学；移风易俗，全在讲学；拨乱反正，全在讲学；
> 旋乾转坤，全在讲学。为上为德，为下为民，莫不由此。此生人之命脉，
> 宇宙之元气，不可一日息焉者也。（《匡时要务》）

四、反观自省的教学法

二曲既以悔过自新为工夫，这种工夫须自己体验、自己省察，方能办到，所
以他的教学法采用"反观自省法"。病痛只有自己才知道，知道自己的病痛之所
在了，当下施以克治工夫，则病痛自去，非他人所能代办，也无庸他人代办。且

各人所受的病痛也不一样，有好声色的，有好货财的，或好名好高的，若教者施以同一药方，这等于庸医杀人，不如教以一个原则，令受病者各因病自治，比较可靠多了。关于这种教学法，他有一段说得很痛快：

> 问："入门下手之要，可得闻乎？"先生曰："我这里论学本无定法，本无一定下手之要。惟要各自求入门自图下手耳。……只要各人回光返照，自觉各人受病之所在，知有某病即思自医某病，即此便是入门，便是下手；若立一个入门下手之程，便不对症矣。"（《两庠汇语》）

教育就是治病，病去了则身心才能复原，才能健全。苟所病不除，即"终日讲究只成画饼，谈尽药方仍旧是一个病夫"，所以他有这一番慨叹。病要"自克自治，自复其元"，教者不过略施提嘶唤醒的力量，不是代人为谋的，这种自发活动的教学，颇有相当的价值。

李氏在关中书院讲学很久，订有会约，分讲授规程及自修学程两部，无妨节录于下：

（一）讲授规程

（1）每年四仲月会讲一次。（2）开讲以击鼓为号，退席以击磬为号，各击三声。（3）讲前及讲后各对孔子及先贤举行四拜仪式。（4）座次以年龄为序。（5）开讲之初，须静坐片响，把心志收敛了，然后申论。（6）讲后如有怀疑，或肯于研究者，可到讲者私寓问难。

（二）自修学程

（1）每日须早起。（2）每日默坐三次：早起一次，午饭后一次，夜晚就寝时一次。每次以焚香一炷为限。（3）每日读书亦分五节：早饭前读经书；早饭后读四书；午饭后读《大学衍义》及《衍义补》；申酉之交如精神疲乏时，则择诗文之痛快醒发者从容朗读，以振作精神；夜晚灯下阅《资治通鉴纲目》或濂、洛、关、闽及河会、姚泾语录。（4）公置功过簿一本，逐月记载同学的言行之得失，公同评判。（5）每月初一及十五两日开会一次，相与讨论功课及评判得失。

李二曲先生学派论

唐文治

编者按： 本文原载《国专月刊》1935 年第 2 卷第 1 期。唐文治（1865—1954），字颖侯，号蔚芝，晚号茹经，江苏无锡人。著名教育家、工学先驱。光绪十八年（1892）中进士，官至农工商部左侍郎兼署理尚书。后退出政坛，潜心从事教育事业。曾任上海高等实业学堂及邮传部高等商船学堂（大连海事大学、上海海事大学前身）监督（校长），创办私立无锡中学（无锡市第三高级中学前身）及无锡国专（苏州大学前身）。著作有《茹经堂文集》《十三经提纲》《国文经纬贯通大义》《茹经先生自订年谱》等。

人生千古不磨之行，其惟大孝乎。天道福孝而祸逆，人心好孝而恶逆，虽至愚极不肖辈，苟诏以良知良能，未有不憬然悔悟，瞿然省察者，天命之性然也。古来理学名儒，皆本于纯孝。吾于人伦中，得一师表，可为万世法式者，曰李二曲先生。

先生父信吾公，从汪乔年击流寇，于崇祯壬午年，与五千人同殉难襄城。先生哀慕不已，泪尽继之以血。阅三十年，抵襄招魂，撰文祷于隍神之庙，约牒五千游魂，随信吾公归。襄令张某于其归也，为之勒碑构祠。将归前一日日暝，闻鬼声号泣，凄怆悲凉，沁人肌骨，诸工役毛发尽竖，有壮者祷告数语，声始止。异哉！夫怪神圣人所不语，鬼神智者所敬远，诚不敢谓事之所有，然诚不可掩。体物不遗，亦不敢谓理之所必无也，盖其至诚上通于天矣。迨先生母殁，终身居垩室虔祀，作《垩室录感》，以寄《蓼莪》之痛。其示子云"生为抱憾之人，死为抱憾之鬼"，语极沉痛。文治读其《录感》一书，详载辛复元、曹真予、吕泾野、王心斋、吕新吾诸先生孝行，往复流连，为之陨涕。

呜呼！人非空桑所生，试扪心自问：父母往矣，虽欲孝，谁为孝乎？且夫人惟有终身永慕之孝德，而后成千载不作之完人。先生孝行若此，故为学反己刻责，鞭辟近里，无有能过之者。其《悔过自新说》谓："自天子以至于庶人，皆当以悔过自新为本。君子小人、人类禽兽之分，只在一转念间。苟向来所为是禽兽，从今一旦改图，即为人矣。向来所为是小人，从今一旦改图，即为君子矣。故人无日无时，无不在悔过自新之中。"其《学髓》载"人生本原"及"虚明寂定"二图，实指心体、性体而言，谓："通天地万物，上下古今，皆此灵原实际。非此灵原，无以见天地万物、上下古今。是以语大、语小，莫载莫破。"其来锡山讲《易》，谓："求《易》于《易》，不若求《易》于己。人当未与物接，一念不起，即此便是'无极而太极'。及事至念起惺惺处，即此便是'太极之动而阳'。一念知敛处，即此便是'太极之静而阴'。无时无刻，不以去欲存理为务，即此便是'天行健，君子以自强不息'。人欲净尽，而天理流行，即此便是'乾之刚健中正纯粹精'。希颜之愚，效曾之鲁，敛华就实，一味韬晦，即此便是'归藏于坤'。亲师取友，丽泽求益，见善则迁，如风之疾，有过则改，若电之勇，时止则止，时行则行，见可而进，知难而退，动静不失其时，继明以照四方，则兑、巽、震、艮、坎、离，一一在己，而不在《易》矣。"至其《四书反身录》，语语归诸真修实践，足补朱注所未及。而论者谓其自责过甚，恐流于作伪，不知后世人心陷溺，正当以先生之说矫之，或有悔悟之几。若虑其作伪，则彼乱名改作，言伪而辩者，随处皆可假托，不独先生之说也。

论者又谓："先生虽兼采朱陆，而实宗阳明。于朱陆半明半昧，不帝障雾。"先太夫子黄薇香先生谓："阮云台修国史，摈先生于《儒林》外，归入《隐逸》，公论乃著。"文治按：孔子论政治，尽于《为政》一篇。其根本在《孟懿子问孝》四章，与引书"孝乎惟孝，友于兄弟，施于有政"数语。先生孝行，至于感天地，泣鬼神，实为后代政治家作之模范。且《儒林》首重儒行，列先生于《儒林传》，固无不可；即入于《孝行传》，亦无不可。何必断断于其间哉！吾辈师其门内之行足矣。

李　颙

顾颉刚

编者按：本文原载《中学生》1936年第66期。题目下原有"近代大思想家传略之四"十字，今删。

李颙，字中孚，自署二曲茾室病夫，学者称他为二曲先生。明崇祯二年（公元一六二九年）生于陕西盩厔〔一〕，他的先世无显达的人。父亲可从，慷慨有大志，喜欢谈兵，以勇力著名于乡里，关中远近的人都称他为壮士。可从娶妻彭氏，她贤明而知世故，能以忠义激励丈夫。可从贫，无以为生，彭氏总是忍劳忍苦，不拿米盐的事烦扰他。她常常对丈夫说道："以你的才干，不会一生贫贱的。但是现在困难到这样，没有机缘为人出死力，建奇功，立名当代，怎么办呢？"夫妇哽咽相语，自哀不遇，但不久又奋发起来，磨砺以待。

崇祯十四年十二月，李自成犯河南，督师汪乔年奉命征讨，以西安郡丞孙兆禄监纪军前。兆禄素和可从友善，很知道他的为人，想带他出伐。可从自感家贫子幼，心里有一些恋恋，未敢立即答应，先把兆禄的意思告诉彭氏，征求她的同意。彭氏喜道："我向来总是挂虑你没有机缘为人出死力，建奇功，立名当代，不想竟有今日！你不要恋着妻子，快去罢！"可从跳起来说道："我这次出行誓不杀贼不回来！"他兴奋到极度，马上拔一个牙齿给彭氏，对她拜别道："你如果相忆，请看它像看你的丈夫一样罢！"于是纵马而去。汪督师也以可从为才，授他做百夫长。

那时汪督师督诸师兵三万多骑驻在襄城，而李自成正在偃城抗拒着左帅，离襄城有九十里远。督师分派贺人龙、郑某、牛某三帅三路进兵。三帅不战而逃遁，督师急和孙监纪商量守襄城。督师见可从，慰勉备至，可从以死报国家报知己的志更坚了。城破，贼俘虏了汪督师，汪督师骂贼不屈而死。跟着孙监纪又落到贼手，恰好可从正在离监纪不远的地方力战，听见监纪遭难，忙跃马奋戈趋救。此时贼已经杀死监纪，可从以为他未曾死，抢前以身遮蔽他，因而遇害。

可从的死信传到家里，彭氏哭叹道："唉，真痛心呀，这牙就是他永诀的东西了！"彭氏虽然这样说，还天天望可从生还，等到李自成入关，彭氏才绝望痛哭道："天呀！我的丈夫死了，但是他的牙齿明明还在，他虽死犹生！"过了一会，她又道："我的丈夫死于王事，他死得眼闭了，我何必这样悲痛！"此时二曲已经十三岁了，彭氏叫他走到跟前来问他道："儿来！你还识得你父亲吗？如今靠谁来提拔你呢？"母子相抱，大哭失声。彭氏忽有所感，又对二曲哭道："你父亲为国死忠，我独不能为夫死节？！"她说完，便把门户关闭起来，准备自杀。二曲哀父怜母，也痛不欲生。家里的人忙劝止彭氏道："你看看你的儿子是怎样的人，你殉夫，他必殉母。你自杀，替自己设想当然很好；但儿子殉你，李氏便绝后了！"彭氏因此才节哀抚子，不作殉夫之想。

二曲的父亲本来知道读书的可贵，有心培植儿子，无如衣食尚无办法，哪里谈得到上学读书？二曲到了九岁，才有机会入小学发蒙读《三字经》。不幸他上学仅二十天便生病停学，后来跟舅父读《大学》和《中庸》，病来就停学，病去就上学，一曝十寒，耽误了课程不少。父亲死后，他们母子两人，形影相吊，孑然无依，没有一块瓦一寸土可赖以蔽风雨、谋温饱的，尽力为生存挣扎，当然也顾不得什么读书了。

二曲所住的小屋，因为拖欠房租，给居停主人驱逐，东移西徙，流离失所。过了一年才得到一间茅屋，定居于邑城的西边新庄堡。那一年冬天，驻防兵变，二曲出堡捡柴做燃料，被变兵拿了去，要杀他，刀快到颈了，变兵中有人奇异他的相貌，拦格着刀把他放了。二曲虽幸生还，但因世乱年轻，实无能力自养养亲，亲族又没有一个人肯帮助他们的，母子二人弄到常常断炊，几乎饿死。乡里有人介绍二曲到县署里去当门房，说现在非此不能活他和他的母亲的命了，他忍痛辞谢道："做儿子应该遵守着道德来奉养父母，违背了道德，就做了大官也是犯罪。做县署门房是什么事，不辱没我母亲吗？我自己受辱就等于我母亲受辱，我一定不干，并且我的母亲也不会让我干的。"果然彭氏也不让他去干。同时又有人劝彭氏道："不如你再嫁罢，否则你和你的儿子怕不能活下去了！"彭氏垂泪辞谢，忍着饥寒，勉强支持。

明年，流贼入京师，迫死明思宗皇帝，天下骚然，他们母子更艰苦无告。那时二曲父执的儿子，和二曲同等的人，许多都入衙役籍，有做胥吏的，有做皂快的。他们叫二曲和他们一块做事，他只是不答应。乡里的恶少说他不应役养母便是不孝，他也不管。最后他们母子什么都当卖尽了，只有一张桌子也拿去换了食物。有一个卖卜的人看见他太可怜，要教他卜术谋生，二曲答应了他，便去学习，不想走到半路，听闻社学的诵书声，心有所感，于是转身回家，立志要读书。彭氏听见非常欢喜，带他到舅父书塾里念书去，舅父不肯收留；别的教书的也因他无力出学费而拒绝了。彭氏忿然对儿子说道："没有老师就不能求学吗？

有经书在呢，古人都是你的老师！"于是二曲决志自修。此时他已经十六岁了，所学无多，而失学又日久，自修真是一件非常艰难的事，如果不是他刻苦坚毅，恐怕早已湮没无闻了。他寻出旧日所读的《学》《庸》来读，大概还可以认识，读到《论语》《孟子》则逢人问字正句。彭氏把忠孝节义的故事来教训他，督责得他很严。自从二曲笃志向学，彭氏母子更加发愤做人。彭氏日夜纺织，换得米来，参以糠秕野菜而食。就是这样吃法，也会有几天绝食的。二曲除了出外捡柴采菜之外，整天在家念书，有不懂的地方，用力钻研，非读到明白不肯放手。亲友有怜他好学而无师的，送一部《海篇》（那时的字典）给他。他学会查字，以后读书，不但真能无师自通，并且进步得很快。

二曲少长，以昌明关学为己任，经史百家与其他的书，无不设法向人借读。有一天他偶然得到《周钟制义》全部，见其中文章发挥义理甚是透畅，讲到忠孝节义的事，慷慨悲壮，感人又很深，惊为至文，因而流连玩摹它。跟着听到周钟失节不终的事实，他又马上把这部书撕毁，掉在火里烧了。二曲叹息文人这样不足信不足重，从此绝口不谈文艺。有人劝他去应试，他只笑而不答。这一年，他又借得一部《伊洛渊源录》，读到周、程、张、朱的言行，掩卷叹道："这正是我们儒者的正宗，学问不这样，不算大丈夫！"二曲从此有了一定的目标做人，立志更加坚决，饥寒交迫，毫不在意。他因为常常挨饿，脸色像菜色一样，乡里的人都叫他做"李菜"。此时他们以为二曲是一个愚不可及的书呆子，没有一人认识他的伟大。

二曲十八岁那年，邑宰樊嶷知道二曲好学，使人敦请他。他以为庶人无入公门之理，极力推辞。邑宰于是屏去随从，亲到他家里访他。那时正值亢旱的夏天，酷热非常，二曲身无别衣，只穿着一件破棉袄，一双毡袜，但他全无寒酸态，轩昂的器宇，潇洒的襟怀，令人一见惊异。邑宰本来是一个名士，识见高而又爱才，他和二曲论学，佩服非常，回来送一个"大志希贤"的匾来表彰他，又作诗^(二)以自庆；去职临别时，还留手书殷殷勤勉。^(三)

二曲无力买米，母子赖以充饥的主要东西，春夏是藜藿树叶，秋冬是木实芜菁。彭氏因此吃伤了脾胃，得了泻症。二曲无钱请医，只好早晚向天祷告。过了许久，彭氏的病虽幸痊愈，但已弄得体弱不堪，不能替人纺织了。此时二曲已经娶了一个媳妇，服侍母亲。恰好邑宰审编里书，雇二曲写册子，能得到一些工钱，他便把所得的钱，拿一半充暂时的生活费，拿一半买布给他的媳妇造鞋发卖。粗粝菜羹，饥饱相间，勉强还能敷衍过去。

盩厔的藏书家渐渐知道二曲贫而力学，都愿意借书给他看。他尽量利用这些机会，加倍苦攻，几年之间，天文术数、九流百技、稗官野史，无所不读。邑中几乎无人不知二曲的博学，大家都称他做"李夫子"。此时二曲的脸色虽还像菜色一样，但没有人敢叫他做"李菜"了，甚至儿童走卒也知道恭恭敬敬叫他做"夫子"。

这几年二曲全靠他媳妇的鞋钱来过日子，可是拉上补下，日久总难免亏空的。果然有一年冬天，因为没有本钱造鞋，粒食无着，一家几乎饿死；幸亏有一位朋友送些豆给他们吃，才救了他们的性命。但是二曲不是一个不肯自食其力的人，他已经想尽法子去谋生，无如当时的社会实在太坏，而二曲母子又必以正义取得，所以弄到这样穷苦的境地。他甚至为着谋生，甘心做佃农，替同里的人去耕田，不幸才试办，又遇着旱灾，毫无收成，他也只好放手不干。

他的常常有饿死可能的命运，到了他三十岁那年，才得到一个大转机。这一年是骆锺麟来做邑宰。锺麟是个"才雄识卓，德器绝伦"^{（四）}的人，他无论到哪里做官，都有很好的政声。他的敬贤励德尤为脍炙人口。他刚到盩厔，听得二曲的声名，便至诚诚亲身走来拜见。二曲以为他是一个平常的做官人，不肯见他。第二次再来，然后晓得他确有诚意，才肯出来接见。锺麟认识二曲是一个大儒，便以师礼事他，跪请教诲，二曲也能虚怀接纳他。从此锺麟一有空闲便跑到二曲家里盘桓一整天。锺麟去后，二曲也不回拜。有人在锺麟面前说二曲倨傲，锺麟替他解说道："李先生二十年来未曾踏过城市，怎好因锺麟来了就违背他的生平！只求他不闭门逾墙拒绝我，便大幸呢！"

锺麟看见二曲所住的斗室只有茅盖着，四围墙壁，破坏不堪，觉得很难过，特地提出自己的俸银替他盖一所可以遮蔽风雨的房子，又常常送米送肉来帮助他养亲。同时又把他的德行学问具文遍报各衙门，使台、司、道、府都知道盩厔有这样一个大贤。从此远近向风，尊二曲为士林的木铎。这一年冬天，巡抚张自德檄督学以"熙代学宗"表二曲的居庐。过两年，当道又檄县以"芳追孟母"表二曲的里门，纪念彭氏的贞苦和善于教子。他们母子这样的得到表彰，锺麟实在有很大的助力。后来二曲母死，无以为敛，也赖锺麟捐俸买棺助葬。锺麟在盩厔八载，所以助二曲者无不尽礼尽情；否则伤廉伤惠，二曲是一定不肯受他一粟之赐的。^{（五）}锺麟任满将升时，还挂着他去后，二曲无法生活，特地替他置了十亩田地来耕种。后来锺麟先二曲而死，二曲接到讣告，痛哭设位而祭，服缌三月。他一说及锺麟，总是忍不住滴下泪来。

二曲母亲彭氏，生前曾葬可从的齿，叫做"齿冢"，打算死后和可从的齿合葬。二曲常常有心到襄城去寻找父亲的遗骨，只因母亲年老，不敢远出。等到母亲死后，丧服满了，他就向人借得一点旅费，改穿斩衰，徒步到襄城去。他四处去找襄人从前埋葬战死者的骸骨，但没法找得他父亲的遗体，因此日夜痛哭，泪尽继之以血。襄人感于他的孝思，全城哀动，他们替可从建祠起冢来安慰孝子慕亲的心。此时锺麟还健好，正在做扬州知府，他听闻二曲到了襄城，就函请他利用祠堂未落成前的时间，南下谒道南书院，看看顾、高诸公的书，并且讲学以惠士林。二曲于是南下，开讲于无锡、江阴、靖江、宜兴，日夜不休，四方学者闻风趋至。有一天，他忆及父事，忽有所感，以为不专父事为不孝，立即回襄城去。祠成碑立后，他便招魂回关中，归告于母墓，穿孝服，补行三年之丧。过了几年，陕督鄂善以隐逸荐他，他誓死力辞，终竟托病得免。后来大吏常来奉旨敦促，二曲不胜其扰，甚至想拔佩刀自刺以示坚决，当道知他不可勉强，只得由他。从此他反锁柴门，无论什么人也不接见；只有顾炎武来，他才肯破例开门欢迎。清圣祖西巡至陕，有旨召见，二曲也称病不去。

二曲是一个注重力行和实践的人，凡事以"用"为贵，他之所以隐居不出，实在有他的不得已的苦衷，并非他本志如此，也非他素性如此。他少年时目击流寇劫掠之惨，知道军事重要，很专心去学兵法，如果他打算一辈子隐居，何必学兵法呢？他也曾说过："自从太公、武侯（诸葛亮）以来，儒者之中，只王文成（王守仁）通变不迂，文武都来得，肃皇称他的学问为'有用的道学'。他的学问真是有用的道学呵！道学无用，不过等于木石衣冠罢了，哪里能看得见所谓道和所谓学呢？"

二曲本来并非有心谢绝人事，后来他觉得自己的声名太大，不但士绅忘贵忘年，不远千里而来就正，甚至农工杂技，亦以识面为快；他无论到什么地方，总是有许多人指目聚观，弄得他非常不好意思，只有低了头走路。回到家里来，整天难过。因为他是一个务实的人，很怕"声闻过情"，^{（六）}因此敛迹少出，谢绝一切应酬，闭门苦读。

二曲终身隐逸不仕，还有他的理由。明亡时，他已经有十五岁了，当然懂得什么是亡国之痛，并且他的父亲又是死于王事，推他恨流寇的心，哪里肯甘心为清所用呢？况且一切的推荐征聘都在母死之后，笃孝的他，念着多年同患难，未曾一朝共安乐的母亲，当然不忍得在母亲死后独享尊荣。^{（七）}何况在行道上，可走的路很多，原不一定出于仕途的。二曲救世之道，注重教育与理学，主张以德化人，教人悔过自新。^{（八）}他出来讲学，虽为时不久，但受他感化的人很多，世风亦因之一变。

二曲学问渊博，但是他对于著述的条件非常的高，^{（九）}所以遗著甚少。他也曾著《十三经纠缪》《廿一史纠缪》和象数诸书，后来以为近于口耳之学，不肯给人看，只拿他的《四书反身录》传授学者。《四书反身录》是二曲教人读四书而反身实践之语，由他的门人王心敬听讲时随手札记而成。书一出，当时的学者认为是匡时救世之作，争抄传诵，^{（十）}但他自己不当是什么一回事。二曲讲学总有门人替他笔记（今日他的《二曲集》大半是他的语录），可是他并无心要把它重编成书。他以为"授受精微，不在乎书，只在乎自得"。

二曲以为人人都有良知，能不昧良知便是圣贤；想求良知不昧，则非立志不可。^{（十一）}"学问全在心上用功，矩上操存"，所以非立志不为功。^{（十二）}所谓立志，不是一立志便能成功，但无"的"不能放矢，有了"的"才能学射，日久自能命中，所以持志要坚，行志要专而致力。^{（十三）}

偏学自封是一般经生的通病，二曲则力戒此弊，主张研究学术异同，应该兼读佛书。^{（十四）}因为他不自蔽，所以主张"洞识真我"为真聪明，^{（十五）}并且要静坐以观心，以为静坐是求学的始基，用功的要道。^{（十六）}

二曲的声名虽然很大，但他的贫穷是无法解救的。好在他始终善于处贫，不以为苦。他每到困厄的时候，便诵"伯夷叔齐饿死"和"志士在沟壑"之语以自振。他五十五岁那年又遇旱荒，隔一天才得一顿吃，但他还能挨着饿，玩《易》不辍。以后的景况，越来越坏。晚年曾避兵乱，逃到富平讲学去。在那里跟他求学的人很多，二曲之道得以广传。到了七十六岁那年（康熙四十四年，公元一七〇五年），他便与世长辞了。

【注释】^①

（一）山曲叫做盩，水曲叫做厔，陕西有盩厔县，二曲的号即是因这个县名而取。

（二）樊邑宰得见二曲的自庆诗："漫道高贤不易逢，而今此地有潜龙。英年独步颜曾武，定识遥承孔孟宗。浊世狂澜堪砥柱，俗儒圭角已陶镕。千秋声气应还在，濂洛关闽岂绝踪！"

（三）樊邑宰见过二曲五日之后，因为守正忤上峰意去职，他临别时寄二曲的信说："昨晤吾子，知吾子必为大儒无疑也。幸陈人有缘，得一见之；怅陈人无缘，将不得常常而见之。虽然，声气自在，一日亦千古也，喜甚！快甚！担当世道，主持名教，非吾子其谁耶！区区行且拭目以望矣。"（《二曲集》卷四十五《历年纪略》）

（四）二曲在《常州太守骆侯传》里，称锺麟"才雄识卓，德器绝伦"，并历举事实以为证。（《二曲集》卷二十）

（五）"辞受取与，全要分明。及其老也，戒之在得。若犯在得之戒，冒昧屡受，则廉耻扫地，所失多矣。"这虽是二曲老年所说的话，但也可以表白他的心迹，因为他的不贪是始终如一的。（《二曲集》卷十八《再答张澹庵书》）

（六）"吾人立身涉世，务使人饮醇心醉，景我之盛德；毋令人群吠虚

---

① "注释"二字为编者新加。

声，扬我之才锋。且念盛名之下，其实难副，当以异地之风闻为可惧，勿以远方之传播为可喜。盖兹事之任甚重且大，当徐俟德成之候，四方之人企我如景星庆云，祥麟威凤，渐有向我求我若饥若渴之怀，然后举所得而昭示之，譬如顺风之舟，一日千里矣。至此方以道统自任，谁不信之。未至于此，且当埋头独诣，深自韬晦，以待吾德之熟可也。"（《二曲集》卷十六《与友人书》）

"世儒卑者汩利，高者修名，最高之儒，骛名已矣。其名愈高，则心劳日拙，丧本真愈甚。……今而后力脱名网，一味务实，实盛而真受用、真快活，在我纵终其身不见知于人，亦不害其为真品、真人、真豪杰、真君子。愿言努力，永坚末路！"（《二曲集》卷十八《答张澹庵》）

（七）"颙父丧时，遗颙只身，再无次丁。颙母彭氏，守寡鞠颙，艰厄殊常，饥寒壊懔坎壈，盖不啻出万死而得一生。颙后虽成立，然无一椽寸土之产，资生罔借，赤贫如故。三旬九食，衣不蔽形。颙母形影相吊，未尝有一日之温饱，竟艰难病亡。……使彼时稍有意外之遇，颙当如毛义之捧檄而喜，颙母之苦，岂遂如此其凄惨，颙风木之憾，岂遂永抱于终天。今九原不可作矣，昔贤有言：'祭之丰，不如养之薄也；杀牛而祭，不若鸡豚之逮亲存也。'颙每念及此，未尝不涕泣自伤。今养不逮亲，不孝之罪，终身莫赎。……昔朱百年之母以冬月亡，亡之时身无绵衣，百年每以为痛，遂终身不复衣绵。孙倅早孤，事母志于禄，未遂，及母病革，自誓终身不仕。……颙虽无二子之孝，而心则二子之心。今日之事，颙母既不及见，颙亦何忍远离坟墓，独冒其荣！"（《二曲集》卷十八《与当事论出处》）

（八）"古今名儒倡道救世者非一：或以'主敬穷理'标宗，或以'先立乎大'标宗，或以'心之精神为圣'标宗，或以'自然'标宗，或以'复性'标宗，或以'致良知'标宗，或以'随处体认'标宗，或以'正修'标宗，或以'知止'标宗，或以'明德'标宗。虽各家宗旨不同，要之总不出'悔过自新'四字，总是开人以悔过自新的门路。……杀人须从咽喉处下刀，学问须从肯綮处着力，'悔过自新'乃千圣进修要诀。人无志于做人则已，苟真实有志做人，须从此学则不差。"（《二曲集》卷一《悔过自新》）

（九）"著述一事，大抵古圣贤不得已而后有作，非以立名也。故一言出而炳若日星，万世而下饮食之不尽。……此正如华佗之青囊，一付丙丁，至今为恨，惟恐其不传也。所以然者，以华佗当年行之而有验也。今有庸医，方患羸疾，偶有奇方，不能自服以疗其身，忽见世之同疾者，遂以此方授之，且曰：'此神方也，传自异人，君宜敬修合而服之，毋轻忽也！'而彼患者方且哑然而哂，茫然不敢信。何者？彼方见我尪羸日甚，我虽剖心相示，彼又安肯信我此方之真可以已疾哉！"（《二曲集》卷十六《与友人》）

（十）"客冬，敝及门王生心敬所录《四书》鄙说，见者谬谓足以救弊匡世，争钞不给，许学宪捐俸梓行。兹来人立促回音，匆匆不及刷印，聊以草本寄览。"（《二曲集》卷十七《四答秦灯岩》）

（十一）"先儒谓个个人心有仲尼，盖以个个人心有良知也。良知之在人，不以圣而增，不以凡而减，不以类而殊，无圣凡，无贵贱，一也。……而圣凡贵贱之所以卒分者，立志与不立志异也；立则不昧本良，顺而致之，便是天则。"（《二曲集》卷二十二《观感录·序》）

（十二）"学问全在心上用功，矩上操存。学焉而不在心上用功，便失之浮泛；用功而不在矩上操存，便无所持循。心不逾矩，虽在力到功深之后，而其志期于不逾矩，实在命意发端之初。譬之射：学射之初，固不能中的；若志不在的，亦将何凭发矢？惟其志期中的，则习射之久，庶几一一中的。"（《二曲集》卷三十一《论语》上）

（十三）"学问最怕持志不坚，造诣不勇，欲进则不能果于力为，欲退则又有所顾惜，往往骑两头马，因循苒苒，光阴一去百年，无再生之我，空自耽阁，虽悔何及！须沈灶焚舟，持三日粮，示士卒以必死，作一背水阵，方始有济。"（《二曲集》卷十六《答张澹庵》）

（十四）"不读佛书固善，然吾人只为一己之进修，则六经四子及濂洛关闽遗编尽足受用；若欲研学术同异，折衷二氏似之非，以一道德而砥狂澜，释典、玄藏亦不可不一寓目。譬如鞫盗者，苟不得其赃之所在，何以定罪？"（《二曲集》卷十六《三答顾宁人先生》）

（十五）"顾聪明要须善用，用之反己自觑，洞识真我，方是真聪明。若明于识人而暗于识己，卜度成性，明觉安在？"（《二曲集》卷十六《答王心敬》）

（十六）"吾侪既留意此学，复悠悠忽忽，日复一日，与未学者同为驰逐，终不得力，故须静坐。静坐一著，乃古人下功之始基，是故程子见人静坐便以为善学。何者？天地之理，不翕聚则不能发散；吾人之学，不静极则不能超悟。况过与善界在几微，非至精不能剖析，岂平日旁骛纷营者所可办也！"（《二曲集》卷一《悔过自新》）"李延平有云：'为学不在多言，默坐澄心，体认天理。'此二语乃用功之要也。学须从此下手始得力。"（《二曲集》卷四《靖江语要》）

李二曲理学略论

贾丰臻

编者按： 本文选自贾丰臻所著《中国理学史》（商务印书馆 1936 年版）第四编"近世理学史"第四章"清代理学"之"（四）李颙"。贾丰臻认为，"中国以前只有理学，没有甚么叫做哲学"，"没有甚么叫做科学"，（《中国理学史·代序》）所以参照其说法，将本篇命名为"李二曲理学略论"。贾丰臻，洋泾区社庄庙（今属上海）人。近代教育家，提倡"军国民教育"。清光绪年间，朝野竞倡变法，贾丰臻东渡日本求学。曾任江苏省立第二师范学校校长。著作主要有《易之哲学》《中国理学史》《宋学》《佛学易解》《阴阳学》等。

颙字中孚，号二曲，西安鳌屋人。家贫借书读，无所不学。后南下讲学，从者如归市。清召不应，所著有《四书反身录》。和夏峰、梨洲并称三大儒。门人集二曲的遗书，为《二曲集》二十二卷。二曲尝因心体论《易》，说道："求《易》于《易》，不若求《易》于己。人当未与物接，一念不起，即此便是'无极而太极'。及事至念起惺惺处，即此便是'太极之动而阳'。一念知敛处，即此便是'太极之静而阴'。无时无刻，而不以去欲存理为务，即此便是'天行健，君子以自强不息'。人欲净尽而天理流行，即此便是'乾之刚健中正纯粹精'。希颜之愚，效曾之鲁，敛华就实，一味韬晦，即此便是'归藏于坤'。亲师取友，丽泽求益，见善则迁，如风之疾，有过则改，如电之勇，时止则止，时行则行，见可而进，知难而退，动静不失其时①，继明以照四方，则兑、巽、震、艮、坎、离，一一在己，而不在《易》矣。"又说道："是故天下治乱视人心，人心邪正视学术。凡学在反身，道在守约，功在悔过自新，而必自静坐观心始。静坐乃能知过，知过乃能悔，悔乃能自新。"可知二曲的学问，是从心学入手。

---

① 原文脱"其时"，径补。

李颙的哲学

——《中国哲学史通论》中关于李颙哲学的论述

范寿康

编者按：本文选自范寿康所著《中国哲学史通论》（1941 年开明书店版）第六编"清代的哲学（经学）"第二章"宋学派（即义理学派）"，有删节。题目为编者根据内容拟定。范寿康（1894—1983），字允臧，浙江上虞人。二十世纪中国著名哲学家与教育家。早年留学日本，先后就读于东京第一高等学校、东京帝国大学文学部，获教育与哲学硕士学士。1923 年回国后，历任商务印书馆编译所编辑、广州中山大学教授兼秘书长、上虞春晖中学校长、安徽大学文学院教授兼院长、武汉大学哲学教育系教授兼系主任、台湾大学哲学系教授兼图书馆馆长等职。1982 年定居北京，先后担任中国人民政治协商会议第六届全国委员会委员、常务委员。主要著作有《哲学通论》《中国哲学史通论》《朱子及其哲学》《教育哲学大纲》等。《中国哲学史通论》是范寿康先生于 1933 年至 1936 年在国立武汉大学讲授中国哲学史时所编讲义，是中国哲学史上第一部在马克思主义唯物史观指导下写成的中国哲学通史。

清初宋学派中的主要的学者为孙奇逢、黄宗羲、顾炎武、李颙及王夫之。五人里面，顾、王二人黜明崇宋，孙、黄、李三人则主调和宋、明，而就中黄氏为王学遗绪，不过主张以读书穷理来补救王学末流的空疏之弊，故其王学的色彩最为浓厚。

李颙，字中孚，号二曲，西安盩厔人。他生于明熹宗天启六年（一六二六），卒于清圣祖康熙四十四年（一七〇五）。家贫无书，从人借读，自经史百家以至二氏之书，无不遍观。后弃去学问，从事静坐观心，大有所得。曾讲学江南，门徒甚众。清廷屡加征召，至以死拒。晚年悟虚名为累，乃闭户不复接人，惟顾炎武至，加以款待而已。当时南有黄宗羲，北有孙奇逢，西有李颙，世人称为三大儒。颙的著作有《全集》二十六卷（《四书反身录》八卷亦在其内）及《十三经纠谬》《二十一史纠谬》等。就中,《反身录》一书最称精辟。

颙的思想,与奇逢同,亦主兼取陆王程朱,不偏一面。他尝答门人问"朱陆异同"说:"陆之教人,一洗支离锢蔽之陋,在儒教中最为儆切;使人言下爽畅醒豁,以自有所得。朱之教人也,循循有序,恪守洙泗家法,中正平实,极便初学。要之,二先生均于世教人心有大功,不可轻为低昂也。中于先人之言,抑彼取此,亦未可谓善学也。"(《全集》卷四)他又说:"孔子以博文约礼之训,上接虞廷精一之传;千岁之下,渊源相承,确守不变,惟朱子为得其宗,生平自励励人,一以居敬穷理为主。穷理即孔门之博文,居敬即孔门之约礼,内外本末,一齐俱到,此正学也。故尊朱即所以尊孔也。然今人亦知辟象山,尊朱子,及考其所谓尊,则不过训诂文义而已,至于朱子内外本末之兼诣,主敬褆躬实修之旨则缺如,吾不知如何也。况下学循序之功,象山虽疏于朱子,然其为学也,先立其大者,峻义利之防,亦自不可得而掩之也。今日尊朱者能如是乎?而徒以区区语言文字之末,辟陆尊朱,则多见其不知量也。"(《全集》卷十五)他的兼采朱陆、并重内外,可见一斑。他又极重践履,尝教诲门人说:"重实行不尊见闻,论人品不论材艺。""我这里论学,却不欲人闲讲泛论。只要各人自觅各人受病之所在,知有某病,即思自医某病,即此便是入门。"这样,当做儒家,他的见解可以说是极公正、极周密的。

中国十七世纪思想家李二曲评述

侯外庐

编者按：本文原载《中苏文化杂志》1944 年第 15 卷第 3/4 期。题目下署名"外庐"。外庐，即侯外庐（1903—1987），原名兆麟，又名玉枢，自号外庐，出生于山西平遥，毕业于法国巴黎大学。我国现代著名历史学家、思想家和教育家，中国化马克思主义史学的奠基人之一。著有《中国思想通史》《中国近世思想学说史》等。

李二曲，名颙，字中孚，号二曲野夫、垩室病夫，陕西盩厔人。生明天启六年，卒清康熙四十四年（一六二七至一七〇五年）。他是一个贫寒人家的子弟，没有家学与师承，全靠自己学习磨炼而成大儒。清初学者，孙奇逢、黄梨洲和二曲皆当时负盛名者，他们的思想都从理学的修正而为后来学者建造了桥梁。全谢山《二曲先生窆石文》说：

> 当是时，北方则孙先生夏峰，南方则黄先生梨洲，西方则先生，时论以为"三大儒"。然夏峰自明时已与杨、左诸公称石交，其后高阳相国折节致敬，易代而后，声名益大；梨洲为忠端公之子，证人书院之高弟；……先生起自孤根，上接关学六百年之统，寒饿清苦之中，守道愈严，而耿光四出，无所凭借，拔地倚天，尤为莫及。

此所谓关学，即以张横渠先生为渊源。横渠为有宋一代理学家之最笃实者，船山与习斋二家都赞许为宋学的特殊人物，故二曲实践躬行之学颇继张子遗绪。

二曲的"耿光"泂为耀然四出。清廷是招不到他的，初被荐"山林隐逸"，力辞不就，后强拉为"博学鸿儒"，绝食拒之。康熙召见他，他敢于以死坚辞。这种精神，遗留给清末陕西的志士，最有价值，辛亥革命关中元老多能道之。

他曾南行于无锡、江阴、武进、宜兴讲学，在陕则设讲于富平、华阴等地。晚年"荆扉反锁，不与人接，惟顾宁人至则款之"（谢山前揭文）。《二曲全

217

集·家戒》篇末所言与谢山所述相合。亭林深佩二曲，说"坚苦力学，无师而成，吾不如李中孚"。惟亭林之学重博学多识，二曲之学犹在修正于体用二元之间，守理学余绪。谢山谓亭林："于当时诸公，虽以苦节推百泉、二曲，以经世之学推梨洲，而论学则皆不合。"（《顾亭林神道碑》）我们虽然知道李、顾二位先儒所学不合，但他们中间的自由探寻真理之商榷，确为模范（参看他们商讨"体用"二字的书函）。我们研究二曲，在他的著作里没有看到像船山、亭林、习斋、青主的反理学风格，但却也看到他修正理学的态度，因为我们看二曲之在关中，犹蕺山之在浙东、夏峰之在河北，都是承继理学而逐渐否定理学者，他们是负有盛名的一代大儒，对于传统精神是易于走修正渐进之路，而难于走攻击否定之路。他对于朱陆异同，已经不像前人执守门户之见，而主取舍其间，他说：

> 陆之教人，一洗支离锢弊之陋，在儒中最为徼切，……朱之教人，循循有序，……中正平实，极便初学。……若中先入之言，抑彼取此，亦未可谓善学也。（《二曲全集》卷四《靖江语要》）

他又从学术史的见地上说明宋明理学的兴替，这又不同于把理学作为绝对心传之学的看法，他说：

> 先觉倡道^①，皆随时补救，正如人之患病，受症^②不同，故投药亦异。孟氏而后，学术堕于训诂词章，故宋儒出而救之以"主敬穷理"。晦庵之后，又堕于支离葛藤，故阳明出而救之以"致良知"。及其久也，至于谈本体而略工夫，于是东林顾、高诸公及关中冯少墟出而救之以"敬修止善"。若夫今日吾人通病，在于昧义命，鲜羞恶，……苟有真正大君子，深心世道，志切拯救者，所^③宜力扶义命，力振廉耻，……乃所以救世济时也。（《全集》卷十《南行述》）

二曲的话，显然认为学术有时代性，不是如道学家争统绪。他所提出的救世济时之学，又显然是对于民族节操而发的。

他已经不是如宋明学者把读史认为玩物丧志，而正以实学修正理学的空谈，他开了一个读书单子，分做两类，一为明体类，一为适用类。其书单如下：

---

① "道"，原文作"导"，依西北大学出版社 2015 年版《关学文库》张波点校本《李颙集》改。本文订正、补充作者所引李颙语句，均依据该本，以下简称"《李颙集》"。

② "症"，原文作"病"，依《李颙集》改。

③ "所"，原文作"惟"，依《李颙集》改。

明体类：《象山集》、《阳明集》、《龙溪集》、《近溪集》、《慈湖集》、《白沙集》、《二程全书》、《朱子语类大全》、《朱子文集大全》、《吴康斋集》、薛敬轩《读书录》、《胡敬斋集》、罗整庵《困知记》、《吕泾野语录》、《冯少墟集》，其他。

适用类：《大学衍义》《衍义补》《文献通考》《吕氏实政录》《经世挈要》《资治通鉴纲目大全》《历代名臣奏议》《律令》《农政全书》《水利全书》《泰西水法》《地理险要》。(《全集》卷七《体用全学》)

二曲明体与适用二类并列，修正理学。他在明体类下言"由工夫以全本体，由现在以全源头，下学上达，内外本末，一以贯之，始成实际"，已经重视实际。而在适用类下各条所言，更可以看出他的时代急务。例如《文献通考》书下注：

折衷于古今朝典，以成此书，上至天官舆地，以及礼乐兵农，漕屯选举，术数士卒典籍，无不条晰。

《吕氏实证录》书下注：

此老卓识谙练经济实学也，在道儒中发为适用，……学人有志于用世，则此书不可一日无。

《经世挈要》书下注①，更为宋儒以来所鲜谈者：

经世之法，莫难于用兵。今学者，……往往于兵机多不致意，以为兵非儒者所事，然则武侯之伟略，阳明之武功，非耶？学者于此，苟能深讨细究而有得焉，则异日当机应变，作用必有可观。

按讲求兵法为宋儒所讥，后来习斋评道：

朱子说看史只如看人相打，相打有何好处？同父一生被史坏了！

---

① 此段文字原为《武备志》书下注，作者误以为前项《经世挈要》（"学"为衍文）书下注。参看《李颙集》。

习斋评：是朱子自坏不觉，同父方要看人相杀，岂至相打乎？（《语类评》）

夫子自言，我战则克，是吾夫子不惟战，且善战明矣。至孟子正传道，已似少差，流至汉、宋儒，峨冠博带，袖手空谈，习成妇人女子态，尚是孔门之儒乎？（《四书正误》卷三）

《资治通鉴纲目》书下注：

格物之渊薮，兴亡治乱之成案也，宜恒玩之，论其世以熟吾之识。

习斋谓"道学空谈，习成妇女态"。二曲亦云：

学人贵识时务，奏议皆识一时之务者也。……道不虚谈，学贵实效，学而不足以开物成务，康济时艰，真拥衾之妇女耳，亦可羞已！

《律令》书下注：

律令最为知今之要。而今之学者，至有终其身未之闻者。读书万卷，不读律致君尧舜终无术，夫岂无谓而云然乎？

他更提出泰西水利之学、农学、地学诸书，云：

以上数种，咸经济所关，宜一一潜心。然读书易，变通难，赵括能读父书，究竟何补实际？……识时务者在于俊杰，夫岂古板书生所能办乎！（同上）

二曲"明体适用"的二元思想，在表面上讲来，是平行的排列，如他说：

儒者之学，明体适用之学也。……明体适用之正业，处也有守，出也有为，生民蒙其利济，而世运宁有不泰？（《全集》卷十四《盩厔问答》）

明体而不适用，便是腐儒；适用而不明体，便是霸儒。（同上）

然而，这种思想，在内容上讲来，明体是保留传统，适用则为宋学的反面修正，此点在他答王天如书中所言甚为明白：

> 来书疑体用有二致。……今时非同古时，今人不比古人。以孔子生知之圣，犹韦编三绝，问礼于老聃，访官于郯子，垂老不废研讨。……须明古今法度，通之于当今而无不宜，然后为全儒，而后可以语治平事业。须运用酬酢，如探囊中而不匮，然后为资之深，取之左右逢其原，而真为己物。若惧蹈诵诗三百之失，而谓至诚自能动物，体立自然用行，则空疏杜撰，犹无星之戥、无寸之尺，临事应物，又安能中窾中会，动协机宜乎？此不学无术，寇忠愍之所以见惜于张忠定也。故"体"非书无以明，"用"非书无以适。欲为"明体适用"之学，须读"明体适用"之书，否则纵诚笃虚明，终不济事。……空躯壳，饿肚肠，究无补于实用分毫也。（《全集》卷十六）

由此看来，二曲以适用修正明体，已经与习斋所论相接近。不过二曲主折中，习斋则单刀直入罢了。因为二曲一方面言"士于今日，不专在穷深极微，高谈性命"（卷五《四书反身录》），他方面言："借经书以行私，假圣言以文奸，政事明敏，辞令泉涌，适足以助恶而遂非，其为有甚于腐儒，乃经学之贼、世道之蠹也。"（同上）

二曲重视实学，议论至多，并不因其保留本体之学而暗其光彩，他说：

> 日用常行之谓道。……违天地常经，乖人生伦纪，虽自谓玄之又玄，却非可道之道。……修者修其所行也，检点治去之谓修，必有事焉之谓行。……使所行皆天理，此修行之见于外也，……使念念皆天理，而无一毫人欲之杂，是修行之密于内也。……曰此中庸之道也。（卷十《南行述》）

二曲虽未放弃内外中庸之旨，而所讲"修行"的新义正与习斋无异。二曲主内外二元之说，故于性论亦主性气二元。惟他讲气质之性则远离宋儒气恶之说，这亦是最好的修正。如他说：

> 问："近有讲学者，专主性善，言及于气质，便以为非，非乎？"先生曰："言性而舍气质，则所谓性者何附？所谓性善者何从而见？如眼之视，此气也，而视必明，乃性之善。耳之听，此气也，而听必聪，

乃性之善。手之执，此气也，而手必恭，乃性之善。以至于百凡应感，皆气也，应感而咸尽其道，非性之本善而能之乎？若无此气，性虽善，亦何从见其善也？"（卷四《靖江语要》）

此论已经接近于习斋"非气无以见性"之说。按，性气与体用的辨解，实在是当时的中心问题。二曲在这一学术争论的空气中，因体用二字曾与亭林往来函辩者三次。由他们二位的商榷书研究，二曲在体用二元之学上实具有调和的苦痛，似与梨洲晚年出"工夫所至即其本体"之义同其转变。今将他们所讨论者，择要于下：

第一，体用二字的出处。亭林以体用二字原出儒书，引《易》《礼》为证，惟二字在经传中"未有对举"。惟道家魏伯阳《参同契》始对举而言内体外用。二曲以二字出于禅宗，"以为金者性之体，刚者性之用"，始见于佛，为后人所沿用。

第二，体用二字的引用问题。亭林与二曲商讨结果，体用二字在儒家对举并提者，始于朱子，一见于《中庸》"未发"节，再见于"费隐"及"一贯忠恕"章，后来成了理学的术语。

第三，体用二字可否沿用问题。亭林主张体用二字既出经传，用之无害。惟"活泼泼地""鞭辟近里"诸禅语，为朱子解章句的空话，后学必不可用。二曲则以为沿用亦是有道理的。他说：

> 天地间道理，有前圣之所未言，而后贤始言之者；吾儒之所未言，而异学偶言之者。……正如肃慎之矢、氏羌之鸾、卜人之丹砂、权扶之玉目，中国世宝之，亦何尝以其出于异域，举而弃之，讳而辩之也？（《全集》卷十六《答宁人第一书》）

但毕竟"全体大用"之在理学上成为玄学的道语，故二曲复解释说：

> 但论何体何用，如明道存心以为体，经世宰物以为用，则体为真体，用为实用，此二字出于儒书固可，即出于佛书亦无不可。苟内不足以明道存心，外不足以经世宰物，则体为虚体，用为无用。（同上）

言体用必涉及所谓"合内外之道"，亭林不主内学、外学之分，用之，必为汉人"以七纬为内学，六经为外学"。（参看《日知录·内典条》）二曲则辨佛道之内，有内无外，儒学之内兼备外。如"活泼泼地"形容道体，朱子沿用禅语，亦观省之说。然而二曲又言：

> 顷偶语及体用二字，正以见异说入人之深。虽以吾儒贤者，亦
> 习见习闻，间亦借以立论解书，如体用一源，"费隐"训注，一唱百和，
> 浸假成习，非援儒而入墨也？（同上）

从上面体用二字的辨解看来，二曲乃折中了形式，而在内容上早已出乎理学家数。一方面新释体用皆非空寂，他方面慨叹朱子援引异说以来成了后儒的习惯。我们可以由这里看出理学的前途，即理学大儒亦有修正理学的苦痛。他的别号所以名为"二曲"者，我们虽未可望文生义，但体用二曲折中之道却是他的学旨，与习斋之取"习"义，青主之取"青"义，颇有相似之命义。

复次，二曲之学，标宗为"悔过自新"。骤然看来，好像常识，而实则在浅易平实的道理中含有深意。他说：

> 古今名儒，或以"主敬穷理"标宗，或以"先立乎大"标宗，或以"心
> 之精神为圣"标宗，或以"自然"标宗，或以"复性"标宗，或以"致
> 良知"标宗，或以"随处体认"标宗，或以"正修"标宗，或以"知
> 止"标宗，或以"明德"标宗。虽各家宗旨不同，要之总不出"悔过
> 自新"四字。……愚谓四字……所谓心不妄用，功不杂施……（《全
> 集》卷一《悔过自新说》）

有人说他如此标宗，"辞旨粗浅，去道迂远"，而不知道他的"心不妄用，功不杂施"，正是救济当时动辄就谈性命的聪明人之高空病，他讲如此标宗是从他的经验而来：

> 天地间道理，有前圣偶见不及而后圣始拈出者，有贤人或见不
> 及而庸人偶拈出者，……予固庸人，懵弗知学，且孤苦颠顿，备尝穷愁，
> 于凤夜寐旦，苦搜精中，忽得此说。（同上）

实在讲来，他是主张学为大众，不是几位高明人所独占的。故他说此旨是"为中材言之，亦即为上根言之也"。且他自比他的讲话"犹贫女之布""庸人之言"，是更为下贱言之。他的例证颇为奇特，由尧、舜、周、孔以及横渠、程、朱、阳明，而结末直到些杀人犯（徐庶）、凶暴徒（周处）。他们一样可以有所成就。例如他说：

子张，鲁之鄙家（鄙野之字，在古为奴）也，颜浊聚梁父之大盗也，学于孔子。段干木，晋国之大驵也，学于子夏。高何县子石，齐国之暴者也，指于乡曲，学于子墨子。索卢参，东方之巨狡也，学于禽滑黎。此六人者，刑戮死辱之人也，今非徒免于刑戮死辱也，由此为天下名士显人，而吾曹乃多以一眚自弃，惜哉！（同上）

他在《四书反身录》中解"樊迟请学稼"章，并不如一般理学家在那里空斥"小人"，反而为"小人"之事作辩护。他说：

伊尹耕于莘野，孔明躬耕南阳，此未仕而稼圃者也。海刚峰令淳安县，爱民如子，视钱如仇，携苍头二人，耕田艺蔬，一毫无取于民，此仕而稼圃者也。……风高千古，稼圃何害？在迟（樊迟）固不可徒稼圃，……慎无借口夫子斥迟之言以自误其生平。（《全集》卷五）

他的这一学旨，一方面在矫宋明玄学之高玄，结果拒绝众人于学问之外，他说：

请问自新之功？先生曰：最上道理，只在最下修能，不必骛高远，说精微，谈道学，论性命，只在日用常行，纲常伦理，极近处做起。①（《全集》卷六）

他方面，在学术成就上言圣、愚、贤、不肖皆可从自新而进修，暗含着天赋人权、平等的思想新芽。他的《观感录》一书实在是人权宣言在性能上的还原。他在此书中所举晚明的学人，都是下贱起家的人，兹把他《观感录》的十个人写在下面（详看《全集》卷二十二）：

王心斋——出身盐丁，因谒孔子庙"此亦人耳"之疑问，而开始进修。

朱光信——出身樵夫，因樵采易麦糈养母，但并不空谈性命而亦享配儒祠。

李珠——出身吏胥，终身服务下役，谓"在公门尤易施功"，

---

① 此段文字乃引大意，脱漏处较多。

倡实践之学，名闻天下。亭林亦赞服之。

　　韩乐吾——出身窑匠，陶瓦为生，从樵夫朱子学。讲学兼劳动，工贾佣隶，咸从之游。

　　林讷——出身商贾，淮南营商，遇乐吾拜为师。他的家受过嘉靖甲寅倭寇之劫，家烬而学业更进，后成大儒。

　　夏云峰——出身农夫，素事农耕，后学于心斋。某尚书问他的学问成就："子得此学，如何作用？"他说："某一农夫，有何作用？"他从农夫的反身经验曾证明一个道理，为后来清学所本。他说："天理人欲，不知谁氏作此分别？吾反身细求，理欲似难分别，分别止在迷悟间，悟则人欲即天理，迷则天理亦人欲也。"

　　陈剩夫——出身卖油佣。他的父亲是个打银匠。他随父作工，主人防之如防盗贼。他十一岁语父曰："何业而蒙盗贼之防乎？"劝父舍此业，遂做了卖油佣。后一边卖油，一边读书。学成以知行并进为学旨，为后儒知行合一之先导者。

　　王元章——出身牧羊人，"见摈于父，执策映佛灯读之，躬修允蹈，亦成名儒"。

　　周小泉——出身戍卒，崛起于行伍之间，有功于关学。

　　朱贫士——出身织布匠，和妻子织纲巾为生，后从学于冯少墟，以操行不苟，见称于世。

　　二曲《观感录》所举十人，都是些贱业出身的人。这不是他偶感而发，实在是他的平等思想在学术上的透露。他说：

　　　　道无往而不在，学无人而不可，苟有肯心，何论俦类？（同上）
　　　　迹曷尝限人，人自为迹所限耳！（同上）

　　二曲打破"俦类"的界限，是平等思想的源泉；打破"迹先迹后"的分别，是对于空谈玄学的抗议。我们认为他的这种朴实学旨，是开启了近代门户的平地一声巨响，故他的折中温厚学风里大大含有新锐的锋刺。任公云："他的学风带有平民的色彩。"这话讲对了。

　　二曲倡"匡时要务"，少时著《帝学宏纲》《经世蠡测》《时务急著》诸书，"凡政体所关，靡不规画"，但可惜上书都因了清廷忌讳而自毁绝了。（《全集》卷十八存《与布抚台书》，仅为陕西疾苦上陈急务八条，都是实际政策，但自言"触犯时忌"，只可与知己言而已。读此亦可想见时务诸书的内容了。）在他三百年后，始有人再讲"时务"，二曲可以不朽了。现在他的全集中所存《匡时要务》，仅就"明学术救人心"一点立论，深慕东林自由学风，而主旨则攻击当时八股词章之害人，比之洪水猛兽。虽然仅留下这一点匡时急务的著作，已经是解放思想的最早宝库。他说：

> 自教化陵夷，父兄之所督，师友之所导，当事之所鼓舞，子弟之所习尚，举不越乎词章名利，此外茫不知学校为何设，读书为何事。呜呼，学术之晦，至是而极矣！人心陷溺之深，至今日而不忍言矣！昔墨氏之学，志于仁者也，视天下为一家，万物为一体，慈悯利济，唯恐一夫失所；杨氏之学，志于义者也，一介不取，一介不与。……此其为学，视后世词章名利之习，相去何啻天渊？孟子犹辞而辟之。……夫以履仁蹈义为事，其源少偏，犹不能无弊，矧所习惟在于词章，所志惟在于名利，其源已非，流弊又何所底止！此其以学术杀天下后世，比之洪水猛兽，尤为何如也？（《全集》卷十二《匡时要务》）

二曲以"履仁蹈义"，详赞墨、杨之学，颇具新见解，实前儒不敢言之者。他深痛恶八股词章，更直言其为束缚人心的枷锁，"洪水猛兽，止于身害，学术不明，根于心身。……心害则醉生梦死，不自知觉，发政害事，为患无穷"。他主张救此时弊，在于自由讲学。他说：

> 立人达人，全在讲学；移风易俗，全在讲学；拨乱反正，全在讲学；旋转乾坤，全在讲学。此生人之命脉、宇宙之元气，不可一日息焉者也。（同上）

他以思想自由讲学，匡救八股时文的教条背诵，和亭林、梨洲相同，故他亦如亭林，以为立会讲学之风要大大提倡，以建立士风士节，而反对禁止。他说：

> 宋之不竞，以禁讲之故，非讲之故也。
> 边臣不知忠义，而争先逃走，妖贼不知正道，而大肆猖獗，中外贪肆成风，缙绅奔竞成俗，正坐道学不讲之过，……立会讲学，……可以少挽狂澜于万一。（同上，引冯少墟上疏语）

知此，二曲之平等与自由的思想，是中国近代的启蒙种子，实无疑义了。王昆绳（著《平书》，讲治道）为当时"讲究伯王大略"自负的人。在他未信颜习斋学旨之前，亦曾致书二曲，谓："苟得大贤焉为之依归，复何怅乎！闻先生著述甚富，皆体用兼备之书，恨未之见。"书中多以讲求实学，征求二曲之意，例如他说："今之谤之者，谓其事功，圣贤所不屑也，其学术为异端，不若程朱之正也，其心不过欲蔑其事功以自解其庸阘无能之丑……"可见二曲在当时适用之学已传闻天下，能令一自云"为豪杰不亦可乎，何必道学"之昆绳仰慕了。

李二曲先生

冯玉祥

编者按：本文原载《人物杂志》1946 年第 1 卷第 2 期，又见载于《飘》1946 年第 8 期。冯玉祥（1882—1948），字焕章，原名基善，原籍安徽巢县（今巢湖），生于直隶青县（今属河北沧州），中国国民革命军陆军一级上将，西北军阀。1921 年 7 月后任陕西督军。1924 年发动北京政变，推翻直系军阀控制的北京政府，电请孙中山北上主持大计。1926 年 3 月赴苏联考察，同年 5 月加入中国国民党。9 月 17 日在绥远五原誓师，率领西北军出潼关参加北伐战争。1930 年 3 月与阎锡山组成讨蒋联军。1933 年 5 月，在察哈尔组织民众抗日同盟军，任总司令。1935 年任国民政府军事委员会副委员长。1948 年 1 月被选为中国国民党革命委员会常务委员和政治委员会主席，7 月回国参加中国人民政治协商会议筹备工作，9 月 1 日因轮船失火遇难。

对于李二曲先生的为人、行事、苦学，我都极为佩服。至于他的著作方面，因为限于当时的思想环境，总是以"心性"为出发点，然比程、朱、王的高明实在。他主张"明体适用"，他所以能成为一代北方大儒的原因，也就在此。

至于他的为人、行事、苦学，我可以详细的说一说。

明季将亡，崇祯十五年的时候，他正十六岁，他父亲便是这一年在襄阳与李自成战役中死去的，不久明竟亡国。所以他幼小的时候，便受到国亡家破的惨痛。家境又极其穷苦，母亲想让他读书，而没有钱，学塾不收。于是只好在母亲教养下，自己苦读，书都是借来的，家中常常一两天不能举火。可是他努力不懈，结果就以这苦学二字成功了当时的大儒。

他成名以后，除了各处讲学以外，绝不想借此升官发财，所以有许多人愿意举荐他，他拒绝了，关中总督把他以隐逸荐于康熙，又有部臣加以推荐，康熙要召见他，而且要重用他，他上辞征的文有十数通，都称病不去。大吏硬把他抬到行省，他却绝粒六日，点水不尝；大吏还想要他去，他便拔刀自刺，这才得假回籍。后来康熙西巡，又要见他，令陕督传旨，他惊泣说道："吾其死矣！"还是假称废疾不去，只是让他儿子以所著书呈奉，皇帝赐他"关中大儒"四字。大吏又让他上表致谢，二曲说："素不谙庙堂文字奈何！"大吏非强他写不可，他便胡乱弄了一篇，大吏一看，说这哪能给皇帝看呢，便没有呈奉，也不再强他。

他因为声名的关系，达官贵人以及士子，找他的非常的多，他却十九不接纳。而顾亭林先生去的时候，他却尽情款待。

他就这样贫苦一生，直至死去。

我觉得他的为人行事，可佩服的地方便在此。我觉得他实在是读书读通了，知道了做人的大道理。他认为身是遗民，就绝不能在满清的统治下升官发财，极愿穷苦一生，不受他牢笼利用。对于亭林先生这样硬汉，便引为知己，这可见他的用心所在。

我读了他的著作以后，又看到他的身世，实在佩服他这种穷且益坚的精神，不受满清利用的精神。他的伟大处，我以为还不在他的著述，而在他有这样的坚贞不拔的光辉万世的人格。

（《人物杂志》编者注：本文摘自冯先生《我的读书生活》第二册，原题为《读〈李二曲全集〉》，因其中多论及李二曲之为人，故改今题。）

路闰生先生之学术思想

萧龙湄

编者按：本文原载《西北文化月刊》1941年第1卷第6期。萧龙湄（1885—？），别号万康，曾用名萧西坡，原籍山东日照。毕业于沂州府中学堂，1907年加入同盟会，曾任西北军官学校教官、津浦铁路总局文书课长、潼关县政府秘书、西安市总工会干事、西安市商会主任等。

陕西盩厔路闰生先生德，性孝友而好学，以翰林院庶吉士，散馆改户部湖广司主事，升补军机章京。年三十余，因目疾告归，主讲关中、宏道、象峰、对峰各书院。生平讲学，以汉、宋诸儒为根柢，专主自反身心，不分门户，不事标榜攻诘，惟以孝弟律身、忠廉应物为尚。先生当科举时代，国家专以文章取士，先生病当时空文腐调，华而不实，其掇科甲任要职者，多染剽窃空疏之习，渐少刚正气节之行，于是按时文格调而改变其精神，一以经训传注为宗，教人先行而后文，尝谓门弟子曰："读书为作好人，非求富贵也。"著有《仁在堂时艺》十一种（曰课、曰辨、曰话、曰综、曰核、曰和、曰阶、曰引、曰开、曰窍、曰向）、《蒲编堂训蒙草》、《关中课士赋文评改》、《明文明》。历逊清嘉庆、道光、咸丰、同治、光绪五朝先后百余年，海内学者，皆宗尚先生之文章，国风为之一振，甚至山陬水澨，不胫而走；朝鲜、琉球亦皆贩鬻而奉为圭臬。后世皆知先生文名满天下，遂目先生为文章家，当时如曾文正公涤生，以中兴勋业震中外，尚谆诚其子弟谓："谋举业功名，非服膺闰生先生文不能发达。"然先生之学术思想，岂真以文章为事业，而资以利显达哉！

先生廉静寡欲，家贫母兄老，借讲学以祛病，修脯所入供甘旨，兼偿父元锡先生为直隶藁城知县时，因赈恤水灾所累数千金之宿债。而家被回禄故友门生请醵金为修葺，则固却不受。交游遍国内，取与辞受，界限峻严，即门下士亦未尝稍为假贷。两目既盲，不见书册，令人雒诵口授，恒汩汩数千言，数人录之不能及。每晨四鼓即起，兀坐书斋，背诵经传，日有定课，专以一心为主敬本源、断私欲、绝思虑、屏除医药，三年后而目复明，故平江李次青谓"先生修身体道之功，为文名所掩"，盖有以也。朝邑阎文介公敬铭为先生及门弟子，所事最久，曾以"怀抱峻洁，遗弃荣利，言学言理，切近踏实"称先生，并搜集先生著作《柽华馆诗文集杂录》十余卷，于光绪十一年刊行于世，海内人士，读此书者，始知先生学说，尤以不外求、不嗜利为治心立身之本，于是李平江谓"先生诗古文又为时艺试帖所掩"，更不诬矣。先生既负盛名，而诲人不倦之德，恒不分畛域，当时缁衣黄冠之徒，持诗卷以求品题者，无不就其宗教本源，去妄存真，必使之明体达用而后已。尝著《墨子论》，谓：

> 孟子兼距杨墨，然距墨易，距杨难。墨子之道，爱人济物之道也；杨子之道，自私自利之道也。自私自利，人情类然，末世尤甚，是即杨子之徒也。墨子之道非儒，其意则不背于行，其过在薄亲而兼爱与摩顶放踵，犹是儒者己饥己溺杀身成仁之心，特儒者得乎中，墨子过乎中，遂不能无偏。然即此皆杨子之所不肯为。从墨子之道，则富拯贫、贵庇贱、强扶弱、智诲愚，民康物阜，勤素成风，禁攻寝兵，狱讼衰息，不审为治世。从杨子之道，将使富者生、贫者死、贱者悲、贵者喜、强者智者务为自全，弱者愚者举不得免，臣不忠其事，子不竭其力，兄弟不同其心，虽人人服儒服，诵儒书，而生理固已灭矣。

读此文可以知先生之学术，本乎儒者中庸之道，慨夫时政日非，有文无行者居显位、食厚禄，多无济人利物之心，故发为此论以矫偏弊，非谓墨子不可距，盖以天下滔滔，若效法于杨子，则人心日危，故距墨不如距杨耳。然则先生之思想，盖无时不以改革人心、转移风化为职志，可谓采撷经史子集之精英，发而为人生圭臬。而一己之立身行道也，守其本而不故乖于时，因其俗而必导之于源，以先知先觉觉后知后觉于不知不觉之深心，人所难同，有时发露于文章，因之声名亦洋溢于海内。

考其事迹略历，则有当代绅耆请祀乡贤祠，所列其事实十二条。一、诚于事亲，终养不仕；二、诚于事兄，爱敬并训，养诸侄孙皆成就，内外无间言；三、训子有方，二子皆为名宦，家教严肃；四、职事必勤，不事干谒；五、操守极严，平生非力不食；六、克己功深，日有课程；七、训迪维勤；八、学富根柢；九、经济宏裕；十、泽及乡间，节用助赈；十一、谊敦师友，义式姻党；十二、力为阐幽，勤于扬善。举此荦荦诸大端，可知诚于中者发于外，堪动末俗而使顽廉懦立。

先生当主讲时，曾以读书及为人各法，谆谆训诫及门弟子，以听从者十无二三，恒付之一叹，尤见衣钵真传，实非易得。今先生皈道山垂百余年，家风未坠，门庭雍肃，收藏书籍，几经兵燹，吉光片羽，犹见保存，其曾孙禾父与余有道谊交，能于国难之中，搜罗盩厔先贤文存六种印行于世，先生之《柽华馆全集》亦在其中，余因得以欣赏，不禁有故家乔木流风余韵之风，于以知先生之学术思想，本道德而发乎文章，故为斯记。

沣西先生嘉言集锦

郭述贤

编者按: 本文原载《西北研究(西安)》1943 年第 6 卷第 9/10 期。郭述贤,生卒年及生平事迹不详。

长安柏子俊,号沣西,为关中近世一大宿儒,博古通今,经纶凤□,□以科名所拘,终于怀才不遇,前后主讲关中、味经、泾干三书院,垂数十年,游其门者半三秦。顾生逢逊清末造,国事日非,一般学者,谬于故习,不沉涵于训诂笺注,即栖迟于八股试帖之中,先生悯焉心伤,其教生徒也,通经惟期致用,破汉宋门户之分,学道端正立身,泯朱陆异同之见,并以崇尚关学为己任,以故门下多知名士,关中风气为之丕变。今者先生虽墓木早拱,其有开世道人心之作,尚留凡间,兹择其名言刊俾时人学法,且亦垂之永久。

有清一代,以八股试帖取士,以故时人率多以词章相尚,猎取科名,除记诵四书课艺而外,不知其他,视此人材,安能望其有为邪? 故先生力辟之:

> 士当穷厄闾里,目不睹有用之书,耳不闻有道之训,纵有磊落英名之选,亦汩没于八股八韵之中而患得患失,罔若"名利"二字营营于魂梦间也,又安望人才之崛起也哉。(《覆刘焕唐孝廉》)

汉学注重考据,宋学空谈性命,均各有所偏,先生则主张为学先由克己工夫做起,然后及人。迨所谓己立而立人,己达而达人也欤?

> 圣贤之学,以恕为本,以强为用,诚得为学之要。人维藏乎身者不恕,是以只知有己,不知有人,满腔子都是私欲,心奚以正,身奚以修? 果能强恕而行,则望于人者薄而责于己者厚,以之处君臣、父子、夫妇、昆弟、朋友之间,亦焉往而不得其道? 故维孔门言学,敬恕并重,其告仲弓曰"己所不欲,勿施于人"者,恕也;"出门如

见大宾，使民如承大祭"者，敬也。"敬"之一字，似尤为彻里彻外彻始彻终第一工夫。敬恕立而仁存，仁存而道德经济一以贯之矣。然修己治人之学，亦非可空谈性命遂足尽之也，古今惟大英雄乃能为大道学，本原既正，而博考宏稽，以增益其所不能者，实非旦夕所能程效。甚矣，学之不易几及也！（《覆陈诚生明经》①）

叔季之世，风俗颓蔽，一般人率多责人则明，树己则昏，但天下爱之敬切近者莫如爱己，其所以终于忘己者，实因私欲蒙蔽所致耳。先生之言，诚是。又：

> 学以变化气质为先，展如性似过刚，量似过隘，过刚则宜以柔克之，过隘则宜以宽济之。读古人书，见一言恰中吾病痛，则为汗流浃背，务求病痛所在而抉去之，庶几刚柔得中，隘宽合度，无往而不咸宜矣。若徒善书之有益，而未能实滴于己，不过浮慕而已。（《覆赵展如》）

对身体力行，极端重视，而学习之价值，亦被先生之道破矣。若人人俱能诚于中形于外，夫焉往而不利？此种修养，后生宜奉为圭臬也可。

先生秉性刚直，不肯随俗浮沉，于下文见之：

> 自维孤鄙性成，不合时好。自到省垣，益形窒碍，四五巨绅，仗其豪富，把持一切，虽地方官亦畏之。无论何人，须奔走门下，方可少安，否则必抉去之，以为快。（《复林迪臣学使》）

对于把持地之恶绅，先生深痛恶之。此种事实，现今犹存，甚望当道三复先生所言，以作兴革之参考。

"人存政举"，古训昭然，盖事业之推进，全赖人材而定。《诗》云："济济多士，文王以宁。"得人之谓也，但全材实不易求，尽人所知，先生下文关于用材储材，颇有独到之处：

> 夫天下安得才德兼优之人而为我用哉？其次才优于德，德优于才，均属可用，维视我用之善与不善耳。大抵用人者必先有权，有权则可以程其功，可以斥其过。弃取维我，谁不乐为我用？而又量吾权之大小而用之。若吾之权小，人之才大，则暂置之以老其才，以备我

---

① "《覆陈诚生明经》"，原文作"《致马伯源明经》"，据《沣西草堂文集》改。

异时之用。且必以身率之，我率以勤，孰敢懒？我率以廉，孰敢贪？我率以勇，孰敢怯？我率以公，孰敢私？众撑则易举，相得则益彰。治天下如是，治一郡一邑，亦当如是，而事尚有不治者，吾不信也。

先生对于用人储材领导部属，以身作则，于百数十字中，并包兼举，作为从事首长之座右铭，似无不宜。又谓：

欲坐好官，须将纱帽提在手中，盖谓应掷去时，则竟掷去耳！

先生服务之热诚，于此可见一斑。

鸦片战争后，我国之积弱，暴露无遗；外人侵略之事实，纷至沓来。忧国之士，咸以迎头追及西洋之船坚炮利为当务之急，殊不知我之进步，若以追求为目的，势必形成步人后尘、永无追及之一日。先生固早以计及，主张改良战术：

夫彼所恃者炮火，愈出愈奇，不可思议。我则以血肉当烈焰，所恃者，拼命一冲耳。冲之而径入，彼之炮火无所施，则胜矣，否则聚歼而已。此可常恃乎哉？甚矣，中原陆战不可不及时讲求也。讲求若何？彼以巧，我以拙；彼以整，我以散；彼以诡，我以坚；彼以彰，我以暗；彼则万众齐驱，我则人自为战。伏也而如雷，奔也而如电，如星之撒于无穷，为风之摧于无间，而何畏乎鬼之奇，而何忧乎奸之汉！（《复马丕卿》）

询为卓见，证以抗战后之情形，亦信。惜为时人所不注意，卒至甲午之败！古人谓："有德者，必有言。"正维先生修养有素，其谋也远，其虑也深，故不言则已，言必有中。先生平生著作等身，惜因几遭兵燹，多数散失，仅掇拾其遗作，都为五卷，名曰《沣西草堂文集》传于世，希有志研讨西北文物者，幸注意焉。

刘古愚先生没后二十七周年纪念文

张鹏一

编者按： 本文原载《陕西教育旬刊》1934 年第 2 卷第 32/33/34 期。

本年国历九月二十四日（即旧历八月十三日），为古愚先生没后二十七周年之期，在籍同人，每年届期致祭，以为纪念，今岁鹏一远在旧京，未能与于边豆之荐，然念师说之传，贵于力行发挥而光大之，祭祀纪念日，宜发明先生学说，使海内人士，知西北偏僻之区，有大儒如先生，不计一身之穷通，殷殷然以忧国救民为己任，庶几闻风兴起，引先生为同志，用先生之说，以维今日之时局，请略叙于下①，与国人商榷焉。

一、欲明先生之学说，须先明先生身世之环境

清代学术凡三变：入关之初，用程朱之说，以范围士子，继开鸿词科，招致人才，是为文词摹仿时代；中叶修辑《四库全书》，考据训诂之学兴，是为汉学时代；道光以后，通商事起，以翻译制造为时尚，是为趋重西学时代。然西学之兴，惟沿海商埠则然；边鄙之区，惟以八股应试之文为重。陕居西北，岂能外此？士人又受清初二曲先生之传，以孤高绝俗相尚。同治中叶，战乱削平，大吏治陕者，闻三原贺复斋之名，剡章褒荐，表率关陇，陕人士翕然推之，又以程朱子学为第一。时先生年近二十，已知东南受英、法各国之逼，而通商传教，非中国本意。中国以后，将时时与英法各国相周旋，专求旧学，不足以维中国之局。而报章未兴，译书莫睹，惟以情理推测而已。所以然者，先生年十八，为咸丰十一年，英、法兵入北京，清文宗避热河，其后和议成，宣示条约于各行省。先生应县试，于壁上见和约榜示，大清国与大英、大法两国并列，恍然于西国势力之强，中国不能抗，而留心西国事实之观念以立。至光绪之季，有甲午、庚子之变，而先生之主张益坚，此当时环境。常人不以为意，而先生见微知著，沉机独

---

① "下"，原文作"右"，径改。

断，排众人之议，为西北先觉。其变更学派者以此，其负谤惊俗亦以此。

二、先生身世既明，其创立学说以官师合一，即事为学，而归本于治乡，以乡学为入手方法

总其生平学说大纲，约分三事：

（1）教士

《味经书院课程》《味经校勘章程》《时务斋学规章程》《论崇实书院诸生》《甘肃大堂提要》

各条载《烟霞草堂文集》，下同。

（2）事业

蚕桑　种蜡　纺织

（3）乡治　乡学

《行周礼必自乡学始说》《孔子为中都宰说》《咸阳借款预办积穀章程》《借款收麦归入义学章程》《义学章程》《复邠学社学规》

《涂劢卿墓铭》《复邠学舍始末记》《与陈伯澜书》《与沈学政书》

然先生终身以教士为事，实业乡治，皆以试其所学，而早岁得力，实为阳明之学。其言曰：

> 阳明会合白沙、甘泉之说，括以"致良知"三字，单传直指，一针见血，使学人闻言立悟，有所执持，以循循于学问之途，故自阳明之说出，海内学人蜂起，名儒辈出，盖自周、程创兴儒教以来，未有若斯之盛也。（《与王含初论致良知书》）

先生之学又博采异同，不立门户，其言曰：

> 今日讲学，万不宜自隘程途，悬一孔子之道为的，任人之择途而往，不惟不分程朱陆王，即荀杨管商、由韩黄老、杂霸词章，以及农工商贾，皆为孔教之人，苟专心问道，皆能同于圣人，而耶佛亦可为吾方外之友。（《论朱陆异同书》）

此其为学之宗旨也。经学自抒心得，以古义相印证，晚年亦取今文家之说，及甲午以后，注重西人之艺学，以空言无实用，为中国受病之因，尝曰：

救国贫弱，莫大于兴学，兴学以化民成俗为主，非仅造士成材也。纳民于学，使皆为有用之材以自治其业，所谓化民成俗也。（见《学记臆解·序》）

又曰：

宇内大通，生齿日烦，养民而外无所谓政，亦无所谓学。伦理学者，所以迪民志，使知有公利也；科学者，所以扩生利之具也。至于讲武明刑，则所以谋保富，不使侵夺于外族，争战于同种也。（见先生墓铭）

其鞭辟士心，使病除症结，则曰：

闻人之长而必言其短，见人之短而特甚其词，此争名之心发于外也。居处饮食不相让，学问事业不相谋，此争利之心蕴于中也。及至居官，以空疏无材，竞名利之私，其能不嫉贤妒能贪荣慕势，如诗之所谓忮求乎！官方坏则事事失人心，今日人心之涣，未必不自吾辈存心酿而成之也。（见《时务斋学规》）

呜呼！此等针针见血之言，虽以戒当时诸生，而民国以来，政府中人，其能免于先生此等之斥责耶？先生似烛照于二十余年以前，揭示于二十余年以后，愿吾人引以自镜，其有动于中，以谢先生耶！否耶？蚕桑、种蜡、纺织之事，先生急力提倡，以财力不继，事皆无成，其办法始末，文集中俱载之，今不再赘。

乡治之事，乃晚年所主张，其《行周礼必自乡学始说》一篇，详悉言之矣。其《论孔子为中都宰》曰：

圣人为政，必从治乡下手，故所叙治绩，皆民间事。《论语》所言，皆使出治者自治其心，多未及施于民之事，欲实知所施于民，当取证于孟子之言。孟子为亚圣，七十子后儒家之宗。其所言，无一不出于孔子，故证以孟子之言，即得孔子之所以为治。孟子陈王道，反复于齐、梁之庭者，千百余言，而其归宿，则为制田里、教树畜、导妻子，使养其老。制田里，必经营于民间，然犹可以刑督促之。若教树畜，导妻子，使养其老，非家至而日见不可，岂仅立一法、出一令，能使民之必从哉！按户而察鸡豚，入闺门而导妻子，圣人即百倍于亚马期之披星戴月，岂能三月之间，遂收男女异涂道不拾遗之效哉！

然则圣人为政，必有奇术矣，奇术为何？设乡是也。（《文集》卷七）

又《与门人陈伯澜书》曰：

> 出山非我本意，我今注意在乡学，不在府、县之学；在小学，不在中、大学。今日作成一虚以待试之奇才，不如作成一实而即用之凡才。当今之时势，欲富强中国、理财治兵无从下手，惟有屈意治乡，以固国本，行之三五年，然后再讲富强之术。

又曰：

> 三代之大国，不及今之一县，而有君，有卿，有大夫，上中下士。王畿之内五家，即一下士为之长，其为治之详密为何如哉！今日欲聚民，宜先设乡学，乡学之师，即以治一乡之事而兼教其子弟。一乡所统之村，以里计，不过十五；村各设学，以户计，不得过五十。村学上统于乡，乡学上统于县，各学之师，均三人，准三老、啬夫、游徼之职为之。县则统于省之学堂。此省学堂，即如今之保甲局。开学之始，即调各县举贡生监，聚于其中，而督抚视此等人，如己之子弟，而亲于讲求治乡之法，又察其心术，然后使归而各联其县之人才，编保甲，立乡学。各乡之事，十日须一报省，如此，则上宪之令，一日可及于乡，而乡民之疾苦，一日可达于上。而诸善政，可次第行矣。今日造就三老、啬夫、游徼之才，急于良将良相，而良将良相之才，且必因试之三老、啬夫、游徼，易见而可信也。

先生兴学，始于社仓，大于借款、生息。光绪戊寅，大荒之后，陕抚冯誉骥为全陕各县筹社仓，咸阳一县立仓四十四所，所各积麦一百二十五石。至光绪十五年，仓各存一借欠簿，而麦归乌有矣。先生劝乡人以麦还仓，移仓于先生所居之天阁村，年借年收，斗加息二升，小荒则不取息。至十九年旱荒，先生与咸阳赈务，事后余银二千五百二十余两，禀请省宪，借以为本，营运生息，期年已获倍利，仍借民间收麦归仓，中经讼事，少生阻力。至光绪二十二年，仓中息麦，计千余石，恐奸民生心，于是以息麦设义学六所，咸阳四，醴泉、扶风各一，其设学于醴、扶者，先择经理之人，而后敢设学也，此先生以仓麦设六义学之始末也。先生尝与沈学使书曰：

愚以为苟欲为陕遍设乡学，经费决不必忧，但虑公无其心。有其心，虑无其权；有其权，虑县乡各村之师不得其人；得其人，则县乡各村各学经费，师自能筹，不必过虑也。筹经费之法，因地因时因人因事，不必拘定一格。陕西之财，足能供陕西之用，况宏道、味经、关中，及各府厅州县书院，经费俱在，初不待筹，则县筹各乡各村，即以社仓为主，而各学代县办事，一切陋规酌裁之余，以补设各学之费，愚敢保其能裕如也。

夫先生筹画乡学，简易可行如此，已办之成效如此，而当事者忽之。先生之文集、遗书刊行多年，而全国学界中人，未闻细阅其书，审查其事，遍诏国人，商量施行，但溺于西洋城市之制，日以中学、大学为事，不知于本国根本乡里之制，培植人才，组织办法，厚集国力，宜其招全国乡里之乱，造成现时之象也。

今以先生咸阳社仓息麦兴学计之，咸阳社仓四十四所，所各积麦一百二十五石，共计仓麦四千五百石，每年放出之麦，每斗加息二升，应收息麦九百石。村设小学，以一百石为基本，年收息麦二十石，平均价值银二百元，即敷小学一年之用。再即此数，以中等县粮赋地亩户额积麦设仓收息立学，统为估计。陕西中县，以岁入粮赋五万元计，平均每亩收银一角（陕西地亩等则有三等五等之别），为地五十万亩，每亩积基本社仓麦五升，每年共积两万五千石，年收息麦二升，为麦五千石，连积基本仓麦三年，为麦七万五千石，以后每年可收息麦一万五千石。县中户额以五万计，每五十户设一小学，应设一千小学。以收息麦一万五千计，实可设七百小学；余三百小学，可由县中公款补设。其每年领麦之户，每户约领二石至三石，五万户除两万户为有力自养之家，以三万户领麦出息，可得一万五千石之数。再以表明之。

中县	地亩	粮银	仓麦	息麦	户数	学数	学经费
	五十万亩	五万元	全县七万五千石	每年一万五千石	五万	小学一千所	每所年二十石得价二百元

先生经世之学，注重乡治，而乡治以乡学为本，盖深悉中外立国根本不同，西人根本之治在城市，故商埠经营，修理精密，工厂建筑，务极华美，各国竞争，以成今日之盛。及至中国租地辟埠，自行政令，所在国之商业金钱，遂垄断无余矣。中国不及加察，不审国情，袭其市埠商业之法，移治全国，是以清季变法，行至十年而乱亡。民国因之，二十年而乱益甚。以西国之治在城市，中国二千年之治在乡里，乡里治而全国治，乡里乱而全国亡矣。此事在先生立论时，人或以为迂腐无用，今日观之，其论何如？近年西方学者，亦知调和乡野、城市

之方，（见《东方杂志》，一时忘记）吾国农村改良，最有名者，如定县之翟城村、山西各县之村制，然或立论太高，模仿性太深，或有名无实，徒为钳制乡民之具，似不如酌参先生之法，以联络民情，安定民业为主，再议进步，为效必大。且先生乡治，非空空立论也。泾阳循使涂劭卿先生，为先生之交，其治泾阳成绩，先生尝赞助矣；咸阳、醴泉、扶风三县义学，先生以乡间积麦赢利，使乡民兼收义学经费矣。此其成效卓著，非空谈不负任者比。其助画泾阳之治时，先生主讲泾干书院，涂公干县事，每有兴革，多与咨商，先生为之规画，不遗余力。尝缮册详陈保甲办法，每乡择稳练绅耆分任总查，里正副，诸名目以次治各乡水利、农田、社仓、义学，并稽查户口多少、贫富勤惰，隆其礼貌，以时延接。涂公始病太繁，先生曰："一县必始于一乡，故王道至纤至悉，《周礼》《管子》，其法可师，何繁为？"涂公行之，治泾阳七载，巨细皆悉，泾因以治。（见《行状》并涂公墓铭）盖乡学、乡治相为表里，必乡得治之人，而后乡学可办也。

更以陕西言之，民国以来，陕西久乱，良民涂炭，非以土匪著名乎！然其事，先生在时，尝言之矣。当庚子之次年，辛丑月，与沈学政书曰：

　　去岁六月之事，至今思之，令人心悸。愚民无知，以剧本为经典，以优伶为先知，《水浒》《西游》，盗贼魔鬼，一旦生于我国，既遂外人弱我之心，徒贻后世笑谈之柄，岂不痛哉！救去岁之败，必自开导乡愚之无知始矣。开导乡愚，舍乡学何以哉！

又曰：

　　今日中国之患不在外人之富强，而在我国之贫弱，我民之顽犷，顽则无礼义而昧时势，犷则逞蛮野而触祸机。自唐以来，治民者有政无教，积渐以至斯极，民心久散而无统率，故虚妄鄙俚之邪术，足以诱之而为非也。

又曰：

　　学政有整顿风化之责，世俗特以校阅试绩为尽职，而委教民为地方官之事，民俗美恶，遂不过问。今西人制我，练兵谋饷，督抚之权，均为西人所忌。惟学使职在教学，可行其志，是学政之权尚在。愚请以六义学献，以为整顿关中乡学嚆矢。

然沈公对于此事，未见答复，盖以有所为难，不能实行，惜哉！呜呼！使先生六义之学办法，早推行于关中，乡里有人才，自卫有能力，吾知今日之强梁之土匪，狡狠之军阀，必不能纵横于关陇之间，以成十余年之乱。先生烛照未来，深知不教之民，不可以侥幸于乱世，故其言如此。然前说俱在，补牢之计，为时未晚，我乡里之长官士人，我党部国府之明达当道，我全国之志士仁人，其速知所取法哉。

三、先生师友之渊及其传授

先生家世寒微，长值回捻之乱，饔飧不给，而好学不休，同县李编修寅，振奇人也，与先生晤语以阳明之学，先生深信服之。编修家藏书最富，留先生教其子（即岳瑞），自此学问日进。其交柏先生景伟也，由于先生之堂兄某。柏字子俊，长安人，以举人保升知县，负经世才，曾佐巡抚刘典军事，闻先生好学，欲见之。先生时授徒乡间，托辞不往。柏先生知之，亲访于乡塾。至则先生他出，见案上所阅之书与其日记，细阅之，大惊曰："此人当为吾师，何云友也！"自是引为深交，讨论经世之学，以气节互砥砺，与李编修相伯仲。先生经史之学，又得之于贵筑黄布政彭年。黄初为关中书院山长，拔先生于诸生之中，其后十余年，黄官陕臬司，与柏先生交荐于林学使启，任味经书院山长。柯学使逢时继之，整顿书院事，奖励优秀，校刊经史，故历任学使，惟柯公交最深。次则南丰赵学使惟熙。值甲午之后，设时务斋、崇实书院，议办机品织布。其后先生遭谤山居，提学沈公卫，力佐佑之，至辛丑年朝议再变法，先生之名，复闻于世。先生教士为学，以独出见解，刻苦自励为主，以依傍他人、俯仰随俗为大耻，实有近时创作改造之精神。与弟子谈论，每曰"志士不忘沟壑，勇士不忘丧元"，此其无畏之气概，近世未之有也。弟子有名者，李工部岳瑞、陈解元涛、杨孝廉蕙、邢孝廉庭荚、王孝廉时锯、牟拔贡瑾、王章、魏之杰、胡大使坊、郭大令毓璋，惜先后逝世，其存者姑略焉。

四、党祸时代先生之态度暨先生没后陕乱之关系

先生之学术改革，始于甲午中日战后，知中国非变法不能图存，于是议废八股，习算数，以鼓励人才。而梁任公之《时务报》方行于上海，译撰西人学说，指导国人，先生见之，赞其。门人陈涛南游，见任公谈南海之学，以闻于先生，信使往还，名字遂通，其时惟议学术之异同而已。戊戌八月政变，以康、梁为大逆，陕人赵舒翘长刑部，旧与先生为至交，以新旧主张不合，至此电达陕抚，罢先生院长，京朝官附和之，而先生暨门人之识康、梁者，悉以康党目之。先生既

去味经，居于醴泉之烟霞洞，贫无所有，而讲论不辍。门人有以韬晦之说进者，先生曰："直道而行，何恤人言！有来学者，吾不之拒，其不来者，又有何能招！"居山中年余，四方来学者颇不乏人，而朝夕讲论，一如在味经时。李君岳瑞以党案罢官归，先生见之论以顺受；陈君涛游粤东，先生勉以努力。此外味经门人，大半分散。其后膺甘肃大学堂之聘，颇有陈蔡不及门之感，当时有诗云：

　　我生命果遭磨蝎，千里问关欲为何。远志虚名成小草，有朋乐事负牵萝。黄河强悍秦人俗，白塔嬉游下里歌。久别烟霞难自遣，不堪对镜冀毛燔。

　　西风肆虐撼昆仑，尘起神州莽荡昏。黄竹新歌王母醉，白莲旧术死人存。已闻间使通悬度，谁作长城闭玉门。滚滚浊河仍直下，中流砥柱不堪论。

以上二诗，为《游甘书感五首》之二，憔悴忧时，已可概见。其庚子六月山居，闻拳乱，有诗云：

　　何人凿洞贮烟霞，蠢蠢耕耘剩几家。地岂有灵能待我，天真蓄意欲存华。野逢旱魃无青草，朝运神谟下白麻。臣朔不怜饥欲死，课徒闲种木棉花。

　　山川改易五朝频，谷口名归郑子真。岂有黄霾昏紫极，偏闻赤子着红巾。鬼魅附体纷生乱，鲸鳄磨牙暗伺人。遁世迁儒何所补，农桑庠序是经纶。

两诗亦可想见先生山居态度，自问以山中终老矣，而后年有甘肃之行，实欲以学说改造甘肃，泯汉、回以后之争，乃劳瘁以终，不竟其志，惜哉！

先生没后之八年，岁辛亥九月，陕西革命事起，其事学界数人倡之，借助于新军之变兵，哥老会之头目。新军掠财旋散，会匪得势，遍开码头，幸及早翦除，得以无事，然秩序动摇，祸机已伏矣。其后陕人互争权利，始则渭河南北，双方战斗，继则各引外兵，借图报复，土匪四起，全省因之糜烂，而后来之客军大肆剥削，旱灾连年，居民死亡不知若干，陕灾遂为全国最惨之区。追数原因，先生义仓之事早废，乡学不立，民愚无识，非受人之蹂躏，即暴横无忌，假军队以作恶，如民五六年以来之事是也。

五、先生学说在今日之价值

先生学说，关于过去之事实，既如以上所言，其对于今日时势，是否视为无用，抑视为可采，为努力之价值。请以中国现象论之，今日各省政治是否进步，民人职业是否安辑，土匪是否净尽，教育是否普及，如其不然，用先生之学说，是否简而易行，可以收民人之信从，获工作之实效。[1]最近江淮水灾遍十六省，各方筹赈，力竭声嘶；东北外交之严重，等于箭在弦上，种种危险令人不寒而栗。起视政府之计划，如教育实业自治各项，条条精密，无可置议。然按之现在情形，殊非一二年所能做到，而风雨飘摇，迫不及待之中国，欲为唤起民众之主张，根本救国之主张，简而易行不为文字粉饰之主张，孰有如先生之乡学乡治之办法，取信于吾民，收效于期年之可恃乎？以乡学乡治为政府新政之前驱，民治有根基，而后诸凡新政方可施行，此切要之图也。不惟今日，此后之谋国者，洞察吾国过去数千年历史实为乡野之政治，与西洋之城市政治绝对不同，仍不能不取法于此，其中节目应行变通，而其宗旨不能更易。亭林有言曰"世治，人聚于野；世乱，人聚于城"，即乡治乡学之注解。顾全知识之分子，注意于世治时之区域，勿斤斤于城市繁华之地，效西洋商贾之事业，中国其有豸乎！

愚受教于先生十年之久，深愧于先生之学，无能为役，然感于同人之不忘师门，每岁致祭，二十年如一日，又以祠宇未成，祠地忽被收没，奔走计划，悉为人所难能，转念酒醴之肃将，尤当有学说之研究，施诸民生之为切要，因就先生《文集》《遗集》所载，并素闻于先生者，以为本周纪念之表示。深望同人暨海内士人，表同情于先生者，共加讨论，以期实行，不胜大愿。

先生没后二十七周年之夏历八月前期七日，门人张鹏一撰于宣南富平西馆。

此稿写定后，于十九日（即夏历初八日）午间，得紧急报纸传"本日晨六时三十分日本军队由沈阳西门入城，占据各衙署，焚掠商埠"之消息，为之惊骇者，久之。益感先生之学说不早推行，今日之事息息与之相关也。又记。

民国二十年稿

---

① 此处有删节。

咸阳刘古愚先生的"教育救国论"

刘熹亭

编者按： 本文分为上、下两篇，先后发表于《西北论衡》1938年第6卷第14期、第15期，原题目下有"关中近百年学术思想史研究之一"14字。今合为一篇。刘熹亭（1912—1940），毕业于北京大学史学系。对于中国四千年来的文化潜心研究，多有创见，为时人所推许。撰述甚富，皆极详博精审。

咸阳刘古愚先生是关中近代的大儒，他主张"学以致用""身体力行""以学救国"。他生的时代正是中国开始受到东西帝国主义的侵略，尤其是日本帝国主义的侵略，如他所说："倭患已平，黄深为虑……"又说："今以中国之大，不能御一日本……"（同指甲午之战）已深深感到了日本帝国主义对中国侵略无厌的可怕，所以高倡"教育救国论"，用以挽救国家的危亡。从甲午战后，已有四十多年，全中国现正对日本帝国主义展开了神圣的民族抗战。但是他说过的话，即用以指责当前现行教育制度的弊病，也还大半可以用得着。

作者志，二七·七·二五

一、他的时代和他的学问事业

咸阳刘古愚先生，名光蕡，字焕唐，古愚是他的别号，生时在道光二十三年至光绪二十九年（公元一八四三至一九〇三年）。这六十年中间，正是中国闭关自守的门户，为西洋各列强的大炮所摧毁，一向孤立自大的中国，遂受到世界各帝国主义最激烈的侵略，割地赔款，国势一天比一天衰弱。在他出生的前一年（道光二十二年，公元一八四二年），就是鸦片战争中国战败的一年，订立《南京条约》，开五口通商，从此开了割地赔款的例子。在他①二十岁以后，国势愈岌岌可危。外则有英法联军之役，订立《天津条约》（咸丰八年，公元一八五八

---

① 原文有"出生的"三字，根据文义删改。

年）；内则有太平天国的革命，满清政府政治的腐败日益暴露；以后又有甲午之战（公元一八九四年）。老大的中国，竟被新兴的日本打败，益发丢失了国家的体面。于是朝野上下一齐主张变法维新，中间戊戌变法（公元一八九八年）失败，德宗被囚，六君子被杀，清廷的统治权力越发不可维恃。到光绪二十六年（公元一九〇〇年），又有义和团之役，八国联军攻陷北京。清廷下诏变法，积极创立学堂，以为推行新政的准备，但是已经有些晚了。庚子三年（光绪二十九年，公元一九〇三年）以后，他就死了。死后的八年（宣统三年，公元一九一一年），就是辛亥革命的一年，从此腐败的满清政府就被推翻了。

他幼时，家境很是清苦。他的学问，完全由刻苦自学而成。他的学问的成功在三十岁以后；他的学问的根源，是由阳明而出，归结于富国阜民；他的学问的特点，是切实浅近，不沦于虚空。如他所说：

> 学在切实浅近，不在谈心论性，过精微多沦于虚，能粗浅乃征诸实。

又说：

> 今日儒生讲学，宜近而切求兵农工商之务，不宜远而高语天人性命之精。

所以凡是他所讲的，都是些兵农工商之务，不仅坐言，并可起行。他教人读书就注重在能活用书，可与世验证，尝说：

> 先儒教人读书，在内返诸身，予谓尤在外验诸世。

他生平的行事，全和他的主张相同，凡"生平每治一事，辄欲施之实用，非是则舍弗治"。综合他一生讲学的大旨，可以两句话概括："救世外无学问，致用外无经术。"在中国近三百年的学术史上看，他与颜习斋、李刚主"三物六艺"的说法，多相契合。

他读书好多发新的见解，自己说：

> 吾读书所得新理极夥，皆古人所未言者，当尽著之书以谂天下。

他所发的新见解，许多固然是对的，但有许多也并不见得就是，主要的是用古书来说明证实他的主张和意见，如他在《学记臆解·自序》里所说的：

> 旧书重读，新解特生，盖身世之悲，有不能自已于言者，强附经训，
> 以告稚子，故题曰《臆解》。观者若执古训以绳予，则予之戚滋深矣。

这是"借题发挥"的办法，因为他生的那个时候，言论不自由，大家还不敢说自己的话、表白自己的主张，"自由立论"的风气没有开，完全受控于"替圣人作注解"的势力下。在这种说话极不自由的环境下，他又因"身世之悲，有不能自已于言者"，没办法，就得"强附经训"，来作"臆解"。又怕有人不知道他的苦心，专门拿"古训"来和他为难，所以又说"观者若执古训以绳予，则予之戚滋深矣"。这也可见得在那种不能"说自己话"的时代，想要"说自己话"的困难了。

在他所发的新见解中举一个例子。如解释《论语》"学而时习之"的"时"字，作"因时制宜"的"时"字解。在他著的《论语时习录》里说：

> 夫学将以治万世之天下，岂能拘执一法，而强以应万世之变哉？
> 则必因时制宜，与世推移，而后不穷于用。故学于古者，必以身所值
> 之时习之，习之而得古人之法之意，则准之以应当时之变，然后推行
> 无弊。

这个"时"字的解释就是"时代"的意义，因为他生的那个时候，人们太不看重"时代"了，所做的事、所说的话，和时代的距离相差太远。所以他发出这种新的见解，著《论语时习录》一书，主要的用意，就在矫正当时人不知适应时代的病症，并不是如一般经师们专替先圣遗经作注解的一般。我们可以这样说：凡他所发的新见解，完全是在替时代作注解，不是替古书作注解。

他一生的事业，可以"身体力行"四字概括之，凡他所做的，就是他所讲的，真正够得上"言行合一"。综其平生精力所萃，全在教育实业，实业乃提倡蚕桑、种蜡、纺织等等，都收到了相当的成效，陕人至今知道种棉纺织，完全是他的赐与。教育如教士兴学，毕生的精力，大部用到这里，晚年因教士死在甘肃大学。兴学凡在咸阳、醴泉、扶风三县，兴办义学六所，用社仓生息的办法，渐次扩充，规模远大，可惜他死后不久就因时变的关系，完全都废掉了。

他的著作行世的，有《烟霞草堂文集》和《烟霞草堂遗书》，"烟霞草堂"是他晚年授徒讲学的地方。

二、他的"教育救国论"的内容

他对于教育的改革，有极高远的理想，他一生学问的成就，完全在这里。他以教育谋国家的富强，主张教育救国的理论，这种主张的产生，完全是受了当时环境的刺激而反应的。当时他看到满清政府的腐败，反对列强侵略的压迫，尤其自甲午中日战役以后，更感觉到国亡的无日，非急起新学，改革教育，从根本上谋求国家的富强不可，所以大声疾呼地说：

> 自前岁以来，战乱正炽，蒉觉无忧。倭患已失，黄深为虑，盖以割地赔款为和，和战之权，皆操之人，既不能战，又不能守，一有龃龉，人胁以兵，复割复赔，不止此数也，故今日中国非力求富强不能以自全。

他把求国家富强的责任，认为必须由士人担负起来，自奋于学始，危言正告他的学生，很恳切地说：

> 今以中国之大，不能御一日本，割地赔费，无辱不有，非地广大而不治之实乎？吾辈腆颜为士，不引以为耻，无论无以对朝廷也，试思外祸又发，天下之大，何处藏身？各有父母，各有子孙，读书无科举之路，经商无贸易之途，工无所用其巧，农不免税其身，中国之患，尚堪设想耶？欲救此患，必自士子自奋于学始。人才辈出，不臻富强者，无是理也。

同时对于当时满清政府的愚民政策，尤深致不满，借秦以詈清，骂道：

> 秦以诈力统一天下……欲民皆愚弱。……夫民既愚弱，国焉能智能强？欲愚弱民，而适以自愚弱……

又说：

> 有国有人民，而贫弱不如人，其民不学也。秦愚弱黔首，适以自愚弱。

因为民不学，所以国家就贫弱不如人；反过来说，想得国家富强如人，就必须民学。民学可以谋富强，这便是他的"教育救国论"的出发点。但是他所谓的教育和他所生时代的现行教育制度根本不同，因此他又高倡改革教育，对此他有许多特创的见解，散见在他的文集和遗书里，钩稽出来，加以组织，成为这篇文字，分作"扩大教育的对象"、"改革教育的内容"和"改革教育的制度"三节叙述。

（一）扩大教育的对象

中国历代教育，成为士人的专利品，士人以外其他职业的人，就享不到受教育的权利。同时在另一方面，教育又成为男子的专利品，女子能享到受教育的权利的，简直少到没有。因此教育实施的对象，就成了国民中的最少的一小部分，而不是国民的全体。他把这一点就认为是国家衰弱的根本原因，很愤气地说：

> 呜呼！今日中国贫弱之祸，谁为之？划兵、吏、农、工、商于学外者为之也。

用古代的教育制度，作有力的反证明说：

> 古之所谓兴学者，举一国之人，而纳之于学校之中，无地不学，无人不学，无事不学，下以教民成格，上以作育贤才，非仅若后世之学校，专为仕者之一途而设也。

对于女学的不兴，他更特别看重，专提出女学不兴对于国家衰弱的影响，说道：

> 中国贫弱，由于民隐不上达，而蒙养无女教，故识字之人少，而朝野之情散涣否隔，以成为至贫极弱，受制于外人。

又说：

> 自宋明阐教之儒，无一妇女，则以乡无女学也。女学不立，中国之人，已半不学，而胎教婴教，均无从言。中国之男子教，又失其半，所以身不修，家不齐，贫弱以有今日也。

假如女子皆学，就可替代许多男子做教师；被替代的男子，又可加入其他生产工作，增厚国家的力量。他并且用数目字说道：

> 中国人数四万万，欲二万万之男子皆知学，约以一师教十人，则须二千万人。若以妇人代其半，则有一千万人可以别营他业，为富为强，何施不可？

因又把全国四万万人里的读书识字的人做了一个总的估计，认为读书识字的人太少了，纵然就有得很少读书识字的人，也多与世无用，结果成为"有民无教"的现象，实在可怕。说道：

> 中国之人分六等，士、吏、兵、农、工、商也。妇人不识字，四万万人去其半矣。兵、农不识字，二万万人又去其半矣。吏、商识字不能达训诂，万万人又去其三分之二矣。三千余万士子，能达训诂通文辞者，十不及一；达训诂，通文辞，不溺于八股者，千不及一；不溺于八股，不慕富贵科名，而以明孔教为己任者，盖几无一人焉。即有之，而道学诟于学，讲会严于令，故各国有教，吾国惟有民耳。

由此他对于教育实施的对象得出一个结论，即以全中国四万万人完全能享有受教育的权利，才可以把中国从贫弱的祸渊中救出来。说道：

> 今日欲救中国贫弱之祸，莫急于合四万万人之心为一，合人心必人能学，合四万万人之心，必四万万人无人不学。则必广设学校于乡村，由乡村而一县，由县而一府，由府而一省，由省而天下，则四万万人心一矣。

"必四万万人无人不学"的教育制度，就是今日所谓的"国民教育"，因此他提出了"扩大教育实施对象"的两个口号：一个是"士民并学"，一个就是"男女并教"。把教育的对象，从国民的一小部分——士，扩大到了国民的全体士、吏、兵、农、工、商；从国民中的一半——男子，扩大到了全体的国民——男子与女子。

（二）改革教育的内容

在实施教育的对象上，他既认定以学为士子专业的疾病，而同时又认定就国民最少的一部分——士子——所受教育的内容，也已完全与现实生活脱了关节的病症。所学非所用，教育的内容，完全变成了无用的空文，与人生实用毫无裨益；士子的读书，完全是为了猎取科第，博求富贵。说道：

> 以学为士子专业，讲诵考论，以骛于利禄之途，而非修齐治之事，平日用作习之为。

又说：

> 学者遂不知学为正身经世，而徒艳科第，幼困于记诵，长驰于辞章。

对于士子受如此教育所造成的社会现象，很透澈地指责出来说：

> 举圣贤所遗之经史子集，不过为一大兔园册子，一旦身列仕途，问以家国天下之事，皆欲索之仓卒，而毫未预为之计，天下事安得不坏？故士非士，吏非吏，官非官，兵非兵，工非工，刑非刑，一切用人行政，均以八股之技从事，代他人为言，而与己无与，成为虚浮之天下，而外敌乘虚而入矣。

又说：

> 朝廷以学为养人才之地，民则视为富贵之阶，委经术而学驰于训诂，习典章而学泥于考据，竞声华而学入于词章，以讲道论德之地，为争名夺利之场。

因此教育所成的人才，完全是读死书的学者，而不是能做事的干材，他举清代的硕儒做例子，说道：

> 中国康熙以来，多出硕儒，博览强记，孜孜矻矻，殚全力于图书之间，以终一世，而有为之气日渐销亡。盖中国之所忧，不在乏学者，而在乏材干之士也。

后边的两句话，最说得痛切。这种闭户读书、不与世相接的士人，对于国家天下都没有什么好处。他说：

　　士自三代后，学以修身为先，修身诚是也，然身为万物兼备之身，屏万物而不接，闭户为高视，其乡邻休戚，毫不动心，遑论中国天下？

从历史上看，他寻出这恶果的造成，是从汉武帝表彰六经种下的病因。说道：

　　儒教之兴：自汉武始，儒教之亡于记诵训诂辞章，亦汉武开其端。……武帝表章六经者，表章六经之文，而非其道也。

又说：

　　自是而降，二千余年，六经沿为教科之书，有士而无民，有学而无教，相承至今，至于试帖时文极矣。

汉武帝种下了这病因，唐宋以来的以文取士，就把这病因积成了病症。说道：

　　中国之弊，实积于唐宋以来以文取士。

这种病症演成的病象，就是把读书和实际生活看成了两件事，他说：

　　今人高视圣贤语言，谓与无人日用无涉，此最害事。致今五经四书，专供文字之用，而无与于人事。八股之害，烈于秦炬者，此也。

想疗治这病，对症下药的办法，就是矫虚以实，能把书上说的和现实生活打合起来，他对此说的最重要的一句话，就是：

　　圣人言语，即吾人日用之事也。

又说：

　　今日之弊，非矫虚以实不可。矫虚亦必自士子读书始。凡经史中所言之事，皆以为实，而默验之身心，必求其可行而不贵其能言。则心入于事理之中，言未有不真切者。

所以他说出读书的效用来，是：

> 考古须证以今，乃可坐言起行，不然古人已死千百年矣，吾人考其事实典章，总极详明，与我之身世何涉？

他把士人的"士"当做"事"解，说明教学就是做事，说道：

> 周以农立国，其实兵、农、工、商并重。……独不闻有记诵辞章之学。且士者，事也。谓治事之人，则学者，治事也。除兵、吏、农、工之商而外，人生更治何事？

人生除兵、吏、农、工、商再没有其他的事，则读书当然不算做事，所以他说：

> 今日中国，不患上无能文之学士，而患下无能作事之兵、农、工、商。

没有能做事的兵、农、工、商，那就有一二读书才俊之士，也是没用。他又说：

> 今日中国不患不能为富强之谋，而患不能实为富强之事。吏、兵、农、工、商，癃败不能治事，虽有一二才俊之士，出于学校，岂能率此癃败不能治事之吏、兵、农、工、商，以为富强？

因此他主张普遍造就能做实事的平凡人，说道：

> 盖今日作成一虚以待试之奇才，不如作成一实而即用之凡才。

对于造就能做实事的兵、吏、农、工、商五等人才，尤为看重，很郑重地说：

> 中国兵、吏、农、工、商，均不知学，而国家所以富强者，其事皆以五等人为之。征论士习虚文，无经世之略，即有之发为条教，而奉而行之者，皆瞢然罔知之人，其能与外洋无人不学者敌乎？

由此他对于教育内容的改革，也得出了一个结论，就是以实行来代替虚文，拿做事来代替说话，更澈底一点说，人与其读古人之书，还不如请教有实际经验的老农老圃，说道：

> 整饬今日之学校，坐而诵不如起而行，课其文不如验其事，即以虚不如求之实，考之古不如证之今……。披神农之籍，何如请于老农？读种树之书，何如学于老圃？

归纳他对于教育内容改变的主张，就是要把"虚文"变做"实用"。

（三）改革教育的制度

在教育的对象上，他诊断出以学为士子专业的病症；在教育的内容上，他诊断出士子驰于词章、苦于记诵的病症。凡此病症，归根结底，他又都诊断出是因现行教育制度根本不合理的缘故。现教育制度不合理的病因，就是"政教划分""官师不一"，以至形成"仕学不相谋""学非所用，用非所学"的症象。他说：

> 后世生民之困，在官师政教分途；而仕学不相谋，故教化不行，而以刑法胁民；人才不兴，而以胥吏任事。所学非所用，所用非所学，百事废弛，治日少而乱日多。

为了证明他自己的意见是不错，就把中国的历史，用官师分合的演变，分成了三个阶段，即：（一）以师兼君的时代；（二）以君兼师的时代；（三）君师分开的时代。归纳出一个历史治乱的法则来，即是"君师合则治，君师分则乱"，用此建树起他的主张的历史根据来。

由伏羲至尧、舜、禹是第一个阶段，即是以师兼君的时代。他说：

> 唐虞自伏羲以来，世运日开，至尧、舜、禹而极盛，此为以师兼君之世。以师兼君者，以道教天下，为有师之德，而天下戴之以为君，则天下奉以君之位也。盖自伏羲以来，有世国无世天下，德盛者民自师之，则为王者，故为以师兼君也。

由禹后以至周公是第二个阶段，即是以君兼师的时代。他说：

> 自禹后以至周公时，更三代为以君兼师之世，不惟世国，并并

天下，以君兼师者，有君之位，乃修师之德也。

由周的幽王、厉王以后便成为第三个阶段，即是君师分开的时代。他说：

> 迨夏至桀，殷至纣，而君之尊，如日如天，有君之位，无师之
> 德也。汤武起而代之，武周深知有天下者，其祸极烈，故迁都洛阳，
> 谓有德易以兴，无德易以亡，不欲后人据险自固，无德而处天下，是
> 武周欲变世天下之局也。故厉王暴虐，国人即能流之天下，不以为非；
> 宣王中兴，亦不闻讨国人之罪，则君无道而民废之，必武周之法也。
> 幽、厉以后，不能腹振，而桓、文代兴，周虽奄奄不振，然拟虚名于上，
> 卒至八百年之久，则持天下以德不以力之效也。自此以后为君师分持
> 之世，君师之权稍合则治，分则乱。

他除用官师分合的演变，把中国的历史分成三个阶段以外，又用"政""学"的关系，简括地把中国历史看做两个阶段：一是浑朴的时代，二是权力的时代。三代便是这两个时代的分水岭。他说：

> 三代以前，浑朴之时也，政即是学。春秋以后权力之时代，有
> 政无学。

至于政教（教和学所指的是一件事）的所以分开，是因为桀、纣、幽、厉等暴君，不以德教民而以力制之的缘故。说道：

> 桀、纣、幽、厉不以德教民，以力制之，数百年有政无教。

因为"不以德教民"的君主自己放弃了教权，弄得几百年"有政无教"，于是人民里的最优秀者遂把"教"权从君主的手里取到自己的手里。头一个从君主手里取到教权的便是孔子，从孔子以后，"政"和"教"便开始分了家。他说：

> 三代而后，教不统于上，尼山首出，宏畅儒风，擅师儒得民之势，
> 君上不过问，教遂与政分而不可合。

在古代"政""教"合一的时代，为"君"者皆出于"师"，为"学"者皆通于"政"，"教""学"统一，"政"即是"教"，"学"即是"事"。他最

详尽地阐明道:

> 古之为君者皆兼师道，故《书》曰："作之君，作之师。"《礼三本》
> 曰："君师者，治之本也。"后世学校废而君师分，孔子以布衣开师统，
> 以大学垂教，开太平，其学皆为君之学，其教皆为君之教。盖为君之
> 道，必极于能为君，而后教之责尽，而后学之事完，合一国之师皆以
> 君之事为教，合一国之民皆以君之师为学，如是则为君者皆出于师，
> 为学者皆通于政，《大学》治平之道，可立效也。

因为"教学合一"，所以古来的士，就是官，也就是师，也就是吏，他说：

> 士者，取士之官，即为教士之师，即为治民之吏。

古代学统于官，人人都有职业，成童后就都须做事，做事就是学习，决没有像今日专以"诵读为学"的一回事。他说：

> 盖自唐虞以至春秋，学皆统于官。凡成童后，不为农、工、商、
> 贾之业，即入官府治事，以禄代耕，无今日专以诵读为学之事。

因为古代没有不做事专以"诵读为学"的人，所以各官之长都是从工作的表现上来选定。他说：

> 古无不治事但伏案读书之士，各官之长即取之于其属，故凡察
> 人皆有可据之事迹。

当时人们的做事，就是"教"，就是"学"，无时非学，无地非学，日治生业，即日为学。他用农民们一年的工作来做例子说：

> 古无终年兀坐静室诵讲虚文之学，人自十五后，皆当自治生业。
> 四民之中，农最多，从事田野，最难学，而有闾胥邻长，教于乡闾，
> 农官田畯，帅于郊原，无地非学。而后三余读书讲求大道，自受田以
> 至归田，日治生业，即日为学，故国无惰民，而亦无游士。

这样政治制度和教育制度，和人们日常的生活完全配合在一起。他说：

　　盖三代师即是官，教即是政，民即是徒。则兵、刑、礼乐之政，
农、工、商、贾之业，饮食男女之事，皆学也。

所以官府就变成了学校，政事就成为教学。说道：

　　仕学不分，天下之官府，即天下之学校也。

又说：

　　则路寝之东序，国君之朝堂，即为大学也；而州长之治事厅，
即为州序；党正之治事厅，即为党序；而闾胥比长之公所为家塾可知
矣。治事即是教学，治事即为学。

教学成为实际的工作，就可以免掉士子记诵词章之习，就会有真的才干之士
造就出来。他说：

　　治事即为学，则学者无影响之见，依稀之谈，不为记诵词章之习，
而真才出矣。

由此他得出一个对于现行教育制度改革的主张，即是变官为师，变政为教，
当时他建议朝廷变法，就要从改革教育制度下手。说道：

　　变官为师，变政为教，变农、工、商、贾为弟子，变士为吏兵，……
此今日变法下手法。

这样一来，现行教育制度一改革，他以为就可以团结人心，打破虚文了。说道：

　　革人心之涣，去文法之虚，通上下之情，尽人官之利，裁监制之长，
添乡治之师，无人不学，无官府非学校，官民如师弟，则人心革而情
通矣，官府如学塾，则虚文去而事举矣。

总结以上他改革教育制度的意见，就是要把"政教分离""官师不一"的现
行教育制度，回到"政教不分""官师合一"的古代教育制度上。

三、他改革教育的目的和着手的办法

他的这种改革教育制度的目的，不仅仅是在于改革教育制度的本身，是要从改革教育制度开始，达到改革政治制度和社会制度的目的。换成一句现代话，就是用"教育革命"为手段，达到"政治革命"和"社会革命"的目的。凡政治制度和社会制度同使镕化在教育制度的镕炉里，他说：

> 以政治视教学。教学，源也，本也；政治，委也，末也；建国君民，以教学为政治，得其本矣。

怎样使政治制度镕化在教育制度里？他举一个例子说：

> 一国之政，胥统于教学，出令以率人者为教，汉公卿出令于下曰教是也。奉令而治事者即为学，汉掾吏事举主若师是也。君民之情，直如师弟，则国事无不举矣。

这样教育制度的改革，在人的方面说，就是要把政治上的吏变成教育上的师，他说：

> 秦治民欲学者以吏为师，秦欲以吏变师，今则以师变吏。

如是整个国家的人民，人人得受教育，就是人人直接参加政治工作了。他说：

> 凡民之事，合民之智力以讲求，日日为学，即日日为政。人人为学，人人为政，为政由学，此圣人之道也。

人人为学，即人人为政，才是理想的政治制度，所以他主张全民参加政治，不主张仅使一部分人参加政治。对于他同时人张之洞说的"士贵知西政，民贵知西艺"的主张，大加指斥道：

> 张之洞云"士贵知西政，民贵知西艺"，此言非也。士不知艺，不知实业之发达；民不知政，不知国家之责任。夫国者，人之所积也，

有人而后有国，有国而后有政，国为人之国，人即为国之人，国之政
亦即为人之政，未有人不知政，而可以为国者……。今日欲救中国，
亦惟使开政治上之智识，通政治上之思想而已。

想得人人开政治上的智识，通政治上的思想，就必须人人要受教育才可。人
人受教育，即是人人实习政事，这便是他理想的教育制度，也就是他理想的政治
制度和理想的社会制度。这个教育制度着手的办法，他主张由乡学做起，即由国
家行政组织的最下层——乡——做起。说道：

以教为政，方是王政，故王者之政，必自乡学得师始，师道立
则善人多，善人多则民俗成，而天下太平矣。

又说：

王道始于乡，故有志盛治以革旧染之俗者，必发乡官始教于乡，
以开新民智始。

兴乡学就是实行乡治，便是王政建立的基础，所以他说：

圣人为政，必从乡治下手。

又说：

王道备于乡，乡治而国治矣。

兴乡学，行乡治，即是寓"地方自治"于学校教育，达到官师相合、政教一
致的阶梯。他说：

欲兴学校，当遍立乡学、县学，而寓西人议院及地方自治之规模，
即以一学之人，治一学之事，庶官师相合，政教一致。

至于乡学如何得兴，乡治如何得行，在他的遗书和文集里说得很详尽，拟再
写一篇专文来详细述说，这里不再讲了。

四、他理想中的教主和他对于"教育本义"的认识

由他说的[①]话里，知道他理想中的教育制度的独立，一方面是要回到古代去，他说：

> 至于学校，尤万不可不复古。

同时一方面并要采取世界各国现行教育制度的长处，说道：

> 今日兴国之道，必自立学始；立学之道，必自复古始。古之义具而法未备者，则博采当今诸国教学之制，参稽异同，而汇取之，师今亦即所以为复古之具也。

至于复古的理想标准人物，他拥戴的是孔子，说道：

> 今日讲学……当使中国之农、工、商、贾不识字之人，皆自命孔子之徒，为孔子之学。

又说：

> 今日欲振中国，舍明孔教以纳士、兵、吏、农、工、商于学问，万万无由。

他以孔子为一国的大教主，和耶稣相提并论，因为他看到当时耶教在中国的势力很大，想要宏大孔子的教来抗拒耶稣的教，说道：

> 今日欲强中国，须孔孟之道，妇孺皆晓，否则尧、舜以来之中国，外人将抚而治之，耶稣因而教之矣。

这样他就是要排斥耶教，要把孔子作为中国的唯一最高主教了。

总括他对于教育制度改革的意见，就可以知道他对于教育本义的认识。他以

---

① "的"，原文作"得"，径改。

为教育的效能是在化民成俗，不是在专为造就些特别能干之士的，说道：

> 救中国之贫弱，孰有大于兴学者，特兴学以化民成俗为主，而非仅造士成材也。

造就些特别能干之士，不过仅是教育效能的一部分而已，说道：

> 学者，化民成俗之事，吏治之本源。教士成材，其一端也。

坚定地说出教育的本义，道：

> 化民成俗，为兴学之本义；则造士育材，犹为教学第二义。

"化民成俗"的解释，就是要开通民智，培养国民的完全人格。他说：

> 砥砺民行，开通民智，皆化民之事，即今教育家完全人格之谓也，故重国民教育。

归结说来，他认为教育的本义，就在"培养国民的完全人格"。他要改革教育制度的理想的最大效能，就在能达到这一个目标。

"培养国民完全人格"的教育要是做到的话，国家就可以富，就可以强。所以他认为教育就是国家富强的根源。我们还是用他说的话，来结束本文。他说：

> 教育所系于国家者甚大。国势不盛，教育可以挽之；国势既盛，教育更可以进之。各国所以强大之源，罔不由此，中外古今胥是道也。

刘古愚先生之学说

张鹏一

编者按： 本文原载《西北研究（西安）》1940 年第 3 卷第 2 期。题目下原署名为"张扶万"，即《刘古愚先生没后二十七周年纪念文》作者张鹏一。今为全书统一，故改。

先生名光蕡，字焕唐，号古愚，咸阳天阁村人。弱冠丧父母，天资沉毅，好学不倦。年二十，值同治战乱，避于醴泉县城，昼磨麦粉鬻饼为生，夜篝灯观书，不肯废学。战乱既平，入省垣为童子师，后交同县李编修寅，为言阳明之学，读其书，宗主大定。长安柏孝廉景伟，闻其名，亲往拜谒，一见投契，定终身之交。柏、李皆一时豪隽，负经世才，先生既交两君，遇事琢磨，愿力愈弘。时贵筑黄先生彭年，主讲关中书院，赏先生应课之文，指示为学途径，终身学业成就，皆在此数年中。光绪元年乙亥恩科乡试中式，年三十有三，一赴春官，绝意仕进，教授私塾于省垣、三原约十余年，后以柏先生之荐，主讲泾阳县泾干书院，再移讲席于味经书院。院为陕、甘两省合设，学政主持其事，肄业诸生，每年百余人至二百人不等，先生厘定学规，勤为讲阅，先后十年，造就最多。以西北士子无书可读，见闻日隘，与柏先生募资立求友斋赞励求学，篆刊经史各书。嗣武昌柯学使逢时至，为设味经刊书处，以诸生为校书，而先生总其成。五六年间，刊经史各书十数种。清季自西洋通商以来，外交屡次失败，全国士人，不知西洋各国大势，先生博访通人，编阅报章，始知西洋立国，自有本末，其制造精巧，以算数为优，而陕人无知算者。取算学书，苦思力索，至于喀血，终通《四元玉鉴》之说。陕士从学，得通九章之术者，自先生始。

先生导诸生讲求西史两政也，以光绪甲午年中国见败于日本，割地赔款，事得结局，而来日方长，何以自存，议在泾原诸县，集资设纺织机器公司，收其利益，设西学书院，养新学人才，大开风气，棉业既丰，用塞鸦片烟之漏卮。以规模宏大，非一人一力所能成，派人南中调查，资斧先生自捐，经戊戌政变而停止。

先生经营实业、蚕桑、白蜡事，皆辛苦多年而不成。独办咸阳义仓，以赈余银二千五百两分借乡民，以麦抵还，再以麦出放，每斗年收息麦二升，行之三年，除还官本银二千五百两外，设六义学于咸阳、醴泉、扶风，将再推行于各处，而光绪二十二年为人嫉忌，使奸人兴讼，其事遂废。

先生教育人才，以味经十年为最，学规教法，具详《味经书院志》，激励廉耻，使之修身自立，以坐言起行为教学主旨。其去味经也，以光绪戊戌年八月政变，康、梁得罪出亡，牵及先生。初甲午之战，中国为日本所败，不得已而言和，割台湾一省地界日本，赔兵费二万万两，朝野震动，莫知为计，而南海康先生，以举人上书，请明诏行大赏罚，迁都练兵，变通新法，塞和款而拒外夷，保疆土而延国命。其年，又上第二、第三书，仍申前议，既官工部，又上书陈变法救国之策，而守旧达官嫉之，又思集同志开强学会于京师、上海，以鼓励天下，拟学规，草序言，发明志趣。先生门人李孟符名岳瑞者，时官工部，寄其序说于先生，先生忧劳时事，引为己忧，及读康先生《强学会序》，跃然奋发曰："此救国之针砭也。"孟符又介绍及门人陈涛字伯澜、杨蕙字风轩南游，得南海先生所著《新学伪经考》《孔子改制考》诸书，陕中人士始知有康、梁其人，讲求其学说。至戊戌八月政变，逮捕康、梁不获，杀御史杨深秀，京卿谭嗣同、杨锐、刘光第、林旭，暨南海先生之弟名广仁，字幼博。贬戍朝官，外省疆吏与康梁有交游议政者，而陕人宦京师者，素日恶言变法，至此时寄书陕西大吏，言先生为康党，谣诼大起，及至不测，先生乃辞讲席，归隐烟霞草堂。

先生去味经后，居醴泉西北之烟霞洞，四方从学者，不追不拒，凡四年，而甘肃大吏聘主甘肃大学堂总教。时为光绪二十九年，其年八月十三日以疾终。所著诸书，有《烟霞文集》十卷，佚书若干卷，已刊行。

先生为学宗良知之说，以不欺其心为主，视理之所在，性命以之，不以富贵贫贱生死易所守。尝告门弟子曰："'志士不忘在沟壑，勇士不忘丧其元。'吾以此自信矣。"而至诚无伪，爱才如命，见人之善，誉之不去口；疾人之恶，闻之必责其改而后快。虽为人所欺，而好善之心，终不因其人而少阻。其论致良知者曰：

　　主敬不窥其源，则拘而难久；穷理不窥其源，则泛而无归；其浅尝者，又致饰于文貌，比附于语言，而大道乃日隐矣。于是白沙出而指示入手之法，静中养出端倪，使人人先认本体，甘泉又使证之物物，阳明合二家之说，括以致良知三字，单传直指，一针见血，使学人闻言立悟，有所执持，以循循于学问之途。故自阳明之说出，海内学人蜂起，名儒辈出，自周、程创兴儒教以来，未有若斯之盛也！

又曰：

> 今日讲学，不必与禅家争性理，当与耶氏争事功；且不必与耶氏争事功，当使中国之农工商贾不识字之人皆自命孔子之徒，为孔子之学，其有功吾教，辨明正学，不止百倍也。夫良知者何？即世俗所谓良心也。致良知者何？作事不昧良心也。此则蠢愚可晓，妇孺能谕矣。欲尽收中国之民于学，舍致良知三字何以哉？（见《文集》卷五《与门人王含初书》）

自甲午战败后，先生知中国积弊已久，民愚力薄，虽有新法美意，无从推行，强行之则敷衍从事，为害益深，惟从根本为治，简易直捷，在政教合一、兵农合一，而以仕学合一为扼要办法。从治乡入手，注重教化、财赋、练兵，取义于汉之三老、啬夫、游徼。其说于所著《团练私议》见之，于《城守篇》政文见之，于《致及门李孟符书》见之，于《致沈淇泉学使书》见之，于《致及门雷曼卿、陈伯澜书》见之。今以所著《改设学堂议》纪其大纲曰：

> 今日学堂办法，分县制、乡制、村制为三级：县有县令，督一县政令，统学师、乡正、乡副之事，而率之令，欲行善政，由学师士人代为敷布，除胥役家丁之弊。县有县学，设经师一人，术师一人，武师一人，如古三老、啬夫、游徼。此三人无论本县外县合县乡学师而延请，必须高等学堂毕业者。

经师掌一县礼俗教化，与士子讲论经史圣贤道德中外政治得失；
术师掌一县财货农工商各业仓库收发工匠营造；
武师掌一县兵刑词讼团练追捕监狱。
设经义、治事二斋。经义斋乡学之卒业者入之，治事斋县学之立业者入之。事烦则人数多，减则少。
学制规模已具于县，府设中学，亦延三师，所掌与县略同。其学生视所统之县多寡，惟团练壮丁宜立三百人为一营，方足弭内乱。
乡有乡学。二十村至三十村为一乡，乡学统各村之政教，有乡师即童师、乡正、乡副各一人。
乡师掌一乡之教化。礼教隆污，风俗奢俭，皆时察其端而预劝戒之。收各村之成童，与讲道德、研经史，有孝弟贞信者为之表扬；词讼不息者，为之和解。朔望汇各村近事以报于县。

乡正掌一乡之食货。物产丰耗，人事勤惰，器用利钝，察其宜而告戒之；教成童算术，督促农工商，各尽其业；鳏寡孤独者收恤之。

乡副掌一乡刑禁。凡盗贼凶暴游手者，时巡察而警惩之；农隙合各村壮丁而操练之。凡蒙学内洒扫之事，幼童任之；报事用力之事，壮丁任之；乡学成童，无役不任，惟追捕盗贼驱逐猛兽，须视其才艺。

村有蒙学。二十家至三十家为一村，设蒙学，有蒙师、村正、村副各一人，蒙师掌教村之幼童（原注：兼男女言）。俟有女生，再分延女师，其女生出学，以十三岁为期，读书识字，及冠昏丧祭之仪、孝弟忠信之行。朔望集乡人，讲圣论、经史、懿行，有益于村民风化者。

村正须本村人，纯正，知书算，主教幼童学算，及一村田产租税、工商生业、水利社仓、户籍地图，如古之啬夫、今之粮长。

村副亦用本村人，明白强健，教幼童体操、团练、察盗、拘罪犯、一切守望之事，如古之游徼、今之练长。

乡学大致如是，不过表示办法宗旨，其详细损益，仍视其时其地之所宜而已。而再三丁宁于《团练私议》中，言之曰：

> 团练须精修孝弟忠信，故团练以乡学为本。

又曰：

> 孔子答子贡问政则曰："足食足兵，民信之矣。"信，方可谓之团；义，方可谓之练。主者以仁育民，莫大于衣食；以义正民，莫大于兵刑。故兵食者，仁义之粗迹；仁义者，兵食之精华。

先生论中国历代征兵募兵之事，见于《文集》卷七。曰：

> 寓兵于农，是后儒语。三代无兵之名，兵，兵器也。三代名今之兵曰士。选士以时，朝廷之官，盖无不知兵者。然此士即伍两卒旅之长，如伍长在乡，则为乡长，其余四人，即四家之民，谓之徒役；至《管子》则分国为二十一乡，士乡十五，工商乡六，公将五乡，国子高子各将五乡。是工商之乡六，不为兵。至秦汉，以谪发及有市籍者，则工商皆为兵矣。光武罢郡国兵，专用河北及边郡之兵，此为民不习兵之渐。曹操用青州兵杂居乌桓等于内而贷其力以战，此为中国人不习兵用蕃兵之渐。至晋武销天下兵，五胡杂居中国，中国民尽不知

兵，五胡乱华，各强其种人，胡人任战，华人为农以养之，此兵农分之始。北魏始知兵分之必贫，其种人仰食于华人为非计，乃为府兵，使兵亦耕，此兵农由分而合，而兵民遂不能合也。唐太宗混一天下，不知上法秦汉以及三代，仅取北魏之府兵，不及百年，府兵坏不可用，变为骁骑，而用召募，兵农又分。而武后开武科，玄宗充蕃将，在朝之文武亦分。文矜词采，武逞凶横，此蕃镇之祸所由来，而唐入五季矣。宋惩藩镇，不知藩镇之起，由天下之民不尽为兵，不讲武而轻武，士大夫以兵为凶横之事，而不肯讲求，兵农之分，一仍唐旧，聚天下之兵而养之，而皆出于刺配，则兵又皆不学，其为凶横愈甚，为用愈微。故有宋一代，武功远逊唐、汉。夫兵农分必贫，兵民分必弱，兵学分则国与民不能收兵之功而常受其害。元人知恃养专兵不可战，而立万户军民府，兵农仍分也。明人知兵皆坐食，国必贫，而兴屯卫，兵民未合也。自魏晋以至明，皆斤斤于兵农民之分合而不一及于教，魏晋去兵，唐、宋、明轻武，故酿戎狄之祸，然即不轻武，不去兵，如秦汉之制，在今日亦终无用，则兵民不分而兵学之分也。自秦废学，君相治民，有政刑无教化，汉三老、啬夫、游徼之职，即本秦纲。三老之职为主教化，而所谓教化者，不问何事，其试童蒙，则但讽诵《尉律》籀文九千字，即举为吏，虽有孝弟力田之科，而三老与民讲明孝弟力田，未见其法，都亭讲肄，则习骑射技击楼船，极其所长，不过如秦之锐士，且不敌籀文之节词，况汤武之仁义哉？孔子曰："善人教民，可以即戎。"又曰："不教民战，是谓弃之。"但闻教民，不闻教兵。其如何教法，孟子补之曰："设庠序学校以教。"又曰："庠序之教，申以孝弟之义。"又曰："壮者以暇日修孝弟忠信，入事父兄，出事长上，可使制挺挞秦楚之坚甲利兵。"盖古者，王政尽该于学校，官府即乡间之学舍，官即学舍之师，一乡之民，皆其弟子。十五以前，习人生必需之艺；十五以后，习人生必为之事，而讲明其理。故人人知学为兵吏。农工商贾，即为有学问、知道艺之农工兵吏商贾也，而富强莫与京矣。此证之《周礼》，无不吻合，即《管子》之内政，亦多得此义，特偏重于兵。

先生著《壕堑》《团练》二私议，在光绪二十三四年间，距今四十余年矣。壕堑之法，二十年来陆军作战以之为防御大工程；其团练用全国民兵签丁年龄，以次更换，今日之抗战[①]，实同其大略。先生于吾民，其先知先觉哉！

[①] 此处有删改。

西北学者刘焕唐先生之学说

何士骥

编者按： 本文原载《新西北》月刊 1944 年第 7 卷第 2/3 期。何士骥（1893—1984），字乐夫，浙江诸暨人。著名考古学家、古文字学家、历史学家。清华学校研究院首届研究生，师从梁启超、王国维。毕业后曾先后任教于中法大学、北平师范大学、北平女子师范大学、北平大学等，兼任北平师范大学研究所编辑、北平研究院史学研究会助理员，并协助徐炳昶与陕西省政府合作组织陕西考古会。1937 年，与张鹏一、穆济波、梁午峰、寇遹、黄文弼等人发起成立西北史地学会。1949 年后，任甘肃省文物管理委员会委员兼保管组组长、办公室主任，后又参与甘肃省博物馆的筹建工作，并于 1958 年担任甘肃省博物馆馆长。

骥于民国二十年冬，随徐炳昶先生，奉国立北平研究院之命，至西安，与陕西省主席邵力子先生、士绅张扶万（鹏一）先生等组织陕西考古会，遂得识张先生之学问道德为当代学者而师事之。先生尝述其先师刘焕唐先生之行学以告骥，骥犹能记忆其梗概，而先生则已于去岁十月归返道山矣。兹为兼考刘先生之著作而述其行学以告于世，而张先生之学术行事，则稍有待也。

三十三年三月识于兰州

刘先生，名光蕡，字焕唐，号古愚，陕西咸阳人。自幼天资沉毅，好学不倦。清同治间，避难于醴泉，年方弱冠，无以为生，昼则磨麦粉鬻饼以度日，夜仍篝灯读书不稍休。难平，入省垣为童子师，后获交于同县李编修寅，遂专攻阳明①之学，长安柏孝廉景伟，闻其名往谒，一见定终身之交。柏、李一皆时豪俊，负经世才，刘先生既交两君，而学力愈弘，时贵筑黄彭年先生主讲关中书院，赏先生应课之文，为指示治学途径，而学益进。光绪初元，中乙亥恩科乡试，年方而立，一赴春官，绝意仕进，任教于省垣、三原各私塾，约十余载。后以柏先生

---

① 原文脱"明"，径补。

之荐，主讲于泾干、味经①各书院，味经为陕甘两省所合办，学政主持其事，学生众多，先生厘定学规，勤求启诲，凡十余年，造就独多。复以西北士子，读书较难，见闻较隘，乃与柏先生募资立求友斋，兼刊四部各书以奖励之。嗣武昌柯学使逢时至，为设味经刊书处而使先生总其成。五六年间，刊经史各书至十数种。清季海口通商，外交屡败，国内人士，不识世界大势。先生博访通人，遍阅报章，知各国立国之本，在于科学。遂取数理各书，苦思力索至于喀血，终通《四元玉鉴》之说、九章之术。陕士从之，风气为之一变。

先生又见于光绪甲午，中国见败日本，割地赔款，国势岌岌，无以善后。乃倡议在泾原诸县，集资设纺织机器公司，事业发达，即可杜塞鸦片漏卮，且自捐资派人赴南中各地调查。卒以规模宏大，又值戊戌政变而止。

先生亦曾经营实业蚕桑、白蜡各事，皆备尝艰辛，虽无大就，亦颇著成效。又独办咸阳义仓以振贫困，设义学于咸阳、醴泉、扶风各县，以期推广全省。复为奸人所阻而废。

先生之治学也，一宗阳明知行合一之说，以不欺其心为主。视理之所在，并力赴之，不独富贵贫贱不能易其守，即以之性命勿顾也。尝曰："至诚无伪，至行不贰。"爱才如命，见人之善，誉之不去口；闻人之恶，必劝之改而后快。虽为人所欺，而好善之心，终不因其人而稍阻。其论致良知，则曰：

> 主敬不窥其源，则拘而难久；穷理不窥其源，则泛而无归。其浅尝者，又致饰于文貌，比附于语言，而大道乃日以隐矣。自阳明之说出，海内学人蜂起，名儒辈出，自周、程创兴儒教以来，未有若斯之盛者也。

又曰：

> 今日讲学，不必与禅家争性理，当与耶氏争事功。且不必与耶氏争事功，当使中国之农工商贾不识字之人，皆自命孔子之徒，为孔子之学，其有功吾教，辨明正学，不止百倍也。夫良知者何？即世俗所谓良心也。致良知者何？作事不昧良心也。此则蠢愚可晓，妇孺能谕者矣。欲尽收中国之民于学，舍"致良知"三字何以哉？

先生之言教育方法也，以主讲味经书院前后十年为最著。其主旨在激励廉耻，发挥良心，使之修身自立。以守旧、腐败、坐食为最可耻。当其去味经也，

---

① 原文脱"经"，径补。

适值戊戌政变，康（有为）、梁（任公）得罪出亡，先生以赞同变法，加入自强学会，祸几不测。遂辞讲席，归隐于醴泉西北之烟霞洞。而陕甘人士之注意康、梁新学，转变其学术思想、时代思潮，实自此始。嗣后四方从学者，不追不拒，凡四年，而甘肃大吏聘主甘肃大学堂总教，时光绪二十九年也。

先生之言教育制度也，以目睹甲午战败之局，中国积弊悉露，民愚力薄，虽有新法、美意，无从推行，乃欲谋根本之治，以为最简捷之方，莫如政教合一，兵农合一，仕学合一。其法谓当从治乡入手，注重教化、财赋、练兵，取义于汉之三老、啬夫、游徼之制。故曾著《改设学堂议》一文，其大纲以为：

> 今日学堂办法，分县制、乡制、村制为三级：县学宜设经师一人，术师一人①，武师一人，如古三老、啬夫、游徼之遣。但出身必延请高等学堂毕业者。经师掌一县礼俗教化，与士子讲论经史、圣贤、道德、中外政治得失之事。术师掌一县财货、农工商各业、仓库收发、工匠营造之事。武师掌一县兵刑、词讼、团练、追捕、监狱之事。乡学设乡师一人，乡正、乡副各一人。乡师掌一乡之教化，礼教隆污，风俗奢俭，皆时察其端而预劝戒之。收容村之成童与讲道德，研经史。有孝悌贞信者，为之表扬；词讼不息者，为之和解。朔望，汇各村近事以报于县。乡正掌一乡之食仓，物产丰耗，人事勤惰，器用利钝，察其宜而告戒之。教成童算术，督促农工商各尽其业，鳏寡孤独者收恤之。乡副掌一乡刑禁，凡盗贼、凶暴、游手者，时巡察而警惩之。农隙集各村壮丁而操练之，凡蒙学内洒扫之事，幼童任之；报事用力之事，壮丁任之。凡乡学成童，无役不任；惟追捕盗贼，驱除敌害，则须视其才艺如何耳。村学设蒙师一人，村正、村副各一人。蒙师掌教村童，或再分延女师以教女生。除讲书识字外，复教以冠昏丧祭之仪，孝弟忠信之行。朔望，则集乡人讲论经史、懿行，有益于村民风化者。村正须本村人②，品学纯正，讲习书算，主教幼童学算数及一村田产、租程、工商、生业、水利、社仓、户籍、地图之事；如古之啬夫，今之粮长者。村副亦用本村人，头脑明白，身体强健，教幼童体操、团练、察盗贼、拘罪犯，一切守望之事，如古之游徼，今之练长者。

---

① 原文脱"术师一人"，径补。
② "本村人"，原文作"村本人"，径改。

先生又言："是不过表示办法宗旨，其详细损益，仍视其地其时之所宜而已。"至于兵与团练之意，先生尤再三丁宁，言之曰：

> 团练之精修，孝弟忠信。故团练以乡学为本。孔子答子贡问政，曰"足食足兵，民信之矣"。信之矣，方可谓之团；义，方可谓之练。古者以仁育民，莫大于衣食；以义正民，莫大于刑兵。故兵食者，仁义之粗迹；仁义者，兵食之精华也。

又曰：

> 乡人子弟①十五以前，习人生必需之艺；十五以后，习人生必为之事，而讲明其理。故人人知学为兵吏农工商贾，即为有学问、知道艺之兵吏农工商贾也，而富强莫与京矣。

又曰：

> 兵农分必贫，兵民分必弱，兵学分则国与民不能收兵之效而常受其害。

又曾著《壕堑私议》，以为陆战防御工程必需之用。盖先生固主实业、经济、文事、武备、政教、兵农、仕学合一，全国皆兵，科学救国者也。迄今国难严重，而先生之言益信。

先生卒于清光绪②二十九年八月，年六十有一。著有《烟霞草堂文集》十卷，杂著若干卷，均已出版。其心传弟子即张扶万、李孟符、张季鸾诸先生也。

今先生弟子为建刘子祠于西安府学，以先生之学之行识之功，固宜馨香俎豆于无穷矣！

---

① "子弟"，原文作"子第"，径改。
② 原文脱"绪"，径补。

刘古愚哲学体系

曹冷泉

编者按：本文原载曹冷泉《陕西近代人物小志》（樊川出版社 1945 年版）附录《刘古愚哲学体系》。曹冷泉（1901—1980），原名曹赞卿，安徽颍上人，早年参加革命，后因被国民党通缉，易名冷泉。中华人民共和国成立后先后在安徽大学、安徽师院、陕西师院、陕西师范大学任教。著有《关学概论》《〈孙子兵法〉注》《〈文心雕龙〉浅注》《诗品通释》《文学教学法》《落英》等。

一、古愚传略

> 皇皇大道体兼用，耿耿象尼时兴中；
> 横截众流应世运，巍然百代振儒风。

此余前年咏刘古愚先生之作，曾以呈王幼农先生，先生以为尚能表现古愚之学行也。先生因慨然谓之曰："古愚先生之学融贯中西，体用兼备，惜世鲜有知之者，子宜更为专著，以阐发此一代之哲人也。"并承示以发凡起例之要，心甚感之，未敢有以应命也。不意未兼月而先生竟捐馆舍矣。余以先生期许之殷，遂觉有重担在身，不获自己，于暑假中从事写作，虽挥汗如雨未敢少辍。唯秋后开学，以课务鞅掌，时作时辍。光阴荏苒，竟逾半载，此书始获脱稿，而先生墓草已宿矣。谁为之定吾文也。掩卷绝笔，洄溯前尘，不胜泫然。

古愚先生姓刘氏，名光蕡，字焕唐，晚号古愚，咸阳人。少孤贫，弱冠时因遭匪乱，避祸醴泉、兴平间，为人转磨自给，然读书不少辍，乱定后归应童子试，冠其曹。旋入关中书院，时贵筑黄子寿主讲该院，以经史课士，力除虚浮之习。古愚一生学术之趋向，盖定于此。光绪乙亥举于乡，一试春官报罢，遂绝仕进，以启迪后进为务。丁亥春，以黄子寿之荐，主讲味经书院，乃设求友斋，刻印经史算学诸书，以医秦中士子空疏之弊。甲午辽海变起，国事日危，乃说学使赵芝山奏建崇实书院，专授实用学科，仿佛今日之工业学校也。并试办蚕桑轧花、制蜡诸工艺，且拟鸠资三十万两，创办纺织公司，以与书院相辅，为师生研究机器之所，欲此大兴物质，以隆世运。唯以风气未开，和者殊寡，仅轧花厂见诸实行，后亦因费绌而中辍。然自此棉业及轧花，盛行于关中矣。

戊戌康梁倡导维新运动，古愚亦为桴鼓之应，洎新政失败，古愚因清吏之嫉，被排退隐烟霞洞讲学。烟霞者，郑子贞栖隐处也。古愚因慨时势之阽危，于万山寂寥中，哭歌无时，因致失明，乃冥坐静思，悟以音统义之理，成《蒙童识字》十卷，书成目亦复明。

光绪二十七年，各省奉令立学堂，陇、蜀两督争聘古愚为大学总教，古愚以陇据秦上游，且种族复杂，非联合汉回□番为一体，不足以靖内而御外。乃谢蜀而赴甘，则至大改士子崇尚虚浮之习，课以实用学科，更拟请当局修复左文襄所购机器，大织毡罽呢之属，及广开西北畜牧，收其皮革以西□腥脂，书未及上而病棘矣。遂于光绪二十九年八月没于兰州，享年六十有一。

二、古愚学术之地位及特质

有清一代为我国学术整理时期，于前代学术剔疏辨析，不为无功，而开宗立派，阐明天人，则未之能。三百年间惟王船山、颜习斋、戴东原三先生，尚能镕铸经传，自立体系而已。在清初，如孙夏峰、李二曲、陆世仪等，皆傍依程朱、陆王之门，殊少发明。逮及中叶，皖、吴二派之经学家，自不乏博洽之士，惟东原先生一人，尚有哲理新意，足以干植其学说。及其季世，欧西思想东渐，我国固有思想体系，为之摇撼，亦如政治经济之被凌犯，岌岌不可终日也。于是学者悚然自觉，或推演经传之所谓微言大义，缘饰新说，以图与欧西思想相抗，如公羊学派是也。或冀以西洋科学嵌入我国思想体系之中，如所谓"中学为体，西学为用"，此派人物可以张之洞为代表。惟世变匆匆，为期甚促，无大成就，已为陈迹。然一时活跃之态一如战国时也。此时有体系之思想家，一为康南海，一为谭壮飞，一为刘古愚。至任公先生虽负有超绝之天才，摧清陷廓，力任启蒙，其于文化之功，或有逾于诸贤，然尚未能自立体系也。南海、壮飞，声望炫赫，学显于世；惟古愚之学，暗然西陲，世鲜有知之者。

古愚之学，根柢于孟子、横渠，而以经世致用为依归。故于汉宋之分、朱王之分、中西之异皆不哓哓致辨，惟纵观博取，更互验证，以期切于实用。其方法，则由洞澈人生本源，明性以立体；研究法制、工艺，开物以成务；故体用兼备，殆合姚江、习斋而一之也。极其功效所致，尤足以尽人性、尽物性，使民昌国富，天下举安。析而言之，古愚之本体论略同于横渠，谓万物由"气化"所致，天人乃为一源。古愚之意，不视万物为一体，则情泛而不真，即不能达理知情感合一之境界，即不能体天、尽性、仁民、爱物，难窥圣学王道之源。其心性论，则为孟子性善说之修正，不以气质之性为恶。古愚谓气质之性为生理之要求，如口体之欲是也。彼谓屏弃气质之性，则灭绝人生，如佛道以身累矣。其政治论，全同于孟子之同民养民之妈妈政策。至其经世之学，则主张"道艺合一""政教合一"，略同于浙东学派，不过尤重明体以达用，由圣功而至王道。必守身而后能经世，不似程朱所讥"永康之学有尾有头也"。古愚亦信服南海公羊之学，惟不似其武断诬张耳，古愚所著《尚书微》亦公羊家之言也，时会移人，贤者不免。总之，古愚之学由识天以尽性，由同民而经世，体系至为贯澈，论证尤多阐发，诚为一代之哲学家也。

三、古愚学髓[①]

（一）元、气、理

我国儒家哲学多重人事，于宇宙本质殊少论。自横渠建设"气化的宇宙观"（近人贾丰臻以横渠宇宙论为唯物论），以气为宇宙之本质，为我国哲学放一异彩，惜横渠以后，关辅即沦于完颜之乱，学者未能继承其精神，皆东学于二程，"理气二元论"遂猖獗于哲学界，而唯物论中绝矣。学者谓"横渠亡而关学绝"，盖即谓此欤？（此中社会之因原，当别为文论之。）古愚先生近横渠之乡，又当西洋科学输入之会，故掇拾横渠遗说，而附益以科学新意，而建树唯物的一元论。自有宋以后，将宇宙之旧题而重谈者，不可不谓惟古愚一人而已。

古愚以"元"为最原始之物质，且为万物发生之心核。气为万物之始，气流为形（在宋明哲学家为物之实质）。形是气之暂聚，形色有殊而万物纷然矣。如古愚《孟子性善备万物篇》云：

> 元是天地生物之心（即心核之意——冷注），其生机动处，则气之流行也。此即是天命，命必有出，元是命所从出。气载以行，如命者形受之也。形是生气，是气之机，元其根也。

古愚所谓"元"非抽象的理，乃为物质的，且为富有机动性之原始物质，如桃杏之核然，古愚又云：

> 元不可名理，而可名善，名为仁。理是形质上之文理，必有形质，方有文理可寻。气未发动，何有形质？善是称美此物（指元而言——

---

① 此处标题原为"第二章　古愚学髓"，与本文先后次序不符，改为"三、古愚学髓"。

冷注）之词，犹事迹未形，曰善念善意，桃杏方核而曰桃仁杏仁。

古愚又肯定"元"之意义云：

> 元字，《说文》从一，从兀，训一为天，而下以兀承之。窃觉未妥。疑上二画为象天地，下兀当为几，象气之流行未透出二画，是未行于天地间，则元也。元、天、乾声极近，训必可通，古必为一字。

故古愚之所谓"元"，乃气之未透出而流行者，又气之根源也。固为最始物质，而且含有储能之意义。古愚论元为气之根源曰：

> 未有天地，即有气，况有天地后乎？又为气寻出根源，语即嫌涉虚无，然不究到此处，异端将以此难吾儒矣，故圣人言道之本源曰："易有太极是生两仪。"又曰："大哉乾元，万物资生，乃统天。"明指出气则曰"有"，不指出气则指证之物。

古愚以为有"元"然后有气，有气然后有理可寻，力反朱子理气二元论及理在气先说。故又云：

> 又进而上之为气，推求所起之端，此不可谓之理，理是已有形质之文理。气流行时有动静，即有条理可寻，故可言理。发动不可言理，然必有物于此以为"气母"，圣人强名之曰"元"、曰"太极"。
> 自有天地，气无一息之停，谁从天外窥气之所发端乎？故大衍虚一不用。自古言者皆曰"元气"，不曰"元理"也。在天之性不能离气，在人之性岂能离气质哉？

古愚之本体论与老子亦有契合之处，以为原始物质有其具体存在，虽不为人类咸所能觉察，但不得谓之无也。故云：

> 无声无臭时不得谓之无，特无声无臭耳，何尝无气？天壤间无无气时。气之清淡则无臭，气之虚静则无声。清虚淡静时，未尝无气也。

古愚之所谓"元"，正如老子所谓"无"。不过富有生发之机能耳。故能为万物之心核。

归纳古愚所论各点：元乃赋有生机的原始物质。气乃物之具体存在。理乃物之静动规律。

（二）物之生成

古愚以生之变化与生成，皆由富有机动之"元"为之主导，"元"是出命者，气载以行，而形受之也。如上节所引云：

> 元是天地生物之心，其生机动处，则气之流行也。此即是天命，命必有出，元是命所从出。气载以行，如将命者而形受之也。形是生气，是生之机，元其根也。

又云：

> 自有天地，气未有一息之停……

又云：

> 气流为形，由动而暂静，气以形而暂静，非息止也。

以上所引各节，所述物之生成的各过程，乃由于本身机构的因素，与近代辩证唯物论者之见解相同者三：

> 变化贯澈全程（气未有一息之停）。
> 静（均衡）是暂时的，非息止也。
> 形（形式）被决定于元气（内容）（形变之也）。

所异者，古愚以为物之生成与变化由于"元"之活跃，近代唯物论者则以为变化由于本身机构之矛盾耳。

（三）"形"与"性"

古愚谓气为生机处全在温和，温和即中和也。致中和则天地位、万物育焉。中和亦如近代唯物论者之均衡律，并生机之动由日之光热之条件，未免稍觉单纯耳。如云：

气为生机处全在温和，温和即中和也。温热为气之阳。寒凉为气之阴，其实只一个事物。进则为阳为温，再进而盛则为热。退则为阴为凉，再退而衰则寒也。佛家以风轮转世界，指气之流动为生机也。近西儒以天地间生机谓由日之光热，又谓气能散热于地，则似以热为元气载以行也。

气之精者必先自凝，凝而极盛则为日。日有光热，其发于外为生气，古以木燧取明火于日，聚日之光热则为火，万物皆以日之光热进退为生机，是生气发于日。……天地间之气，□系是火，温和则生物，热则物盛，过盛则反杀也。微火生气，壮火食气，热盛则生风。

古愚所谓"火"略如近代科学家所谓电子。此种宇宙论富有科学之意味，自然为欧西科学输入之影响。在中国哲学史上，实为一大进步。

古愚谓气之发展，由动而静，静为暂静非止息也。又谓气之流为"形"，即赋有性。如草木，形质色味同，则性同；形质色味异，则性异。人性亦然。如云：

气流为形，由动而暂静也。气以形而暂静，非止息也，故静复生动。水土中各含有生气，而万物纷然矣，故一有形即有性，如本草所列药性是。形质色味同则性同，形质色味异则性异，凡物皆然，人性何独不然？孟子"形色，天性也"，即是此点，富岁章莠麦之喻实发其理。"生之谓性"，即孟子形色天性之谓。特告子于形性未了了，而语则孟子以形异色同之白玉白雪白羽诘之，告子果知色而忘形，更诘以犬羊与人而告子之词穷矣。然则形尤重于色，形即气质之质也。

此段所论气之动、静、形、性，皆与今日之哲学科学所得之成果吻合，具有颠扑不破之真理。

古愚以为"形"必待发展，始显现其性能，人形即有人性。但非人人皆能尽性量之全者。如野蛮民族久同禽兽不即自著其灵性，必待教化而后可臻文明。此论正如亚里士多德所谓"形相（Form），必经发展之程序而后完成也。在未发展之前，仅具有潜能（Potential）之质而已"。如云：

气是理之动机，形是气之静聚。有犬羊之理气即动为犬羊之形，而理静为犬羊之性。有人之理气动而聚为人之形，理即静而为人之性。万物既生，人即生于其间。炎黄以前，世界昏昧，人与禽兽无异，如今日中国滇边尚有怒夷，美国有红夷，以及愚蠢如非洲之黑夷皆犷悍难驯如禽兽，不可施以教化，束以礼法。则尧舜以前之洪荒，人如鸟兽必已久矣。既生为人形，何以久同禽兽，不既自著其灵性之善？曰：人性之善在为善，非不为自然文明也。如果木然，其发生枝叶即具花实之理，然必久而始华，又久而始实。倘无培植之功，且久而不花实。故神灵首出之君师，为赞天地之化育也。教化日启，则民知日生，风俗日美。炎黄以上之榛狂，能为唐虞三代之礼乐，即怒夷、红夷、黑夷之蠢野，亦必能为有教化，各归之礼乐。盖有人形即有人性，故善为人之所同具也。

此本生物学之发展说以论性，可谓为孟子性善说奠植以坚实之基础，比孟子人皆有善端之说较合论理矣。荀子所谓化性起伪之意，亦综合于其中矣。

古愚以为人之所以能为善，而异于禽兽者，"形""气"之使然也。故曰：

> 孟子谓人之异于禽兽者几希，几希即性善也。佛家所谓之佛性，耶教谓之灵魂。庶民去之，不忍一日之欲也；君子存之为终身之忧也，去此几希始为恶而入禽兽，不得谓生而无此几希也。且人皆有此几希，故人皆能为善；禽兽无此几希，故极力教训，不能为人之所为。几希之善为顶天立地、直立而行之人所独得，则人性之善即为气所生也明矣。

又云：

> 惟圣人然后践形，践形即尽性，尽性即知天。

（四）气质之性非恶说

天地之性与气质之性起自张、程，以天地之性本善，气质之性为恶。张载云："形而后有气质之性，善反之，则天地之性存焉。故气质之性君子弗性焉。"朱子云："气质之说起于张、程，极有功于圣门，有补于后学。前此未曾有人说到，故张、程之说立，而诸子之说泯矣。"朱子又云："有天地之性，有气质之性。天地之性则太极本然之妙，万殊之一本也。气质之性，则二气交运而生，一本而万殊也。"

按诸氏所谓气质之性为个体之要求或特性，天地之性，普遍即理性也。古愚则一反诸氏之说，不以气质为恶。如云：

> 孟子论性善，皆是据继善成性以后说，即是据气质言。无气质

则礼义无所附，何从指为善。

又云：

> 孟子论性善，不惟谓人之气质为善，即物之气质皆得谓善，如水就下，莽麦日至皆熟，为性之同皆是。即犬羊与人形质异则性异，不可谓犬羊之性犹人性。若即犬羊论犬羊，则生为犬羊之形即有犬羊之性，不得谓为恶也。

古愚为一实用主义者，崇尚人事，故不以气质之性、人生之欲求为恶。其说明如次：

> 不以气质为恶，此大有关系。气质即是五官百骸，物也；声色臭味，亦物也。物不能不与物交，然各有则焉，不讲求其则而谓耳目鼻口四肢，为声色臭味之根而绝之，则佛家黜聪毁明，保全灵性。道家以身为大患，耶教谓为魔鬼欲消除之，皆将弃人事，以全天性。即在吾儒，亦将放浪形骸，不讲修身实行，以为悟道者，甚之且昧此身所自来而不显则无父，忘此身有所统而欲逃则无君。无父无君，天下将大乱，而人道无异禽兽。故气质不可谓为恶也。气质非恶则人惟一心，人心非指私欲也明矣。

盖谓五官百骸对于声色臭味之攻取，乃人之本能也，必然之要求也。故不得谓为恶，不过须有其则以为之规范耳。佛、道、耶诸家欲绝而去之，是戕贼人性而忘人事也。人人皆知孝其亲，性也，而墨子兼爱故无父也；人不能脱离社会以生存而杨子为我，故无君也。古愚崇尚人事，实可谓正统派之儒家思想，与道士派宋明理学家黜人欲以求渺茫之天理者，亦大异其趣。

古愚既不以气质之性为恶，然则人生，善恶何由以定乎？彼以为物不能不与物交，各有"则"焉，合"则"善，不合"则"恶。"则"，人与人之关系也。故云：

> 天地间若止吾一身，不惟无所用政，亦无所用学，惟吾之所欲为，而无所谓善恶也。惟身与身接而道生焉。合"则"善，不合"则"恶，恶则彼此不相安而世乱矣。故身与身接而道生，道者由此身以之彼身之路也。有与身相接者始有所以措置此身之道，由此而国而天下，家则身之所最先接者也……

性善性恶之辩，为中国哲学史上所不能解决之问题，自孟、荀而后，学者作折中或弥缝之说者亦云夥矣。未曾如古愚理论之坚实者。古愚以生物发展说而论人性，以社会关系说而衡道德，于此问题虽不可谓获有圆满之解决，但孟、荀之说可以息矣。

（五）格物

古愚以为格物在求事物之则或格式——即今日所谓物之规律性也。古愚云：

> 因疑孟子训格物，格为方格，为格式，穷物之理，使物各循格式也。大学八目如为八方格，使身家国天下之物，各就各格。吾明其理以为其事，有条不紊，各就其格，则各循其式矣。物各有式，即物各有则也。格身之物，目视思明，耳听思聪也。身物之格，耳听能聪，目视能明也。耳目之官修其天职，如就格然，则淫声乱色不能惑，交物不为所引。——即温公"扞格外物"训亦在其中矣。格家国天下之物，可以类推。

古愚此论可注意者：即认为物各有式、物各有则，吾人宜循其格式，把握其特殊原理，以为其事。与朱子所谓"即物穷理，以至乎其极，一旦而豁然贯通焉"则有别也。盖朱子以为宇宙有一最高之原则，可以贯通之于事事物物。古愚则以为物各有格而不通，各就各格，明其理，实为其事，是已足矣。古愚所重者，知本守序耳。故云：

> 孟子格物最重有序，有序却从知本来。故曰尧舜之知而不遍物，急先务也。即《大学》知先后之旨，亲亲而仁民，仁民而爱物，格家国天下之物，必循此序，而本则万物皆备于"我"，唯本于我故学贵守约，求道必自迩，行远必自迩。心之官能思，以研求物理，则必先由身而次及家而次及国而次及天下……

古愚谓"格物，必先格身"者，以今语释之，即真切认识人生真义，尽量发展智慧器识，以完成人格也。亦孟子所谓尽性之意。虽重伦理而不遗物。又如《格致说》云：

> 格物之说，当以身心国家天下为大纲，而仍依之为定序。举凡天下之物有益于身心家国天下者，无不精研其理，实为其事，俾家国

天下实获其益。则天生物以供人用者皆得显其用，是为格物，是为尽物之性。其赞化育处，耒、耜、杯、机、舟、车、弓、矢为最要，而西人声、光、化、电之学无不该其中矣。西人驱使无量之水火，轮船铁路电线，汽机照相传声，真夺造化之奇，而参赞造化也。若无益人生之用，则奇技淫巧愈神异愈不可格也。故格物之学必须以伦理为本，兼西人之长而无流弊也。

故古愚所谓格物之序，乃孟子尽己之性以尽物之性之发挥耳，古愚与张之洞为并时之人物，之洞以"中学为体，西学为用"号召海内，一时人士举为金科玉律，然真能以欧西思想嵌入固有思想体系之中者，唯古愚耳。格物宜先格身，较"中学为体，西学为用"更为圆满，盖古愚之所谓身兼智慧与道德言之也。

（六）天人之迷网

据以上各节论证，古愚之宇宙观可谓严正之唯物论矣。但涉及人生观与政治论，又陷于唯心论及神秘之倾向。此种倾向为正统派的儒家一贯之精神，孔、孟如此，程、朱亦复如此。即富有唯物论色彩之张横渠，其宇宙观可谓唯物论也，至推演及人生，则融小我于大我，乾父坤母，期践形以唯肖。故《西铭》一文，尤为此种精神发展之极致。此种倾向可称之为儒家之"天人的迷网"。古愚思想根柢于孟子、横渠，当然不能冲破此迷网也。古愚为一继世学家，或以为不融合天人，视万物为一体，则救世之情，泛而不真，故借此以说教也。如云：

> 守身是经世之本源，经世是守身之全量。守身不知经世，则为孤寂之学，杨子之为我是也。经世不知守身，则为泛滥之学，墨子之兼爱是也。墨氏无本，故不能为序。不能从父母推及天地，而强谓万物为我一体，则情泛而不真。非孝不能为悌（孝天悌众，述横渠意也——冷注），无忠做不出恕也。杨氏无序，其本亦非，不以身为万物皆备之身，而斤斤守之，身已缺陷不全矣，岂能为守身哉？不失其身，乃能事亲。孝之事全从悌上见，不忠恕不得诚身也。

此根据孟子、横渠精密主义以批评杨、墨也。孟子云："万物皆备于我，反身而诚，乐莫大焉。"此孟子之心学也。横渠发挥"为天地立心，为生民立命，为往圣继绝学，为万世致太平"。古愚更继孟子、横渠此种思想而组织一经世哲学。故古愚可谓关学之正宗，横渠之真传矣。但此种思想特为古愚思想之骈指赘瘤，古愚仍有其独特之哲学体系，如上述"元""气"，流形象，形象发挥性能。在中国哲学史可谓为仅有之严密哲学体系也。

第二辑

关学研究综论文献

晚清关学概要

蒙文通

编者按：本文节选自蒙文通撰写的书评《评〈学史散篇〉》，原载《图书季刊》1935 年第 2 卷第 2 期。蒙文通所著《中国史学史》（巴蜀书社 2019 年版）亦有收录。题目为编者根据内容拟定。蒙文通（1894—1968），名尔达，字文通，后以字行世，四川盐亭人。中国现代杰出的历史学家、近代"蜀学"传人，经史大师。主要著作有《古史甄微》《周秦少数民族研究》《经学抉原》等。

双流刘鉴泉先生年未四十而殁，著书已百余种，先生于宋明史部、集部用力颇勤，《史学述林》《文学述林》两著持论每出人意表，为治汉学者所不及知，张孟劬先生所称为目光四射、如球走盘，自成一家之学者也。先生殁已三年，余始于燕市获见此册，犹封存印书局，尚未流行。其书首《唐学略》，次《宋学别述》，次《近世理学论》，次《明末二教考》，次《长洲彭氏家学考》。前二篇最宏大杰出，第三篇立论殆别有旨，末二篇备言近世宗教史之故，事亦最奇。五篇近五万言，搜讨之勤，是固言中国学术史者一绝大贡献也。

…………

刘先生于《近代理学》一篇，意在合清世考据家于理学，自别有旨，不欲以鄙意衡之，而特述鄙意与刘先生相合而偶足以补其遗者。刘先生述及关中李元春，而未及其流。案：清末西北理学，有炽然复兴之势，与李元春同时者，有倭艮峰、苏菊邨、李文园，皆中州人。而李氏之流独广，其弟子之著者有杨损斋、贺复斋、薛仁斋。贺氏之门著者有牛梦周、张葆初，并时关中又有柏子俊、刘古愚。是皆西北之俊，关中之先觉也。其源远而流长，亦不可以弗论。吾求其书殆十数年而后备，将二十种，刘先生殆未之见，故言之亦未详。吾读刘先生书，叹未曾有，足以开人心目。聊陈管窥，补其阙遗，正其统纪，以为读刘先生书者之一助。惜不得起亡友与共详之。所幸通人硕彦，不吝匡吾两人所未逮，以起千余年来之坠绝，于承学之士，不无稍补也。

北宋关学概要

夏君虞

编者按： 本文选自夏君虞著《宋学概要》（商务印书馆 1937 年版）下编"内容及派别"第一章"宋学之以地名派者"之四"关学"。因该书名为《宋学概要》，故将本文命名为《北宋关学概要》。夏君虞，生卒年不详。毕业于武昌师范大学。师从黄侃，深受其学术观念影响。

　　这在开始即已经说过，关学是张横渠的学派。张横渠名载，字子厚。晋朝也有个张载，常常有人弄不清。那张载是文人，在前；这张载是理学家，在后。如同西汉时有个王褒，南北朝时也有个王褒，中国历史上同名字的人多着呢。这可参看胡应麟的《少室山房笔丛》。

　　张横渠世居大梁，以乔寓为凤翔郿县横渠镇人，故学者称为"横渠先生"。少孤，能自立，志气不群，喜谈兵，因与邠人焦寅游。当康定用兵时，年方十八，即慨然以功名自许，欲结客洮西之地，上书谒范文正公仲淹。文正公识其人为远大器，责之曰："儒者自有名教可乐，何事于兵？"手《中庸》一编授之。遂翻然志于道，为文正公门人。已求诸释老，后又反求之六经。嘉祐初，至京师，见二程子。二程子是他的外兄弟之子，行辈晚下，他与语道学之要，极为佩服，因涣然曰："吾道自足，何事旁求！"于是尽弃异学，淳如也。当是时，他已经拥坐皋皮在京邸中讲《易》，听讲的很多。他说："今见二程子，深明《易》道，吾不及也，可往师之。"即日起辙讲。所以他的学问，凡两次变更才成功。第一次是遇着范文正公，第二次是遇着二程子。在他托疾归横渠的时候，终日危坐一室，左右都是简编，俯读仰思，冥心妙契，虽中夜必取烛疾书，曰："吾学既得诸心，乃修其辞命，命辞无失，然后断事。断事无失，吾乃沛然。"又告诸生说："学必如圣人而后已。知人而不知天，求为贤人而不求为圣人，此秦汉以来学者之大蔽也。"他的学问大旨，以《易》为宗，以《中庸》为的，以《礼》为体，以孔孟为极，以循古礼为流俗倡，于是关中风俗为之一变而至于古。他同他的老师范文正公一样，居恒以天下为念。他慨然有志于三代的礼法，他很看重"贫富不均"的问题。他说仁政必自经界始，他想买一块地皮，画为数井，以实验先王井田的遗法，未成功就死了。他著的书以《东铭》《西铭》《正蒙》为最有名，《西铭》中"民，吾同胞；物，吾与也"这句话，恐怕是没有什么人不知道的吧！

关学的来源，在前面已经说过是范仲淹了。范仲淹的师传是如何？不可不说明。

杨愨——戚同文——范仲淹——张载

照《宋元学案》上所载的是如上表。戚同文是五代末年、赵宋初年时人，原籍宋之楚邱。晋末丧乱，绝意仕进，力行好学，化行乡里，门人尊为正素先生。全祖望说，清代的汤斌，就是发扬他的学统。黄季刚师也极力推尊之，以为讲宋代学术史的人，应不许忽略这一个声名不很大的学者。至于杨愨，不过是五代时一个教授五经的人，同时又是戚同文的妻兄。

考关学渊源的，尚有不可忽视的二人，即侯可、申颜是。侯可，字无可，其先太原人，徙华阴。少倜傥不羁，以气节自喜；既壮，尽易前好，笃志于学，博物强记，于《礼》之制度，《乐》之形声，《诗》之比兴，《易》之象数，天文地理阴阳气运医算之学，无所不究。自陕以西，多宗其学，而侯亦以乐育为己任，主华学之教几二十年。元丰己未年卒。二程子的母亲侯郡君，就是他的女兄，程门弟子侯仲良就是他的孙子。申颜也是有名的君子，非法不言，非礼不履，与侯可为莫逆交。虽不能说张横渠与他们有关系，但关中学风却是他们开先的，讲关学应该说侯、申开其源，横渠光其统。

关学的流传并不怎样盛，有名的只是吕氏三兄弟大忠、大钧、大临，但三人又尝受学于二程子之门，学问恐怕不很纯粹。永嘉九先生中周行己、许景衡、沈躬行以及谢天申是大临的弟子，可以说永嘉学多少有关学的影响。不过吕大钧的《吕氏乡约》，确是关学的嫡派，关中的风俗为之一变。此外有田腴，是横渠的门人，吕好问、吕切问兄弟曾从之学。好问、切问世是吕祖谦的从祖，于婺学或者也有点影响。总之，关学的流传，除掉关中而外，便从河南渡江到了浙江。

关学有几样特点：

甲、关学的学者，多少时任侠使气，壮时便一变而志于道。

乙、关学重礼，所以也很讲究实际制度。但既不与王安石的新法同，又不类似永嘉派的专讲事功。虽然是王安石曾经想用张横渠以推行新法，永嘉学者有受关学的传授。

丙、治国平天下虽不能说，一乡确是化了，修己自毋论。在效果方面说，他们尚不至于空谈。现今有人平日酷好宋学，目前又在努力做那实验县的工作，不知是不是关学的又一派。

关学概论

曹冷泉

编者按： 本文原载《西北文化月刊》1941 年第 1 卷第 3 期，堪称是以现代学术方法对关学和关学史进行概论性研究的首篇文字。

一、关学之意义

自宋，张载讲学于关中后，后世学者遂以张载所代表之学派，称之为"关学"。故所谓关学，具有学派的意义。

关中自张载讲学后，研究性理之学者闻风兴起，代有大师，历千年而弗息，可谓盛矣。明冯从吾将关陇历代关学之传受师承与学说要旨，汇为一编，颜曰《关学编》。厥后清初王心敬（丰川），清末李元春（桐阁）、贺瑞麟（复斋）于此书各有增续，题曰《关学续编》。于是凡关陇心性学者之言行、事功，皆萃于此书矣。惟此书于周、张、程、朱各派学者皆兼取并录，不过皆籍隶关陇而已，若依据冯、王、李、贺诸家之见解，则所谓"关学"一名词，仅具有地域性，已不足代表一学派（School）矣。此亦不然。关陇性理学者，无论或崇程朱，或崇陆王，或列籍于河东，或列籍于甘泉，而其所同者，皆注重伦常日用，躬行实践，与夫遵古尚礼。——故此数点者，即可谓关学之特有属性矣。且关学因风土环境之关系，因千余年师儒递相传授之关系，而具有朴茂醇厚之色采，不同于程朱，不同于陆王，此吾人研究学术史者所应知者。惜乎关学未能蔚为全国学术主潮，不为学者之注视。

二、关学溯源

凡一学派之产生与形成，不仅历史的原因，同时更为环境的原因。考关学之产生，不仅应远溯关中历史上之人物，应知关学与国内各学派，与道教、佛教，亦皆有密切之姻缘。

冯从吾著《关学编》，于张载传前，冠以籍属关陇之孔门四子——秦子、燕子、石作子、壤驷子。此四子名不见之于经传，行无闻于后世，于关学初无关系，而冯氏以此四子为关学之祖矣，有是哉其迂也！王丰川更欲远溯之于伏羲、文、武，其序《关学续编》云：“自念编关学者，编关中道统之脉络也。横渠，特宋关学之始耳。前此如杨伯起之慎独不欺，又前此如泰伯、仲雍之至德，文、武、周公之缉熙敬止，续绪成德，正道昌明之会，为关学之大宗。至如伏羲之易画开天，固宇宙道学之渊源，而吾关学之鼻祖也。……”迂而无当，非为知言。盖迷于道统之见解，亦时代之关系，不可过非古人也。

关学为中国理学之一部，关学发生之渊源，自然亦与中国理学同一原因。兹述中国理学发生之渊源，亦可当作关学之渊源观也。

（一）儒教之固有思想

中国之理学本体论可谓源于《易传》（《易传》出于汉儒，非孔子所作，近人已有详明之考据。其思想可谓儒、道之第一次融合），伦理则源于孔孟及《中庸》，方法论则源于《大学》，近代学者已有详明之叙述。近代学者每谓理学为“儒表佛骨”，以理学之内容皆袭取之于佛、道矣，亦数典忘祖之类也。试观中国理学之本质，皆不过就《易》之“阴阳”、孔子之“仁”、《中庸》之“诚”，加以综合深化而已。

（二）道教与儒家思想之融合

上述《易传》思想为道、儒二家思想融合之作品，虽未为学者所公认，但在汉、魏之间，如扬雄之《太玄》，王弼、何晏注解之《周易》《论语》，皆玄学与儒家思想之结合。北宋周濂溪之《太极图说》窃取于道士陈抟，朱彝尊已有切确之考证矣。

道士陈抟隐居华山，种放隐居终南，皆极蒙当道优遇，于关中社会必然有大之影响。陈抟所著《木岩文集》颇有调和道、儒之倾向，皆足以促道、儒之结合，而使关学之产生。

（三）佛教与儒家思想之融合

佛教于六朝时代盛行中国；唐代中国佛学者更能自创学派。佛教圆融高深之哲理，自非儒家所及，儒者摄取佛学之长，以充实儒教学说，亦自为必然之趋势。如《宋史·张载传》，言“访诸释老，累年究极其说，知无所得，反而求之六经”[1]；《程颢传》亦言：“颢泛滥诸家，出入老释几十年，反而求诸六经，而

---

[1] 此处原文为“传涉猎老释者累年，乃反而之六经”，语颇不通，据《宋史·张载传》改。

后得之。"此不过儒家经持道统之言，更足以证明儒家袭取于佛教也。又如横渠批评《楞严经》，深入奥窍，亦足证其于佛教有深入之研究也。

余以为关学固可称为独立学派，吾人不寻关学渊源则已，若欲寻关学之渊源，不能仅限于关陇也。如道教之陈抟、种放，佛教之明教大师（明教大师著排韩文，斥责韩愈排佛之非，陈义高深圆融，实足使儒家自惭固陋），儒家之二程、范仲淹，于关学之产生，皆有甚大之关系。二程不惟与张载有商量功差之益，即张载之门人，如蓝田吕氏兄弟，武功苏昞、游师雄，后皆东学于二程之门。《宋史·张载传》①云："载坐虎皮，讲《易》京师，听从者甚众。一夕，二程先生至，与论《易》。二先生于载为别兄弟之子，卑行也，而载心服之，次日语人曰：'比见二程，深明《易》道，吾所弗及，汝辈可师之。'即撤坐辍讲，与二程论道学之要"云云。又云："载少志气不群，喜谈兵，年十八，上书谒范文正公，公知其器远，乃责之曰：'儒者自有名教可乐，何事于兵？'因授以《中庸》一册，遂翻然志于道。"仲淹不独事功炫赫，且理学深湛，其为西帅多年，德威远播边服。其言行于宋代关中学风之影响必甚大，当不止张载一人也。

三、关学沿革

余以为研究关学，应截断众流，自张横渠始。因自横渠后，关学始有师承传授之可寻；在横渠以前，无关学之称也。横渠建树关学之基础，开发关学之风气，并著关学之特色。所谓"关学"，应以横渠学说为基调。关中学者勇于从善，自横渠先生而能降心与年青后辈二程相商讨，嗣后国内凡有新学派兴起，关学皆能与之融合汇流，兹就关学递变之迹而分为三期：第一，与洛学合流时期；第二，与闽学合流时期；第三，与王学合流时期。

（一）第一期之关学②

与洛学合流时期为北宋时代。本期以张载为开山之祖。蓝田吕大忠、吕大钧、吕大临兄弟，武功苏昞，三水范育，皆受学于张氏；少后则有华阴侯仲良，天水刘愿。黄宗羲云："横渠先生勇于造道。其门虽微有殊于伊洛，而大本则一也。"此言张、程哲学基调确甚相同，尤其是论性，横渠与伊川完全一致。因此横渠对于二程，能降心相从（横渠与二程之关系详于后），相互推崇，互相启发。横渠此种伟大的学者态度，自足钦佩。而张门弟子于二程，亦能拳拳服膺，无门户之见。熙宁九年，横渠过洛，与二程子论学，张门弟子苏昞录张、程三子

---

① 原文脱"传"，径补。
② "（一）"为编者所加。

语，题曰《洛阳议论》。又如吕大临为横渠之高足，亦"程门四先生"之一也。后在北宋时代为关学与洛学合流时期。

（二）第二期之关学[①]

关学与程、朱二派合流时期，时间则由金元以至明之中叶。宋室南迁，关辅沦陷，关学遂为销歇。金代仅有杨天德为关学保一线之余绪。元室统一中国，关学略有复兴之势，杨恭懿、萧维斗皆以程、朱之学号召关辅，杨恭懿与许衡（字鲁斋）齐名。萧维斗撰恭懿墓志[②]云："朱文公集周、程夫子之大成，其学盛于江左，北方之士闻而知者，固有其人，求能究圣贤精微之蕴，笃志于学，真知实践，主乎敬义……表里一致，……粹然一出乎正者，惟司徒及公。"司徒，即谓鲁斋也。许鲁斋为元代理学唯一大师。萧维斗亦为元代杰出之学者，博极群书，凡天文、地理、律吕、算数，靡不研究。侯均[③]云："元有天下百年，惟萧维斗为识字人。"大德中，河东、关陇地震月余，维斗与吕域各设问答数千言，以究其理，盖元代西方科学亦渐输入中国。吕域，字伯充，其先河内人，金末父佑避乱关中，因家焉。伯充从学于许鲁斋。其时与萧维斗齐名者为同恕。恕字宽甫，奉元人。继之而兴者，为蒲城侯均，奉元韩择，泾阳第五居仁、程珉、李子敬，率皆行高于学，堪为一乡之师表云。

有明定鼎，关学顿兴。段坚（字容思）首振宗风于皋兰。张杰秉木铎于凤翔，继之而起者，有天水周蕙（号小泉），咸宁张鼎（字大器）、李锦（号介庵），渭南薛敬之（号思庵）。张鼎为薛文清入室高足[④]，文清遗集皆由其手编；薛思庵传学于高陵吕柟（号泾野）。泾野名高位尊，造诣宏深，关学因之大显。成化中，三原王恕官吏部尚书，为一代名臣，留心理学，至其子承裕而大昌，遂演为三原学派。冯从吾序《关学编》云："皋兰创起，（谓段坚）厥力尤艰，璞玉浑金，精光含敛，令人有余裕不尽之思。凤翔（即张杰）以经术教授乡里，真有先进遗风。小泉（谓周蕙）不由文字，超悟于行伍之中，亦足奇矣。司徒（谓张鼎）步趋文清，允称高足。在中（谓李锦）、显思（薛敬之字），履绝蹈规，之死靡他。至于康僖（王承裕谥号），上承庭训，下启光禄（指马理）。而光禄与宗伯（谓吕柟）、司马（韩邦奇），金石相宣，钧天并奏。一时学者歙然向风，而关中之学益大显明于天下。若夫集诸儒之大成，而直接横渠之传，则宗伯尤为独步者也。"吕泾野之高足为吕潜（号愧轩），王承裕之高足为马理。韩邦奇之

---

① "（二）"为编者所加。

② 原文脱"志"，径补。

③ "侯均"，原文作"余均"，误，径改。

④ 原文脱"足"，径补。

高足为杨爵（号斛山）。少后有王之士者，幼承家学，潜心理窟，学者称^①秦关先生。

黄宗羲谓"明代关学皆河东（薛文清）学派，三原又其别派"云。按：河东之学，以"持敬以复本性为要旨"。正统中，安邑李昶为清水教谕，以薛文清之学教士子，周小泉从受学，是为河东学派入关之始。其后张鼎因父为蒲州知州，受学于薛文清之门，深得文清之心传，自是河东学派遂大繁衍于关中矣。其实河东学派亦关学之一派也。故第二期的关学，仍可谓与关学合流时也。

（三）第三期之关学^②

为与王学合流时期，时间则自明正德以逮于清末。正德中，阳明崛起东南^③，渭南有南元善者官绍兴，从阳明受学，传其说以归，是为王学入关之始。但虚玄之王学与崇尚实践之关学，格格不相入，未发生极大之影响。万历中，冯少墟剔除王学虚玄部分，而摄取其"良知"之说，王学与关学始汇流为一。柏景伟云："恭定，于姚江天泉证道之语，不稍假借，而极服膺'致良知'三字。盖合程、朱、陆、王而一之，集关学之大成者，则冯恭定公也。"冯少墟之造诣，在关学中实不能称集大成之人物，不过以其综合摄取程、朱、陆、王各家于一统系之中而已。与冯少墟同时有凤翔张舜典者，与少墟论学宗旨不同，而交称莫逆，少墟有所著作，皆张为之序。在明末关学之可称者，更有泾阳张鉴、王恕^④，及蒲城单允昌、王侣等。

清初李二曲起自孤寒，私淑少墟，为关学之大师，一时老宿后进皆从之游。可称述者，如蒲城王化泰，朝邑王建常、同州党湛、张珥、李士瑸，皆年长于二曲，而仍师事于二曲者。如天水蔡启、武功张承烈、同州马械、邠州王吉相、三原李彦瑁、咸宁罗魁、泾州文佩、泾阳王承烈，皆二曲及门弟子也。二曲之门人，以王丰川为最。与二曲同时而仍笃守程、朱之壁垒者，为朝邑王建侯。建侯字复斋，著有《复斋录》，专以发明程、朱，屏斥陆、王。少后则有澄城张秉直、华阴史调、武功孙景烈、临潼王巡泰，亦皆确守程、朱者也。至嘉、道间，朝邑有李元春字桐阁者，立论博大切实，较张、史诸儒为优矣。清末柏景伟倡学无党派之说，故于程、朱、陆、王无短长，论旨颇近二曲、丰川。同时贺复斋则力反其说，隐然为关学最后二大壁垒。更有朱佛光，学杂佛老而倾心于革命；刘古愚崇尚实学而同情于立宪，为关学之别子矣。

---

① 原文脱"称"，径补。
② "（三）"为编者所加。
③ "东南"，原文作"南东"，径改。
④ 据《关学编》，"王恕"当为"郭郏"，原文误。

四、关学巨子学说论略

关中学者重躬行实践，故不尚虚玄之思，文词固所轻视，即著书立说亦不愿为也。李二曲云："著述一事，大抵古圣贤不得已而后作，非以立名也。故一言之出，炳若日星，万饮食而不尽。其次虽有编纂，亦非夸诩于时人。"固为有道之言。但因此而少博辨精审有体系之著述，如自张横渠后迄今千余载，在关学中求如横渠者亦不可见，遑论发展光大。然类皆气节凛然，威武不能屈，贫贱不能移，每逢国变，节烈忠耿之士，或忠贞所守，或慷慨赴义者，代不乏人。

（一）张载①

张载字子厚，世居大梁。父迪知涪州，殁于官，诸子皆幼，遂侨郿县横渠之南。少有大志，喜谈兵，常欲结客取洮西之地。年十八，以书谒范文正公，公知其远器，欲成就之，乃谓之曰："儒者自有名教可乐，何事于兵？"因劝其读《中庸》。先生读其书，遂翻然志于道，犹以为未足，又访诸释老界，尽究其说，反而求之六经。晚与二程论道，尽弃异学而一志于儒。史称："其学以《易》为宗，以《中庸》为体，以《礼》为的，以孔孟为法。穷神化，一天人，立大本，斥异学，自孟子以来未之有也。"兹略论之。

1. 学说之来源②

横渠之本体论源于《周易》。横渠之所谓"太虚"即《易》之太极，横渠之"阴阳、屈伸、相感"即《易》阴阳变易生生万物之说，不过横渠更加以哲理的解释而已。日人常盘博士谓横渠之学说源于佛教。彼以为横渠的"太和"与"性"，与佛教"法界""一心"相当；太和中的"虚""气"，与佛教"动""静""不变""随缘"相当；太和为万物之本源，与佛教"阿赖耶识"包含无限种子相当；横渠谓万物聚散有必然之势，又和佛教华严"感应"之说相当。常盘博士之说，固自可适，究不若谓横渠本体论源于《周易》为切实有据也。至横渠对于佛教有深刻之研究，则为实事。

次，横渠之人生论则源于《中庸》之"诚"。《中庸》曰："诚者，天道也；诚之者，人道也。"又曰："诚者，物之终始，不诚无物。"又曰："天命之谓性，率性之谓道，修道之谓教。"《中庸》之"诚"而一切事物"必然至当"的原则；"诚之""率性"就是求所以实现道"必然至当"之原则。横渠之"理一殊分""知化穷神"即自《中庸》"诚"道推演而出。

---

① "（一）"为编者所加。

② "1."为编者所加。

2. 本体论①

横渠认为"太虚"为物质最原始的境界，为气之本体。气有阴阳，阴阳两作用，伸屈相感聚而为物。气伸屈相感无穷，故物亦无穷。气聚而为物，物散而反入太虚。太虚不是真空，而为实有之源，与莱卜尼兹所谓"宇宙是一片充实"有同一的意义。

气之聚而为物，物之散而反入太虚也，又必遵顺一定之规律。所谓"皆不得已而然也"。《正蒙》云：

> 太虚，气之体。气有阴阳，屈伸相感之无穷，故神之用也无穷，其散无穷，故神之应也无数。虽无穷，其实湛然；虽无数，其实一而已。阴阳之气，散则万殊，人莫知其一也。合则混然，人莫见其殊也。"形聚为物，形溃反原"者，其游魂之变欤！所谓"变"者，对聚散存亡为文，非知萤雀之化，指前后而为说也。

又云：

> 天地之气，虽聚散攻取百涂，然其为理也，顺而不妄。气之为物，散入无形，适得吾体，聚为有象，不失吾常。太虚不能无气，气不能不聚而为万物，万物不能不散而为太虚，循是出入，是皆不得已而然也。

横渠之"太虚"，与《易》之"太极"意义相同。《易》云："太极生两仪，两仪生四象，四象生八卦。"《老子》云："一生二，二生三，三生万物。"皆言物象生生之理，似不若横渠之说为完密。横渠之本体论可谓之为"太虚一元论"。

3. 人生论②

可分两点讨论。

首先，③心性观。横渠以为，人性虽源于天性，但有纯正偏乱之区别——即本然之性与气质之性的区别。《诚明篇》云：

> 性者，万物之一源，非我得私也，惟大人为能尽其道。④

---

① "2."为编者所加。

② "3."为编者所加。

③ "首先"，原文作"一、"，据下文改。

④ "惟大人为能尽其道"，原文作"惟大人惟尽其道"，据《张载集》改。

《西铭篇》云：

> 圣，其合德；贤，其秀也。

盖以为惟圣人能与天地合德，保持本然之性，外此不免有偏杂而形成气质之性。因此就要注重学问与礼教以克服气质之性。横渠重视礼教，就基于此理，后此形成关学特殊风气。

其次，论及横渠之伦理思想。横渠之伦理思想，最富哲学根据。横渠根据其本体论——万有一源说，将孔子之"仁"与"孝"，及宗法社会之伦理道德，皆组织于完密的体系中。其伦理思想完全表现在《西铭》中：

> 乾称父，坤称母，予兹藐焉，乃混然中处。故天地之塞，吾其体；天地之帅，吾其性。民，吾同胞；物，吾与也。大君者，吾父母宗子；其大臣，宗子之家相也。尊高年，所以长其长；慈孤弱，所以幼其幼；圣，其合德；贤，其秀也。凡天下疲癃、残疾、惸独、鳏寡，皆吾兄弟之颠连而无告者也。于时保之，子之翼也；乐且不忧，纯乎孝者也。违曰悖德，害仁曰贼，济恶者不才，其践形惟肖者也。知化则善述其事，穷神则善继其志。不愧屋漏为无忝，存心养性为匪懈。恶旨酒，崇伯子之顾养；育英才，颍封人之锡类。不弛劳而厎豫，舜其功也；无所逃而待烹，申生其恭也。体其受而归全者，参乎；勇于从而顺令者，伯奇也。富贵福泽，将厚吾之生也；贫贱忧戚，庸玉汝于成也。存，吾顺事；没，吾宁也。

横渠不但将宗法社会各方面道德伦理皆与一解释，使之获有哲理的根据，且将仁爱之范围推及物类。其伟大的胸怀与见解，是儒家之进步。当时传者批评横渠之《西铭》陷于兼爱之蔽，不知此正横渠伟大之所在！程正叔批评《西铭》云："《西铭》明理一而分殊，扩前圣所未发，与孟子性养气之论同功。……自孟子后未见此书。"杨龟山云："《西铭》只是一个事，发明天底道理。所谓事天、循天理耳。"《西铭》中心意旨，则为万物一源，人皆上天之一体耳，人只应体天心以尽天道。无论富贵贫贱、困苦艰难，皆应"各安其分"。即是死生，亦应服从上天的自然律。故曰："存，吾顺事；没，吾宁也。"此种宿命论的伦理观，实为宗法社会最理想之道德。

4. 横渠在宋学之地位①

日人渡边②秀方云：

张子的学说的特色是其太虚一元论，他综合《易·系辞》《老子》的世界观，及佛教的思想，构成他个人的实在论。伦理方面，则将孔子的"仁"、子思的"诚"打成一炉，从其本体观出发，赋之以哲学的组织……他的《正蒙》的文章在宋代哲学第一，其洗练的笔致和澈底的理论，比其余一切哲学家都高超，确是宋代哲学家的首班。

渡边秀方氏又谓：

程门尹和靖说的"张子昔在京师说《易》。一夕闻二程子至，谓弟子曰：'二程深明《易》道，吾弗及，汝辈可师之。'即撤虎皮"的话，为程门尊师的捏造。

按：横渠在宋学中地位确不亚于二程，其推崇二程完全出于学者之态度。横渠所以未能与程、朱并称，盖有二因。

（1）横渠深于佛学，其批评《楞严经》皆能深入奥窍。其早年学说，不免杂有佛学之色彩。《宋史·横渠传》云："见二程，尽弃异学，淳如也。"又朱熹赞云："早悦孙吴，晚逃佛老。勇撤皋比，一变至道……"此足证明横渠早年学说，接近佛学，见二程后确有相当之修正。如吕大临为横渠及门弟子，作《横渠行状》云"见二程，尽弃其学"云云。程伊川曾命吕大临加以修改，云："表叔平日议论，谓与颐兄弟有所同，则可也。谓其学于颐兄弟，则无是事也。顷年属与叔删去，今尚存，其几于无忌惮。"故横渠之所以不为儒者重视，即因为其学所谓不"淳"的道理。

（2）基于上述之原因，故横渠门庭不若二程之盛，其学不得其传授。其弟子如吕大临等后弃横渠之门，而东学于二程，无人为之阐扬。少后，关中又沦于异族，关学消歇，未若程、朱二氏之学为世人所尊视。遂致后世言理者，以程、朱、陆、王并称，而张氏不与焉。

（二）吕大临③

吕大临字与叔，号芸阁，与兄大忠、大防、大钧俱学于横渠。横渠殁，乃东

---

① "4."为编者所加。
② 原文脱"边"，径补。
③ "（二）"为编者所加。

学二程先生。与谢良佐、游酢、杨时，在程门号"四先生"。与叔博究群书，尤精于礼。每平居危坐以养德，程、朱皆甚重之，惜年仅四十七而殁。与叔的本体论及人生观，仍承横渠"太虚一元论"，认气，物我一体，应一视同仁，为万物之源。如《克己铭》云：

> 凡厥有生，均气同体。胡为不仁，我则有己。
>
> 立己与物，私为町畦。胜心横生，扰扰不齐。
>
> 大人存诚，心见帝则。初无客骄，作我蟊贼。
>
> 志以为帅，气为卒徒。奉辞于天，孰敢侮予。
>
> 且战且徕，胜私窒欲。昔焉寇仇，今则臣仆。
>
> 方其未克，窘我室庐。妇姑勃蹊，安取厥余。
>
> 亦既克之，皇皇四达。洞然八荒，皆在我闼。
>
> 孰曰天下，不归吾仁？瘅痾疾痛，举切吾身。
>
> 一日至之，莫非吾事。颜何人哉？希之则是。

论者谓与叔此篇与张子《西铭》同为宇宙至文。此文与《西铭》均自万有一源的宇宙观演绎出物我一体的人生观。文之理趣和意境，亦与《西铭》有同样的伟大精澈，足以表示圣者的人格。此文将孔子之"仁"、子思之"诚"，皆奠植以哲学的根据。

在修养方面，与叔以为人应保持虚明纯一的"中"。何谓"中"？《语录》曾有详明之解：

> 赤子之心，良心也。天之所以降衷，民之所以受天地之中也。寂然不动，虚明纯一，与天地相似，与鬼神为一。《传》曰："喜怒哀乐之未发，谓之中。"其谓此欤？此心自正，非待人而后正。而贤者能勿丧，不为物欲所迁动。如衡之平，不加以物。如鉴之明，不蔽以垢，乃所谓正也。惟先立乎其大者，则小者不能夺。如使忿懥、恐惧、好恶、忧患，一夺其良心，则视听食息从而失守，欲区区修身以正外，难矣。①

按：与叔之所谓"中"，与《中庸》之所谓"诚"、《孟子》之所谓"良

---

① 此段引文语句多处有误，上文《语录》疑为《蓝田语要》，今据曹树明点校《蓝田吕氏集》（西北大学出版社 2015 年版《关学文库》本）上册第 478 页《蓝田语要》改。

心"颇相似。《中庸》之"诚",含有自然法则之意义。与叔亦谓"中与天地相似,与鬼神为一"。惟与叔又云"喜怒哀乐之未发,谓之中",则所谓"中"者,又为心理之状态矣,意义不免淆乱。

在蓝田诸吕中,自以与叔造诣为高,其次和叔。和叔名大钧,初学于横渠,又卒业于二程之门。和叔于横渠为同年友,及闻学遂执弟子礼,教为学倡,后进蔽于习尚,无有和者,和叔独信之不疑。日用躬行,必依古礼。并著乡约以敦俗,即此所称《吕氏乡约》也。其大要为:"德业相劝,过失相规,礼俗相交,患难相恤。"自是关中风俗为之一变。横渠谓:"秦俗之化,和叔有力焉。"

(三)吕泾野[①]

名柟,字仲木,高陵人。正德中举进士第一,刘瑾以乡人致贺却之,不为瑾所悦,引去。后起,累官国子祭酒,转礼部右侍郎。先生志行高洁,朝鲜国闻先生名,奏请其文,为式国中。

《明儒学案》云:"先生之学,以格物为穷理,及先知而后行,皆是儒生所习闻。而先生所谓穷理,不是泛常不切于身,只在语默作止处验之。所谓知者,即从闻见之'知',以通德性之'知',但事事不放过耳。大概工夫,下手明白,无从躲过也。"

泾野之学说,可谓仍保守河东学派"持敬复性"之旨,不过仍不废格物穷理之工夫。

1. 静的修养[②]

《语录》云:

> 问:"长江之上大海之滨,风波之险,可畏也。至于风恬浪息,渔人出没其间,鸥鸟飞鸣其中,若相狎而玩者,何也? 水忘机也,渔人鸥鸟亦忘机也。若乃吾人之宅心,宜若平且易焉已矣。而反有不可测者,则其为风波之险莫大焉。此庄生所谓'险于山川'者也。是故机心忘而后可以进德矣。"曰:"只看如何平易。平易一差,恐靡然矣。"

又云:

> 问:"静时体认天理易,动时体认天理难。故君子存静之体认者,

---

① "(三)"为编者所加。
② "1."为编者所加。

以达乎动之泛应者，则静亦定，动亦定，其为成德孰御焉？"曰："动时体认天理，犹有持循处。静却甚难，能于静，则于动沛然矣。"

此极言静于修养之重要。能于静时体认天理，于动时即可善应无穷矣。

2. 格物的解释①

泾野于格物有特殊的解释，将格物、穷理与力行视为一体。《语录》云：

> 章诏问格物。先生曰："这个物，正如《孟子》云'万物皆备于我'。'物'字一般，非是泛然不切于身的。故凡身之所到，事之所接，虑之所起，皆是物，皆是要格的。盖无一处非物，其功无一时可止息得的。……怎样无物可格？君子无终食之间违仁，造次必于是，颠沛必于是，亦皆是格物。"

又云：

> 若事事物物皆要穷尽，何时可了？故谓只一坐立之间，便可格物。何也？盖坐时须要格坐之理，如尸是也。立时须要格立之理，如斋是也。凡类此者，皆是如是，则知可致，意可诚矣。

泾野虽极言格物、穷理、力行一体之功，但不主张"知行合一"。在良知的解释，言之甚详。

3. 良知的解释②

泾野以为，教人不能完全以"致良知"为准则。黄宗羲评述其议论云：

> 圣人教人，每因人变化，未尝规规于一方也。今不论其资禀造诣，刻数字（按：指"致良知"）以必人之从，不亦偏乎？夫因人变化者，言从入之工夫也。良知是言本体，本体无人不同，岂得而变化耶？非惟不知阳明，并不知圣人矣。

盖泾野对于修养之工夫，故仍侧重于"道问学"。语云：

---

① "2."为编者所加。
② "3."为编者所加。

纵使周子教人曰"静"曰"诚"，程子教人曰"敬"，张子教人以礼。诸贤之言非不善也，但各执其一端。且如言"静"，则人性偏于静者，须别求一个道理。曰"诚"曰"敬"，固学之要，但未至于"诚""敬"，尤当有入手处。如夫子《鲁论》之首，便只曰"学而时习"，言"学"则皆在其中矣。

总之，泾野学说之心核为格物、穷理、力行打成一片，而寓于日常生活实践中，固关学固有之特色也。其弟子有泾阳吕潜（愧轩）、张节（石谷）、咸宁李挺（正立）等。

（四）杨斛山[①]

杨斛山名爵，《明儒学案》列于《三原学案》，富平人。幼贫苦，挟册躬耕，嘉靖登进士，官御史，以直谏触当道怒，拷掠备至，血肉淋漓，频死者数。在狱，心体澄湛，神气自若，与钱绪山、刘晴川等讲学不辍。所著《周易辨录》《中庸解》二书，颇有独到之见解，惜在狱中了却一生，未获有更大之成就也。

1. 论性命[②]

《论学》云：

> 天命谓性，天人一理也。率性谓道，动以天也。修道谓教，求合乎天也。戒惧慎独，自修之功，至于中与和也。中和，性命本然之则也。能致之，则动以天矣……

按：《中庸》为我国言心性学之最古之典籍。中庸之所谓"天"为"义理的天"。天既为义理的，天命之性当然是善的，故曰："率性谓道动以天也；修道谓教求合乎天也。"斛山此论颇能发挥《中庸》之真义。

2. 论真妄[③]

《语录》云：

> 天下万变，"真""妄"二字，可以尽之。偏蔽者妄也，本体则真也。学所以去偏蔽之妄，全本体之真。全本性，纯乎天，立人之道始无愧矣。天地亘古亘今，但有此一个大道理，则亘古亘今之圣贤不容更有两样

---

① "（四）"为编者所加。
② "1."为编者所加。
③ "2."为编者所加。

学问也。

按：此论颇为精功，若译为今术语，即为人生唯一职务在追求真理，剔除偏蔽。

黄宗羲云："关学大概宗薛氏，三原又其别派也。其门下多以气节著，风土之厚，而又加之学问者也。"列籍于《三原学案》，曰王恕，曰王承裕，曰马理，曰韩邦奇，曰杨爵，曰王之士。

（五）冯少墟^①

名从吾，长安人。万历进士，后拜工部尚书，以疾辞，家居讲学。少墟少受学于清德许敬庵^②（敬庵曾为陕西提学使），敬庵从学于甘泉湛若水，故《明儒学案》列少墟于《甘泉学案》中。

《明儒学案》云：

> 先生受学于许敬庵，故其为学全要在本原处透彻，未发处得力，而于日用常行却要事事点检，以求合其本体。此与"静而存养，动而省察"之说，无有二也。

按：所设"本体"者，心性未发之气象也。少墟主理性为先天的，只要知觉运动灵明，能恰到好处，即能准乎义理之规范。综合其说为：

1. 心理一致^③

《辨学篇》云：

> 人心至虚，众理咸备。丢过理，说心，便是"人心惟危"之心。即有知觉，是告子"知觉运动"之觉，佛氏"圆觉大觉"之觉，非吾儒"先知先觉"之觉也。"觉"之一字，亦不能不辨。知觉的是天理，便是道心；知觉的是人欲，便是人心。非概以知觉为天理、为道心也。若丢过"理"字，说心，说知，便是异端。

按：少墟此说与陆、王派"心即是理"之绝对的唯心论少异。少墟之"心理一致"，就心理（Psychology）能力之正当运用而言，非如陆、王谓"心之本体即

---

① "（五）"为编者所加。
② "许敬庵"，原文作"许静庵"，误，径改。
③ "1."为编者所加。

理"也。如是则"六经皆我注脚"而肆无忌惮，天下无真理之标准矣。

2. 物理一致①

《辨学篇》又云：

> 夫有太极而无思为，有物则而无声臭，乃吾儒正大道理，正大
> 议论。佛氏丢过太极专讲无思无为，丢过物则专讲无声无臭，是无思
> 为而并无太极，无声臭而并无物则也，有是理乎？

冯氏此论主张"太极""物则"，是普遍的存在、永恒的存在，虽然有无思、无为、无声、无臭之时，必有一太极一物存也。盖即谓"有物必有则"也。

> 或曰："性只是一个性，那里又是两个，以义理、气质分儒佛？"
> 余曰："人得天地之理以为生，此所谓义理之性也。而气质乃所以载
> 此理。岂舍气质，而于别处讨义理哉？性原只是一个，但言义理则该
> 气质，言气质则遗义理，故曰'气质之性，君子有弗性焉'。"

物理一致，是少墟哲学之基调，故曰"义理则该气质"。惟将性分为义理与气质则不可。黄宗羲批评之云：

> 夫耳目口体，质也；视听言动，气也。视听言动流行而不失其
> 则者，性也；流行而不能无过不及，则气质之偏也。非但不可言性，
> 并不可言气质也。盖气质之偏大略从习来，非气质之本然矣。先生之
> 意，以喜怒哀乐、视听言动为虚位。以道心行之，则义理之性在其中；
> 以人心行之，则气质之性在其中。真有两个性对峙者。反将孟子性善
> 之论堕于人为一边。先生救世苦心，太将气质说坏耳。

按：冯氏论性陷于二元论的错误。凡二元论的哲学家，最终没有不陷脚登两只船之苦。如冯氏言理之性既足以该气质，而又曰言气质之性则遗理义，这有不可解除之矛盾存在。

少墟主张性理一致，故于阳明"天泉证道"则甚不以为然，而斥为陷于佛氏之说。所谓"天泉证道"者，即阳明于嘉靖六年奉命征恩田，时痰病甚剧，上述固辞不获，出发之夕，阳明高弟钱绪山、王龙溪以意见不合，求正于阳明，阳

---

① "2."为编者所加。

明移席于天泉桥上，倾闻其论。钱绪山即综合阳明本日教人之四句诀："无善无恶，是心之体。有善有恶，是意之动。知善知恶，是良知。为善去恶，是格物。"

少墟于阳明良知之说则全部采纳，义理、气质之说则袭取于横渠及考亭。而其大体仍与阳明为近。

（六）李二曲①

二曲名颙，字中孚，学者称"二曲先生"，盩厔人。九岁入小学，从师读《三字经》，私问学长曰："性既本善，如何又说相近？"已颖慧异人。在小学仅诵《学》《庸》，以病辍读。既而父可从从汪乔年征逆闯于河南，殉义襄城。母子茕茕，至日不再食，以束修无出，母子辄相对啼泣，于是取旧所读《学》《庸》，依稀认识。至《论》《孟》，则逢人问字正句。不一年，识字渐广，文理渐通，读书遂一览辄能见其大略。年十五六时，已博通典籍。年十七，得《少墟先生集》读之，遂恍然有志于道学。借邑旧家书尽读之，因是无所不窥。远近耆儒年长一倍者，亦往往纳贽门墙。康熙四年，母丧。丧终访父骨于襄城。既而讲学于无锡、江阴、靖江等地。康熙十七年，陕西当道以博学鸿辞荐，固辞不获，至自尽议始已。清圣祖西巡召见行宫，以老病卧床恳辞。著有《全集》二十六卷（《四书反身录》八卷在内）、《十三经纠谬》、《二十一史纠谬》。

二曲自谓其学无门户之见，尝曰：

> 陆之教人，一洗支离锢蔽之陋，在儒者中最为儆切；使人言下爽畅醒豁，以自有所得。朱之教人也，循循有序，恪守洙泗家法，中正平实，极便初学。要之，二先生均于世道人心有大功，不可轻为低昂也，中于先入之言，抑彼取此，未可谓为善学也。

又曰：

> 朱子自谓："某之学，主于'道问学'。子静之学，主于'尊德性'。自今当去两短集两长。"某生也愚，然区区素心，则窃愿去短集长。

二曲之学大体与陆、王为近，不过未张明旗帜以诋诽朱子而已。

唐鉴《清儒学案小识》谓"二曲确守程朱"，实未能分析其哲学之体系与

---

① "（六）"为编者所加。

本质也。按：二曲哲学之出发点为"心理一致"，自然袭取于陆子静之"此心此理"，与朱子之穷理判然相别。《反身录》云：

> 心之所同然者，理也，义也。东海、西海、南海、北海，千百世之上，千百世之下，无不同者，理义同也。若舍理义而言心，则心为无矩之心；不是狂率恣肆，使是昏冥虚无，故圣、狂之分，吾儒、异端之分，全在于此。必然循理踏义而不为欲所蔽，斯俯仰无忻，而中心之悦无涯。

二曲又强调反对由格物以穷理之说，云：

> 理、义吾心所自有，非从语言文字而得。日用平常心上安处便是。格物，格此也；博文，博此也；惟精，精此也；惟一，一此也。一而不失，便是"允执厥中"。

此绝对的惟心论与朱子就事事物物穷理致知之说，可谓针锋相对矣！

二曲以为理义为吾心之所自有，故在修养方面要求识"本体"，二曲之所谓"本体"无明确之解释，归纳其意，盖即谓精一纯粹、清明寂静的心理状态。《反身录》云：

> 一念凝此，万虑俱寂，如是则"本体"清明，不至昏昧。日用寻常，无不在觉中。

又云：

> 默而识之谓沉潜，自认识得天命本体、自己真面。即天然一念，不由人力安排，澄然湛寂，能为形体主宰者是也。识得此，便是先立其大，便是识仁。孔门之学以仁为宗，及门诸子终日孜孜，惟务求仁。程伯子谓"学者先须识仁"，识得此理以诚敬存之，即"学而不厌"也。罗豫章令李延平静中看喜怒哀乐未发气象，而延平教学者默坐澄心、体认天理，陈白沙亦言"静中养出端倪"，皆本于此，乃圣学真脉也。

二曲谓"认得本体"即是"识仁"，自然出于陆子静之所谓"仁即此心也，此理也。求则得之，得此理也"。故二曲之所谓识本体，与陆子静之尊德性，又无二致也。但如何能识本体？二曲以为必须如罗豫章、李延平、陈白沙等所主张之存静的工夫，不必汲汲于志记见闻之"学"。故《反身录》又云：

> 学问之要，全在定心。静而安，寂而不动，感而遂通，廓然大公，物来顺应，犹如照镜，不迎不随，此之谓"能虑"，此之谓"得其所止"。

二曲犹以为所谓"学"，为直觉底体验、伦理底修养，非知识底积蓄、理智底锻炼。故《反身录》云：

> 学所以约情复性，尽乎人道之当然也，非辞章之谓也，乃后世以记诵见闻为学！

此与朱子所崇尚之"道问学"根本相反。二曲对于直觉之过于重视，故于"学"及知识方法均不免曲解。此亦陆、王学派之通病也。如《反身录》云：

> 问："学所以求识本体，既识本识，则当下便是，如还学？还说不厌？"曰："识得本体者，若不继之以操存，则本体自本体。夫惟识之以学，斯缉熙无已。所谓识本体好做工夫，做得工夫方才不失本体，夫是之谓仁。"

二曲此论，几乎将学视如佛家之戒律，将人生未免视得太狭隘，于"学习"及知识更轻视矣。

总之，二曲以为"人人有是心，心心即是理"。能体认心之本体，则"动静悉协天则，所谓即心即矩，即心即理"也。识本体则须持之以静，静则心境清明，廓然大公，物来顺应，而达到仁的境界，故云："识得本体，便是识仁。"

五、关学之特色

关学自张横渠后千余年间，师儒相承，义风余韵，至今弗替，为中国理学保守最后残垒，亦可尚矣。惟未能为国内学术之主潮，但因师承传授之关系，与风土环境之关系，始终保持固有之特色。兹归纳其特色如次：

（一）崇礼教

横渠以为人性不免有气质之偏，故以礼为约性之具。嗣后关中学者皆兢兢惟礼是崇。如《关学编·吕大钧传》云：

日用躬行必取先王法度以为宗范，居父丧，衰麻敛奠比虞祔，一裹之于礼，已又推之冠、婚、饮酒、相见、庆吊皆不混俗，与兄进伯、微仲，弟与叔，率乡人为《乡约》。……先生卒时，妻种氏治先生丧，一如先生治比部公丧。

即如李二曲学说与陆子静相近，陆子谓"六经皆我注脚"，可谓摆脱拘束，毫无忌惮，而二曲则云：

礼为立身之准，日日用功。"经礼三百，曲礼三千"，无一可忽！《内则》《弟子职》及吕氏《四礼翼》，当揭之楣间，出入则效，庶率履不迷，久自成德。

故关学学者莫不彬彬有礼仪，因此秦俗之美可谓关学之影响也。

（二）尚实践

关学学者率视性理学为实践之伦理。多偏人生问题之讨论，于本体论殊少论及。且研究之动机，非为满足求知之欲望，而为修养心性之用。故关学学者率皆志行高洁，足以矫世砺俗，盖能本其所学而躬行实践之也。二曲云：

昔有一士，千里从师，师悉出经书，期在尽授，甫讲一语，其士即稽首请退，浃月弗至。问之，对曰："未尽行初句，弗敢至也。"必如此，始可谓善读书，始可谓实践！

又曰：

人肯反身实践，则人欲化为天理，身心平康；人人肯反身实践，则人人皆为君子，世可唐虞，此致治之本也。区区于读四书者，不能不拭目以望。

（三）重实用

关中土厚水深，生活艰难。关学学者于伦理的实践固所重视，于社会经济亦甚注重。如《关学编·张载传》云：

先生以为仁政必自经界始。贫富不均，教养无法，虽欲言治，皆苟而已。方欲与学者买田一方，画为数井，上不失公家之赋役，退以其私正经界，分宅里，立敛法，广储蓄，兴学校，成礼俗，救灾恤患，敦本抑末，足以推先王之遗法，明当今之可行，有志未就而卒。

即如唯心论者李二曲亦谆谆于"体用"之义，尝云：

明体而不适于用，便是腐儒；适用而不本于明体，便是霸儒。

又云：

潜心反观，深造默成以立体；通达治理，酌古准今以致用。体用兼该，斯不愧须眉。

又如兴平杨双山、咸阳刘古愚，皆以实用之学，号召关辅，盖以西北地势高亢，灾祸频仍，实不容学者沉迷理窟，而忽视现实生活也。

（四）轻视学术

关学学者因过于重视伦理之故，于学术不免轻视。如当清代学术发达时代，国内学者竞以科学方法整理固有典籍，为中国学术作一集结，可谓极一时之盛。惟关中学者犹抱残守缺，严守理学之堡垒。李二曲曾指责顾亭林云：

友人有以日知为学者，每日凡有见闻，必随手札记，考据颇称精详。余尝谓之曰："知者，无不知也，当务之为急。尧舜之知而不遍物，急先务也。若舍却自己身心切务，不先求知，而惟致察于名物训诂之末，岂所谓急先务乎？假今考尽古今名物，辨尽古今疑误，究于自己身心有何干涉？诚欲日知，须日知乎内外本末之分。先内而后外，由本以及末，得矣。"

此可谓关学向朴学之攻击，亦可见关学学者治学之精神与朴学之不同。

（五）轻视文学

关学既有"剥尽浮华，返于醇朴"之象概，故对于文学素不重视，尤崇"文以载道"之说。二曲云：

> 辞所以达意，或阐明道德，或敷陈经济。贵明不贵晦，贵简不贵繁。若务为藻绘以骋才华，故为涩晦以夸渊奥，滚滚不竭，以显辩博，以此达意，意可知矣。

又云：

> 知道者，言自简，辞无枝叶。《易》云："君子修辞以立其诚。"辞苟枝叶，便非立诚，便是放心！心既放矣，纵其辞典丽敏妙，高出千古，不过辞人之辞耳，岂君子所贵乎？

所论固为有道之言，惟将抒情文学屏除文学范围之外矣。

清代关学人物略论

——《重编清儒学案》中关于清代关学人物的论述

钱　穆

编者按： 本文选自钱穆《清儒学案序》（原载四川省立图书馆《图书集刊》1942 年第 3 期）"序录"部分关于清代关学人物的论述。标题为编者根据内容所定。钱穆所著《清儒学案》，因稿沉长江而失传，所幸其所作《清儒学案序》见存于《图书集刊》，由此文可见其《清儒学案》之大要。钱穆（1895—1990），原名思镕，字宾四，笔名公沙、梁隐等，江苏无锡人。中国现代历史学家、思想家、教育家。曾任教于燕京大学、北京大学、清华大学、北平师范大学、西南联合大学、齐鲁大学、武汉大学、浙江大学、华西大学、四川大学、昆明五华书院、云南大学、江南大学等校。1949 年南赴香港，创办新亚书院。1967 年迁居台北。其著述颇丰，代表作有《先秦诸子系年》《中国近三百年学术史》《国史大纲》《中国历代政治得失》《中国历史精神》《中国思想史》《宋明理学概述》等多部。

昔北宋横渠张子，崛起关中，开门授徒，与洛学分庭抗礼，冯少墟《关学编》遂以托始。有明一代关中大儒，若王恕石渠、吕柟泾野、冯从吾少墟，皆恪守程朱；而渭南南大吉、瑞泉兄弟，则纯主姚江，师说各有不同。二曲论学虽主陆王，然亦兼取程朱，遂为清初关学大师。门下执赞著籍号以千计。弟子最著者，曰鄠县王心敬尔缉，号丰川。其他如李天生因笃、王山史宏撰，皆为交游，足证一时关学之盛。（述《二曲学案第九》）

关学自李二曲同时，有朝邑王建常仲复，闭户穷经数十年，与二曲东西并峙。而恪守洛闽，秦士或莫之知也。萝谷师康百药，又与王丰川交游。康、王皆二曲门人，而萝谷独信好复斋。所撰《开知录》，三原贺瑞麟角生亟称之，是可谓关学之中权矣。（述《萝谷学案第三十一》）

清季士大夫恫于内忧外患，群知非考据词章之学所能挽，乃相率思以经世历天下。古愚承数百年关学传统，闻风奋发，本阳明良知之教，通之经术，见之时务，欲使官吏兵农工商，各明其学以捍国。讲学数十年，门弟子千数百人，是亦不当仅以关学限者。（述《古愚学案第六十三》）

关学宗传

王　恭

编者按： 本文原载于《新西北》1943年第6卷第8期。王恭，生卒年及生平事迹不详。原文依据张骥《关学宗传》内容，以表格的形式扼要介绍了关学学人所属朝代、姓名、字号、籍贯、关系、事略、学说（语文录）、著作、卒年。文末题有"待续"二字，然《新西北》月刊之后各期未见有续稿刊出，当为未完稿。为方便起见，本次整理将原文表中所列各项改为文字表述；凡文中错讹之处，也依据张骥《关学宗传》①予以订正。

印度学术思想，输入中国，历六朝迄宋，为心学之宗，终与儒家思想相溶合而有宋代理学之勃兴。当时理学，可分濂、洛、关、闽四派。濂为濂溪之周茂叔，洛乃洛阳之程氏弟兄。濂溪为宋代理学之开山祖师，其学渊源于道士陈抟，抟以《太极图》授种放，放授穆修与僧寿涯，茂叔即得之于修与寿涯者，复传之于洛阳二程。二程因其性情不同，成就稍异：明道近于释氏之禅，重身体力行，明心见性；伊川近于儒，由一草一木，极物穷理以尽性。前者由陆象山集其大成，象山主张"心即理说"，"万物皆备于我，六经皆我注脚"，近于《中庸》之"尊德性"，即后世所谓"陆王学派"是也。后者由朱晦庵集其大成，以其讲学闽中，因称曰闽，其学务求渊博，以即物穷理入手，颇不失伊川精神，近于《中庸》之"道问学"，即后世所谓"程朱学派"是也。

与二程同时者，有横渠张子，崛起关中，开门授徒，分濂洛之席，绍邹鲁之传，其学以"知礼成性，变化气质"为主，一时蓝田、华阴、武功诸儒，阐扬师旨，风行不绝，遂开关学之先声。俄而北都沦陷，蒙元入主，关学之风，不绝如缕。有明一代，介庵倡道三原，平川缵承家学，学风于是丕变矣；而渭南南氏弟兄（瑞泉、姜泉），以姚江高弟，开讲酒西，门户于是稍分矣；冯少墟予告还

---

① 见王美凤点校《关学史文献辑校·关学宗传》，西北大学出版社2015年版《关学文库》本。

乡，提倡绝学，可谓中兴，而再传之后，浸以不振；李二曲以坚苦卓绝之身，肩程、朱、陆、王之统，至精至粹，无偏无党，卒以非笑者多，转为吾道通行之障；迄李桐阁以贤圣自期，尊崇正学，而省斋、清麓，亲业其门，沣西、古愚，亦闻风而起。关学后日之所以有坠绪可寻，遗文足录者，不能不谓为诸子之力。此则关学派别之大概也。

夫笃实正确，乃关学之一贯作风。故关学特色，不仅注重研求道理，尤贵笃履实践而力行之，今日一般人士，深蹈剽窃空疏，不求实际之陋习。须知百般工作，万无幸成。时至今日，吾人惟有提倡关学作风，巨细无遗，丝毫不苟，困知勉行，循序渐进。必如钢铁之千锤百炼，而后发展其新锏；必如古树之错节盘根，而后深植其基础。则异日事功之建树，学术之钻研，直可上穷碧苍，下究万物，卓然自立，蔚为壮观。视吾先辈典型，如关学中之横渠、介庵、泾野、少墟、二曲诸子，秉忠信沉毅之质，明达英伟之器，力破天荒，默维人纪，学行昭著，教泽在人，其根源产自西北，亦即今日西北之所最需要者。方今国步日艰，大难未已，吾人深愿此种笃实正确之精魂，磅礴鼓荡，呼之复出。此今日所以有重振关学之说也。

长安冯少墟氏，旧辑《关学编》四卷，朝邑李岸公氏，三原贺角生氏，各有增益，蔚然可观，第诸子学说，都付缺如。后学问津，茫无涯际，关学之奥义未窥，斯道之渊源何接？加以卷帙寥寥，搜罗未广，有志之士，能不怃然？双流张骥，爰辑横渠以来，至于沣西、古愚，计若干人，据本事以立传，凭全书而录语，卒成《关学宗传》一编。至此关学叙述，始有完整之记载焉。兹根据张氏之说，列举诸子生平于后，共得二六四人（宋二十人，元二十八人，明一二一人，清九五人），计籍隶三原者二五人，高陵者二十人，蒲城者十八人，同州、朝邑者各十五人，韩城者十三人，长安者十二人，华阴、富平者各十一人，泾阳、武功者各九人，咸宁者八人，蓝田、临潼者各六人，秦州者五人，郃阳、鄜州、宜川、渭南、乾州、延安者各四人，郿县、三水、凤翔、盩厔、大荔、洛南者各三人，关中、邠州、鄠县、奉元、咸阳、潼关、城固、宝鸡者各二人，兰州、山丹、肃州、白水、宜君、米脂、河州、岐山、陇州、华州、安定、南郑、清涧、兴平、泾川、淳化、澄城、吴堡者各一人，籍隶不明者五人。以供留心关学者之参考。

宋 张载

字号：字子厚，号横渠。

籍贯：世居大梁，侨寓凤翔郿县。

事略：幼喜谈兵，年十八，谒范文正公，公诚其谈兵，授以《中庸》，后又读释老，仍返之六经。嘉祐初，与二程论道学于京师，有所感乃舍异学。历任诸官，为政先敦本善俗。因与王安石争新法，托疾归横渠，读书度日。后奉召任同知太常礼院，未至任而殁。

学说：以太虚为宇宙之本体，倡气一元论。其人生观为天人合一说、万物一体说。排斥佛教之知无而不知有、道教之由无生有，亦不用周子太极之语、邵子先天之学，不借程子之理气说，而立一家之宇宙观。

著作：《张子全书》（十四卷）。

卒年：熙宁十年十二月卒，年五十八。

宋　张戬

字号：字天祺。

籍贯：世居大梁，侨寓凤翔郿县。

关系：横渠季弟。

事略：历官六七邑，济人以术。令蒲州时，宽禁条以弭讼，教民劝督子弟，服学省过。知灵宝时，计夫役米捐之值，纳布免役，民困大苏。神宗谋刷新庶政，先生每进对必言以尧、舜三代之道，谓反经正本，当自朝廷始。不先诸此而治其末，未见其可。

卒年：熙宁九年三月卒，年四十七。

宋　吕大忠

字号：字进伯。

籍贯：先世汲郡人，后家蓝田。

事略：官华阴尉、晋城令。旋提督永兴路义勇，改秘书承签书，官国军判官。熙宁初，王安石议遣使诸道，立沿边封沟，先生陈五不可。知代州，辽使设次据主席，先生争之乃屈，移次于长城北，已而辽使来求代北地，神宗将从之，先生曰："彼遣一使来，即与地转五百里，若使魏王英弼求关南，则何如？"神宗曰："是何言。"然则，安可以代北起其侈心！元丰中，为河北运判官，徙提点淮西刑狱。元祐中，历工部郎中。绍圣二年，知渭州，付以秦渭之事，先生奏对，欲以计徐取横山，不求近功，以他故不果。

著作：《辋川集①》（五卷）、《奏议》（十卷）、《前汉论》（三十卷）。

---

① "集"，原文作"卷"，据张骥编撰、王美凤点校《关学史文献辑校·关学宗传》（西北大学出版社 2015 年版《关学文库》本）改。本文订正均以《关学宗传》该版本为依据，以下简称"张骥《关学宗传》"。

宋　吕大防

字号：字微仲。

籍贯：先世汲郡人，后家蓝田。

关系：进伯弟。

事略：哲宗时，召知诰翰林学士，拜尚书左仆射兼门下侍郎，与范纯仁同心辅政。元祐之治，比隆嘉祐。绍圣初，谪授舒州团练副使，循州安置，行至中途而死。

著作：《周易古经》（十二篇）。

卒年：绍圣初卒。

宋　吕大钧

字号：字和叔。

籍贯：先世汲郡人，后家蓝田。

关系：进伯弟，横渠同年友，二程弟子。

事略：授秦州司理参军，监延州博务，改光禄寺丞，知三原，移巴西侯，以父老皆不去，与兄弟等率乡为乡约，关中风俗丕变。后荐为诸王公教授，求监凤翔船务，改宣义郎，会伐西夏，代李稷请粮，面折种谔，士论多其胆识。

著作：《四书注》（若干卷），《诚德集》（三十卷），《张氏祭礼》（一卷），《乡约》《乡仪》（各一卷）。

卒年：元丰五年卒。

宋　吕大临

字号：字与叔，号芸阁。

籍贯：先世汲郡人，后家蓝田。

关系：进伯弟，横渠及二程弟子。

事略：为太学博士，秘书省正字。论贡举曰："立士规以养德励行，更学制以量才进艺，定试法以区别能否，修辞法以进能备用，严举法以核实得人，制考法以责任考功。"颇中时弊。富弼致政学佛，贻书责其不应独善。

学说：继承张载及伊川之人性论，分人性为本然与气质二性；以为善恶贤愚之别，因气质而生。又以为人受天地之中以生，故以赤子之心为良心，使良心之作用益清明，即修为之最高目的。

著作：《易章句》（一卷①）、《大易图象易传》（若干卷）、《孟子讲义》（十四卷）、《老子注》（二卷）、《西铭集解》（一卷）、《玉溪集》（廿五卷）、别集（十卷），俱佚。《芸阁礼记解》（十卷），《大学》《中庸解》（各一卷），《考古图》（十卷）。

宋　苏昞

字号： 字季明。

籍贯： 武功。

关系： 横渠及二程弟子。

事略： 元祐初，缘吕进伯荐，自布衣召为太常博士，后坐元符上书入党籍，编管饶州。

著作： 《洛阳议论》（载《二程全书》中）。

宋　范育

字号： 字巽之。

籍贯： 三水。

关系： 横渠弟子。

事略： 为泾阳令，后以荐授崇文校书、监察御史。荐张子等数人，请用《大学》"诚意""正心"，以治天下国家。时西夏入环庆，诏先生行边，还，言："宝元、康定间，王师与夏人三战三北，今再战亦能定中国之大，不足支数郡乎？由不察彼己，妄举而骤用之耳！"坐劾李定亲丧匿服，罢御史，知韩城。久之知河中府，徙凤翔，以直龙图阁镇秦州。元祐初，召为太常少卿，改光禄卿。知熙州时，又议弃质孤、胜如两堡，先生以该两堡为兰州之屏蔽，力争不可弃。

学说： 以孔子下学上达之心立其志，以孟子集义之功养其德，以颜子克己复礼之用厉其行，其要归之诚明不息。

卒年： 元祐时卒。

宋　侯师圣

字号： 字仲良。

籍贯： 华阴。

关系： 二程先生舅氏无可之孙，伊川濂溪弟子。

事略： 靖康元年，自三川避乱去荆州，安于羁苦，守节不易。

---

① 原文脱"卷"，据张骥《关学宗传》补。

著作：《论语说》《中庸说》^①《侯子雅言》。

宋 游师雄

字号：字景叔。

籍贯：武功。

关系：横渠弟子。

事略：初为仪州司户参军，迁顺德军判官。元祐初，为宗正寺^②主簿，时执政议弃米脂、葭芦、浮图、安疆四寨，先生以该四寨系先帝所以控制夏人者，力争不弃。著《分疆论》，迁军器监丞。吐蕃寇边，构夏人为乱，先生与边臣措置，谋知底细，先发制之，卒破洮河，擒贼酋。后迁官历集贤校理，权副陕西转运。夏人复侵泾原，入熙河，先生建于定西、通渭间设二栅及谋耕七垒，以固藩篱。哲宗数访边防利病，先生具庆历以来边臣施置臧否、朝廷谋议得失及方今御敌之要，凡六十事，曰《绍圣安边策》，上之。历知邠河中府、秦州、陕州，进直龙图阁。

卒年六十。

宋 潘拯

字号：字康仲。

籍贯：关中。

关系：横渠弟子。

宋 李复

字号：字濡水。

籍贯：世居开封，后家长安。

关系：横渠弟子。

事略：崇宁中，邢恕为泾原经略使，纳许彦圭之说，请用车战法，及造舟五百艘，直抵兴灵，以控夏国，谋洗诬谤宗庙之罪。时先生为熙河运使，诏下委之，先生奏陈极边车战不利，又乞罢造船事，徽宗感悟罢之，后金人犯关中，先生家居，高宗以旧德强起之，知秦中，空城无兵，卒内罹难。

著作：《濡水堂集》（四十卷）。

---

① "《论语说》《中庸说》"，原文作"《论语中说》《中庸中说》"，据张骥《关学宗传》改。

② "为宗正寺"，原文作"高宗政寺"，据张骥《关学宗传》改。

宋　张舜民[①]

字号：字芸叟，号浮林居士。

籍贯：邠州。

关系：横渠弟子。

事略：王安石行新法，先生上书言："使民所以穷民，强内所以弱内，富国所以蹙国。堂堂天下，不应与小民争利。"时论壮之。元祐初，缘荐得秘阁校理，除监察御史，疏论西夏，强臣争权，当兴师问罪。使迁视耶律延禧为太子，喜名茶、古画、音乐、姬侍，因著论"不四十年必有张义潮絜十三州以归朝者"。徽宗时，居右谏议大夫职，七日上事六十章，极陈陕西之弊、河北之困。

著作：《浮休集》、《画墁集》、《郴[②]行录》（若干卷）。

宋　吕义山

字号：字子居。

籍贯：蓝田。

关系：和叔子，程门弟子。

宋　游靖

籍贯：武功。

关系：景叔子。

事略：知真定时，燕山大饥，上命府州县输粮调牛车，所在鼎沸。真定独寂然无事，民大惧，先生以其燕山所有粮输之，民困大苏。事闻，擢为河北运使。

宋　刘愿

籍贯：天水。

事略：王安石新书盛行，学者皆靡然向风，先生独不穿凿附会。

宋　王湜[③]

籍贯：同州。

著作：《易学》（一卷）。

---

① 原文脱"民"，据张骥《关学宗传》补。
② "郴"，原文作"排"，据张骥《关学宗传》改。
③ "湜"，原文作"堤"，据张骥《关学宗传》改。

宋 郭绪

字号：字天锡。

籍贯：蒲城。

著作：《易春秋》（十二卷）。

元 杨天德

字号：字君美。

籍贯：其先耀县人，后居高陵。

事略：主庆阳安化簿时，庆阳围急，主帅知公忠勤，使兼录事，并镇抚军，又牒令判抚事。昼夜不遑处，尽知毕力拒守。逾年，居民饥死者枕相藉。围解，召还京师，扰攘中留月余，收尸葬之。

卒年七十九[①]。

元 景覃

字号：字伯仁，自号渭滨野叟。

籍贯：华阴。

著作：《景潭集》（一卷）。

卒年七十。

元 张建

字号：字吉甫，自号兰泉老人。

籍贯：蒲城。

著作：《兰泉老人集》。

元 张鼎

字号：字君宝。

籍贯：其先汴人，后家高陵。

事略：中统二年，权县丞。至元初，文庙倾圮，先生乃困身劳虑，竭资倾产以重建，并为文记之。

元 杨奂

字号：字焕然，号紫阳。

---

① "七十九"，原文作"九十九"，据张骥《关学宗传》改。

籍贯：乾州奉天。

关系：唐�国二十世孙，吴荣叔弟子。

事略：侍科举，讲道授徒，后荐攫河南路征收课税所长官兼廉访使，遂招一时名士，相与商略条画，按行境内，亲闻盐务月课若干，难易若何，有以增额言者，辄斥之。减原额四分之一，月余政成民颂。

著作：《还山前后集》（一百卷）、《天兴近①鉴》（三十卷）、《韩子》（十卷）、《概言》（二十五篇）、《砚纂》（八卷）、《北见记》（三卷）、《正统书》（六十卷）。

元 宋规

字号：字汉臣，学者称鉴山先生。

籍贯：长安。

关系：紫阳、遗山、鹿庵、九山之友。

事略：初拜议事官，对侵扰小民之官吏，以法绳之，懔然莫敢犯。后诣阙陈便宜者数事，上嘉纳之。后征为耀州尹，累官至蜀道宪副。

著作：《鉴山补暇集》。

卒年七十七。

元 员炎

字号：字善卿。

籍贯：同州。

关系：紫阳之友。

事略：杨奂主漕雒师，悯其穷，用监嵩州酒务。嵩故岩邑，乱后益荒凉，先生随所征，挂布囊，掖下杖臣梃直前，谒曰："使君不相知，几令我为老态所噬。"辞不肯就。其恬退谦让如此。

元 杨恭懿

字号：字元甫，号潜斋。

籍贯：高陵。

关系：君美子。

事略：至元七年、十年，帝召皆辞。十一年，太子下教中书，再聘之。郎中张元一智为书致命，不得已至京师，与单徒公履议定科举之法，奏入，帝善之。

① 原文脱"近"，据张骥《关学宗传》补。

十六年，与太史王恂等改历，明年历成，进奏不跪，辞归。屡召，称疾不行。

著作：《潜斋遗稿》（若干卷）。

卒年：至元三十一年正月二十五日卒，年七十。

元　杨寅

字号：字敬伯。

籍贯：高陵。

关系：潜斋子。

事略：初为盩厔尹，仁严兼尽，未满旬朔，宿弊皆祛。后由韩城尹擢陕西行台御史。建言修德用贤，明制审律，农政屯田，敬天宪祖，兴学求言，公赏罚，振纲纪，征隐逸，抑侥幸，皆裨切时政。常以"守身立行，无坠先业"戒其子。

卒年七十三。

元　刘季伟、刘安中

字号：（季伟）①号存斋。

籍贯：秦人。

关系：许鲁斋弟子。

事略：至元八年②，鲁斋以集贤大学士兼国子祭酒，二刘先生为斋长，辅成教养，其功居多。

元　王楫

字号：号济川。

籍贯：朝邑秦邨。

关系：许鲁斋弟子。

事略：习法律吏③于开城、兴元二路，选陕西理问所令史，累迁朝列大夫，秦州知州，逾年以中宪大夫同知奉元路总管府致仕。鲁斋卒，先生年逾六十，衰绖赴葬。

元　贺胜

字号：字贞卿。

籍贯：鄠县。

---

① "（季伟）"，原文无，据张骥《关学宗传》补。
② "八年"，原文作"三年"，据张骥《关学宗传》改。
③ "吏"，原文作"史"，据张骥《关学宗传》改。

关系：许鲁斋弟子。

事略：大德六年，代父为上都留守，至则通商贾，抑豪纵，出纳有法，供亿不匮，民赖以安。有高氏者，身死子幼，官利其财，强娶其妇，公白帝斥之，高氏以全。丞相铁木迭儿以某事受赂不直，公以语御史，劾奏罢相，会岁饥，发仓廪以赈民，民德之立祠。

元 雷禧

籍贯：先世为耀州同官县人，后家高陵。

事略：恪守父志，素有学行，与名儒同宽甫、萧维斗辈，尊事杨敬伯先生，其道大行于时。官至奉训大夫，耀州知州。

元 吕域

字号：字伯充。

籍贯：其先河内人，后家关中。

关系：许鲁斋弟子。

事略：官四川行枢密院都事，升奉天大夫，四川行省左右司郎中。劝主帅李德辉不杀王立，未几立降，巴人感德立祠祀之。知华州时，劝农兴学，俱有成效，后拜为翰林学士。

卒年七十八。

元 郝鼎臣

字号：字巨卿。

籍贯：韩城。

事略：时天下大乱，被虏河东，孤身遁走，流落之汴，会耶律公张宴以待天下士，先生谒之。赋诗云："大道分明有杀机，干戈未定欲何之？寒枝欲发无根蒂，凭仗东风次第吹。"

元 岳崧

字号：号景山。

籍贯：郃阳。

关系：巨卿弟子。

事略：能解禽鸟语。延祐中，三聘不起，后官韩城教谕，为安西路儒学教授，归告不出。

著作：《六经四书注》。

元　萧㪍

字号：字维斗，号勤斋。

籍贯：其先北海人，后居奉元。

事略：博极群书，不求仕进，乡人化之，称萧先生。乡人尝暮自城归途遇寇，诡曰："我萧先生也。"寇惊即释，其化人如此。

著作：《三礼说》《小学标题驳论》《九州志》及《勤斋文集》。

元　同恕

字号：字宽甫，号榘庵。

籍贯：其先太原人，后居奉元。

事略：初领教事于鲁斋书院，先后来学者，以千计。延祐设科，再主乡试，人服其公。及召为左赞善大夫，入见东宫，赐酒慰问，献书历，陈古谊，尽开悟涵养之道。英宗继统，移病归。文宗拜集贤侍读学士，以老疾辞。

著作：《榘庵集》（二十卷）。

卒年：至顺二年卒，年七十八。

元　韩择

字号：字从善。

籍贯：同邑。

事略：其教人，中岁后，必使自小学始，尤邃礼学。凡士代[1]夫游宦过秦，必往见之。世祖常召赴京，以疾不果行。

元　第五居仁

字号：字士安。

籍贯：泾阳。

关系：汉丞相伦之后，萧㪍及同恕弟子。

事略：博通经史，弟子满门。宏度雅量，能容人之所不能容。尝行田间，遇有窃桑者，辄避之，乡里高其行义，率多化服。

元　程珝

字号：字君用，号悦古。

---

① 据张骥《关学宗传》，"代"字为衍文。

籍贯：泾阳。

事略：讲学学古书院，从游百余人，乐善不倦，集《家戒》一卷以遗子孙曰："人性皆善，习之易荒，古圣贤皆以骄惰为戒，况凡民乎！"

著作：《辽史》（三卷）、《异端辨》（二卷）、《云阳志》（二卷）、《乐府文集》（若干卷）。

元　李子敬

字号：字恭甫。

籍贯：三原。

事略：善治生，好赈穷乏。关中饥，有贱售田业救死者，买之，后听以原直赎，不能赎者畀还之。创学古书院。

元　石伯元

籍贯：京兆。

关系：萧斛弟子。

元　侯均①

字号：字伯仁。

籍贯：蒲城。

事略：少孤贫，事继母至孝，读书必熟记，人咸服其博闻，学者宗之。用荐起为太常博士，以上疏忤时相意，辞不待报而归。

元　唐埕

字号：号犀峰。

籍贯：富平。

事略：综览群书，抱负宏博。

元　第五昌言

籍贯：富平。

事略：博通经书，官至奉元路儒学学正。

---

① 原文脱"均"，据张骥《关学宗传》补。

元　董立

籍贯：字植夫。

事略：以明经中经元，隐居教授，征拜翰林修撰，辅导贮副，迁业司。以积著，累擢行台侍御史。

元　冯埕

字号：字允庄。

籍贯：泾阳。

事略：贡入太学，一夕[1]梦母，梦觉心惕，即驰归，见母果然，遂不仕。适郊，见道遗金布，坐待返还失主。其行谊如此。

著作：《五经正义》《四书中说》。

明　尚志

字号：字士行。

籍贯：同州。

事略：元末隐居不仕，乐道讲学。洪武初召授本学训导，翻然以斯文为己任。

明　赵晋

字号：字孟旸。

籍贯：蒲城。

事略：元末隐居，尚德乐道。洪武初，有司征为太子文学。五主陕西试，太祖又遣使即家拜春坊侍讲学士，每东宫进讲毕，必召至别殿，坐语从容[2]，字而不名，药饵酒馔，赉予极为优渥。

明　马巨江

籍贯：蒲城。

事略：学问老成，志尚闲逸。洪武十七年，以通经举，授[3]咸宁训导。永乐初，召至京师，将用之，以老辞，遂授翰林五经博士，致政授敕还乡。

明　马贵

字号：字尚宾，号靖川。

---

① "夕"，原文作"文"，据张骥《关学宗传》改。
② "容"，原文作"客"，据张骥《关学宗传》改。
③ "授"，原文作"受"，据张骥《关学宗传》改。

籍贯：三原。

关系：光禄卿谿田子之祖父。

事略：事亲至孝。父病，割股肉和羹以进，病即愈。时邑杜知府、师处士，皆母丧庐墓，与先生并称曰"三孝子"云。

著作：《靖川语录》（一卷），《周易杂占》《中庸讲义》（各一卷）。

卒年：正统八年卒，年五十。

明　雒守一

字号：字执中。

籍贯：三原。

事略：博学刚方，庄重守礼。仕广昌壶关训导，山西蔚州学正，勤于训诲，廪外不受束修。后归，家贫，饔飧不足，终日僵卧，不事干谒。

明　段坚

字号：字可久，初号柏轩，后更容思。

籍贯：兰州。

事略：英宗北狩，应诏诣阙上书，不报。自齐鲁淮楚以至吴越，访问求学之人，得阎子与、白良辅辈，以溯文清之旨。逾年归，登进士第，以文名差纂《山西志》，明年志成，移疾归。越五年，选山东福山知县，以弦歌变其风俗，六载而治行郁然可观。后擢知莱州府，未期月，莱人大化。后又补南阳府，建志学书院，创刻《二程全书》，胡致堂《崇正辨》诸书，建节义祠，祀古圣母列女，以风励郡俗。时有女殉夫者，先生为其棺敛，率僚属师生往吊，卜地合葬，奏表其间，郡之妇女，皆为感化。

学说：学者主敬，以致知格物。知吾之心即天地之心，吾心之理即天地之理，吾身可以参天地①赞化育者，在于此。

著作：《容思集②》《柏轩语录》。

卒年：成化丙辰卒，年六十七。

明　张杰

字号：字立夫，号默斋。

籍贯：凤翔。

---

① 原文脱"地"，据张骥《关学宗传》补。
② 原文"思集"前缺一"容"字，后衍一"客"字，据张骥《关学宗传》改。

事略：官山西赵城训导六年，以讲学教人为事。值岁祲，先生捐俸助赈，全活者众，亲死后不复仕。

卒年：成化壬辰十二月十二日卒，年五十五。

明　周蕙（初名桧）

字号：字廷芳，号小泉。

籍贯：山丹卫。

关系：段容思及李昶弟子。

事略：究通五经，笃信力行，以程朱自任。吴瑾总兵于陕，闻其贤，聘为子师，先生固辞，遂亲送二子于家，始纳贽焉。肃藩乐人郑安、郑宁，皆乞除乐籍，从之学，其感人如此。以父游江南，久不返，追寻江湖间，至扬子而溺，天下悲之。

明　张鼎

字号：字大器，号自在道人。

籍贯：咸宁。

关系：薛文清弟子。

事略：知山西太原，循良弁三晋，九载考绩，晋山西参政，仍署府事。又四载，迁河南按察使，振饬纲纪，奸人敛迹。弘治初，擢右佥都御史，巡抚保定等府，筑墙植树，道路肃然。值岁祲，先生给粮赈济，民免流亡，晋户部右侍郎。

著作：《仕学日记》《语录》《自在诗文》《蠹斋稿》（若干卷）。

卒年：弘治乙卯卒，年六十五。

明　张锐①

字号：字抑之。

籍贯：秦州。

关系：张元祯弟子。

事略：官至江西吉安知府，坐忤权贵，调湖广汉阳，寻晋山东左参政。后致仕乡居，教授弟子。

明　王盛

字号：字懋德，号竹室。

---

① "锐"，原文作"讳"，据张骥《关学宗传》改。

籍贯：韩城。

关系：薛文清弟子。

事略：任户科给事中，山西布政司参政。俸禄所入，皆散诸亲族。尝按部河东，有韩人延洽，了无倨色，闾里荣之。韩人丧葬，多沿习惯，不遵古礼，先生一守朱子，为之厘正，风尚以移。

著作：《移风社》《竹室诗》（若干卷）。

明　孙铈

籍贯：韩城。

关系：薛文清弟子。

事略：历事大理，官至四川夔州府同知。

明　宋玉

字号：字廷珍。

籍贯：长安。

事略：任双流训导，以贤能行取赴部，后授沈府教授，沈王敬之若师。致仕归，教授门人。

明　李锦

字号：字在中，号介庵。

籍贯：咸宁。

关系：周小泉弟子。

事略：先生尝爱武侯"静以养身，俭以养德，学须静，才须学"之语，书之座右以自警。居忧时，巡抚余某请教其子，以齐衰不入公门辞。余闻其丧，赗以二椁，先生却其一，曰："不可因丧射利也。"其不苟于辞受取与如此。

卒年：成化丙午卒，年五十一。

明　李锦

字号：字仲白，号龙坡。

籍贯：渭南。

关系：高龙湾弟子。

事略：为宿迁令，劝农劝孝，政无不举，民称之"百年来第一人"。迁海州知州，贫不能具一花带，吕泾野遗之，致仕后，此带犹未易也。

卒年：嘉靖丙申卒。

明　姚显

字号：字微之，学者称西廓①先生。

籍贯：咸阳。

关系：李介庵、薛思庵讲友。

事略：领正统甲子乡荐，传业成均。上三封事，大略皆辟异端、崇正学、安社稷之谋。后擢监察御史，后又上书劾王振，名震天下，为不利己者所忌。出宰齐东武城，民咸歌之，媲美子游。

明　李仑

字号：字世瞻，号静庵。

籍贯：临潼人，侨居咸宁。

关系：李介庵弟子。

事略：官山西屯留知县，升户部主事，历郎中，升庐州知府，清慎自持，惠政在民，锄强暴，兴学校，筑河堤，创立浮桥，值岁饥，抚绥所属，全活甚众。存留各属，起解马匹，轮流替解，民困以苏。

明　刘玑

字号：字用齐，号近山。

籍贯：咸宁。

关系：李介庵弟子。

事略：官瑞州知府，时新昌盗起，先生入贼巢面谕之，贼立即解散。同乡刘瑾雅重之，仅一岁历迁至尚书，或以玉带馈尚书刘宇，误达先生所，阍者怪问之，其人惊去。后张彩代宇开门纳贿，车马填门，先生淡漠自如。

学说：圣人尽人物之性，然后能理与心会，声入心通，与天地参。而尽人物之性，又从穷理来。非遽然②耳顺与天地参也。

著作：《正蒙会稿》（四卷）。

明　薛敬之

字号：字显思，号思庵。

籍贯：渭南。

---

① "廓"，原文作"廊"，据张骥《关学宗传》改。

② "然"，原文作"非"，据张骥《关学宗传》改。

关系：周小泉弟子。

事略：官山西应州知州，不三四岁，积粟万余石。年饥，民免流亡，遄而归者三百余家。南山有虎患，为文祭之，旬日虎死。萧家寨平地，暴水涌出，几至沉溺，亦为文祭告，水即下泄。

学说：学不难，力行为难，行之不力，则学亦不坚。

著作：《思庵野录》《道学基统》《洙泗言学录》《定心书》《定性书》《心说》《性说》《尔雅便音》《田畴百咏①集》《归来稿》《礼记通考②》《金华乡贤祠志》（各若干卷）。

明　郑安

字号：号处善。

籍贯：肃州。

关系：周小泉弟子。

事略：闻薛敬之讲学，携子来访，居灵台山中十余年，卒。

明　吉人

字号：字惟正。

籍贯：长安。

关系：薛思庵弟子。

事略：礼貌俊硕，资性明敏，有文名。弘治初，与刘概、汤鼐辈为文会，以济时为己任。大臣忌之，因谪去职还乡。

明　周尚礼

字号：字节之。

籍贯：高陵。

事略：以贡任垣曲县丞，为政一以清谨为主。旋致仕归，授徒，泾野吕子与焉。

卒年：正德三年卒，年七十三。

明　孙昂

字号：字廷举。

籍贯：高陵。

---

① "咏"，原文作"永"，据张骥《关学宗传》改。
② "考"，原文作"卷"，据张骥《关学宗传》改。

事略：幼苦学，兼以孝闻。居官忠信廉洁，常诵书读法不辍，志在行道济时。卒年三十九。

明 程吉

字号：字汝修，号东轩。

籍贯：高陵。

关系：周节之弟子。

事略：初治《尚书》，后弃去，治《春秋》，钻研三年，精详淹贯，遂冠多士。父有疾，求医药于灞渭间。事继母孝，人咸敬慕。

明 赵章

字号：字俊宇。

籍贯：延安卫。

事略：官光禄署丞，居家孝友，轻财好施。遇岁歉，出粟活人甚多，诸子乡人，亦多德化矣。

卒年八十八。

明 王恕

字号：字宗贯，号介庵。

籍贯：三原。

事略：天顺中，官江西右布政使，讨平岭寇。成化初，转河南左布政使，擒获襄邓流民刘通等，使各复业。巡抚云南九日，官民皆化，奏请减赋，以苏民困。历仕四十五年，上书三千余，其忧时之志如范希文，济世之才如司马君实，直谏如汲长孺，惠爱如郑子产。

学说：君子学以聚之，问以辨之，宽以居之，仁以行之。学以聚之，广其见闻也；问以辨之，别其是非也，致知事也；宽以居之，从容处之也；仁以行之，不为私意系累而为之，力行事也。

著作：《历代名臣①谏议》（一百二十卷）、《石渠意见》（四卷）、《石渠意见拾遗》（二卷）、《玩易意见》（二卷）、《经集格言》（二卷）、《奏议》（十五卷）、《文集》（十六卷）、《诗集》（十四卷）。

---

① "臣"，原文作"称"，据张骥《关学宗传》改。

明　王承裕

字号：字天宇，号平川。

籍贯：三原。

关系：王介庵弟子。

事略：讲学于弘道书院，冠昏丧祭，必率礼而行。历仕十年，惟以读书教人为事。

著作：《论语近说》《论语蒙读》《谈录漫语》《星轺集》《辛巳集》《考经堂集》《庚寅集》《谏垣奏草》《草堂语录》《厚乡录》《童子吟稿》《昏礼用中》《进修笔录》《动静图说》。

卒年：戊戌卒，年七十四。

明　李伸

字号：字道甫。

籍贯：三原。

关系：王平川弟子。

事略：知临汾县，晋王府军校肆横杀人，前令不敢治，先生立置之法，境内肃然。擢御史，巡紫荆关，解散矿贼。正德中，嘉兴有巨室，吞人产为郡害，先生廉得其实，立定爰书。又有杀兄谋夺其官者，狱久不决，先生一讯而服。

明　赵瀛

字号：字文海。

关系：王平川弟子。

事略：知章丘，岁饥赈济，全活甚众，以治行擢户部郎，出知嘉兴府，疏浚城河，运土南湖，建烟雨楼，时多负逋，吏缘为奸，分田地山荡二则，赋额以平，迄今赖之。旋兵备易州著边功，迁山东参政。

明　雒昂

字号：字仲俛，号三谷。

籍贯：三原。

关系：王平川弟子。

事略：授太常博士，擢吏科给事中。未三年，疏凡数十上，会世宗以羽士张鹗、金赟升太常少卿，先生极言不可，乞收回成命。出为四①川佥事，历河南布

---

① "四"，原文作"回"，据张骥《关学宗传》改。

政使，升河南巡抚。徽藩不道，服用僭越，先生劾奏，被逮廷，杖毙阙下。后事败，赠户部侍郎。

明 秦伟

字号：字世观。

籍贯：三原。

关系：王平川弟子。

事略：授户部主事，督宣大边饷，监军张永欲赏所私，先生不与，竟沮其事。出守保定，有中贵占民田，先生执奏不法，状械系之，中贵敛迹。迁山西参政，民大悦之。

明 吕柟

字号：字仲木，号泾野。

籍贯：高陵。

关系：薛思庵弟子。

事略：曾上书劝学，上嘉纳。乾清宫灾，应诏言六事（一逐日临朝，二还处宫寝，三躬亲大祀①，四日朝两宫，五遣去义子，六撤回镇守），中官不报，归而讲学。时朝鲜奏称："状元吕某，主事马某，为中国人才，乞颁文使为本国式。"其敬慕如此。时王阳明倡道东南，当路某嫉之，有焚书禁学之议。子力辩扶救之，乃不行。复上书请讲圣学，亦不报。奉修省诏，上十三事，语过切直，下狱，寻谪判解州，至则以作士变俗为任，建书院，讲会典，行乡约，正夷齐墓，建温公祠，订《关云长集》，政举化行，俗用丕变，官至南礼部侍郎。论者谓"关学自横渠后，惟子为集大成"。

学说：黄黎洲曰"先生之学，以格知为穷理，及先知而后行，皆是儒生所习闻，而先生所谓穷理，不是泛常不切于身，只在语默作止处验之。所谓知者，即从闻见之知以通德性之知，但事事不放过耳"。大概工夫，下手明白，无从躲闪也。

著作：《四书因问》《周易说翼》《尚书说要》《毛诗说序》《春秋说志》《礼问内篇外篇》《宋四子抄释》《史馆献纳》《南省奏稿》《诗乐图谱》《史约》《高陵志》《解州志》《泾野文集》《别集》等。

卒年：壬寅七月一日卒，年六十四。

---

① "祀"，原文作"祒"，据张骥《关学宗传》改。

明 廉介

字号：号清夫。

籍贯：白水。

关系：吕泾野弟子。

事略：问观书，吕子曰"其上以我观书"。又问："学孔子自何人始？"曰："自颜子始。学颜子自程伯淳始，学伯淳自尹彦明始。"

著作：《吕子云槐语》（一卷）。

明 杨本源

字号：字叔用。

籍贯：其先庐州人，后家延安。

关系：吕泾野弟子。[①]

明 吉士

字号：字延蔼。

籍贯：高陵。

关系：吕泾野弟子。[②]

著作：录吕子语为《东林语录》。

明 权世用

字号：字仲行。

籍贯：高陵。

关系：吕泾野弟子。

著作：录吕子语一卷，曰《云槐精舍语》。

明 高玺

字号：号国信。

籍贯：高陵。

关系：吕泾野弟子。

---

① 原文无此语，据张骥《关学宗传》补。

② 原文无此语，据张骥《关学宗传》补。

明　张云霄（又名霄）

字号：号伯需。

籍贯：高陵。

关系：吕泾野弟子。

明　韦鸢

字号：字仲禽。

籍贯：宜君。

关系：吕泾野弟子。

明　李洙

字号：字师鲁。

籍贯：高陵。

关系：吕泾野弟子。

明　崔官

字号：字仲学。

籍贯：高陵。

关系：吕泾野弟子。

著作：与吉士录吕子语为《东林书屋语》。

明　墨达

字号：字时显。

籍贯：蒲城。

关系：吕泾野弟子。

明　原勋

字号：字次放。

籍贯：蒲城。

关系：吕泾野弟子。

明　艾希醇

字号：字治伯，又字西麓。

籍贯：米脂。

关系：吕泾野弟子。

事略：官保定时，值杨椒山就义，为营葬摭孤，绅民感德，附忠愍之祠而祀之。调户部右侍郎，请减本色税粮，出资治义学，邑人至今戴之，建坊以祀。

明 吕潜

字号：字时见，号愧轩。

籍贯：泾阳。

关系：吕泾野弟子。

事略：冠昏丧祭咸遵《文公家礼》。母病革，欲识妇面，命之娶，先生娶而不婚，三年丧毕，始就室。事继母至孝，尝粪以验，率乡人行乡约，人多化之。

卒年：嘉靖戊寅六月卒，年七十二。

明 张节

字号：字介夫，号石谷①。

籍贯：泾阳。

关系：吕泾野弟子。

卒年：万历壬午卒，年八十。

明 李挺

字号：字正立。

籍贯：咸宁。

关系：吕泾野弟子。

明 马理

字号：字伯循，号谿田。

籍贯：三原。

关系：靖川子，王平川弟子。

事略：正德戊寅，值武庙将南巡，公与黄伯固等伏阙极谏，杖于廷。未几，送嫡母还乡，教生徒。嫡母丧毕，起员外郎。议大礼，复杖于廷。寻转考功郎中。丙戌，例当考察外官，内阁冢宰，各挟私忿，欲去广东②、河南、陕西三省提学，公曰："魏校、萧凤鸣、唐龙，今有数人物，若去此三人，请先去某。"由

---

① 原文脱"谷"，据张骥《关学宗传》补。

② "东"，原文作"果"，据张骥《关学宗传》改。

是获免，至今称之。先生尝谓："见行可之士，为孔子可以当之，学圣人者，当自量力。"

著作：《四书注疏》《周易赞义》《尚书疏义》《诗经删义》《周礼注解》《春秋修义》《陕西通志》及诗文集若干卷。

卒年：嘉靖乙卯十二月卒，年八十二。

明　何永达

字号：字成章，号拙庵。

籍贯：河州。

关系：马伯循弟子。

事略：以岁贡为清丰县丞，寻弃去，读书讲学。

著作：《春耕井鉴》《林泉偶得》《圣训补注》《井鉴续编①》等。

卒年九十四。

明　杨守信

字号：字天宝，号对川。

籍贯：高陵。

关系：马伯循弟子。

事略：官荣河教谕，升大宁知县，有政声。

明　任舜臣

字号：字承华。

籍贯：三原。

关系：马伯循弟子。

事略：选给事中，以忌出知长洲县。

明　周廷

字号：字公所。

籍贯：三原。

关系：马伯循弟子。

事略：发奋懋学，能变化气质。

---

① "续编"，原文作"读缘"，据张骥《关学宗传》改。

明　张原

字号：字士元，号玉坡。

籍贯：三原。

关系：王平川弟子。

事略：遇事敢言，上十二事，曰正守令，择将帅，理刑狱，汰冗食，省征敛，慎工作，恤士卒，明赏罚，体大臣。侵中贵，谪贵州添驿驿丞，至则读《易》授徒，士风丕变。嘉靖初，复召兵科，擢右户科。先生益以谏净为己任，上四十余章，上多嘉纳。后大礼议起，生以力争，被逮，杖廷下而死。

著作：《黄花集》《蛩鸣集》《玉坡奏议》，凡若干卷。

卒年五十二。

明　韩邦奇

字号：字汝节，号苑洛。

籍贯：朝邑。

关系：绍宗子。

事略：正德辛未，考察都御史。某袖私帙视之，公曰："考核公事，有公籍在，何以私帙为？"某为之逊谢。甲戌，浙江按察佥事，宸濠将叛，聚众数千，公遣杀之，濠又托名进贡，假道衢州，公诰之曰："进贡当沿江而下，何假道？归告尔主，韩佥事在此，不可诳！"于是袭浙之计失。后大同兵变起，先生单骑入城，人心始安。

学说：学者于此心能戒慎省察，则日用之间，纵使把握不定，小过不及则有之，至于逆天拂性损人利①己之事必无矣。

著作：《苑洛语录》《苑洛集》《志乐》《性理三解》《易占经纬》《易说》《诗说》《毛诗未喻》诸书。

明　韩邦靖②

字号：字汝庆，号五泉。

籍贯：朝邑。

关系：汝节弟。

著作：《五泉集》《朝邑志》若干卷。

卒年三十六。

---

① "利"，原文作"和"，据张骥《关学宗传》改。

② "靖"，原文作"清"，据张骥《关学宗传》改。

明 张世荣

字号：字仁亨。

籍贯：朝邑。

关系：汝节外孙。

明 樊得仁

字号：字恕夫。

籍贯：朝邑。

关系：汝节弟子。

事略：官至监察御史，擢四川行省参知政事。

明 赵天秩

字号：字仲礼。

籍贯：朝邑。

关系：汝节弟子。

明 赵瓒

字号：字汝完，号西河子。

籍贯：朝邑。

关系：汝节弟子。

明 马自强

字号：字体乾，号乾庵。

籍贯：同州。

事略：官至太子太保，礼部尚书，文渊阁①大学士，入赞机务。有明二百余年，关中入阁者自公始。

学说：学以复性为先，而粹然不杂；志以守道自任，而浩然不屈。

著作：讲义、奏议、诗文各若干卷，刊为集。

卒年：嘉靖丁丑十月十三日卒，年六十六。

---

① 原文脱"阁"，据文意补。

明　盛讷

字号：字敏叔。

籍贯：潼关。

著作：《玉堂日记》（百余卷）、《定敏轩集》（八卷）。

明　杨爵

字号：字伯修，号斛山[①]。

籍贯：富平。

关系：汝节弟子。

事略：嘉靖辛丑，上封事。谓："今日致危乱者五：一则辅臣夏言习为欺罔，翊国公郭勋为国巨蠹，所当急去；二则冻馁之民不忧恤，而为方士修雷坛；三则大小臣工弗睹朝仪，宜慰其望；四则名器滥及，缁黄出入大内非制；五则言事诸臣，若杨最、罗洪先等，非死即斥，所损国体不小。"疏入，上大怒，逮系之，拷掠备至，血肉淋淋死而复苏者屡。是日京城大风，都人呼为"杨御史风"，其感动天下如此。士大夫下狱，并无桎锁昼夜，实自公始。临终以"作第一等事，做第一等人"教子孙，不及他语。

学说：天下万变，"真""妄"二字可以尽之。偏蔽者，妄也；本体则真也。学所以去偏蔽之妄，全本体之真。全则道本乎性，性纯乎天，立人之道始无愧矣。天地亘古今，但有此一个大道理，则亘古亘今之圣贤，不容更有两样学问也。

著作：《周易辨录》《中庸解[②]》若干卷。

卒年五十七。

明　申天性

字号：字纯夫。

籍贯：富平。

关系：杨伯修弟子。

事略：官丞知县。

明　纪中夫

籍贯：富平。

关系：杨伯修弟子。

---

① "山"，原文作"三"，据张骥《关学宗传》改。

② "解"字后原衍一"答"字，据张骥《关学宗传》删。

明 张本礼

籍贯：富平。

关系：杨伯修弟子。

明 南大吉

字号：字元善，号瑞泉。

籍贯：渭南。

关系：王阳明弟子。

事略：曾辟稽山书院，聚八邑之士，身亲讲习，大振王学，官至绍兴知府。

学说：以致良知为宗旨，以慎独改过为致知功夫。

著作：《绍兴府志》、《渭南志》、《瑞泉集》（若干卷）。

卒年：嘉靖辛丑卒，年五十五。

明 南逢吉

字号：字元真，又字元命，号姜泉。

籍贯：渭南。

关系：王阳明弟子。

事略：官至保宁归德府知府，升雁门兵备。致仕归，建书院，收①训子侄门人。

学说：博文以约礼，格物以致良知，一也。

著作：《姜泉集》、《越中述传》（若干卷），注解《会稽三赋》。

卒年八十一。

明 尚班爵

字号：字宗周。

籍贯：同州。

关系：王阳明弟子。

事略：任安居知县，有循声。

著作：《小净稿》《云林集》。

---

① "收"，原文作"政"，据张骥《关学宗传》改。

明　昝如心

字号：字子推。

籍贯：三原。

明　张士佩

字号：字濂滨。

籍贯：韩城。

事略：劾[1]奏严世蕃之党罗文龙等，力逮治罪，天下快之。以艰归，庐墓五年，巡按山东，调晋藩，除治水患，分晋土为三等输赋，讨平天全、永宁土司之乱。尝谓："居官不敢赎锾，迁官不用贿赂，居乡不行请托，三事可对天日。"

著作：所著有《洗心恒性》《中庸大指》《忠恕违道不远》《道自道》《成己成物》《夫焉有所倚》《复礼见学诸说》《心性人心道心诸辨》，所辑有《六书赋》《洪武正韵》《玉键及达意稿》《四书端蒙录》《留台类稿》《山东按奏》《西蜀题奏》《韩城县志》等。

明　郭郊

字号：字惟[2]藩，号蒙泉。

籍贯：泾阳。

关系：吕龙山及李东桥弟子。

事略：万历庚申，出守马湖，马湖系西南夷重地，先生恩威并济，一以礼让为先，裸夷深爱戴之。

著作：《自警俚语》《山居杂咏》《语略》《族谱》《仰郑堂集》。

明　薛亨

字号：字道行。

籍贯：韩城。

事略：官山西提学佥事，教先德行而后文艺。迁山东少参、四川参政，治涪，修学宫，为《士学申谕》《川东杂议》训涪士民，风俗丕变。迁山西按察使，置学田养士，为《五伦集要[3]》《女经闺范》户说之事。

著作：《晋学政校士录》《晋风申谕》《原教录》《四先生语录》《理学》《诗学》《海丛珠》等。

---

① "劾"，原文作"刻"，据张骥《关学宗传》改。

② "惟"，原文作"维"，据张骥《关学宗传》改。

③ "要"，原文作"安"，据张骥《关学宗传》改。

明 王之士

字号：字欲立，号秦关。

籍贯：蓝田。

关系：飞泉子。

事略：德清许敬庵督学关中，讲学正学书院，礼延之，相与切磋，多士兴起。后南行，复浮浙水而至吴兴，与东南学者游。

学说：学以尽性无欲为宗。

著作：所著有《理学绪言》《信学私言》《大易图象卷》《进学考源录》《易传》《诗传》《正世要言》《正俗乡约》《王氏[①]族谱》《正学筌蹄》《关里瞻思》《关洛集》《京途集》《南游稿》等，所述有《先师遗训》《皇明四大家要言》《性理类言》《读孟录[②]》等。

卒年：万历庚寅卒，年六十三。

明 张鉴

字号：字孔昭，号湛川。

籍贯：泾阳。

事略：吕心吾疏荐，擢为岢岚守，迁民赴都请留，不报。抵任，除扰民弊政凡十一款，又捐耕牛，招逃户，凿石井，穿煤窑，兴陶业，教民纺织，荒瘠之区，焕然一改。

学说：圣学关键，要在此心不自欺。吾辈尝从行事起念时，一一检点无愧，便是圣贤入路。

卒年六十。

明 樊天叙

字号：字敦夫，号看山，更号与枫。

籍贯：西安右护卫。

事略：天性孝义，母病笃，思食炉饼，求诸里舍。及归，母逝矣，遂悲悼，终身不食炉饼。

卒年六十八。

---

① "王氏"，原文作"正民"，据张骥《关学宗传》改。

② "读孟录"，原文作"读孟子录"，据张骥《关学宗传》改。

明 刘儒

字号：字以聘，号桥麓。

籍贯：中部（或作宜川）。

事略：嘉靖间，以举人令安邑，补完县，升叙州府同知，所至皆有惠政。

学说：以诚①一为本，辨析义理，毫忽必当。顾一折衷于程朱。

著作：《中部志》《桥麓集》《刘氏家礼》。

明 卫王道

字号：字宗极，号龙谷子。

籍贯：韩城。

事略：尝谓"读书非取功名，即以文词表见，亦岂儒所急"。

著作：《宗极论》。

明 解惟一

字号：字守中，号健吾。

籍贯：韩城。

明 刘玺

字号：字廷节，号一轩。

籍贯：宜川。

事略：登进士后，任推官。历按察司金事，而先生逡巡不自多。下第后徙长②安授徒。后又官河西卫辉③府通判。到数月，喟然叹曰："某所为下帷④攻读者，为父母耳。今父母以吾弟贵，于愿足矣。又安得以五斗⑤苦七尺哉！"遂告归。

卒年七十九。

明 刘子诚

字号：字伯明。

籍贯：宜川。

事略：嘉靖甲子，举于乡，与温恭毅抵行明经，一时老师宿儒翕然宗之。

---

① "诚"，原文作"诚"，据张骥《关学宗传》改。

② "长"，原文作"衰"，据张骥《关学宗传》改。

③ "辉"，原文作"输"，据张骥《关学宗传》改。

④ "帷"，原文作"惟"，据张骥《关学宗传》改。

⑤ "斗"，原文作"口"，据张骥《关学宗传》改。

明 刘子诚

字号：字叔贞。

籍贯：宜川。

关系：伯明弟。

事略：督学①华亭，董其昌闻之，聘入幕，旋擢盐山令，升横州知州，持节定交趾之难，所至皆有治绩。

著作：《杖履》（三篇）、《尚书遗旨》（二卷）。

卒年：崇祯甲戌十二月二十二日卒。

明 冯从吾

字号：字仲好，号少墟。

籍贯：长安。

关系：冯友子。

事略：官至御史，疏清讲学，上怒欲杖之，以长秋节得免。命巡按宣大，不拜②，请告归，与友讲学。天启初，起③大理寺少卿，擢副都御，与邹南④皋立首善书院于京师⑤，讲明正学，世推"南邹北冯"。生平读书讲学，四方从游者，至五十余人，论者谓"关中自杨伯起、张横渠、吕泾野后，惟少墟一人"，信不诬云。

学说：学问之要，全在定心，静而安，寂而不动，感而遂通，廓⑥然大公，物来顺应，犹如照镜，不迎不随，此之谓"能虑"，此之谓"得其所止"。

著作：《少墟集》。

卒年：天启丁卯二月卒，年七十二。

明 孙丕扬

字号：字叔孝，号立山。

籍贯：富平。

事略：起应天府尹，擢户部左侍郎。会河北大饥，富平、蒲城、同官至采石

---

① "督学"，原文作"董军"，据张骥《关学宗传》改。
② "拜"，原文作"辞"，据张骥《关学宗传》改。
③ "起"，原文作"赴"，据张骥《关学宗传》改。
④ "南"，原文作"元"，据张骥《关学宗传》改。
⑤ "师"，原文作"节"，据张骥《关学宗传》改。
⑥ "廓"，原文作"廓"，据张骥《关学宗传》改。

为食，公进帝前，因言："海内困苦，宜宽赋节用，罢额^①外征派及诸不急务，以培养苍生大命。"帝感之，颇有所减。后拜刑部尚书，条上省刑省罚各三十二事，帝纳之，刑狱大减。

著作：有集若干卷。

卒年八十三。

明　周传诵

字号：字淑远。

籍贯：西安左卫。

关系：槐村子。

事略：官至湖广左布政。时楚有税珰鸥张特甚，分巡金宪，俱以劾珰下狱，先生力抗，不少假借，江汉之民，得以稍安。

著作：《西游漫言草》。

明　杨楠

字号：字伯直。

籍贯：岐^②山。

事略：官霍山知县，居官廉洁，均赋抑强，筑城御侮。时倭寇自九江入境，势甚猖獗，先生勇冒矢石，擒数十人，余皆逸去。事闻，赏白金一镒。

著作：《岐麓文集》（若干卷）。

明　杨春芳

字号：字伯盛。

籍贯：三原。

事略：为博兴^③县司训，转洛川，历镇番谕。所至乐道敦仁，士林咸宗仰之。

明　姚衍中

字号：字钦印。

籍贯：延安。

---

① "额"，原文作"而"，据张骥《关学宗传》改。
② "岐"，原文作"歧"，据张骥《关学宗传》改。
③ "兴"，原文作"与"，据张骥《关学宗传》改。

明　赵应震①

字号：号廉②夫。

籍贯：肤③施。

关系：冯少墟弟子。

事略：性至孝，母卒，严冬不履而跣。岁祲，食不能给，弟子有供饘粥者，却之曰："菜根滋味，正著述受用物也。"终不受。

著作：《考理正乐诸编》《理学汇编》《四书五经会心编》。

明　盛以弘

字号：字子宽。

籍贯：潼关。

关系：冯少墟弟子。

事略：官吏部侍郎。尝以鉴才为己任，核名实，抑躁进，起用废弃，诸贤汲之恐后。时魏阉窃政，朝士皆趋附致鼎铉，惟先生正色立朝，故不得④以阁员用。

著作：《凤手馆帖》（四卷）、《紫气亭集》（十二卷）、《中正⑤学》、《真儒伪儒辨》等。

明　党还醇

字号：字子真。

籍贯：三原。

关系：冯少墟弟子。

事略：授休宁令，抚字勤劳，补保定，调良乡，吏畏民怀，循声藉甚。适邑有震邻之恐，蚤夜登陴。城破，不屈而死。

明　白希彩

籍贯：同州。

关系：冯少墟弟子。

事略：受学冯门，归里后联同志以闻诸师者相切劘，开同州讲学之先声。

---

① "震"，原文作"宸"，据张骥《关学宗传》改。

② "廉"，原文作"兼"，据张骥《关学宗传》改。

③ "肤"，原文作"膚"，据张骥《关学宗传》改。

④ 此处原衍一"不"字，据张骥《关学宗传》删。

⑤ "正"，原文作"曲"，据张骥《关学宗传》改。

明　刘波

字号：字澄源。

籍贯：陇州。

关系：冯少墟弟子。

事略：以明经授鳌屋训导，日进诸生，以得诸师者，讲论不辍。

明　张国善

字号：字百善，号居白。

籍贯：临潼。

事略：举万历进士，以理学自任。

明　杨复亨

字号：字季泰。

籍贯：咸宁。

关系：冯少墟弟子。

事略：官乐昌令，自矢三事："一不剥民肥己，二不缓德尚刑，三不徇情枉法。"革去助解三千余金，民间称便。会有强寇压境，家人惊恐，先生曰："我朝廷官，当以身殉社稷。"即登城守御。

著作：《念祖录》（一卷），《贯珠讲》（四卷），《语对》（一卷），《冯恭定公行实》（一卷），《尚友录》《就正录》《书绅篇》（数十卷）。

明　李映林

字号：字晖天。

籍贯：富平。

关系：冯少墟弟子。

事略：年二十，补博士弟子员，惜早卒。

卒年二十七。

明　高愉

字号：字泰吾。

籍贯：韩城。

关系：冯少墟弟子。

事略：崇祯二年，大饥，先生市田宅，得百金，趋县助赈，令讶其贫，先生曰："吾固[1]贫，然贫在家，不在心也。"

明　吴多瑜

字号：字崐毓。

籍贯：高陵。

关系：冯少墟弟子。

事略：伯父卒，无子，为立后。悯庶弟幼弱，分田独取其瘠，人咸称之。岁饥，周急恤难，凡待而举火者数十家。

明　王茂麟

字号：字仁苍。

籍贯：蒲城。

关系：冯少墟弟子。

事略：孝友睦姻[2]，乐道好学，营自得庵，教授生徒。逍遥静观，有自得之趣。

明　刘濯翼

字号：字中白。

籍贯：华阴。

关系：冯少墟弟子。

事略：苦志笃行，为文细雅，以明经司训武昌，持躬以敬，范士以礼。

明　晋宾王

字号：字德明，号龙幡。

籍贯：韩城。

关系：健吾与冯少墟弟子。

事略：居父母丧，不内室者六年，兄弟怡怡，终身无间。逆闯据长安，衡文取士，先生守义不出。

著作：《乾惕录》。

卒年六十六。

---

① "固"，原文作"国"，据张骥《关学宗传》改。

② "姻"，原文作"渊"，据张骥《关学宗传》改。

明　张本德

籍贯：华州。

关系：冯少墟、曹真予及张忠烈弟子。

明　朱蕴奇

字号：字子节。

籍贯：西安右护卫。

关系：冯少墟弟子。

事略：其子因差徭下狱，先生四日不食，怜者取粥以食，先生辞之。后其子释，于道旁拾遗网巾二顶，先生曰："彼之失，犹我之失。"命追还之。

卒年五十一。

明　王之民

字号：号虞卿。

籍贯：华阴。

关系：冯少墟弟子。

事略：巡抚南赣，屡平寇乱，著战功，时人为之语曰："前有文成，后有虞卿。"官至南京兵部左侍郎。

明　史赞袞

字号：字星烂。

籍贯：安定。

关系：冯少墟及赵廉夫弟子。

事略：设教西边，多所造就。会盗贼蜂起，议设民兵，当道以先生董其事，地方赖以安宁。

卒年七十。

明　杨梧

字号：字凤阁，又字峄珍，号念劬。

关系：冯少墟弟子。

事略：官青州同知，未逾月，摄郡事，郡大治。再署沂水篆，抚按交章腾荐，旋以乐安两豪讼蜀邑勘有道亡者，坐疏防议镌秩，拂衣竟归。

著作：《礼记说义纂订》（十四卷）。

卒年七十三。

明　周祚永

籍贯：临潼。

关系：冯少墟弟子。

事略：由乡荐官宿迁知县，有善政①。

明　祝万龄

籍贯：长安。

关系：冯少墟弟子。

事略：以磁州道家居。闻贼陷城，肃衣冠，至关中书院斯道中天阁下，拜宣圣及恭定毕，自缢于侧。

明　焦源溥

字号：字涵一。

籍贯：三原。

关系：冯少墟弟子。

事略：官刑部尚书，出按真定诸府，转凤阳兵备副使，分巡河东道，以平寇有功，迁山西按察使。李自成陷关中，执迫输金，大骂贼，贼拔舌，支解而死。

著作：《逆旅集》。

明　乔巍

字号：字维岳。

籍贯：三原。

关系：冯少墟及温无知弟子。

事略：以佥事擢山西冀宁道参政，便道归里，值李自成踞长安，遇害而死。

明　房建极

字号：字秉中。

籍贯：三原。

关系：冯少墟及温一斋弟子。

事略：知新乡县。时寇氛炽甚，屡出奇破之。后擢兵部主事，将之任，会李自成破关中，遂不出，京师陷，北向稽首，陨血而卒。

---

① "政"，原文作"知"，据张骥《关学宗传》改。

明 张舜典

字号：字心虞，号鸡山。

籍贯：凤翔。

关系：许敬庵及冯少墟弟子。

事略：尝谓"误天下人才者，八比也"，朝夕讲读濂洛关闽之书，不以举业为先。官鄢陵令，尽心民事，细大必举，官民间养生送死之事，皆备贮以贷贫之。时承平日久，先生独治精良军器若干藏之库，人咸讶之。未几，边事危急，当道征军器于州县，皆仓皇莫应，鄢陵独为他邑冠，人咸服其先识。

学说：圣学切要肯綮之处，无过知微慎独，其中精义，有不容言，要在深信深造，方得其妙，非区区俗儒口耳之谈。

著作：《明德①集》《致曲言》。

卒年七十三。

明 温纯

字号：字希文，号一斋，更亦斋。

籍贯：三原。

关系：孙文恭弟子。

事略：除寿光令，下车歼巨寇马天保。垦田、劝农②、决狱，一本经术。以治行高等，擢给事中。积三年，所条陈纠劾皆中綮，大者如修时政、通章奏，多见施行。又雪故给事中③沈鍊之冤，直声大震。俺达请贡市，高拱定许之，公谓："废弛边备，非中国之利。"

学说：学主"精一""一贯"。论良知，稍宗姚江而归于孟子"亲亲"之义；论仁，则取孔之"忠恕"、孟之"自反"。

著作：《学一堂集》《杜律一得》《古文选粹》《汉魏诗选粹》《唐诗选粹》《二园诗集》《二园学集》《自省录》《二园续集》《齐民要书》《文法品汇》《杜律颇解》《诗法品汇》《宝剑鸾刀论》《文集》共若干卷。

卒年六十九。

明 温予知

字号：号无知。

---

① "德"，原文作"得"，据张骥《关学宗传》改。
② "农"，原文作"众"，据张骥《关学宗传》改。
③ 原文脱"中"，据张骥《关学宗传》补。

籍贯：三原。

关系：温一斋子。

事略：性俭约，务经学，冯恭定家居讲学，常礼延之。

著作：《无知子》《乾坤正气书》。

明 温日知

字号：字与恕。

籍贯：三原。

关系：温一斋仲子。

事略：性至孝，潜心坟典，里人重之。

著作：《浮屿阁诗文集》《艺园图咏》《瓠中饮雅》《六貂部类》《绸缪急著①》《曲徙先筹》《扪虱杂言②》等。

明 马朴

字号：字敦若，号淳宇。

籍贯：同州。

关系：马慎子。

事略：官易州，行保甲、乡约诸善政，民和岁丰，有谷穗三歧之异。入为刑部员外郎，中外狱词，谳决平允。转郎中，擢襄阳守，多惠政。既转滇宪副，巡洱海道，兼摄澜沧，颁《祀典考》及《课士日程》，举孝友节义，禁戢豪猾积役，善驭土③官，明法开诚，廉洁体恤，翕然向化。

著作：《历仕④公移》《圣论解说》《乡约条议》《先师祀典考》《同州志》《人鉴编》《客问⑤》《日省近言》《进取譬言》《阆风馆文集》《四六雕虫》《谭误》《谭字》《谭名》《谭物⑥》《马氏世谱》《杂录》，共一百九十二卷。

明 马嗣煜

字号：字元昭，一字空明，号二岑。

---

① "著"，原文作"者"，据张骥《关学宗传》改。
② "言"，原文作"谈"，据张骥《关学宗传》改。
③ "土"，原文作"士"，据张骥《关学宗传》改。
④ "仕"，原文作"任"，据张骥《关学宗传》改。
⑤ "问"，原文作"闻"，据张骥《关学宗传》改。
⑥ "物"，原文作"将"，据张骥《关学宗传》改。

籍贯：同州。

关系：马淳宇子。

事略：当道委先生守武定，至则悉力捍御，州赖以全，然贼犹未衰也。未几，新守至，先生去，士民皆遮道恳留，皆曰："寇将再至，别驾去，士民何如？"因卧辙攀号，不听行。先生与新守分城而守。贼至城破，先生大骂，死之。

著作：《群玉阁诗①》《五经初说》。

卒年五十五。

明　文翔凤

字号：字天瑞，号太青。

籍贯：三水。

关系：文少白子。

事略：三为县令，文学、政事并著，遗爱在人。诸士民为图衣冠于宫墙之畔，建生祠祀之。升礼部主事，迁山西提学，三晋士风丕变。

学说：吾儒学术，原合处世、出处而一之。自先辈藩篱太窄，极宗未快，遂使豪杰俯仰不得，而逃之异家。

著作：《太②微经》《九极篇》。

明　王徵

字号：字良甫，号葵心，又号了一道人。

籍贯：泾阳。

关系：张湛川弟子。

事略：授广平司李③，修饰武备，演武侯八阵以御盗。办白莲教案，全活者计数百千。后魏阉煽虐，蔓引不可胜数，先生指天自誓曰："司李，郡执法也，倘以平反斥去，固所愿。废朝廷法而为己身功罪计，获罪于天，孰甚焉，死不敢为。"一时保全为多。登、莱叛将刘兴治据岛为乱，先生乃单骑赴任，与抚将惨淡经营，叛将授首，恢复诸务，骎骎就绪。而孔、李二叛将复自吴桥激变，外内势合，城陷。先生乃以舻舺航海归命，廷尉朝议，量其无罪，放归田里。

学说：生平得力于事天④之学，以敬天爱人为主，以圣贤经济为心。持己接物，在官在野，一切学术、治术，凡有关国家、日用、民生利赖者，无不以诚意

---

① "诗"，原文作"说"，据张骥《关学宗传》改。

② "太"，原文作"木"，据张骥《关学宗传》改。

③ "李"，原文作"令"，据张骥《关学宗传》改。

④ 原文脱"天"，据张骥《关学宗传》补。

为之。

著作：《学庸辨》《两理略》《士约》《兵约》《了心丹》《百字解》《历代发蒙》《辨道说》诸书。

明　单允昌

字号：字发之，号元州。

籍贯：蒲城。

关系：单一山子。

事略：崇祯癸未，李自成陷关中，威逼缙绅从逆，先生乃遁迹深山，不屈而死。

著作：《春秋寱言》《四书说》。

卒年五十二。

明　单允藩

字号：字茂之。

籍贯：蒲城。

关系：单元州弟。

明　王侣

字号：字仲襄，号再复。

籍贯：蒲城。

关系：王仁苍子。

事略：仁苍问曰："子具达观否？"曰："具。""子了彭殇一玫否？"曰："了。""子心光景何似？"曰："常定静。""子生平志愿何似？"曰："穷理尽性。做秀才如是，做官亦如是。"

著作：《语录》（五册）。

卒年二十①三。

清　李颙

字号：字中孚，号二曲。

籍贯：盩厔。

事略：其学幼无师承，早岁泛滥于三教九流。自十七知学后，则天德王道、

---

① "二十"，原文作"十二"，据张骥《关学宗传》改。

源源本本，无不淹通。其论学，不分朱、陆、王、薛门户之见，惟是之从。论者谓："关学自横渠、三原、泾野、少墟，累作累替，自颓而复盛。"性至孝，其父从军殉义，先生贷资斧于乡人，往寻父骨，得冢土升余，捧魂以归。

学说：苟留心此学，必须于起心动念处，潜体默念。苟有一念未纯于理，即是过，即当恤而去之；苟有一息稍涉于懈，即非新，即当振而起之。苟在未尝[1]学问之人，亦必且先检身过，次检心过，悔其前非，断其后续，至于无一念之不纯，无一息之稍懈而后已。

著作：《二曲集》《反身录》[2]等。

卒年七十九。

清 李柏

字号：字雪木。

籍贯：郿县。

事略：家贫，入太白山，读书十年，遂成大儒。公乡多欲荐之，卒辞谢。山居力耕，或半日一食粥，食无盐，意夷然不屑也。与朝邑李叔则、富平李天生齐名，称"关中三李"，李二曲堂兄事之。

学说：欲为天下第一等人，须做天下第一等事；欲做天下第一等事，须受天下第一等苦；能受天下第一等苦，然后享天下第一等乐。

著作：《槲叶集》。

清 李因笃

字号：字子德，一字天生。

籍贯：富平。

关系：映林子，文太清弟子。

事略：甲申、乙酉间，与顾亭林冒锋刃，走燕京，两谒庄烈帝攒宫。康熙间，被征纂修《明史》。先生以明哲保身为言，恐坚执[3]撄祸，入都，授翰林院检讨。未两月，即疏乞终养，凡三十上，始允。

著作：《受祺堂文集》（十五卷）、《诗集》（三十五卷）、《广韵正》（四卷）、《汉诗评》（若干卷）。

---

① "尝"，原文作"堂"，据张骥《关学宗传》改。

② 原文于此处有"醇正昌明，羽翼经传"八字，然非二曲著作，乃时人评语，故删去。

③ 原文脱"执"，据张骥《关学宗传》补。

清　白焕彩

字号：字含章，号泊如。

籍贯：同州。

关系：守纲季子。

事略：与州人党两一、王思若、张敦庵、马立若，蒲城王省庵辈，道义切磋，后迎二曲至其家，执礼甚恭。

著作：《学髓》（录二曲讲语，一卷）。

卒年：康熙二十四年卒，年七十八。

清　王化泰

字号：字省庵。

籍贯：蒲城。

事略：笃志理学，潜心性命，初与邑人单元州结①社研究。元州殉国，乃隐身于医。

卒年七十五。

清　党湛

字号：字子澄，号两一。

籍贯：同州。

关系：可从子。

事略：尝言"人生须做天地间第一等事，为天地间第一等人"，故号"两一"。性至孝，善事亲。父②没，庐墓三年，远近称孝子。

卒年八十四。

清　张珥

字号：号敦庵。

籍贯：同州。

事略：师事二曲先生甚恭，与之论学，颇有所得，二曲称"老而好学有成"。

清　周灿

字号：字澹园，号星公。

---

① "结"，原文作"法"，据张骥《关学宗传》改。
② "父"，原文作"文"，据张骥《关学宗传》改。

籍贯：临潼。

关系：祚子。

事略：知南康府，至则设救船以拯覆溺，修白鹿洞书院，聚徒讲学，多成就。督学四川，甄拔孤寒，赏识名士，奏请土司子弟，一体入学。

著作：《愿①学堂集》。

清　惠思诚

字号：字含真。

籍贯：盩厔。

事略：与李二曲心性至交。为人外木讷、内文明，孝友孚于乡邦，忠信可贯金石，卒善逝。

卒年七十三。

清　李楷

字号：字叔则，一字岸公。

籍贯：朝邑。

关系：文太清弟子。

事略：知宝应县，请罢草米，省民财者以万计。政暇则访古选胜，题咏殆遍。后应陕西制府之聘，复修《通志》。晚年乃隐。

著作：《河滨全书》（一百卷）。

清　王建常（初名建侯）

字号：字仲复，号复斋。

籍贯：朝邑（一作长武）。

关系：之宠子。

事略：锐意经学，闭户读书，学使许孙荃造庐，持金币为寿，不受；赠诗请和，亦不答。名其门曰"真隐"。吴县顾宁人甚称誉之。

学说：心为一身之主，以提万事之纲。故学者先须就心上做工夫，养得此心清明专一，能做主宰，以是酬应万变，方会不差。

著作：《大学直解》（一卷）、《两论辑说》（十卷）、《诗经会②编》（五卷）、《尚书要义》（六卷）、《春秋要义》（四卷）、《太极图集解》

---

① "愿"，原文作"显"，据张骥《关学宗传》改。

② "会"，原文作"汇"，据张骥《关学宗传》改。

（一卷）、《律吕图说》（二卷）、《四礼慎行》（一卷）、《思诚录》（一卷）、《小学句读》（六卷）、《复斋录》（六卷）、《复斋别录》（二卷）、《复斋日记》（二卷）、余稿（六卷）。

清　郭肯获

字号：字稗仲。

籍贯：朝邑。

事略：李自成入关，欲召用，遂亡去，乃系其弟肯堂以求之。流寇败，兄弟卒俱全。

清　关中俊

字号：字逊伯。

籍贯：朝邑。

事略：居丧以礼，不用浮屠，二曲见之，叹曰："笃实纯茂，渊乎见太古醇庞遗风，在仲复、独鹤伯仲间。"

著作：《巢居野人集》《鹤鸣阴和集》。

卒年七十八。

清　雷于霖

字号：字午天，号独鹤。

籍贯：朝邑。

事略：性至孝，亲没，哀毁几于灭性。嗜古学，为文有奇气，声誉翕然。明末，县城失守，先生倡众设谋，两次克复，全活甚众。

著作：《孝经神授篇》《西铭续生篇》《太极图说》《柏林集》《别世言》。

清　文应熊

字号：字梦叶，号平人，别号抱愧子。

籍贯：三水。

事略：性嗜学，不乐仕进，惟日观玩《易》象。尝谓："吾志在明《易》，《易》是圣人所传之道，天命之书也。"

学说：以理为主，欲亦一理；以真为主，妄亦是真；以善为主，恶亦是善；以公为主，私亦是公。一部《性理》，只爱"善恶皆天理"一句。

著作：《全孝篇》（一卷）、《知人鉴》（二卷）、《道统记》（二卷）、

《孔门言行录》（四卷）、《四书解难》（三卷）、《无字易义》（若干卷）、《周易蠡测》（二卷）、《易经大传》（若干卷）、《乐经注》（三卷）、《知行记》（十二卷）。

卒年八十三。

清 康体谦

字号：字受之，号立斋。

籍贯：郃阳。

事略：生平好袁了凡功过格，又择《性理》及《近思录》中切于身心日用者，抄辑一编，以教子弟。

清 杨仕显

字号：字明卿。

事略：以进士除云都知县，持身以礼，事亲以孝。与睢州汤文正为同年友。邑令某，畏汤甚，持兼金为先生寿，求缓颊，拒弗受。布衣蔬食，晏如也。

著作：《易经①存言》（十卷）、《存言》（一卷）。

清 刘余儆

字号：字子元。

籍贯：高陵。

事略：品性高洁，天才超轶。以多疾，弃科举。精于医，能切脉决人生死。又能仿武侯木牛流马，缩小其制，尝云："古今无不可解会之事，无不可明白之书。今人学识不及古人，遂并古人之事与书而疑之，可乎？"

著作：《滋园集》（佚）。

---

① "经"，原文作"金"，据张骥《关学宗传》改。

北宋关学略论

——《重编宋元学案》导言中关于北宋关学的论述

陈叔谅

编者按：本文选自陈叔谅、李心庄《重编宋元学案》（国立编译馆出版，正中书局印行，1947年版）导言中关于北宋关学的论述，题目为编者所加。《重编宋元学案》为"重编宋元明清四朝学案"之一，陈叔谅、李心庄重编，陈立夫作总序，导言为陈叔谅所撰。陈叔谅(1901—1991)，即陈训慈，字叔谅，浙江慈溪官桥(今属余姚)人。我国著名爱国人士、文史学家。1924年，毕业于国立东南大学史学系，历任上海商务印书馆编译所编辑、中学历史教员、浙江图书馆馆长、浙江大学教授等职。中华人民共和国成立以后，受聘为浙江省文物管理委员会专任委员兼图书资料室主任。1981年后，改任浙江省博物馆顾问、浙江省政协文史资料委员会委员，直至逝世。陈训慈先生一生著述宏富，主要撰著有《世界大战史》《五卅事件》《清代浙东之史学》《浙江图书馆小史》，以及与人合写的《万斯同年谱》等。

关学之得名，由于横渠（张载）。载，大梁人。生与百源同时，长于二程子约十二三岁，而为学门户各殊。其学以《易》为宗，以《中庸》为的，以礼为体，以孔孟为极。同知太常礼院，冠婚丧祭之礼，皆以循古为倡，故横渠门人多重礼。所著有东西二铭及《正蒙书》。《西铭》最为人所传诵。其言曰：

> 乾称父，坤称母，予兹藐焉，乃浑然中处。故天地之塞，吾其体；天地之帅，吾其性。民，吾同胞；物，吾与也。大君者，吾父母宗子；其大臣，宗子之家相也。尊高年，所以长其长；慈孤弱，所以幼其幼。圣，其合德；贤，其秀也。凡天下疲、癃、残、疾、惸、独、鳏、寡，皆吾兄弟之颠连而无告者也……

其胸怀之慈仁广大，直视天下为一家，四海为兄弟。故又有言曰：

> 为天地立心，为生民立命，为往圣继绝学，为万世开太平。

所以自任者若是之重，所以自负者若是之高，其气概伟大，可想见之。

横渠所著《正蒙》一书，主于论气。以为：

> 天地之间，只一气之循环而已。气不能不聚而为万物，万物不能不散而为太虚。虚空即是气。唯气著于物而有聚散，理与性则无聚散也。由太虚，有天之名；由气化，有道之名；合虚与气，有性之名；合性与知觉，有心之名。

其说之大略如此。横渠并由此而论及阴阳神化之妙，万物屈伸之理，以及尽性尽命之道。纵横立说，为文甚长。其大要以为"人先有天地之性，形而后有气质之性。必善反之，则天地之性存焉"，是故横渠教人以"变化气质"为宗旨。谓学至于成性，则气无由胜。而其著手工夫，则惟在于学礼。"学礼则可以守得定。""学礼则可以除去世俗一副习熟缠绕。"此横渠之常以语其弟子者也。

横渠倡道关中，其初，寂寥无有和者。蓝田吕大忠与其弟大钧、大临先游其门，所习者为礼制。横渠言礼，重取古意。大钧遂条为乡约，规定详密。其一曰德业相助，其二曰过失相规，其三曰礼俗相交，其四曰患难相恤。条款甚密，欲使一乡之人皆为善士。吕氏于关中族本大，风谊所播，俗为之变。惟大临虽事横渠甚恭，亦兼习洛学。吕汲公（大防）则与横渠为同调。周浮沚、沈彬老兼师蓝田，原可谓为横渠再传，而关学之移植于东南，其势究不竞。虽有范育、潘拯、田腴、游师雄、种师道、张舜民、薛昌朝足称关学龙象，然未能光大其师传。是故关学起时，原与伊洛相伯仲，而其后继则远逊之。

明代关学略论

——《重编明儒学案》导言中关于明代关学的论述

李心庄

编者按：本文选自李心庄《重编明儒学案》（国立编译馆出版、正中书局印行，1947 年版）导言中关于明代关学的论述，题目为编者所加。《重编明儒学案》为"重编宋元明清四朝学案"之一，李心庄重编，陈立夫作总序。李心庄（1882—1958），又名李郁，福州侯官（今鼓楼区）人，祖籍长乐。14岁为秀才，弃举业而改攻新学。后入格致书院和英华书院，精通法语和英语，曾任辛亥革命摇篮之一——福州蒙学堂英文兼体育教师。1905 年入同盟会，辛亥革命后任福建首任电政监督。之后，李心庄转行文教部门工作：先是受聘为教育部特约编纂，再改聘为国立编译馆编纂兼组长。他的著作有《周易正言》《秋爽楼诗词忆录及近作》《浮沤录》等。

吾国南北风土不同，历来学术、文艺常分为两派。文清、康斋并世而生，同守宋儒矩矱，乃其风气传习，判然不同。康斋倡道小陂，门徒强半籍隶赣、浙，南人思想近于超脱，师门旧说，常不足以限之，故一二传而宗旨顿变。河东一派，不出关、陇、汴、洛，性情朴厚，习于纯谨之风。阎禹锡一生讲学，唯就《太极图说》《通书》，反复阐明，不出己意。张自在终身恪守师说，未敢少有逾越。张默斋以五经授徒，只守"涵养须用敬，进学在致知"二语为的，此皆亲炙于文清者也。段容思从禹锡游，亦只言主敬以致知格物，知吾之心即天地之心，知吾之理即天地之理。容思传之周小泉，再传薛思庵，皆谨身守礼而已。思庵传之吕泾野（枏）。其时白沙之学已行，良知之说又起，然思庵所讲，亦只及理气之辨。泾野虽曾与湛甘泉、邹东廓共主东南讲席，然其学仍以格物为穷理，并主先知而后行。且所谓知者，只从闻见之知，以通于德性之知，不专主于灵觉。其所谓穷理者，亦只在语默作止处验之，不专主于虚见。盖其所处之时虽后，而其所守之学不变也。吕愧轩、张石谷、杨天游皆嘉靖间人，师事泾野，一言一动，咸以为法，守道不回。天游于华阳山中，祀濂溪及泾野，行止必焚香禀命，其诚服若此。郭蒙泉为愧轩之门人，自少至老，只以持敬为主。有诗云："学道全凭敬作箴，须臾离敬道难寻。常从独木桥边过，惟愿无忘此际心。"梨洲谓当时笃行自好之士，皆归之吕门。盖自文清六传一百三四十年间，学脉始终不变如此。王石渠（恕）视文清稍后，其学从孔孟六经求义理，重礼风义之士。大抵推之事为之际，以得其心之所安，故随地有以自见。世称为三原学案，而传者较少，然皆能以气节著。恕子承裕墨守主敬为教，冠婚丧祭必率礼而行。马谿田受学于承裕，又与吕泾野、崔后渠交相切劘，不出于"主敬""穷理"二语。韩邦奇附于石渠之学，然论道体独取横渠。梨洲称其涵养宏深，持守坚定，又一薛敬轩也。则河东、三原，殆有若分若合之迹存焉。

后 记

《二十世纪前期关学研究文献辑要·明清关学研究与关学综论》是业师刘学智先生和我近年搜集整理和研究近现代学术转型背景下关学研究文献的重要结集，也是我们在此前关学研究基础上进一步拓展推进的成果之一。

早在2017年我将主要心力投入到关学研究中时，就注意到关学在近现代的学术转型和现代研究问题，同时开展了20世纪前期关学研究文献的搜集、编目与整理、研究。对此，业师刘学智先生给予了充分的肯定和积极的鼓励。但是由于多种原因，当时我只是比较系统地研究了曹冷泉、党晴梵等先生的关学研究成果，先后撰写了《曹冷泉先生关学研究述评——兼论现代关学研究之基本认识与方法》（《人文杂志》2018年第12期）、《党晴梵先生〈关学学案〉藁本考述——兼论党晴梵先生早期思想历程》（《唐都学刊》2019年第2期）、《党晴梵〈明儒学案表补〉版本考述》（《渭南师范学院学报》2020年第3期）、《关学近代重构的主体之维——基于党晴梵〈关学学案〉等文本的观念解读》（《天津社会科学》2020年第3期）等文，但对这一时期关学研究文献的系统整理和全面研究还没有展开。

2020年是关学宗师张载诞辰1000周年。陕西师范大学出版总社邀请业师刘学智先生主编一套能体现关学研究前沿成果的丛书，即《关学文丛》。业师于是对我提出："我们应该在前期研究的基础上予以推进，通过文献的搜集整理，更为充分、全面地把20世纪前期关学研究的基本面貌展现出来。"业师的这一想法得到陕西师范大学出版总社的支持，这一计划被列入《关学文丛》。为了完成这一计划，业师从2020年初即抽出精力，指导我编制了编撰计划和体例，同时投入到繁重的文献搜集和整理工作中。经过多次讨论，我们决定将20世纪前期关学研究的相关成果定名为《二十世纪前期关学研究文献辑要》，并根据其内容、体量分为"张载研究""明清关学研究与关学综论""关学与陕西历史文化"3卷予以出版。其中"张载研究"卷主要收录了20世纪前期关于张载生平、著作和思想研究的主要成果，"明清关学研究与关学综论"卷收录了20世纪前期明清关学学人研究的主要成果和这一时期对关学进行阶段性、整体性论述的主要成果，"关学与陕西历史文化"卷则收录了20世纪前期关学在近现代学术发展历程中转型重构以及融入陕西文化的主要成果。在《二十世纪前期关学研究文献辑要》的编撰过程中，业师耗费了不少心血，他搜集补充了不少新发现的文献，同时花费了不少时间，对文献做了细致的校订。经过长时间的细致工作，这部书终于得以出版。多年来，我在学业上的进步和事业上的发展，都是在业师的关心和帮助下实现的，其中每一步都包含着业师的付出和心血，这部书的出版也不例外。在此，我向业师的提携、指导致以崇高的敬意和真挚的感谢！

文献的录入工作是文献整理的基础，这是一项非常繁重的工作。值得庆幸的是，在这一过程中，我的学生大多投入了其中，为在有限时间内顺利完成这一工作付出了辛勤劳动。2020年疫情期间，我为西北大学哲学学院2019级硕士研究生主讲"关学概论"。为了提高研究生对关学的认知和文献辨识能力，我将其中一部分文献做了分类，作为课程实践作业分配给上课的学生，他们在我的指导下开展了关学研究文献的录入工作。参与本卷文献录入工作的有：西北大学哲学学院2019级中国哲学专业硕士研究生李旭洲、冀俊竹、匡星玮、王鹤群，宗教学专业硕士研究生刘珈豪，伦理学专业硕士研究生柴鑫彤。同时，作为我直接指导的学生，2018级中国哲学专业硕士研究生干宇洁、张新瑞，2018级社会工作专业硕士研究生陈忠玉，2019级社会工作专业硕士研究生古文丽，2020级中国哲学专业硕士研究生王佃晓、李凯旋也参与了部分文献录入工作。其中付出最多的，是刘珈豪、王鹤群、李凯旋、王佃晓4位同学，本书的大量文献都是他们负责录入的。在大家的共同努力下，文献录入得以顺利完成。在此，我向为本书文献录入付出艰辛劳动的同学们表示感谢！

还需要提及的是，本书的正式出版，得到了西北政法大学赵馥洁先生、陕西省人民政府参事室主任徐晔先生、陕西师范大学副校长党怀兴教授、陕西师范大学出版总社刘东风社长、陕西省文史研究馆馆员路毓贤先生、西北大学出版社马来社长及陕西师范大学出版总社侯海英女士等各位领导和师友的鼓励与支持，陕西师范大学出版总社张爱林女士为此书的编辑出版付出了辛勤的劳动。在此向他们表示诚挚的感谢和敬意！

魏 冬

2021年7月于西北大学关学研究院